LA VIE RÉELLE
EN CHINE

PARIS. — IMP. SIMON RAÇON ET COMP., 1, RUE D'ERFURTH.

LA VIE RÉELLE
EN CHINE

PAR

LE RÉVÉREND WILLIAM C. MILNE

TRADUITE

PAR ANDRÉ TASSET

AVEC

UNE INTRODUCTION ET DES NOTES

PAR M. G. PAUTHIER

OUVRAGE CONTENANT TROIS CARTES ORIGINALES

PARIS

LIBRAIRIE DE L. HACHETTE ET Cⁱᵉ
RUE PIERRE-SARRAZIN, 14
(Près de l'École de médecine)

1858

PRÉFACE DE L'AUTEUR

Voué à la cause des missions protestantes à la Chine dès ses plus jeunes années, l'auteur s'embarqua pour ce pays dans l'été de 1839; et, sauf une absence de deux années, il y est demeuré jusqu'au commencement de 1854, sous les auspices de la Société des missions de Londres.

Dans le cours de sa mission, il lui fut donné de visiter plusieurs villes curieuses de la Chine, telles que Macao, Hong-Kong, Canton, Tchousan, Ningpo, Changhaï, et de traverser dans ses voyages trois provinces de l'Empire : le Tchehkiang, le Kiangsi, et celle de Canton. Les pages suivantes donnent le résultat abrégé de ses observations pendant cette longue période. Elles ont pour but de faire connaître les Chinois tels qu'ils sont. L'ouvrage est divisé en cinq parties : dans la première on examine les idées généralement reçues en Europe et en Amérique au sujet de la Chine et des Chinois. Quelques-unes de ces idées sont fausses et souverainement injustes pour les habitants de cet Empire. Dans les autres parties, on donne des informations positives sur la vie commune et les usages de la Chine, recueillies pendant un long séjour à Ningpo et à Changhaï, ainsi que pendant une excursion de treize cents milles dans l'intérieur du pays. Ces informations reposent sur des recherches laborieuses faites dans les localités mêmes et dans les ouvrages d'écrivains indigènes. A l'exception de quelques fragments, entièrement refondus ici, déjà insérés, il y a plusieurs années, dans le *Chinese Repository*, maintenant défunt, rien de ce qui suit n'a encore été publié par l'auteur.

Les cartes qui accompagnent l'ouvrage sont les plus exactes qui aient paru jusqu'à ce jour ; elles ont été préparées par l'auteur lui-même après la collation la plus scrupuleuse. Celle de son excursion dans l'intérieur est la seule concernant ce trajet qui contienne des détails aussi minutieux. Comme il y a lieu d'espérer que nos relations avec la Chine, qui sont sur le point de recevoir des modifications importantes, donneront aux étrangers accès dans l'intérieur de l'Empire, cette carte peut devenir l'itinéraire obligé des voyageurs occidentaux. Les noms des lieux sont donnés d'après le système de Morrison, sous le rapport de l'orthographe, à l'exception de ceux qui sont devenus la propriété des journaux, quoique n'offrant qu'une imitation mutilée du chinois, tels que Amoy, Tchincheou, Canton, Macao, etc.[1]. Dans la carte de la Chine propre, on n'a fait entrer que les noms des capitales de provinces ou de départements, ainsi qu'un certain nombre de villes importantes généralement connues des étrangers, comme Changhaï, Swatow, etc.

La publication de ce petit ouvrage a été retardée par des circonstances indépendantes de la volonté de l'auteur. Peut-être a-t-il lieu de s'en féliciter, puisqu'il paraît dans un moment où l'intérêt public, sur tout ce qui touche la Chine, est plus ardent qu'il ne l'a jamais été.

En terminant cette courte préface, l'auteur de-

---

[1] Ces mêmes *noms de lieux*, à l'exception aussi de ceux qui sont déjà acceptés par l'usage, ont été rétablis par nous dans la traduction française, selon l'orthographe qui rapproche le plus ces noms chinois de la prononciation française. Sans cela, ils eussent été illisibles pour la plupart des lecteurs. G. P.

mande qu'il lui soit permis d'espérer : 1° que son ouvrage répandra dans ce pays une appréciation plus juste et plus fidèle du peuple chinois, et nous affranchira d'impressions erronées aussi bien que ridicules, trop longtemps encouragées, au sujet de cette nation et de son état social; 2° que ce modeste essai contribuera quelque peu à éveiller ou à corroborer chez les vrais philanthropes le désir d'aider à la cause de la civilisation chrétienne et du pur christianisme à la Chine. S'il arrivait que son livre pût atteindre ce double but, l'auteur se croirait singulièrement heureux.

William C. MILNE.

Juin 1857.

INTRODUCTION

Quand des événements se produisent dans quelques parties du monde peu connues, en dehors du mouvement naturel des faits, et que ces événements se rattachent à quelques intérêts généraux, la curiosité publique se trouve plus vivement excitée, et cherche alors à mieux connaître les nouveaux personnages qui, pour elle, entrent en scène, et le théâtre où se passent ces événements. Dans ces circonstances, il est bien rare que l'on ne cherche pas aussi à satisfaire cette curiosité publique si inconstante et si mobile; et il est plus rare encore qu'elle le soit toujours convenablement.

Pour faire bien connaître un pays, un peuple, un gouvernement étrangers, de nombreuses conditions sont indispensables. Mais il en est deux surtout qui sont d'une nécessité pour ainsi dire absolue : c'est d'avoir vécu longtemps dans ce pays, au milieu de ce peuple, sous les lois de ce gouvernement; ou de s'être pénétré de ses mœurs, de ses institutions, de son histoire, de sa langue, de sa littérature, de toute sa civilisation enfin, par une étude longue et approfondie; de s'être, par cette étude persévérante, identifié, pour ainsi dire, avec la vie de ce peuple dans tout le cours des âges et avoir scruté ses destinées.

Sans l'une ou l'autre de ces conditions, on peut affirmer hardiment que l'on ne produira qu'une œuvre plus ou moins habile, une compilation plus ou moins exacte ou amusante, mais qui, le plus souvent, représentera tout autre-chose que la vérité.

L'ouvrage dont on publie ici une traduction revue et annotée par celui qui écrit ces lignes, la *Vie réelle en Chine*, du Révérend W. C. Milne, pendant plusieurs années missionnaire en Chine, a été composé par un auteur qui remplissait la première de ces conditions, comme on s'en apercevra facilement à la lecture. Cet écrivain ne raconte que ce qu'il a vu lui-même, et non ce qu'il n'a ni vu ni étudié, comme certain écrivain dont la plume gasconne s'est amusée à nous décrire récemment un *Empire chinois* de sa façon. Il y a cependant une chose sur laquelle notre auteur nous paraît être un peu sorti de sa ligne d'impartialité louable ; c'est dans le chapitre IV (IVᵉ partie, p. 456 et suivantes), concernant les Missions catholiques en Chine, où il nous semble, à nous qui sommes désintéressé dans la question, avoir conservé ces préventions fâcheuses que le protestantisme garde invinciblement partout contre les membres de l'Église catholique romaine, et dont il n'y avait, à notre sens, aucun inconvénient de se dépouiller dans ces contrées lointaines où l'abnégation et le dévouement des missionnaires de cette Église devraient faire taire, à leur égard, tout autre sentiment que celui de l'admiration.

La *Vie réelle en Chine* est un ouvrage simple, méthodique, sans prétentions et qui répond parfaitement à son titre. L'auteur, renfermé dans la sphère d'activité du missionnaire, nous fait assister avec lui à toutes les scènes, à tous les actes de la vie chinoise, qui, à notre grande surprise, ressemble sous tant de rapports à la nôtre. Après la description de l'intérieur de la famille, qui est le type fondamental de toute la société chinoise, il nous introduit dans l'intérieur de la vie civile et religieuse, représentée par les fonctionnaires civils et religieux des villes chinoises et des temples qu'il a eu l'occasion de visiter. Quoique revêtu d'un caractère qui pouvait lui commander, dans de certaines limites, la censure des mœurs et des usages qu'il avait sous les yeux, il a eu la sincérité et le bon goût de ne blâmer que ce qui lui a paru réellement blâmable, et de reconnaître tout ce que cette société chinoise, si vilipendée parmi nous, avait de réellement bon et de digne d'éloges. Il commence par redresser les principales idées fausses que l'on s'est faites en Europe sur la Chine (et que beaucoup d'écrivains entretiennent soigneusement); il soutient que l'infanticide n'est pas plus commun en Chine que dans nos sociétés si civilisées de l'Europe; que la charité publique en Chine est au moins aussi active que chez nous; que l'on y trouve aussi comme chez nous de nombreux établissements publics de bienfaisance, et spécialement des *Hospices pour les enfants trouvés*.

Qu'il soit permis à celui qui écrit ces lignes de rappeler ici que, depuis longtemps, il avait soutenu les mêmes idées, fait connaître les mêmes faits, que la légèreté habituelle de ceux qui se croient le droit d'écrire sur tout sans avoir rien appris ne s'est jamais donné la peine de consulter. Dans le second volume de sa *Description de la Chine*, publiée de 1845 à 1853, en exposant le *Budget de la Chine* pour l'année 1844, d'après des documents officiels chinois, il disait :

« BUDGET, CHAPITRE VIII. — *Secours aux pauvres et aux établissements généraux de bienfaisance et de charité publique (Chàng-siuë-tchî-koŭân).*

« Dans chaque canton, arrondissement, département des provinces constituées, il y a des fils dévoués à leurs père et mère, des filles chastes, des femmes d'une conduite irréprochable, en même temps que des vieillards des deux sexes qui ont atteint leur centième année. Les gouverneurs et les lieutenants gouverneurs les font connaître publiquement par des proclamations élogieuses, et sollicitent pour eux de l'empereur des marques distinctives, c'est-à-dire des lettres patentes honorifiques du souverain (*tsìng-piào*). Chaque personne nommée reçoit une gratification de trente *liang* en argent (225 à 240 fr.); les autres reçoivent du riz et quelquefois même de certaines étoffes. Les fonds ainsi que les denrées employés à cet usage sont prélevés sur le produit direct des contributions foncières. Le budget annuel de ces dépenses n'est pas fixe. Les personnes qui, dans leur localité, sont comme délaissées et dans le besoin, les lettrés avancés en âge et dénués de tout, les veuves, les pauvres et les orphelins, les malades et les infirmes, ceux qui n'ont personne pour les réclamer, une fois leur état d'indigence et de besoin connu de l'autorité, sont inscrits sur la liste des indigents qui reçoivent des aliments et des secours dans les établissements publics de bienfaisance (*yàng-tsi-youèn*). Si les personnes sont trop nombreuses pour être toutes inscrites sur les registres de ces établissements, elles reçoivent également des secours et des aliments, mais en dehors de ces établissements spéciaux.

« En outre, dans les grandes villes, il y a des *Salles d'asile* (*pou-tsi-thâng*), des *Hospices pour les orphelins et les enfants abandonnés* (*yô-ying-thâng*). La charité publique contribue à l'entretien de ces hospices ; les mandarins locaux sont chargés de la solliciter au besoin, et d'y consacrer des fonds qui resteraient en réserve ou qui auraient une destination moins urgente. Chaque année, le bordereau des dépenses occasionnées par ces établissements de bienfaisance est envoyé au Ministère des finances, qui le vérifie, etc., etc. » (*Chine moderne*, p. 200-201, dans l'*Univers pittoresque*.)

ORGANISATION DU GOUVERNEMENT CHINOIS.

Dans les récits d'ailleurs toujours intéressants et instructifs du Révérend W. C. Milne, on se familiarise avec la vie réelle des Chinois, avec leurs mœurs, leurs coutumes ; mais on y apprend peu de chose sur le gouvernement chinois, sur son organisation politique et administrative. Il n'entrait point dans ses vues, paraît-il, de traiter un pareil sujet, qui demande, comme nous l'avons dit précédemment, une pratique suivie de cette organisation dans le pays même, ce qui n'est pas maintenant facile pour un Européen, ou une étude approfondie des ouvrages officiels chinois qui traitent de la matière et qui sont plus explicites, plus nombreux en Chine que partout ailleurs ; l'esprit chinois s'étant toujours plu à rédiger des traités spéciaux sur chaque matière, et à réduire en formules, souvent les plus minutieuses, les devoirs de chaque individu dans la vie publique et privée[1].

L'organisation politique du gouvernement chinois, telle

---

[1] On peut en voir une preuve frappante dans la traduction du *Cérémonial* observé à la cour de Péking, pour la réception des ambassadeurs étrangers, que nous avons faite et publiée dès 1843. (*Revue de l'Orient*, n° de janvier 1843, et *Chine moderne*, p. 211.)

qu'elle existe aujourd'hui, est presque aussi ancienne que le monde. C'est assez dire quelle est sa vitalité. Contemporaine de celles des grands empires des Pharaons, de Ninive, de Babylone et d'Assyrie, elle est encore debout, tandis que ces géants de l'histoire sont depuis plus de deux mille ans descendus dans la tombe. Résistant à toutes les révolutions que l'empire chinois a subies depuis quatre mille ans (car les révolutions sont de tous les pays et de tous les âges), elle semble avoir été, chose étrange! la véritable formule de la race patiente mais active qu'elle a été appelée à gouverner. Et, chose plus étrange encore! cette formule n'a été ni celle de la théocratie, ni celle de la démocratie, ni celle de la monarchie comme on l'entend habituellement, mais bien un composé unique de toutes ces formules.

Nous avons dit ailleurs (*Chine moderne*, p. 131) : « Dès la plus haute antiquité, la science du gouvernement des peuples, la science politique, a été considérée en Chine comme la première de toutes les sciences, la science par excellence, celle qui, aux yeux de tous les philosophes chinois, constitue le plus haut, le plus complet, le plus parfait développement des facultés humaines. On fait dire à l'empereur *Hoang-ti*, dont on place le règne plus de deux mille six cents ans avant notre ère, ces paroles : « Le gouvernement des hommes est comme l'eau qui « coule dans les vallées, sans remonter à sa source. Son action « est incessante et ne s'arrête jamais. C'est pourquoi, pour- « voir aux besoins des populations et ne pas montrer envers « elles de l'indifférence ou du mépris ; faire la part de chacun, « c'est-à-dire tracer à chacun ses devoirs selon la position qu'il « occupe, et ne pas multiplier sans nécessité les obligations « de chacun, voilà le seul et véritable gouvernement. C'est « pourquoi encore, appliquer ces principes à l'empire et ne « jamais les oublier est le seul et véritable gouvernement. »

Cette conception du gouvernement d'un peuple, pour dater de plus de quatre mille quatre cents ans, n'est pas déjà si *barbare!* Le philosophe *Khoung-tseu*, ou Confucius, comme nous l'appelons, disait aussi, il y a deux mille quatre cents ans : « Gouverner son pays avec la vertu et la capacité nécessaires, c'est ressembler à l'étoile polaire, qui demeure immobile à sa place, tandis que toutes les autres étoiles circulent autour

a.

d'elle et la prennent pour guide. » Selon lui encore, le gouvernement est *ce qui est juste et droit* (*Lûn-yu*, ch xxii, § 17). » C'est, comme nous l'avons dit ailleurs, la réalisation des lois éternelles qui doivent faire le bonheur de l'humanité, et que les plus hautes intelligences, par une application incessante de tous les instants de leur vie, par une abnégation complète, un dévouement absolu aux intérêts de tous, sont seules capables de pratiquer et d'enseigner aux hommes. »

Une idée prédominante et fondamentale dans l'ancienne politique chinoise, c'est l'action, l'intervention du Ciel, ou de la raison supérieure qui y réside, dans les événements du monde, dans les rapports des souverains avec les populations, ou des gouvernants avec les gouvernés ; et cette intervention est toujours en faveur de ces derniers. L'exercice de la souveraineté n'est, aux yeux du philosophe chinois, que l'accomplissement religieux d'un mandat céleste au profit de tous, sans distinction ; qu'une noble et sainte mission confiée au plus dévoué et au plus digne, et qui doit être retirée dès l'instant que le mandataire manque à son mandat.

On croit généralement en Europe que le gouvernement chinois est un gouvernement absolu comme celui que l'on suppose avoir existé dans les anciennes grandes monarchies de l'Orient. Il n'en est rien ; la forme a bien quelque chose qui y ressemble, mais le fond diffère. Ce n'est pas que les tendances du pouvoir, en Chine comme ailleurs, ne soient quelquefois portées vers l'arbitraire et la tyrannie ; mais les institutions politiques y sont combinées de telle sorte, que l'arbitraire et la tyrannie peuvent rarement être impunément exercés. D'ailleurs, le *Corps des lettrés*, si nombreux, quoique n'étant pas un corps politique, n'en pratique pas moins un contrôle souvent assez gênant pour le pouvoir, en invoquant l'autorité des anciens livres canoniques (véritables *Codes politiques* que le pouvoir n'a jamais osé ouvertement enfreindre ou dédaigner), et en s'appuyant sur l'intérêt du peuple. Nous ne pouvons trop le répéter, parce que c'est un fait qu'il faut que l'on sache, quoiqu'il semble, au premier abord, n'être qu'un colossal paradoxe : c'est que *l'organisation politique du gouvernement chinois*, qui date de plus de quatre mille ans, est l'organisation politique *la plus philosophique, la plus ration-*

nelle, *la plus dépouillée de préjugés de toutes sortes* qui ait jamais été appliquée jusqu'ici en aucun temps et en aucune contrée du monde. C'est là la cause de sa durée.

Nous savons que cette opinion ne sera pas admise par tous ceux que les préjugés de race, de civilisation, d'éducation, dominent (et ils sont nombreux), non plus que par ceux qui considèrent tous les peuples qui ne sont pas sous leurs degrés de latitude et de longitude, et qui n'ont pas reçu leur discipline, comme des *barbares* ou des âmes *avilies par la servitude*, ainsi que le soutenait Montesquieu de tous les peuples de l'Asie, où, ajoutait-il, *il n'est pas possible de trouver un seul trait d'histoire qui marque une âme libre*.

Nous répondrons ce que nous avons déjà répondu ailleurs (*Chine moderne*. p. 135), qu'il suffit de lire l'histoire de la Chine pour se convaincre qu'il y a eu chez ce peuple plus de *traits de courage civil marquant une âme libre* que dans toutes les monarchies européennes[1]. Et, à ce propos, nous rappellerons ici ces paroles d'un missionnaire catholique, que ses connaissances et son long séjour en Chine autorisaient à porter un tel jugement : « Il ne faut pas juger de la Chine par ce qu'en racontent ceux qui ne l'ont vue que sur les bords de la rivière de Canton, et moins encore par ce qu'ils y achètent. » (*Mém. sur les Chinois*, t. IX, p. 361.)

Aristote, qui avait porté, dans son *Traité de la Politique*, le même génie analytique, la même profondeur de vue que dans ses autres écrits, avait, en quelque sorte, deviné la forme du gouvernement chinois, quand il dit : « Il est une cinquième espèce de royauté, où un seul chef dispose de tout, comme ailleurs le corps de la nation, l'État, dispose de la chose publique. Cette royauté a de grands rapports avec le pouvoir domestique : de même que l'autorité du père est une sorte de royauté sur la famille, de même la royauté dont nous

---

[1] Où trouverait-on en Europe des exemples de *courage civil* comme celui que montrèrent les *lettrés chinois*, lorsque l'empereur *Thsin-chi-hoang-ti* (deux cent douze ans avant notre ère) ordonna de détruire par le feu tous les livres chinois qui constituaient les lois religieuses et politiques de la Chine, les monuments historiques, etc. Plus de *quatre cent soixante lettrés*, rien que dans la capitale de l'Empire, aimèrent mieux souffrir une mort cruelle (ils furent enterrés tout vifs dans de grandes fosses creusées exprès) que d'approuver les actes du souverain qui les faisait mourir.

parlons ici est une administration de famille s'appliquant à une cité, à une ou plusieurs nations. » (*Politique d'Aristote*, liv. III, ch. x, trad. de M. Barthélemy Saint-Hilaire.)

Sans entrer bien avant dans la métaphysique des droits et des devoirs politiques, les philosophes chinois, et Confucius à leur tête, ont cru ne pouvoir mieux résumer les devoirs du souverain que de dire qu'il doit ressembler au père de famille et le prendre pour modèle de conduite. *Le souverain*, selon eux, *doit être le père et la mère du peuple*, réunissant ainsi dans un seul type les rigueurs quelquefois sévères de la raison du père aux soins et aux tendresses de la mère.

C'était, en effet, un type qui ne se perdait point dans des abstractions, et qui, par cela même, mis à la portée de toutes les intelligences, avait ses lois gravées profondément et en traits ineffaçables dans la conscience de tous. Chacun alors, gouvernants et gouvernés, pouvait juger facilement des infractions faites à ces mêmes lois.

On lit dans l'*Encyclopédie historique* (*Youan-kiun-louï-han*), rédigée par ordre et avec le concours de l'empereur *Khang-hi*: « Le fils du Ciel, ou l'Empereur, a été établi pour le bien et dans l'intérêt de l'Empire, et non l'Empire établi pour le bien et dans l'intérêt du souverain. » Cela est net et clair.

Cinq cents ans avant notre ère, le philosophe *Khoung-tseu* (Confucius) résumait ainsi les principaux devoirs du souverain :

« Tous ceux qui sont préposés au gouvernement des empires et des royaumes ont *neuf règles* invariables à suivre : la *première* est de travailler constamment à leur propre perfectionnement; la *seconde*, de révérer les sages; la *troisième*, d'aimer ses parents; la *quatrième*, d'honorer ses ministres; la *cinquième*, d'être toujours en parfaite harmonie avec les autres fonctionnaires et magistrats de l'Empire; la *sixième*, de traiter et de chérir le peuple comme un fils; la *septième*, d'attirer près de sa personne les savants, les artistes et les artisans de mérite; la *huitième*, d'accueillir toujours avec cordialité les hommes qui viennent de loin, c'est-à-dire les étrangers; la *neuvième*, enfin, de traiter avec amitié les grands vassaux. » (*Tchoûng-Yoûng*, ch. xx, § 11.)

Mais, dira-t-on, il n'y a point de *constitution* qui lie, en Chine, les volontés du souverain, qui lui impose des limites et que les sujets puissent invoquer, au besoin, contre lui, en la faisant appliquer par des tribunaux indépendants. Le pouvoir qui gouverne est donc un pouvoir absolu.

Cette objection est, au fond, plus spécieuse que réelle.

Le pouvoir souverain en Chine se limite par lui-même, par l'intérêt de sa propre conservation, par tous les pouvoirs qu'il a délégués et qu'il délègue journellement à des fonctionnaires, à des magistrats qui sont tous sortis de ce *Corps des lettrés gradués* dont l'attachement aux grands principes de leur maître à tous, Confucius, auquel on rend un véritable culte dans tout l'Empire depuis plus de deux mille ans, est inébranlable.

En outre, ainsi que nous l'avons déjà dit ailleurs (*Chine moderne*, p. 138), « l'exercice de la souveraineté est, aux yeux des philosophes et des publicistes chinois, la plus haute, la plus noble, la plus sainte mission dont un homme puisse être revêtu sur la terre. Cette mission n'est pas un droit, un privilége, un apanage, appartenant à un homme, à une famille, à une race, pour en disposer selon leur bon plaisir; c'est une délégation, un mandat de la raison ou du pouvoir supérieur qui préside aux destinées des nations; lequel mandat ne leur est conféré que pour veiller constamment aux intérêts et aux besoins de tous, comme un père et une mère veillent aux intérêts et aux besoins de leurs enfants, et faire régner la justice. Aussi l'autorité souveraine, en Chine, est-elle environnée des signes les plus nombreux, les plus éclatants d'un respect et d'une vénération en quelque sorte sans limites. Plus on lui suppose de pouvoir pour faire le bien, plus on lui en attribue. Ce sont ces formes extérieures de la majesté souveraine, ces manifestations en apparence si profondément serviles de la part des populations asiatiques, et principalement de celles de la Chine, qui ont fait porter sur elles des jugements si sévères par un grand nombre d'écrivains européens, lesquels n'ont voulu voir en elles que des populations esclaves, absolument dépourvues de toute dignité humaine. Il est sans doute très-beau d'avoir assez de respect de soi-même, de dignité de caractère, pour ne pas s'abaisser jusqu'à rendre à un homme, fût-il couronné, des hommages avilissants, une espèce de culte fanatique qu'il conviendrait à peine de rendre à Dieu ; il serait beau de voir les peuples ne se prosterner que devant la Loi, ne flatter que la Loi, n'attendre de faveurs que de la Loi ; mais la Loi est un être trop abstrait pour la généralité des hommes ; et jusqu'à ce que les habitudes et les mœurs de l'Europe soient arrivées à ce dernier état de civilisation, il lui siéra assez mal d'accuser de servilité et de bassesse les mœurs orientales, et principalement les mœurs chinoises. »

L'empereur, en Chine, est censé tenir du Ciel son mandat souverain ; c'est pourquoi il est souvent nommé le « fils du Ciel (*thiên-tseû*). » On l'appelle aussi le *fils du Ciel*, parce que, disent des écrivains chinois, le *Ciel* est son père, et la *Terre* sa mère. Le pouvoir exécutif s'exerce en son nom. Tous ses *décrets* ou *édits*, rédigés en conseil et promulgués en son nom par les ministres et autres agents responsables, ont force de loi. Ces décrets sont publiés dans le *Moniteur de la Cour*, que le gouvernement fait paraître journellement à Péking (ayant à peu près le format de notre *Bulletin des Lois*), et qui est envoyé à tous les principaux mandarins ou fonctionnaires publics de l'Empire. Ceux-ci en font part immédiatement à leurs administrés par des affiches publiques. Aussitôt cette publicité donnée, tous ces décrets sont obligatoires.

1. — Ministère de la maison impériale.

Les lois, édits, décrets promulgués au nom de l'Empereur, sont obligatoires pour tous, à l'exception des membres de la famille impériale, qui sont placés sous la dépendance exclusive d'un conseil particulier, nommé *Ministère de la maison impériale* (*Tsoûng-jin-foù*) ; à l'exception aussi des personnes composant sept autres classes de privilégiés *non héréditaires*, et que la loi place en dehors du commun des individus pour lesquels elle n'a plus qu'un même niveau. Ces sept dernières classes de personnes sont celles qui ont été placées ainsi au-dessus de la loi commune : 1° par *le privilége de longs services dans de hautes fonctions publiques* ; 2° par le *privilége de grandes actions, honorables et utiles au pays;* 3° par *le privilége d'une sagesse non commune, qui s'est rendue profitable à la société;* 4° par *le privilége de grands talents manifestés dans l'état militaire ou dans l'administration civile;* 5° par *le privilége du zèle et de l'assiduité apportés dans l'accomplissement des devoirs publics;* 6° par *le privilége du rang occupé dans l'État;* et enfin, 7° par *le privilége d'être né d'un père qui s'est distingué par une haute sagesse ou qui a rendu des services éminents à l'État.* Ce dernier privilége ne s'étend qu'à la seconde et rarement à la troisième génération.

Ces *priviléges*, pour les sept dernières classes surtout, s'étendent principalement à l'application des peines, en enlevant ceux qui en sont revêtus, ainsi que leurs parents, ascendants et descendants, à la juridiction des tribunaux ordinaires, qui ne peuvent les juger que sur un ordre exprès de l'Empereur.

II. — Conseil des ministres.

Après le Ministère de la maison impériale (dont les fonctions s'étendent sur la première classe des privilégiés, les membres nombreux de la famille impériale, qui forment une tribu), vient, dans l'ordre hiérarchique, le *Conseil des ministres* ou *Cabinet (Neï-ko).* Ce conseil est composé d'anciens serviteurs éprouvés de la couronne. Ses attributions sont ainsi définies, dans les *Statuts*[1] : « Ce conseil, qui doit avoir quatre grands chanceliers, etc., *délibère* sur le gouvernement et l'administration de l'Empire, *promulgue* les ordonnances de l'Empereur, *préside* à l'exécution des lois de l'État, et, en général, *veille* à ce que les fonctions respectives des différents pouvoirs soient maintenues dans leurs justes limites, afin d'*aider* l'Empereur dans la direction des affaires de l'État.

« Tous les documents officiels, soit qu'ils aient été apportés par le service des dépêches, ou par l'entremise de l'un des six départements ministériels, doivent, *avant* d'être présentés à l'Empereur, être soumis à l'examen du *Conseil des ministres*, qui en fait faire des *duplicata*[2].

[1] *Ta-thsing-hoeï-tien*, K. 2, éd. imp., publiée à Péking, en 1818.
[2] On voit par là que, comme dans les gouvernements constitutionnels,

« Les décisions proposées par le *Conseil* étant arrêtées, des *cédules* ou petits billets sont préparés : s'il y a deux décisions sur un même sujet, on les transcrit chacune sur une cédule différente ; s'il y en a trois, on fait trois cédules ; s'il y en a quatre, on en fait quatre.

« Les raisons sommaires qui ont motivé les décisions prises par le *Conseil* sont exposées sur des petites cartes ou feuilles de papier présentées à l'Empereur, et qui lui servent à arrêter lui-même ses propres décisions. Celles-ci sont alors envoyées par le *Conseil* aux *six Secrétariats*.

« Les décisions prises en présence de l'Empereur, après une mûre délibération ; celles portées aux sessions d'automne (qui sont des sessions de révisions des jugements à des peines capitales portées par les divers tribunaux), étant adoptées par le *Conseil*, alors, après avoir obtenu l'agrément de l'Empereur, ces décisions sont marquées du signe exécutoire.

« Tous les documents présentés au *Conseil du Cabinet* sont expédiés en deux jours et retournés à qui de droit. S'ils ont rapport à des affaires pressées, ils sont expédiés et retournés le jour même.

« Toutes les fois qu'il est question de faire connaître publiquement la volonté de l'Empereur, les membres du *Conseil privé* chargés de cette fonction demandent les sceaux pour les appliquer. » — C'est, en Chine comme en Europe, une des formalités essentielles à remplir pour donner l'authenticité aux actes publics émanés de l'autorité souveraine et les rendre obligatoires.

les affaires d'État se traitent toujours par l'intermédiaire, non-seulement d'un ministre spécial, mais encore que toutes les affaires passent par les mains d'un grand *Conseil de Cabinet* qui *prépare* l'expédition des affaires sur lesquelles l'Empereur est ensuite appelé à se prononcer d'une manière souveraine. Ainsi les ministres plénipotentiaires de France et d'Angleterre, en Chine, sont dans une grande erreur s'ils ont cru, comme on l'annonce, qu'en se rendant à Péking ils traiteraient *directement* avec l'Empereur, sans l'intermédiaire de ses ministres et de ses Conseils spéciaux. Il est vrai que, si leurs demandes sont appuyées par des canons à la portée des ministres et de l'Empereur chinois, les négociations pourront marcher plus vite ; mais il vaudrait peut-être mieux obtenir de nouveaux traités de la justice seule que de la force ; ils seraient plus durables.

III. — Conseil privé ou Conseil d'État.

Après le *Conseil des ministres* ou *Cabinet*, vient le *Conseil privé* ou *Conseil d'État* (*Kiun-ki-tchoù*), composé de grands fonctionnaires de l'État préposés à la direction de la *machine gouvernementale*, comme s'exprime le texte chinois. Il préside à la direction des édits impériaux, des ordonnances de l'autorité souveraine, en même temps qu'il veille aux besoins généraux de la nation et de l'armée, *afin d'aider l'Empereur dans le gouvernement de l'Empire*.

Chaque fois que des *Édits* ou *Manifestes de la volonté impériale* doivent être promulgués, après avoir été rédigés, dans les formes voulues, par le *Conseil privé* ou *d'État*, ils sont ensuite transmis au *Conseil du Cabinet*. (Voir, pour plus de détails, notre *Chine moderne*, p. 145 et suiv.)

IV. — Ministères spéciaux.

Après les grands *Conseils* dont l'énumération précède, viennent les six grands *Ministères* (*Lo-poù*) ou Tribunaux, comme les anciens missionnaires les ont inexactement appelés; ils sont décrits dans l'ordre suivant :

1° Le *Ministère des fonctionnaires civils* (*Li-poù*), répondant à notre ministère de l'intérieur ;
2° Le *Ministère des Finances* (*Hóu-poù*) ;
3° Le *Ministère des Rites* (*Li-poù*) ;
4° Le *Ministère de la Guerre* (*Ping-poù*) ;
5° Le *Ministère de la Justice* (*Hing-poù*) ;
6° Le *Ministère des Travaux publics* (*Koûng-poù*).

Les attributions de ces ministères sont d'une nature plus spéciale que celles des deux grands Conseils qui embrassent les affaires générales de l'administration de l'Empire. Nous n'entrerons pas ici dans les détails de leurs attributions; nous renvoyons à l'ouvrage ci-dessus cité les personnes qui pourraient désirer connaître ces détails. Nous dirons seulement que le *premier* ministère, celui de l'*Intérieur*, a sous ses ordres tous les mandarins ou fonctionnaires civils, l'*Instruction publique*, l'*Administration des salines*, etc. — Le *second*, celui des *Finances* : le *Recensement de la population* et le

Cadastre ou *Dénombrement des terres* pour l'assiette de l'impôt; la *Répartition des impôts*, en argent et en nature [1]; le *Budget des Recettes et Dépenses de l'Empire*, etc. — Le troisième, le *Ministère des Rites* : la *Direction des sacrifices;* celle des *Hôtes étrangers*, comprenant la *Réception et la Conduite des Ambassadeurs;* les *Relations avec les Royaumes étrangers;* le *Bureau des traducteurs;* celui des *Repas et Festins;* la *Direction de la musique,* etc. — Le quatrième, le *Ministère de la Guerre* : la *Direction du mouvement militaire;* celle des *Stationnements ou Garnisons;* celle des *Chars et des chevaux;* le *Service des Postes impériales,* fait par des cavaliers tartares; la *Marine* est comprise dans les attributions de ce ministère. — Le cinquième, le *Ministère de la Justice,* comprend : la *Cour criminelle*, la *Cour des Censeurs impériaux,* et la *Haute Cour judiciaire ou de Cassation* (tà-li-ssé), la *Cour des Référendaires près du Conseil privé*, etc. — Le sixième, le *Ministère des Travaux publics,* comprend aussi : la *Direction des Bâtiments et Édifices publics,* la *Direction des Instruments et Objets d'art,* une *Direction des Ponts et Chaussées;* les *Constructions navales,* la *Trésorerie des Arts et Manufactures impériales* d'étoffes de soie, de porcelaines, etc.

Après ces six grands ministères viennent différentes administrations spéciales, qui sont :

1° Le *Bureau des Colonies,* qui comprend dans ses attributions l'administration des populations de races diverses dépendantes de l'Empire chinois et situées au delà des frontières.

2° Le *Tribunal des Censeurs* (tou-tcha-youan), dont les attributions sont plus étendues que celles des censeurs romains, car elles embrassent tous les services publics, et se divisent en autant de sections qu'il y a de ministères. Les censeurs sont en relations permanentes avec le *Conseil privé* (Neï-ko). Ils en reçoivent des documents qu'ils transmettent ensuite, avec leur censure, aux départements qu'ils concernent.

Les *remontrances* des censeurs sont inattaquables; leur

---

[1] Voir les grands détails que nous avons donnés sur ces importants sujets et sur le *Budget des Recettes et Dépenses* de l'Empire chinois pour l'année 1844. (*Chine moderne,* p. 164-207.)

droit de censure est souverain, même à l'égard de l'Empereur; seulement ils ne peuvent appliquer par eux-mêmes aucune pénalité.

3° *Cour des référendaires près du Conseil privé.* — Cette cour reçoit les requêtes, pétitions, formules d'appel, etc., du public, non cachetées, les mémoires des mandarins de provinces, et les place sous les yeux du *Conseil privé* ou des membres du *Cabinet*, après les avoir corrigés, s'il y a lieu. Elle reçoit aussi les *appels* que le peuple fait, près de l'Empereur, des jugements prononcés par les tribunaux de provinces.

4° *Cour d'appel* ou plutôt de *Cassation* (*ta-li-ssé*).— Les attributions de cette cour sont de répartir, de la manière la plus équitable, la justice dans tout l'Empire. Elle revise les cas graves, et concourt à constituer, avec les autres cours et tribunaux, les *neuf Cours*, appelées à délibérer sur les affaires les plus importantes du gouvernement, ou les *trois Cours* suprêmes de judicature, qui prononcent les peines capitales aux grandes *Assises d'automne*. Pour que la peine capitale soit prononcée dans ces grandes assises, il faut que ces *trois Cours* soient unanimes dans leur décision. S'il n'y a *pas unanimité*, l'opinion de chacune des Cours est soumise à l'Empereur, qui juge en dernier ressort.

On voit par là de quelles nombreuses garanties la vie des individus est entourée en Chine. Il n'y a que dans les cas de révolte, où les gouverneurs de provinces sont revêtus de ce droit suprême, comme on l'a vu dans le dernier vice-roi de Canton, *Yeh*, à cause de l'insurrection qui trouble, depuis plusieurs années, les provinces méridionales de l'Empire. Mais c'est là une exception, comme, en Europe, l'action régulière et ordinaire des lois est suspendue par l'*état de siége*.

5° *Académie impériale* (*Hân-lin-yoüen : la forêt de pinceaux*). — Cette institution est le corps savant par excellence qui jouit de la plus haute considération dans l'État. C'est parvenir à faire partie de ce corps qu'aspirent tous les lettrés de l'Empire. Il a pour attribution de rédiger les documents officiels qui concernent la littérature et l'histoire.

Le mérite littéraire, en Chine, étant le mérite par excellence, ceux qui, dans leurs études, parviennent au premier rang sont sûrs, par cela même, d'arriver aussi au premier rang dans l'État. Les empereurs chinois ont toujours aimé à s'entourer des lettrés les plus célèbres de leur empire. Les deux présidents de l'Académie sont, *ex officio*, les habitués du palais impérial. Les lecteurs impériaux sont toujours membres de l'Académie des *Han-lin*; ils accompagnent Sa Majesté quand elle se rend au temple du *premier maître*, le grand philosophe KHOUNG-TSEU (*Confucius*), pour lui rendre les honneurs prescrits.

C'est aussi l'Académie des *Han-lin* qui prépare des éditions correctes et splendides des livres classiques ou de grandes compilations dont celles des Bénédictins ne donnent qu'une faible idée. Ces éditions soignées et accompagnées de nombreux commentaires, ces grandes compilations, sont publiées aux frais de l'Empereur et par les presses impériales. Nous en possédons plusieurs qui sont des chefs-d'œuvre de typographie et d'érudition chinoises.

Il est encore d'autres établissements publics qui méritent d'être signalés; ce sont : 1° le *Bureau des historiographes de la cour*, dont les fonctions sont de rédiger des Mémoires sur tous les faits qui sont dignes d'être transmis à la postérité; 2° le *Bureau des historiographes de l'Empire*, dont les attributions sont de rédiger des Mémoires fidèles et authentiques sur tous les événements et les faits contemporains. Ces documents sont destinés à servir plus tard de matériaux pour écrire l'histoire officielle; 3° l'*Intendance des sacrifices*, chargée de préparer et de diriger tout ce qui concerne les cérémonies des sacrifices du culte de l'État, dont les fonctionnaires ou mandarins sont les seuls ministres, et qui consiste en cérémonies en l'honneur du Ciel, de la Terre, du Soleil, de la Lune, etc., des Ancêtres et de Confucius; 4° l'*Intendance des écuries impériales;* 5° celle *des provisions de bouche de la maison impériale et de celles qui sont nécessaires dans les grandes cérémonies publiques;* c'est cette dernière *Intendance* qui est chargée de l'*entretien des ambassadeurs étrangers* et de leur suite lorsqu'ils entrent en Chine; les *provisions* (moutons, porcs, poissons, vins, etc.) qui doivent leur être délivrées sont réglées par les *Statuts;* 6° l'*Intendance du cérémonial de la cour impériale et des assemblées publiques;* 7° le *Collége impérial* de Péking, destiné à l'éducation des

INTRODUCTION. XXV

fils des grands de l'Empire et des princes étrangers; 8° l'*Observatoire impérial;* 9° l'*Académie de médecine;* 10° le *Bureau des gardes impériales,* etc.

DIVISION ADMINISTRATIVE DE LA CHINE EN DIX-HUIT PROVINCES.

La Chine actuelle propre, sans compter les territoires extérieurs dépendants, est divisée en dix-huit *provinces (seng)*, lesquelles sont subdivisées en *départements (fou)*, en *arrondissements (tchéou)* et en *cantons (hièn)*. Le *département* porte le nom de la ville qui en est le *chef-lieu;* il en est de même pour les *arrondissements* et les *cantons.* Le plus souvent une seule province forme un *gouvernement;* mais quelquefois un gouvernement comprend *deux provinces*, comme celui dont le siége est à Canton, et réunissant les provinces de *Kouang-toung* et de *Kouang-si*, désignées sous le nom des *deux Kouang*.

Les principaux fonctionnaires de chaque province sont [1] :
1° Un *gouverneur général* ou *vice-roi (tsoung-tou)*;
2° Un *lieutenant-gouverneur (fou-youen* ou *siun-fou* et *fou-taïe)*;
3° Un *commandant en chef des forces militaires (ti-tou)*;
4° Un *commandant en chef des forces navales,* si la province est maritime *(ti-tou)*;
5° Un *trésorier (pou-tching-sse)*;
6° Un *chef de justice* ou *juge criminel (gan-tcha-sse)*;
7° Un *gouverneur* ou *chancelier littéraire (hio-tching)*.

Appointements de ces fonctionnaires. — Selon l'*Almanach impérial* de l'année 1844, les *appointements* annuels et en argent de ces fonctionnaires étaient les suivants. Nous prenons pour exemple la *province de Canton*.

---

[1] Dans l'*Appendice* que nous avons placé à la fin du volume, le correspondant diplomatique français confond le mandarin du titre de *tao-taï*, ou *intendant d'un circuit*, avec le *sous-gouverneur d'une province*, et celui du titre de *fou-taï* (synonyme de *fou-youen* et *siun-fou*), *lieutenant-gouverneur*, avec le *gouverneur* même. A *Sou-tcheou-fou* réside le *fou-youen* ou *fou-taï*, lieutenant-gouverneur de la province de *Kiang-sou*, et à *Nganking-fou*, capitale de la province de *Ngan-hoeï*, réside aussi le lieutenant-gouverneur de cette province; l'un et l'autre relèvent du *gouverneur général* des deux provinces désignées sous le nom des *deux Kiang*.

	EN TAELS OU ONCES D'ARGENT.	EN FRANCS.
1° Gouverneur général ou vice-roi....	15,000	112,500
2° Lieutenant-gouverneur...........	13,000	97,500
3° Commandant en chef des forces militaires..........................	» »	» »
4° Commandant en chef des forces navales.............................	» »	» »
5° Trésorier.......................	8,000	60,000
6° Chef de justice ou juge criminel. .	6,000	45,000
7° Gouverneur ou chancelier littéraire.	4,500	33,550

Les traitements de tous les fonctionnaires de l'Empire sont ainsi indiqués pour tous ceux qui sont inscrits dans les éditions trimestrielles de l'Almanach impérial; on y fait connaître aussi le montant des impôts directs et indirects fixes que chaque province, chaque département, chaque arrondissement et chaque canton paye à l'État.

On sera peut-être frappé de l'élévation des traitements payés en Chine aux fonctionnaires publics. Mais, si l'on considère que ces mêmes hauts fonctionnaires sont placés à la tête de provinces peuplées comme de grands royaumes, on ne les trouvera plus aussi exagérés.

Voici la population de l'empire chinois, province par province, indépendamment de la Mongolie, de la Mantchourie, etc., dont la population n'est pas aussi exactement connue, le recensement y étant fait non par *tête*, comme dans la Chine propre, mais par *famille*.

Le tableau suivant donne la population de la Chine par province à deux époques différentes : la première, en 1812, date du recensement général de l'Empire fait par ordre de l'empereur *Kia-king* (recensement que nous avons traduit intégralement et publié en 1841 sous le titre de *Documents statistiques officiels sur l'empire de la Chine*); la seconde, en 1852, *quarante ans après*, sous le règne et par ordre de l'empereur *Hien-foung*, actuellement régnant.

INTRODUCTION. XXVII

PROVINCES.	CAPITALES.	POPULATION EN 1812.	POPULATION EN 1852[1].
1 Tchi-li, ou Pé-tchi-li,	Pé-king,	27,990,871	40,000,000
2 Chan-toung,	Tsi-nan-fou,	28,958,764	41,709,621
3 Chan-si,	Taï-youen-fou,	14,004,212	20,166,072
4 Ho-nan,	Kaï-foung-fou,	23,037,171	35,175,526
5 Kiang-sou,	Nan-king,	37,813,501	54,494,641
6 Ngan-hoeï,	Ngan-king-fou,	34,168,059	49,201,992
7 Kiang-si,	Nan-tchan-fou,	23,046,999	45,814,866
8 Fo-kien,	Fou-tcheou-fou,	14,777,410	22,699,460
9 Tché-kiang,	Hang-tcheou-fou,	26,256,784	37,809,765
10 Hou-pé,	Wou-tchang-fou,	27,370,098	39,412,940
11 Hou-nan,	Tchang-cha-fou,	18,652,207	26,859,608
12 Chen-si,	Si-ngan-fou,	10,207,256	14,698,499
13 Kan-sou,	Lan-tcheou-fou,	15,193,125	21,878,190
14 Sse-tchouan,	Tching-tou-fou,	21,435,678	30,867,875
15 Kouang-toung,	Canton,	19,174,030	27,610,128
16 Kouang-si,	Koueï-lin-fou,	7,513,895	10,584,429
17 Yun-nan,	Yun-nan-fou,	5,561,520	8,008,300
18 Koueï-tcheou.	Kouei-yang-fou,	5,288,219	7,615,025
	TOTAUX.	360,279,597	536,909,500

Si ces recensements sont exacts (et l'on n'a aucune raison fondée d'en douter, du moins dans certaine mesure, surtout pour le recensement de 1812, et puisqu'ils n'ont pas été faits pour en imposer à l'Europe), la population chinoise aurait augmenté, dans l'espace de *quarante ans*, de 176,629,703 individus! C'est une exagération tout à fait fabuleuse, dira-t-on, et qu'un homme sensé ne peut pas admettre. Non, sans doute, quand cet homme sensé, assis dans son cabinet, ne sait rien de ce qui se passe au delà. Nous avons démontré (*Chine moderne*, p. 188-192) que la *densité* de la population en Chine était, d'après le recensement de 1812, relativement moins élevée qu'en Belgique

---

[1] Ce recensement a été publié pour la première fois en anglais, par M. Bowring, gouverneur de *Hong-Kong*. D'après des documents recueillis par la mission russe à *Pé-king*, la population de la Chine, en 1842, ne se serait élevée qu'à 414,686,994 individus. Mais dans ce recensement, qui aurait été fait par *familles*, le multiplicateur paraît avoir été trop faible.

et en Irlande. Quant à l'*accroissement* de population de 176,629,703 individus en *quarante ans*, il a un précédent en Chine même : de 1761 à 1812, dans l'espace de *cinquante et un ans*, la population, selon les recensements, s'était augmentée de 162,064,973 bouches, un peu moins que dans les *quarante* dernières années. Mais, au surplus, le dernier *accroissement* ne dépasse pas, n'égale même pas les *proportions* reconnues par les économistes dans plusieurs contrées de l'Europe, en Irlande, par exemple, où la population *a doublé en trente ans!* Elle n'a fait que *s'accroître*, en Chine, *des deux tiers* environ en quarante ans. Il n'y a donc rien de fabuleux ni d'impossible dans le dernier recensement de la population chinoise.

Nous bornons ici nos observations sur la Chine et les Chinois. Nous n'avons eu en vue, en les présentant dans la forme qu'elles ont revêtues dans cette Introduction, que d'exposer aussi succinctement et aussi fidèlement que possible la nature et l'organisation du gouvernement chinois, dont le révérend W. C. Milne ne parle pas dans son livre. Ayant pris pour devise cette parole du philosophe Sextius : *Veritatem dilige*, nous avons pu, et dans cette *Introduction* et dans les *Notes*, blesser quelquefois des opinions contraires; nous le regretterions sincèrement; cela n'était pas dans nos intentions.

G. Pauthier.

Paris, le 17 juin 1858.

LA VIE EN CHINE

PREMIÈRE PARTIE

IDÉES DES OCCIDENTAUX SUR LA VIE A LA CHINE

CHAPITRE PREMIER

Étrangeté des usages. — Les queues. — Déformation des pieds.

Les idées que la plupart des Occidentaux se forment des Chinois me paraissent prendre leur source dans un certain nombre d'éléments principaux que l'on peut classer ainsi : l'étrangeté des usages, l'emploi de la queue, la déformation des pieds, la longueur des ongles, les éventails, les peintures, les dessins sur papier de riz, le processions, les boules concentriques, les lanternes, les bâtons servant à manger, les ragoûts de rats et de souris, la soupe aux nids d'hirondelles, la fréquence des infanticides, et une absence totale de sentiments de bienveillance.

Telles étaient les notions que j'emportais avec moi en me rendant en Chine en 1839. Dès les premiers jours de mon arrivée, j'eus la curiosité d'éprouver à quel point elles étaient justes; et mon intention aujourd'hui est, en suivant l'ordre que je viens de tracer, d'offrir au lecteur le résultat d'observations suivies pendant une résidence de près de quatorze années. Elles serviront, je l'espère, à corriger ou confirmer ses préjugés sur les mœurs et les usages des Chinois.

Étrangeté des usages chinois. En observant de près la vie commune des Chinois, il est impossible de ne pas y découvrir des analogies avec les habitudes de tout autre pays. Ainsi partout on s'habille, on habite des maisons, on mange, on boit, on se marie, on enterre les morts, on fait bon accueil aux étrangers, on s'amuse, on aime ses enfants, etc. Les Chinois ne font pas autre chose. Ce sont là, pour ainsi dire, des instincts inhérents à la race humaine; comme ceux de la fourmi et de l'abeille, ils n'ont jamais changé depuis la création du monde.

Cependant il y a dans ces habitudes générales certaines formes incidentes qui peuvent différer; or, en Chine, il arrive quelquefois qu'elles diffèrent d'une manière si remarquable des types particuliers à notre pays, que, de toutes les bizarreries qui s'offrent aux regards de l'étranger, un Chinois paraît, à la première vue, être la plus bizarre.

Non-seulement par sa position géographique, mais par ses idées et sa manière d'agir, il semble être aux antipodes des *Barbares de l'Occident;* et tout ce que vous avez pu entendre dire chez vous sur l'étrange opposition de ses usages aux vôtres se trouvera bientôt confirmé par sa manière d'être.

Pour ne parler que d'un petit nombre de choses usuelles :

Dans une visite, vous ôtez votre chapeau ; *il* garde le sien sur sa tête. En approchant de votre ami, *vous* lui serrez cordialement la main ; *lui*, en avançant vers son hôte, il ferme les poings, et serre ses mains l'une contre l'autre.

A dîner, vous commencez (quand vous le pouvez), par la soupe, le poisson, etc., et vous finissez par un dessert de fruits et de liqueurs ; *lui*, au contraire, renverse cet ordre ; il commence par les fruits, les liqueurs et les biscuits, et termine par le poisson et la soupe.

A leurs noces, les dames européennes se mettent en blanc : le blanc est interdit à une dame chinoise. Au lieu de fraîches demoiselles d'honneur à la robe virginale, vous voyez autour de la fiancée éperdue de graves matrones tout de noir habillées. Pour passer la lune de miel, la nouvelle épouse se dispense d'une excursion aux *Spa* ou aux *Baden* du pays. Elle passe son premier mois enfermée dans la maison du mari ; de sorte qu'on est assuré de la trouver lorsqu'on lui fait ses visites.

A un enterrement, on ne porte pas du noir, mais du blanc ; et il n'y a pas de couleur trop gaie pour ensevelir les morts, le blanc excepté.

Comme amusements, il n'est pas rare de voir de grandes personnes enlever des cerf-volants, tandis que des marmots se tiennent gravement assis par terre à les regarder ; on se renvoie ordinairement le volant non avec la main, mais avec le pied.

Dans les livres, le titre, lorsqu'il est placé extérieurement, s'inscrit sur le dos. Le commencement du livre répond à ce qui chez nous est la fin. Le titre courant est sur la marge de chaque feuillet. La pagination est aussi près du bas que possible, au lieu de se trouver au coin d'en haut. Les notes marginales sont au haut et non au bas de la page ; en lisant vous procédez de droite à gauche, en partant du haut au bas de la colonne.

Divers. — Le nom propre ne suit pas le nom de baptême ; il le précède. La tendre mère qui embrasse sa progéniture porte l'aimable enfant à son nez, comme une rose dont elle voudrait aspirer le parfum. Par le plus beau clair de lune, on porte avec soi sa lanterne allumée. Le marin, en nommant les points de la boussole, dit : *Est, Ouest, Sud, Nord*. Lorsqu'on lance un vaisseau, c'est toujours de côté. Le cavalier monte son cheval à droite. L'écolier qui récite sa leçon ne fait pas face à son maître ; il lui tourne le dos. Dans les réunions de cérémonie, il n'est pas question de chaussures vernies ; on y va en souliers à semelles d'une épaisseur monstrueuse ; et une couche de blanc de plomb, appliquée délicatement sur le bord de la semelle, tient lieu de cirage.

La queue. — Dans l'imagination des Occidentaux, c'est sur la tête que la population mâle de la Chine porte le signe caractéristique de son sexe. Dès qu'on prononce le mot *Chinois*, on se le figure devant ses yeux tel qu'il est représenté sur les porcelaines et les paravents du pays, avec une natte tombant du derrière de la tête sur le dos. A l'effet d'obtenir cet appendice, on rase complétement le crâne, en n'épargnant que la couronne, d'où on laisse croître les cheveux dans toute leur exubérance. Cette *queue* (puisque tel est le nom que lui donnent les peuples de l'Occident) atteint généralement la longueur d'un mètre ; mais on peut l'accroître indéfiniment en prolongeant le ruban de soie qui sert à tresser les cheveux, ou en y ajoutant de fausses nattes qu'on se procure presque pour rien dans toutes les boutiques de barbier.

J'ai vu un assez grand nombre d'indigènes (à la vérité ils forment une exception) réellement soigneux de la propreté de leur coiffure. Le matin, de bonne heure, ils peignent leurs longs cheveux noirs, les enduisent de quelque substance oléagineuse, et les tressent avec beaucoup de patience. Dans la bonne société, la règle est de se raser la tête tous les dix jours. C'est une considération de santé et de respect humain. Se laisser croître les cheveux sur le devant de la tête est un signe de deuil ou d'une extrême pauvreté.

La tête d'un jeune homme frais rasé présente quelquefois à l'observateur attentif une singularité remarquable. Lorsqu'il sort des mains du barbier, la figure et le front luisants et polis, on voit, autour de la couronne de la tête, comme un cercle de soies de sanglier, chaque brin de cheveux se redressant court et ferme, et offrant l'apparence d'une brosse à dents. Cela tient à ce que le porteur désire laisser prendre à ce cercle assez de longueur pour le tresser avec la natte principale, qui flotte si gracieusement sur ses épaules. Quelque temps avant mon voyage en Chine, j'avais lu dans un ouvrage intitulé : *Fanqui en Chine*, une explication bien différente de cet usage. « J'imagine, disait l'auteur, que c'est un usage particulier aux jeunes gens à marier, pour s'attirer l'attention du beau sexe. »

Les hommes de peine trouvent parfois des inconvénients à cette natte ornementale. Toutefois, lorsqu'ils sont au travail, ils s'en débarrassent en la roulant autour de leur tête, ou en en formant un nœud épais. Quelque embarras qu'il en éprouve, l'homme le plus pauvre est fier de sa queue, ce symbole national. On a vu quelquefois un Anglais fraîchement débarqué se gaudir aux dépens de « la queue de *John;* » mais il apprend bientôt par expérience à respecter cet apanage favori de son ami le Chinois. *Noli me tangere* est la devise de l'ordre de la queue comme de celui du chardon. Cependant, tout fier qu'un indigène soit de son accessoire, il sait parfois en tirer un parti utile. Un matelot, dans une bourrasque, s'en sert pour fixer solidement son bonnet sur sa tête ; un pédagogue quinteux, dans un besoin urgent, et ne trouvant pas sa férule sous sa main, applique sa queue sur la tête et les épaules de l'écolier récalcitrant. Pour faire pièce à ses camarades, un gamin attachera deux ou trois queues ensemble, puis fera soudain courir les intéressés dans des directions opposées.

Au résumé, l'impression reçue en Europe que la queue est généralement portée par la population mâle de la Chine peut être considérée comme juste. L'usage est adopté parmi les Chinois proprement dits comme parmi les Mantchous. Cependant il y a quelques exceptions. La règle distinctive des prêtres de la religion boudhique est de se raser complètement la tête. Laisser croître les cheveux et les réunir sur le haut de la tête est la coiffure des prêtres de la secte du *Tao*. On rencontre des mendiants qui laissent croître leurs cheveux sans les nettoyer ni les tresser; et les montagnards insoumis appelés *Miao-tsze*, se font gloire, dit-on, de porter leurs cheveux en signe d'indépendance.

L'usage de porter les cheveux longs, peut-être à la manière des prêtres du *Tao*, remonte très-haut dans l'histoire de la Chine. Il y a deux cents ans environ que la nouvelle mode a été introduite par la dynastie mantchoue à son accession au trône. Deux siècles ont réconcilié les naturels de la Chine avec cette marque de vasselage, et maintenant, plus que jamais, il est devenu un signe de distinction entre les *loyalistes* et les *rebelles*. Le mouvement insurrectionnel dirigé par le chef *Taïping* est désigné sous le nom de *révolte des longs cheveux*. Il exige de tous ceux qui entrent dans ses rangs la réadoption de l'ancienne coiffure, c'est-à-dire les cheveux dans leur entière croissance, sans être rasés, ni coupés, ni tressés, mais réunis en un nœud sur le haut de la tête. Dans une des premières proclamations de ce chef de brigands, qui contient une série de dix ou douze griefs sérieux contre le gouvernement suprême, le premier est que les Chinois possédaient de temps immémorial une manière à eux de porter leur chevelure; mais que ces Mantchous les ont forcés à se raser la tête et à porter une longue queue, les assimilant ainsi aux animaux de la plus commune espèce. A ce sujet nous citerons l'observation suivante de la *Revue d'Édimbourg* [1] :

« Au sujet de ce grief contre le gouvernement tartare, nous ferons observer que, dans le principe, il ne fit qu'adopter la règle de presque toutes les autres dynasties chinoises à leur fondation, c'est-à-dire l'introduction de quelques légers changements dans le costume de la

---

[1] *Art. Political disturbances in China.* Oct. 1855.

population mâle. Les plaintes en question pouvaient avoir quelque ombre de justice, et soulevèrent en effet des vengeances terribles de la part de la génération chinoise, obligée dans le principe à porter la queue, ce signe de soumission au sceptre des conquérants tartares, maintenant adopté par les Chinois comme par les Mantchous; mais, après un laps de deux cents ans, placer ce grief en tête de tous les autres, semble n'être qu'un effort pour enflammer l'orgueil et l'animosité de la populace. On ne peut s'empêcher d'en convenir lorsqu'on lit cet appel dans une proclamation des rebelles : « Chinois, nous « venons pour vous sauver! Les Chinois sont en majorité « parmi vous. Comment donc êtes-vous assez simples et « assez stupides pour vous raser les cheveux de la tête « par obéissance à ces Tartares, et pour adopter leur ma- « nière de se vêtir? Comment vous résignez-vous à rester « les esclaves et les chiens des Mantchous? etc. »

La déformation des pieds. —Tandis que chez l'homme le signe distinctif de la force est sur la tête, celui de la beauté chez la femme est dans le pied. C'est ce qui frappe d'abord la curiosité de l'étranger, lorsqu'il visite cet immense bazar de curiosités, *la Terre fleurie.* Un Européen nouveau venu, quelle que soit sa modestie naturelle, se prendra à observer les pieds de la première Chinoise, belle ou laide, qui lui passera sous les yeux. Mais, s'il avait apporté dans les eaux méridionales de la Chine cette impression généralement adoptée chez nous, que l'usage de se déformer le pied est universel parmi les femmes chinoises, il reconnaîtra bientôt son erreur. Les batelières de Canton, citées pour leur adresse à la rame, se présentent les premières à votre arrivée sur leurs rivages; et leur pied nu vous montre assez qu'elles n'empêchent pas ce membre d'arriver à ses dimensions naturelles. En général, à Canton, les femmes de la classe domestique accordent cette liberté à la nature. Cependant il faut avouer que, dans les gens du commun, cette tolérance est exceptionnelle et locale. Ainsi, à Tchusan et à Ningpo, où je résidai dix-huit mois, en 1842 et 1843, je ne me rappelle pas avoir vu un seul exemple de pied régulièrement conformé parmi les femmes, même de la classe domestique. Mais, dans la suite de mon voyage, lorsque j'habitai le Nord, surtout lorsque je parcourus Canton, Kiangsi et les provinces du Tchékiang, j'ai été à même de voir que les femmes regardent la déformation des pieds comme un obstacle à leurs travaux quotidiens.

Dans les troupes de ce chef insurgé qui jette le trouble au sein de l'empire, on a calculé qu'il se trouvait, à Nanking seulement, environ un demi-million de femmes rassemblées de diverses parties du pays. Ces femmes étaient distribuées en brigades de treize mille, sous des officiers de leur sexe. Dix mille formaient un corps choisi, bien exercé et composant la garnison de la citadelle. Le reste avait la tâche passablement pénible de creuser des fossés, d'élever des ouvrages en terre, de dresser des batteries, etc. Comme un pied bien fait devait nécessairement être de rigueur pour former la garnison de Nanking ou le service du génie dans cette singulière campagne, nous devons supposer aux amazones chinoises une conformation satisfaisante sous ce rapport.

Il paraît que les familles Tartares découragent et cherchent à abolir cette déformation. La mode, cette reine du monde, incite vainement quelques-unes d'entre elles à suivre les usages de la nation conquise, en comprimant les pieds de leurs enfants ; ces écarts ont été, dit-on, réprimés par le pinceau *vermillion* de l'empereur. En 1838 et 1840, Sa Majesté a eu occasion de prononcer en soupirant des mots équivalents à : *O tempora ! ô mores !* et, proclamant ses ordres de réforme, elle a menacé les chefs de famille de la dégradation, s'ils persistaient dans leur système de mutilation. Elle a prévenu en même temps les nobles dames qu'en adoptant un usage aussi bas et aussi vulgaire elles se rendaient incapables d'être élues dames d'honneur dans l'intérieur des palais impériaux.

Ces remarques et ces exemples tendent à montrer qu'il existe en Chine une grande et respectable minorité de dames dont les pieds ne sont pas déformés.

Mais, si c'est une erreur de dire que la déformation du pied est universelle en Chine, ce n'en est pas une moindre d'affirmer qu'il n'y a que les parents riches qui soient en état de donner à leurs filles le luxe d'*un petit pied*. Les rues et les maisons de toutes les villes où sont admis les étrangers ne montrent que trop à quel point cet usage est copié par toutes les classes. Même parmi les pauvres, qui devraient apprécier la valeur des pieds de la forme normale, il y a un autre mode de calculer les profits et pertes d'un pied comprimé. Lorsqu'ils marient leurs filles, les *lis d'or* (comme leurs pieds délicats sont poliment appelés) n'entrent pas pour peu de chose dans les conditions matrimoniales. Il y a tout lieu de supposer que beaucoup de femmes qui, jusqu'à leur mariage, s'étaient soumises à la torture de la compression, se sont vues, une fois mariées, dans la nécessité de relâcher les bandages, pour assister leurs maris dans les travaux du jardin, des champs, etc. Mais il n'en est pas moins vrai que dans les rangs infimes, comme chez les riches, l'usage est populaire et de mode. En voyant passer dans quelques villes des bandes de mendiantes, j'en ai observé dont le corps était couvert de haillons et de vermine, mais dont les pieds, comprimés par des bandages, étaient réduits a d'aussi petites dimensions que ceux de la plus riche héritière. Souvent aussi il arrive qu'un pied qui paraît à vos yeux dûment bandagé et comprimé n'est qu'un pied de contrebande, simulé par des motifs de vanité. Une domestique de bonne maison, qui, dans ses évolutions diverses, se montrera au niveau de la mode la plus exigeante, accourra la nuit, si on l'appelle, avec des pieds de dimensions on ne peut plus ordinaires. Le moyen employé pour cela consiste à porter de courtes échasses figurant de petits pieds en bois recouverts de chaussures élégantes. Celui qui écrit ces lignes, a vu sur la scène une actrice dont un des charmes principaux consistait dans le pied le plus petit et le plus élégant. Tout dans sa tournure et ses manières annonçait une femme; et pourtant ce n'en était qu'une imitation, les pieds compris ; le rôle était rempli par un jeune homme.

Jamais on n'a pu me rendre un compte satisfaisant des raisons qui ont introduit cette singulière coutume parmi les Chinois. Était-ce pour donner aux pieds un air de délicatesse, pour empêcher les femmes de courir de côté et d'autre, ou leur donner l'air de noblesse et de liberté qu'on attribue à l'exemption de tout travail pénible? Les Chinois eux-mêmes ne sont pas d'accord sur la date précise de son introduction et sur l'inventeur réel de cette hideuse difformité.

Ce qu'il y a de certain, c'est que la mode dont il s'agit n'est point dérivée par tradition des premiers descendants de la famille de Noé. Je sais que quelques Européens, qui se plaisent à faire remonter les monstruosités de toute espèce à l'intervention des conquérants tartares, affirment positivement que la compression des pieds fut introduite par eux il y a deux cents ans, lorsqu'ils montèrent sur le trône de la Chine. Cette assertion, il faut le reconnaître, n'a pas le plus léger fondement. Les annales écrites du pays font remonter cet usage beaucoup plus haut. Un auteur attribue son origine à une femme infâme, Ta-ki, dont l'époque remonte à onze cents ans avant Jésus-Christ. Elle était impératrice. Née avec un pied-bot, elle usa de sa merveilleuse influence sur son mari pour lui faire adopter cette forme de pied comme type de la beauté ; et ce faible prince obligea ses sujets, par un édit impérial, à comprimer les pieds de leurs enfants, jusqu'à ce qu'ils atteignissent les formes de ce modèle désormais national.

D'autres prétendent que l'abominable coutume ne s'établit que dix-sept cents ans après Ta-ki, c'est-à-dire en 600 de notre ère. Selon eux, le monarque régnant alors, *Yangti*, avait obligé sa concubine favorite à se comprimer les pieds. Sur le dessous des semelles de ses souliers, il avait fait imprimer la fleur du lotus ; et à chaque pas que faisait la favorite, elle laissait sur le sol l'empreinte du lotus, le lis des eaux. De là vint que, jusqu'à ce jour, les pieds comprimés des dames chinoises ont reçu la flatteuse qualification de *lis d'or*.

Une autre tradition attribue l'existence de cette mode à un caprice de *Li-yoh*, prince licencieux et tyrannique, de la dynastie *Thang*, qui tenait sa cour à Péking en 916 après Jésus-Christ. Un jour, dit-on, dans l'un de ses voluptueux loisirs, il lui vint à l'idée qu'il pouvait améliorer la forme du pied de sa maîtresse favorite, en arrondissant le cou-de-pied, et lui faisant décrire une courbe, ce qui lui donnerait quelque ressemblance avec le croissant de la lune. On ne voit pas trop bien comment cette ressemblance pouvait exister. Quoi qu'il en soit, les courtisans en furent tellement émerveillés, qu'ils se hâtèrent d'introduire la nouvelle mode dans leurs familles.

Nul doute que, dans l'opinion de la nation chinoise, cette difformité artificielle ne soit un des principaux éléments de la beauté féminine. Un poëte du pays a dit : « Un pied non comprimé est un déshonneur. » Ainsi que l'a remarqué M. Lay, un pied de deux pouces de long est l'idole d'un Chinois ; il lui prodigue les épithètes les plus précieuses que puissent lui fournir la nature et le langage. En décrivant les charmes ravissants de leurs dames, ils ne manqueront jamais de citer l'extrême petitesse de leur pied. Plus il est réduit dans ses proportions, plus il est regardé comme gracieux. Quant à nous, il nous serait aussi impossible de trouver une beauté physique dans cette déviation du pied de la femme, qu'il serait impossible à un Chinois de trouver des charmes dans la compression exagérée que les dames européennes font subir à leur taille.

Il s'est trouvé parmi les Chinois eux-mêmes des philanthropes assez humains pour déplorer cette mutilation contre nature, et assez courageux pour la condamner. Un écrivain d'un certain talent, vers la fin du dernier siècle, exprimant son horreur pour une coutume si vicieuse, en attribue l'introduction au prince *Li-yoh*, et le condamne pour ce fait à endurer un emprisonnement de sept cents ans dans un des enfers boudhistes, lequel, ajoute-t-il, n'est que le premier degré d'une série de châtiments réservés au coupable dans un cycle interminable d'années. Pendant l'anarchie qui a signalé les commencements de la dynastie régnante, un fameux chef de voleurs, ennemi déclaré du pied des Chinoises, mutila un nombre considérable de femmes, et éleva avec les pieds amputés une énorme pyramide. Mais l'auteur de ce récit ne représente pas les mânes des femmes mutilées comme criant vengeance contre le chef de bandits. Elles répandent leurs imprécations sur la tête de l'impopulaire prince *Li-yoh*, qu'elles regardent comme le véritable auteur de leurs souffrances. Le ciel est représenté comme répondant à l'appel de ces infortunées, en condamnant le tyran à fabriquer de ses propres mains un million de paires de souliers à l'usage des femmes de la Chine.

Quant à l'âge où l'on commence à soumettre le pied des pauvres filles à cette cruelle opération, c'est ordinairement vers la sixième ou septième année. Cependant, chez les gens riches, on commence dès que l'enfant forme ses premiers pas. On a parlé de souliers de fer ou de bois; ils n'existent que dans la cervelle de quelque étranger à l'imagination inventive. On n'emploie que les bandages, le but étant moins de rappetisser le pied que de le contraindre à prendre une certaine forme; pour cela des ligatures bien serrées suffisent; et on ne les supprime que lorsqu'on a obtenu la conformation désirée. Dans les notices sur la Chine, publiées il y a quelque temps par les *Annales de la Propagation de la foi*, l'éditeur fait observer que : « comme les femmes portent deux paires de souliers superposées, dont l'une ne les quitte ni jour ni nuit, leurs pieds sont dans des espèces de maniques. » Je n'ai jamais vu cet usage là où j'ai résidé; il est probable que les missionnaires romains ont pris pour des souliers les bandages dont le pied est enveloppé.

Cette ligature a généralement pour effet de replier quatre des orteils sous la plante du pied, ne laissant de libre que le gros orteil; et de briser en quelque sorte le cou-de-pied. Il en résulte que les beautés du Céleste Empire marchent d'un pas court et précipité, en s'aidant des bras comme d'un balancier, exactement comme si l'on marchait sur les talons. Les Chinois comparent ce mouvement de progression aux ondulations du saule agité par une douce brise. Ces saules ambulants sont réduits à se soutenir avec un parasol, ou à s'appuyer sur un domestique, ou sur le bras de quelque respectueux petit-fils.

Il est hors de doute que plusieurs cas de gangrène se sont prononcés par suite de cette douloureuse compression. Cependant, d'après tout ce que j'ai vu, j'inclinerais à croire que les effets sur la santé n'en sont pas aussi graves qu'on a voulu le prétendre. M. Lockart, dans son *Compte rendu médical* relatif à l'hôpital de Tchusan, en l'année 1840-41, fait l'observation suivante: « Bien que plusieurs femmes se soient présentées à l'hôpital, affectées de diverses maladies, entre autres d'ulcères à la jambe, j'ai remarqué seulement une fois ou deux que la maladie ou l'ulcère avait eu pour cause apparente la compression du pied et la déviation forcée de ses os. Il serait difficile d'apprécier avec exactitude à quel point cette pratique nuit à la santé; mais un grand nombre d'observations faites dans différentes classes de la société sur des enfants et des adultes me portent à croire qu'elle ne produit pas autant de mal qu'on en pourrait attendre du traitement sévère auquel les pieds sont soumis dans l'enfance. Tout révoltant qu'il paraisse, et quelque repoussantes qu'en soient les conséquences, peut-être n'influe-t-il pas plus sur la santé et le bien-être que les pratiques imposées par la mode aux femmes des nations occidentales. »

Si l'étroite compression des pieds occasionne réellement de la peine ou de la douleur, il est merveilleux de remarquer l'absence complète de ces sentiments chez des femmes qui font dans la même journée une marche de plusieurs milles, chez des nourrices qui portent leurs enfants sans en éprouver la moindre incommodité, chez des servantes qui accomplissent des travaux devant lesquels reculerait le zèle des servantes européennes. Il est étrange de contempler avec quelle aisance des jeunes filles dont les pieds ressemblent au sabot d'un quadrupède exécutent les postures des danses les plus étranges, ou se livrent à leurs jeux dans les rues et dans les ruelles. Les femmes aiment beaucoup à jouer au volant ; et, comme raquette, elles se servent de leur pied, sans paraître en éprouver la moindre gêne. J'ai vu, dans une troupe de jongleurs nomades, une femme soulever une table sur ses deux pieds difformes, la balancer dans l'air, la tourner et retourner sur ses deux bouts, sans manifester la moindre douleur.

Pour conclure ce long paragraphe sur le pied à la mode des Chinoises, je dois déclarer que toute personne au courant de la société chinoise devrait hésiter à dire, comme on l'a fait dans les *Annales de la Propagation de la foi*, « que c'est un grand acte d'indécorum de s'arrêter à regarder les pieds des Chinoises. » Je ne suis pas non plus de l'avis de Murray, dans son ouvrage sur la Chine, lorsqu'il prétend qu'une dame de ce pays n'a pas de plus sûr moyen de soumettre le cœur d'un amant que de lui laisser voir ses pieds.

CHAPITRE II

Longueur des ongles. — Éventails. — Peintures et dessins sur papier de riz. — Processions. — Boules d'ivoire. — Lanternes. — Bâtons servant à manger. — Ragoûts de rats et soupes de nids d'hirondelles.

Longueur des ongles. — Dans la représentation européenne d'un Chinois à la mode, ses doigts sont terminés par des ongles d'une longueur démesurée. J'ai vu moi-même de nombreux exemples d'ongles parvenus, par les soins qu'on leur donnait, à des dimensions extraordinaires. On les considère comme l'indice de la fortune ou d'occupations littéraires. Il n'est pas rare de rencontrer cette sorte de prétentions chez les officiers de la douane, les copistes, les auteurs ou les pédants qui hantent les maisons des riches étrangers.

J'ai souvent rencontré un individu connu sous le surnom de l'*homme aux ongles d'argent*. Dans la crainte de briser ce que j'appellerai ses griffes, il y avait adapté des sortes d'étuis en argent. J'en ai connu un autre avec des ongles si longs, que, lorsqu'il sortait, il était obligé de les retrousser sous ses longues manches. Les Chinois ne rognent ni ne liment leurs ongles; mais les porter d'une longueur démesurée n'est pas un usage commun à la Chine : c'est une exception à la règle générale.

Les éventails. — L'usage de l'éventail ne souffre aucune exception. C'est un meuble indispensable aux deux sexes de tous les rangs, pendant toute l'année dans les provinces méridionales, et seulement pendant l'été dans le reste de l'empire.

Rien ne cause plus de surprise à un Européen, à son arrivée, que de voir l'*éventail* à la main ou à la ceinture des hommes comme des femmes, des riches, des pauvres, des soldats, des lettrés et des prêtres.

L'ouvrier qui a une main de libre trouve le moyen de s'éventer d'une main tandis qu'il travaille de l'autre. J'ai vu un officier qui allait se battre en agitant son éventail. Des personnes dignes de foi m'ont assuré avoir vu, lors de l'attaque des forts du Bogue, en 1841, des soldats du pays s'éventer tranquillement sur les remparts, au milieu d'une grêle de bombes et de boulets. Au lieu d'une canne ou d'une cravache, le petit-maître agite son éventail; le maître d'école l'applique sur le crâne ou les doigts de l'élève indocile. Les Japonais emploient, dit-on, cet ustensile à des usages inconnus dans le Céleste Empire. Le docteur Siebold dit qu'un éventail présenté sur une espèce de plateau à un criminel de distinction lui annonce son arrêt de mort, et qu'on lui tranche la tête au moment où il la tend du côté de l'éventail.

L'homme de peine, lorsqu'il ne se sert pas de son éventail, le place dans sa ceinture; mais, pour peu qu'on en ait le moyen, on ne manque jamais d'avoir un étui pour l'y placer.

L'innocent ustensile dont il vient d'être question a moins de variétés dans sa forme que dans la matière dont il est fabriqué. Il est de deux formes : ou tout droit et ouvert, ou pliant. Le premier se fait ordinairement en soie, en feuilles de palmier ou en plumes. Le second se fabrique en papier, ou en duvet d'oie, ou en ivoire délicatement ouvragé. Indépendamment de ce qu'il est de bon ton, l'éventail a pour principal usage de servir d'écran. Partout, dans les rues, on voit une foule de gens affairés marcher ou courir en plein soleil, par une chaleur de 98° Fahrenheit à l'ombre, sans avoir autre chose qu'un éventail à interposer entre leur tête et le soleil. Les indigènes se servent de l'éventail pour endormir leurs enfants et eux-mêmes. On s'en sert aussi fréquemment comme de refrigérant; mais alors on ne l'agite pas comme le font les Européens. Le mouvement précipité employé par ces derniers occasionne une action forcée des muscles, et doit élever la température du corps. Les Chinois agitent l'éventail posément, lentement, régulièrement, sans épuiser leurs forces. Lors de la saison des chaleurs et des moustiques, nul supplice n'égalerait pour un Chinois celui d'être privé de cet accessoire précieux. La masse du peuple, entassée dans des ruelles étroites, dans des maisons basses et privées d'air, le regarde comme un objet indispensable à son bien-être.

La passion innée des Chinois pour la peinture, le dessin et l'autographie, trouve largement à s'exercer dans la confection des éventails. Faits en papier et en satin, ils admettent les ornements de broderie. Les éventails en papier sont couverts de dessins, surtout de fleurs. On en voit en vente d'immenses quantités représentant la carte ou la vue de l'une des grandes villes de l'empire, Nanking, Peking ou Canton. Comme on y voit le nom de toutes les rues et de toutes les ruelles, ils tiennent lieu de *Guide* à tous les voyageurs qui visitent ces villes. D'autres représentent les localités ou les curiosités remarquables du pays. Presque tous sont ornés de sentences choisies. Le goût que les Européens montrent en général pour conserver dans des albums les souvenirs de quelques amis de prédilection trouve un équivalent en Chine. Pour obtenir l'autographe d'un ami, on n'a qu'à acheter un éventail non orné; puis on prie la personne aimée d'y inscrire une sentence ou deux, de les signer et d'y apposer son sceau. Cela fait, l'éventail devient pour son possesseur un trésor sans prix, une curiosité des plus rares.

Peinture et dessins sur papier de riz. — Les premiers jours de mon arrivée à Macao ont suffi pour me convaincre d'une vérité que ne tardent pas à reconnaître tous ceux qui ont visité un port chinois : c'est le goût naturel des indigènes pour la peinture, et le désir qu'éprouvent les marchands de satisfaire la passion trop évidente des étrangers pour les peintures et les dessins du pays. Mais il ne faut pas considérer ceux qu'on obtient à Macao comme des échantillons exacts des talents locaux dans leur état primitif. A Canton, à Macao, à Hong-Kong, on imite, depuis plusieurs années, les productions étrangères. Ce qui a surtout introduit beaucoup d'amélioration dans les dessins des Chinois, c'est l'influence de Chinnery, artiste anglais, mort depuis quelque temps. Installé depuis un grand nombre d'années à Macao, il avait aidé de ses conseils et de ses instructions plusieurs artistes de Canton; Longqua, par exemple, connu des étrangers pour la fidélité de ses portraits; et son frère puîné, Tingqua, estimé pour ses esquisses et ses miniatures. On conçoit l'effet de ces innovations sur les artistes de Canton.

On trouve cependant des peintures de véritable exécution chinoise dans le Midi, et surtout dans les ports plus au nord de l'empire.

Les porcelaines les plus fines comme les plus grossières, les gravures sur bois, etc., sont couvertes des produits de leurs crayons naïfs. Bien que le manque de perspective donne un ensemble gauche à leurs dessins, cependant, d'après les gravures sur bois de leurs topographies et les paysages qui illustrent leurs ouvrages sur l'agriculture, que chaque étranger rencontre journellement, il est évident que l'expérience a appris aux artistes chinois quelques-uns des principes essentiels de l'art; et qu'en décrivant les objets éloignés ils connaissent la nécessité d'en réduire les dimensions à proportion de la distance où ils se trouvent du point de vue. Mais ce qu'ils n'ont pas encore découvert, c'est que plus les objets s'éloignent, plus, pour leur donner de l'effet, il faut laisser leurs contours dans le vague. Le docteur Williams, de Canton, remarque [1] que les objets sont, autant que possible, représentés sur une surface plane, comme si le peintre avait pris son point de vue d'un ballon, avec le soleil éclairant verticalement au-dessus de sa tête. Aussi groupent-ils leurs personnages de la manière la plus ridicule. Ce n'est que dans les objets de détail qu'ils font voir quelque ressemblance. Dans l'idéographie de leur langage écrit, les représentations figurées d'un certain nombre de leurs caractères, quoique tracées au courant du pinceau, présentent une similitude singulière

---

[1] « The Middle Kingdom, » vol. II, p. 173.

avec les objets qu'elles expriment. Ainsi 馬, qui signifie *cheval*, présente la crinière, la queue et les jambes; et 門, qui signifie *porte*, en figure les deux montants.

Leur fidélité à dessiner les objets individuels et à les colorer se distingue surtout dans la représentation des oiseaux, des insectes et des fleurs. Ils y copient la nature avec assez d'exactitude, et trouvent un grand avantage dans leurs couleurs, qui ont beaucoup de vivacité et d'éclat. A chaque pas vous trouverez, produites par un pinceau chinois, sans l'aide d'un maître européen, des représentations d'oiseaux et de fleurs dans une attitude et avec des contours qui vous surprendront agréablement, tant ils sont pris sur la nature.

Dans leurs essais de portraits, sans aide étranger, ils sont, à coup sûr, loin d'être heureux. Les traits de la figure manquent d'expression, et le corps pèche contre toutes les règles de la proportion et de la nature. Un tableau représentant un groupe de créatures humaines offre aux regards la caricature la plus bouffonne. Et cependant les Chinois se complaisent à peindre les figures d'hommes, de femmes, d'animaux et d'objets inanimés. Plus d'une famille, ayant perdu son chef, est désireuse d'avoir son portrait suspendu dans la principale pièce de la maison.

On peut se procurer partout ces portraits à la minute, et pour le prix le plus modique. Les peintres exposent toujours en vente, pour ces occasions, des tableaux qui n'ont d'autre rapport avec le défunt qu'un déplorable caractère de lourdeur et d'absence de vie. D'habitude, leurs grands hommes, les héros fabuleux surtout, exercent les pinceaux des artistes. Récemment, des étrangers de tout grade, des matelots, des soldats surtout, se sont vus l'objet d'un semblable honneur, bien que représentés sous les costumes et dans les poses les plus comiques. Les vaisseaux anglais, et les *bateaux à fumée*, ou bateaux à vapeur, sont peints sur les éventails de papier sous des formes chimériques et des couleurs impossibles. A voir sous quels dehors fantastiques ils représentent dans leurs estampes les sujets de la Grande-Bretagne, on croirait qu'un malin pinceau s'est étudié à en faire la charge, si l'on ne connaissait l'inaptitude des artistes chinois.

Le gouvernement local de Péking possède un *Musée impérial* où sont suspendus les *portraits des empereurs, impératrices, sages, dignitaires et ministres célèbres.*

Sir John Davis, dans ses « Esquisses, » fait l'observation suivante : « Ce serait, de la part d'un sujet, le manque de respect le plus flagrant et le plus criminel que de posséder un portrait ou une représentation visible du *Fils du ciel*, de l'empereur. » Je crains que cette assertion ne soit pas très-exacte; car je connais des Chinois, placés même dans une position officielle, qui ont des portraits de l'empereur et ne s'en cachent pas. A la vérité, bien que ces représentations de Sa Majesté Impériale se trouvent dans leur maison, elles n'ont aucune prétention à ressembler au prince placé sur le trône. Depuis mon retour en Angleterre, je vois qu'au moment où a éclaté l'insurrection de *Taïping*, le monde européen (sinon le monde chinois) a pu contempler les portraits de l'empereur régnant et de son sujet rebelle[1]. On peut juger avec

---

[1] Voyez « Callery, Histoire de l'Insurrection, » etc., et « Christianity in China, » publié par Orr et C°, London.

probabilité que ces portraits sont totalement inconnus à la Chine, et que leur ressemblance avec les personnages dont ils portent le nom est complétement illusoire. Cependant l'auteur du *Christianisme à la Chine*, en présence des deux portraits gravés séparément sur le frontispice de son livre, cherche à en tirer des inductions sur le caractère individuel de l'empereur *Hienfoung* et de son rival *Taïpingwang*; puis il pose la conclusion suivante : « Voici deux portraits, l'un de l'empereur de Chine, l'autre du chef insurgé, de la tête couronnée et de la tête sans couronne, et, à en juger par les traits de leur physionomie, nous allions presque dire : de la femme et de l'homme, du poltron et du héros. Pour peu que nous supposions de la ressemblance aux portraits, l'empereur imberbe est un bambin, et le chef insurgé est un homme fait pour guider les armées d'un empire contre un César ou un Napoléon. Une intelligence puissante, une profonde pénétration, de vastes ressources, de la droiture, de la dignité, de l'audace, voilà quelques-uns des attributs qui se lisent sur les traits de l'insurgé. C'est la plus belle tête chinoise que nous ayons vue, si même on peut se permettre de dire que ce soit une tête chinoise. »

La peinture à la Chine est appliquée à presque toute espèce de surface. On peint sur ivoire, sur verre, sur papier. Il existe des peintures sur feuilles, mais elles sont rares et d'un prix excessif [1]. Ces espèces de feuilles proviennent de différents arbres, et on préfère celles dont le tissu est le plus serré : on enlève la partie compacte de la feuille, à l'aide de la macération ; ensuite on fait

---

[1] Nous en avons vu à Paris de fort belles.   G. P.

sécher le réseau, puis on le couvre de talc, sur lequel les couleurs produisent un effet charmant.

Mais, de tous leurs dessins, ceux sur *papier de riz* sont les plus estimés en Europe. Ce nom de papier de riz ferait supposer que la surface douce et veloutée sur laquelle on dépose les couleurs est formée par la pulpe du riz [1]. Cette supposition serait incorrecte; c'est la moelle d'une plante de l'espèce du fruit à pain, qui croît dans les contrées occidentales de l'Empire, surtout à Canton, où la fabrication de ce papier et la peinture dont on le décore occupent des milliers de mains. On y applique d'abord le tracé à l'encre de Chine; puis on traite les sujets à l'aide de matières colorantes d'une richesse exquise.

Processions. — On ne peut nier que les Chinois ne soient amateurs passionnés des *processions*. Cependant, d'après ce que j'ai vu, ils s'y entendent mieux dans le Midi que dans le Nord. A Macao et à Canton, il y a des corporations qui font des dépenses énormes pour organiser ces sortes de parades [2]. Elles ont lieu principalement en l'honneur des *génies* du lieu, qu'on orne et qu'on promène à cette occasion. Les membres des clubs sont parés avec luxe, et escortent leurs dieux pénates avec toute la pompe et le brillant que comportent leurs moyens. Des bannières de soie et de satin délicatement brodées, des corps de musique, des tables chargées d'offrandes,

---

[1] Ce *papier* est fabriqué avec la moelle d'une plante légumineuse que l'on nomme en botanique *Oeschinomène paludéenne*, qui croît dans les marais des provinces de *Sze-tchouen*, du *Kouang-si* et du *Fokien*.   G. P.

[2] Il en est de même des Chinois qui sont en Californie, selon ce que des témoins oculaires nous ont assuré.   G. P.

ornées de fleurs et d'images, forment une ligne d'une immense étendue. Pour ajouter à l'effet du coup d'œil, des troupes de fantassins sont revêtues de divers uniformes militaires ; des enfants, montés sur des poneys ou des chevaux de carton, singent l'allure et l'air grave des mandarins, tandis que des jeunes filles, semblables à des sylphides, se tiennent perchées sur des branches d'arbres portées par des hommes robustes.

Boules d'ivoire.— Que dirons-nous des boules d'ivoire concentriques? dix, douze et même plus percées à jour, renfermées les unes dans les autres? On a été longtemps à comprendre comment pouvait se fabriquer un objet d'art d'une telle complication. On a conjecturé que c'étaient des boules coupées en deux moitiés, si solidement et si artistement collées ensuite, qu'il était impossible d'en découvrir la jonction. On a même essayé de dissoudre ce point de réunion en faisant bouillir dans de l'huile une boule concentrique. — Tentative qui, on le juge bien, n'a pas eu de résultat.

Voici la solution du problème, telle que je l'ai obtenue de plus d'un artiste du pays. On perce dans un morceau d'ivoire parfaitement arrondi, un certain nombre de trous coniques, de sorte que les extrémités de tous ces trous viennent converger au centre de la boule. L'ouvrier commence alors à détacher la sphère la plus centrale, cela se fait en introduisant dans chaque trou un outil à pointe acérée et courbe. L'instrument est fait de manière à enlever l'ivoire par chaque trou à égales distances de la surface. Il fonctionne constamment par le fond de chaque trou, jusqu'à ce que les incisions se rencontrent. De cette manière la boule du centre se trouve séparée. Pour la polir, la sculpter et l'orner, on attire successivement chacune de ses faces vis-à-vis de l'un des plus larges trous. Les autres boules, plus grosses à proportion qu'elles se rapprochent de la surface extérieure, sont taillées, ouvragées et polies, précisément de la même manière. La boule extérieure, et qui sert d'enveloppe, est faite comme de raison la dernière. Quant aux outils nécessaires pour cette opération, la grosseur de la tige et la courbe du fer dépendent de la profondeur où chacune des boules se trouve de la surface. Tel est le mode employé pour sculpter un des objets les plus délicats de l'industrie chinoise ou de toute autre industrie. Ces « boules dans d'autres boules » sont destinées à l'exportation ; et on en expédie des pacotilles pour l'Angleterre et l'Amérique.

Lanternes. — Il est un autre objet au sujet duquel les Chinois ne montrent pas moins d'invention ; celui qui tient un rang distingué dans les notions que les peuples de l'Europe possèdent sur la Chine : — les *lanternes*. Il n'y a peut-être dans le *Céleste Empire* aucun meuble qui soit d'un usage plus général. L'ouvrier indigène y déploie, comme d'ailleurs en toute autre chose, le talent et l'industrie qui lui sont propres ; et en même temps il fait preuve d'un goût exquis dans le choix des couleurs dont il le décore. Je ne parle pas ici de ce qu'on peut trouver partout, de la modeste chandelle ou de la simple lampe. — Mais de ce qu'ils appellent *tang-loung*, « cage à lampe, cage à chandelle, » c'est-à-dire la cage dans laquelle est renfermée la chandelle ou la lampe. Elles sont de toutes grandeurs et de toutes formes, et construites de matériaux de toute nature. Leurs dimensions varient du joujou à deux liards, ou de la lanterne à deux sous dont se sert le pauvre, jusqu'au modèle pompeux de la grandeur d'une chambre raisonnable, ayant douze à seize pieds de diamètre, et coûtant 2,500 francs! Quant à la forme, elle échappe à la description : il y en a de rondes, de carrées, d'irrégulières; elles prennent la figure d'oiseaux, de quadrupèdes, de poissons, etc. Le châssis est généralement fabriqué en bois, en bambou, en fil de fer, ou en vannerie, recouverts de papier, de soie, de verre, de corne, de drap, de gaze, ou de colle forte. C'est sur ce fonds qu'ils appliquent les ornements de sculpture, de broderie, de dorure ou de peinture.

Pour éclairer ces cages, on se sert d'huile ou de chandelles; quant au gaz, ils n'en ont pas la moindre idée. Rien n'égale leur surprise lorsqu'on leur en fait voir un spécimen convenable. Un Chinois, grand voyageur lui-même dans son propre pays, m'avait accompagné en Angleterre en 1844. Il fut tout hors de lui à l'aspect de cette lumière mystérieuse. Dans des notes fugitives sur l'Angleterre et les Anglais, qu'il publia à son retour, il fait au sujet de cette curiosité remarquable les observations suivantes : « Le long de la route sont placés des candélabres soutenant de belles lanternes qui, éclairées à l'approche de la nuit, illuminent la vaste étendue des cieux. Le gaz qui brûle dans ces lampes est produit par le charbon, ce qui est sans contredit une découverte merveilleuse. Il projette une flamme incomparablement plus brillante que ne peuvent la donner l'huile ou le suif. Il procure la lumière à des familles entières, et des milliers de maisons s'illuminent instantanément. Dans tous les marchés, dans tous les lieux publics, on voit aussi clair à minuit qu'en plein jour; et, si je ne me trompe, notre fête des lanternes n'est pas plus brillante. Une ville éclairée de cette manière peut bien se nommer une ville sans nuit. En effet, vous pouvez vous promener jusqu'au jour sans porter une lanterne avec vous, et sans crainte d'être arrêté par quelque obstacle désagréable. »

Il y a certaines lanternes d'une construction particulière. Une entre autres est montée sur des ressorts. Lorsqu'on s'en est servi, on la replie, et elle peut se mettre dans un coin ou dans une malle. Celle dont on fait l'usage le plus général est la lanterne transparente. Elle est construite de bambou fendu très-mince et tressé comme une espèce de filet sur des montants. Cette sorte d'industrie occupe un nombre de mains infini. Le treillis de bambou reçoit une couche de colle forte qui en fait adhérer toutes les parties; il est recouvert ensuite d'une belle feuille de papier bien mince; une couche ou deux de vernis donnent le dernier fini à la lanterne et produisent une transparence merveilleuse. Une attache en fil d'archal se place en haut et sert à suspendre l'ustensile lumineux à un bâton d'une longueur plus ou moins grande. Le dessus et le fonds de la lanterne sont ouverts. La bobèche se met et s'ôte à volonté, au moyen d'un petit ressort en fil d'archal.

Il y a ce qu'on appelle la *lanterne-dragon*. On ne s'en sert qu'au printemps et à l'automne pour une fête qui s'observe dans toute l'étendue de l'Empire, sans doute pour se rendre propice quelque être fabuleux. Cette monstrueuse figure d'un dragon se compose de soixante ou quatre-vingts lanternes peintes réunies ensemble, chacune de la grosseur d'un baril de bière, ayant au centre de grosses chandelles. La longueur de ces figures symboliques dépasse souvent une centaine de pieds. D'un bout, elles présentent une énorme tête avec la gueule démesurément ouverte; de l'autre, une queue de grande dimension. A chaque compartiment s'adapte une perche, destinée à soutenir la monstrueuse machine. Lorsque la nuit est venue, on la porte ainsi de village en village ou de rue en rue, les porteurs ayant soin, en marchant, de donner au corps du dragon un mouvement d'ondulation où ils imitent la nature autant que possible. J'ai eu souvent occasion de voir la procession du dragon traverser la nuit un pays découvert. Elle offre l'aspect le plus singulier. Ajoutez qu'elle est toujours escortée d'hommes et d'enfants chantant et criant, tirant des coups de fusil, frappant sur des gongs ou tirant des pétards.

En fait de *lanternes curieuses*, je dois encore parler de celle qu'ils appellent *tseoù-ma-tang* (lanterne du cheval marchant). Elle sert aussi dans les fêtes. Elle est d'une grandeur considérable, et généralement construite de verre, avec des bobèches pour recevoir dans l'intérieur une grande quantité de chandelles. Le corps de la machine contient plusieurs cylindres légers en fils d'archal, superposés, et se balançant au moyen de petits pivots. Dans ces globes sont pratiquées de petites soupapes, tellement disposées qu'un courant d'air met tout en mouvement. Les cylindres sont d'ailleurs garnis de figures de femmes, de guerriers, de chevaux et d'animaux de toute espèce. Cette manière d'automate fait un excellent effet, et elle est très-populaire dans certains pays.

Les usages auxquels on emploie la lanterne sont très-nombreux à la Chine; plusieurs sont tout à fait inconnus en Europe. La nuit, il n'arrivera jamais au plus humble individu d'aller d'un bout de la rue à l'autre sans cet objet indispensable. Même par le plus beau clair de lune, on ne saurait se passer de lanterne. Lorsqu'un acheteur a choisi la sienne, il va chez le peintre, la fait orner de fleurs ou de figures, ou de quelque maxime plus ou moins savante, ou, enfin, y fait mettre son nom. Les porteurs de chaises et les gardes de nuit portent toujours leur lanterne. Les officiers en font porter d'énormes devant eux, où sont inscrits leur nom et leurs titres. On fait des lanternes pour jouets d'enfants, sous la forme de poissons, d'oiseaux et de chevaux. Tel bambin, qui ne peut encore marcher, a sa lanterne de cheval ou de phœnix.

Mais le croira-t-on? je le tiens d'officiers anglais qui en ont été les témoins oculaires, lorsque les troupes anglaises étaient en possession de Ningpo, en 1842. Les Chinois, au nombre de trois mille ou quatre mille, firent une attaque de nuit, qui fut repoussée. Ils portaient au-dessus de leurs têtes des lanternes allumées qui en firent autant de cibles pour les fusils de nos soldats.

Bâtons servant à manger. — Une *paire de bâtons* est un meuble essentiel pour un Chinois. Les plus communs sont de bambou ou de bois; les plus riches sont en ivoire ou en argent. Ils sont de la longueur d'un crayon de mine de plomb, le haut aplati et le bas arrondi. On les prend tous deux par le milieu avec la main droite, et on les ajuste de cette façon : l'un repose par en haut dans le creux du pouce et de l'indicateur, et est fixé par en bas entre les extrémités du doigt du milieu et du troisième doigt. Celui-là est stationnaire. L'autre est mobile; il est tenu seulement entre le bout du pouce et de l'indicateur. Les deux bâtons agissent comme une pince et servent à prendre de la viande, du poisson ou des légumes préalablement découpés. Lorsqu'on mange du riz cuit ou d'autres graines, on porte le bol à la bouche, et alors, à l'aide des bâtons adroitement employés, on fait arriver le riz à sa destination.

Dans la haute société, on voit quelquefois sur les tables une sorte de cuiller, généralement de porcelaine, et rarement d'argent. Le dandy chinois porte avec affectation ses bâtons à sa ceinture. Il se sert, pour les renfermer, d'un étui orné d'écaille, qui sert aussi à mettre un long couteau.

On s'est demandé souvent : les Chinois ne mangent-ils pas des rats? ne dévorent-ils pas des souris? A ce sujet, je ferai observer que, dans leur cuisine et dans leur système alimentaire, ils pourraient nous donner d'utiles leçons, même à un *Soyer* [1], surtout dans des moments de disette. Je pourrais cependant citer certains faits qui exciteraient chez les Européens une surprise générale, comme les Chinois seraient sans doute surpris eux-mêmes s'ils voyaient les ragoûts mis en vente sur les étalages de nos regrattiers. *Non est disputandum de gustibus.* Quant à ce qui est des rôtis de rats, des ragoûts de souris, ou de tout autre animal du même ordre, il ne m'est jamais arrivé d'en voir, ni même d'en entendre parler.

Qu'un homme réduit aux extrémités de la misère se résigne à ramasser et à manger les débris entraînés par les ruisseaux; que, dans les horreurs de la famine, des assiégés dévorent jusqu'aux reptiles qu'ils peuvent pren-

---

[1] Soyer est un fameux cuisinier français qui a fait fortune en Angleterre. Il avait établi, près de *Hyde-Park*, lors de l'Exposition universelle de 1851, un magnifique restaurant dans l'hôtel de lady Blessington, qu'il avait fait décorer, pour cet usage, d'une manière toute rabelaisienne. Lors de la guerre avec la Russie, Soyer se rendit en Crimée pour offrir ses services à l'armée anglaise. Il a publié en anglais, sur ce sujet, un livre fort amusant.   G. P.

dre, cela peut arriver dans tous les pays. Mais, pour cette raison, placer des objets aussi dégoûtants au nombre des provisions journalières d'une table chinoise, ce n'est ni raisonnable ni généreux [1].

Je lis dans l'*Alta California* de juin 1853 qu'on avait commencé, en Californie, une croisade contre les Chinois, sans autre motif que leur goût supposé pour les rats, les lézards, etc. Je cite l'extrait suivant du numéro du 15 juin :

« S'il est parmi nous une classe d'êtres plus disgracieux, plus infortunés, plus abandonnés que les autres, c'est incontestablement celle des Chinois. L'étendue de la répulsion populaire de la Californie à leur égard peut se comparer à celle d'un golfe immense qui les sépare de plus en plus chaque jour de toutes prétentions

---

[1] Le *Quaterly Review* (janvier 1857) contient un article long et curieux sur les *Rats* ; on y trouve le passage suivant : « Les chiffonniers de Paris se nourrissent sans répugnance de ces animaux. Le pâté de *rats* n'est pas entièrement inconnu dans notre pays. Les bohémiens (*gypsies*) mangent les rats qu'ils prennent dans les meules et dans les granges, et nous connaissons un médecin très-distingué qui s'en faisait servir sur sa table. Cette espèce de rats se nourrit de blé. L'idée de répulsion qui s'attache à cet animal est la seule cause pour laquelle l'homme le rejette, lorsqu'il mange le homard, le crabe, tout en sachant fort bien que ce sont les fossoyeurs de la mer. Dans la marine, on n'est pas toujours si délicat. Un vieux capitaine au service de Sa Majesté nous informe que, dans une occasion, lors d'un de ses retours de l'Inde, le vaisseau fut infecté de rats qui faisaient de grands ravages dans le biscuit. Les matelots, pour compenser la perte de leurs provisions, mirent en pâté tous les rats qu'ils purent tuer, et les trouvèrent excellents. Au siége de Malte, lorsque les Français furent réduits aux dernières extrémités, les rats se vendirent cinq francs pièce ; mais les soldats de la garnison témoignèrent leur préférence pour ceux qui étaient nourris de blé, en payant double prix les rats pris dans les greniers. »

à obtenir les droits et les priviléges de citoyens dans l'État. La dégradation incommensurable où ils sont tombés dans l'opinion publique ressemble aux profondeurs d'un puits d'où il leur serait absolument impossible de se tirer jamais. Ils sont déchus, dans l'estime des mineurs, mille fois au-dessous du degré des Indiens aborigènes, plus bas que les bêtes qui se nourrissent de la chair des animaux d'un ordre inférieur. En effet, on dit que l'ours ne touche pas à la viande gâtée, tandis que *John* ne dédaigne rien dans l'ordre des reptiles. Dans leur appétit fort peu délicat, les fils du Céleste Empire se jettent sur les rats, les lézards, et autre menu gibier semblable; et cela, dans un pays où abondent la farine, le bœuf, le lard, et d'autres aliments convenables à la race blanche. Faut-il s'étonner que les usages des Chinois excitent dans la Californie un dégoût ineffable et soulèvent l'estomac du plus solide Anglo-Saxon ! »

La semaine suivante parut la réponse d'un Chinois, écrite, je suppose, par un ancien élève de l'école Morrison, à Macao; j'en extrais le passage suivant :

« Monsieur l'Éditeur, je suis Chinois, et j'en rends grâce à Dieu (*Changti*). J'ai appris d'un missionnaire de Macao à lire et à écrire l'anglais. Je l'en remercie également, car je suis en état de lire et d'apprécier les *nombreux* actes de bonté que mes compatriotes ont éprouvés de la part du grand peuple américain (*Fa-Ki*), et surtout des journalistes. Ces derniers se plaisent à stigmatiser mes pauvres compatriotes comme une classe de misérables (*Alta*, 15 juin) tombés dans une dégradation incommensurable, plus bas que l'Indien aborigène, ou les bêtes qui se nourrissent d'animaux d'un ordre inférieur, ne dédaignant rien dans l'ordre des reptiles, se jetant, pour assouvir leur appétit peu délicat, sur les rats, les lézards, et autre gibier semblable. Maintenant, je viens vous demander quelles preuves vous apportez pour soutenir une assertion si peu généreuse. Où, quand, avez-vous vu quelqu'un de mes compatriotes manger des rats, des lézards ou des vers de terre? Avez-vous quelquefois visité nos garde-mangers? Y avez-vous, par hasard, trouvé quelque chose de semblable? Avez-vous, du moins, cherché à vous éclairer, avant de condamner en des termes aussi durs nos mœurs et nos usages? Pourquoi cherchez-vous à plaisir à faire naître, au moyen des colonnes de votre journal, un sentiment haineux contre mes concitoyens? Ne sommes-nous pas déjà assez maltraités par ceux qui prétendent nous connaître; à ce point que nous ne pouvons passer dans les rues sans nous voir en butte aux insultes et aux outrages? A présent que vous êtes à même d'apprendre quelque chose sur notre compte, sachez (si vous ne le savez pas) que notre Empire renferme près de la moitié des habitants de la terre; dans certaines parties, il est tellement peuplé, qu'il ne serait pas impossible qu'on s'y fût vu quelquefois obligé de manger des *rats* dans un moment de disette. Je déclare que je ne l'ai jamais vu faire; et je me glorifie cependant de connaître aussi bien que personne les usages qui nous ont été transmis de père en fils depuis les jours de *Hu-Lou-Toui*. Pourquoi donc ferait-on supporter à toute notre race un méfait qui peut tout au plus être reproché à quelques individus?

« On s'accorde à reconnaître que la bonne santé dépend du système de diète qu'on pratique. Comparez le nombre de nos maladies et de nos morts avec celui que vous trouverez parmi les nations soi-disant chrétiennes et civilisées de la Californie : vous verrez qu'il est de un à huit. Vous déciderez alors qui d'elles ou de nous use des aliments les plus sains et les plus convenables. »

Je ne prolongerai point ce paragraphe par d'autres remarques sur le régime diététique des Chinois. Je n'ajouterai qu'un mot au sujet de la *soupe aux nids d'hirondelles*. Les indigènes sont avant tout friands de substances gélatineuses. C'est pour cela que les gourmands affectionnent les *nageoires de requin*, et surtout les *nids d'hirondelles*. J'ai goûté de ce mets; lorsqu'il est bouilli, arrangé en soupe, ou mêlé à d'autres ragoûts, il peut être considéré comme agréable. « On a été longtemps dans l'erreur au sujet de la substance dont les nids sont formés; mais des expériences scientifiques, faites récemment, ont prouvé qu'ils consistent en une certaine plante marine (ou plutôt le mucilage de cette plante), laquelle ne se trouve que sur les côtes de Java et des autres îles de l'archipel Indien. La qualité des nids varie considérablement selon les conditions où on les ramasse. Les pêcheurs habiles choisissent les nids qui se trouvent dans les plus profondes anfractuosités des rochers. Ceux-là sont remarquables par leur grande transparence; et, s'étant trouvés exposés à une atmosphère imprégnée de nitre, ils en prennent nécessairement un goût nitreux [1]. »

L'oiseau qui fournit cette singulière délicatesse aux tables chinoises est une petite hirondelle « *hirundo esculenta* » qui bâtit son nid dans les précipices et les rochers sur le bord de la mer. On ne la trouve guère que dans les îles de la Malaisie. Il en coûte cher pour con-

---

[1] *Rambles in Java and the Straits*. 1852.

tenter ce goût curieux des Chinois. Pour se procurer les nids d'hirondelles, la vie humaine court de terribles dangers, au milieu des rochers à pic et des cavernes profondes fréquentés par les hirondelles. Ces nids, transportés sur les marchés chinois, acquièrent une valeur énorme. Les qualités supérieures se vendent vingt mille francs le quintal, ou environ deux fois leur poids en argent! Aussi ne paraissent-ils que sur la table des riches [1].

[1] Les journaux de Paris ont raconté dernièrement un dîner d'amateurs parisiens, dans lequel on a servi, à la manière chinoise, des nids d'hirondelles qui ont été *trouvés délicieux*. Ces nids d'hirondelles ne venaient peut-être pas de Java. G. P.

CHAPITRE III

Fréquence des infanticides. — Absence de tout sentiment de
bienveillance chez les Chinois.

Infanticide à la Chine. — Le crime d'*infanticide* a été pendant longtemps un grave sujet d'accusation contre les Chinois, sous la sanction d'autorités respectables.

Cette accusation a été lancée au hasard de tous les côtés, sans réserve comme sans hésitation. On a pris l'habitude de représenter l'infanticide comme le trait le plus horrible des mœurs chinoises; on a établi en principe que le meurtre des enfants, surtout de ceux du sexe féminin, était un crime universel dans toutes les classes, et principalement dans les classes pauvres. Comme spécimen de cette accusation, prenez le passage suivant d'une brochure ayant pour titre les *Chinois*, publiée il y a trois ans environ :

« Il y a pourtant un crime sur lequel nous ne pouvons passer légèrement. L'infanticide, surtout à l'égard des enfants du sexe féminin, se commet chez les Chinois sur une échelle qui dépasse toute croyance. Telle est sa fréquence, qu'on pourrait presque le supposer patronisé par le gouvernement, puisque celui-ci ne fait rien pour l'empêcher. S'il faut en croire Barrow, la police de Péking emploie sous main un certain nombre d'agents pour faire une tournée le matin de bonne heure avec des voitures, et ramasser les corps des enfants qu'on aurait jetés dans la rue pendant la nuit[1]. On ne fait aucune information; les corps sont portés hors de la ville, à un puits commun, où l'on jette pêle-mêle ceux *qui sont encore vivants* comme ceux qui sont morts. Au dire du même auteur, les missionnaires catholiques se rendaient tous les matins au puits, pour tâcher de sauver quelques victimes, et les élever dans la religion de l'Eglise romaine. Tous les missionnaires avec lesquels M. Barrow a eu occasion de s'entretenir lui ont assuré avoir été témoins des scènes les plus révoltantes. On lâche le matin des chiens et des porcs dans les rues avant que les voitures fassent leur tournée. Il calcule que le nombre d'enfants détruits de cette manière, à Péking seulement, peut s'élever tous les ans à neuf mille. »

Le témoignage de Barrow date du siècle dernier. Sa visite à la Chine est antérieure à 1800; et il est assez singulier que, parmi les relations sur la Chine qui ont paru depuis cette époque, aucune ne cite rien à l'appui d'un fait aussi exorbitant. Personne n'a dit avoir vu des voitures parcourant les rues le matin pour ramasser le corps des enfants exposés; nous insistons là-dessus, personne!... En outre, si on examine la dépo-

---

[1] Nous tenons d'une personne qui a habité sept ans Péking, où elle se trouvait encore le 1er avril 1857, que pendant tout le temps de son séjour dans cette grande ville, qu'elle parcourait souvent, habillée à la chinoise, elle n'a jamais été témoin des faits cités par Barrow.   G. P.

sition de Barrow, comme celle d'autres écrivains, elle ne roule pas sur ce qu'il a vu, mais seulement sur ce qu'il *a entendu dire*. Il dit avoir résidé plusieurs semaines dans le palais impérial, et il n'a jamais pris la peine de vérifier à quel point ces bruits étaient fondés ! Il sortait souvent à pied et à cheval dans la capitale, et jamais il ne dit avoir rencontré le cadavre d'un enfant ni d'un adulte !

Barrow affirme que les voitures de la police font des tournées dans les rues, etc. Mais les rues, à la Chine, sont en général tellement étroites, qu'aucune voiture ne saurait y passer. Comme Tradescant Lay le dit au sujet de Canton [1], « les rues sont si étroites, qu'une voiture ne pourrait passer même dans les principaux quartiers. Comme il n'y a point d'égouts, tous les excréments de la ville sont enlevés dans de grands paniers, sur les épaules d'hommes qui gagnent leur vie à ce genre de travail. Je me suis trouvé plus souvent que je ne l'eusse voulu en contact avec ce travail utile, mais dégoûtant ; et je déclare que je n'ai jamais vu d'enfants morts dans les paniers, et que jamais il n'est venu à ma connaissance qu'aucun de mes amis en ait vu. »

Barrow ajoute : « On lâche des porcs dans les rues, etc. Dans quel but, si ce n'est pour qu'ils mutilent les innocentes créatures, en satisfaisant leur appétit vorace ? »

Mais, pour citer encore mon regrettable ami, M. Lay [2],

---

[1] The Chinese as they are (*Les Chinois comme ils sont*). Londres, 1841, p. 47.

[2] M. Lay était un savant naturaliste qui avait fait partie de l'expédition du capitaine Beechey, et fut ensuite *résident* du gouvernement anglais à Canton, où il est mort en fonctions.   G. P.

si l'on veut faire raison de cette assertion, on n'a qu'à remarquer un fait, « c'est que, toutes les fois qu'il arrive à un porc de passer dans une rue, à la Chine, il a toujours l'honneur d'être porté par deux hommes. Jamais je n'ai eu la bonne fortune de voir ces animaux *marcher* dans un lieu public quelconque ; et cela pour des raisons faciles à comprendre par toute personne qui a visité une ville populeuse. »

Il n'entre pas dans mes intentions de cacher rien des cruautés et des souffrances des Chinois ; mais, jusqu'à ce que j'aie un témoignage plus authentique que celui de Barrow, et par le motif que ses assertions hasardées sont en opposition directe avec mes investigations personnelles sur ce sujet, je n'hésite pas à donner un démenti formel au système qui tendrait à faire considérer l'infanticide comme généralement pratiqué chez les Chinois. Il n'est pas même établi que ce crime soit plus fréquent à la Chine que dans d'autres pays plus voisins du nôtre.

D'après ce que j'ai vu, dans les familles chinoises, de l'affection des parents et de leurs soins pour leurs enfants du sexe féminin, j'affirme qu'il y aurait de notre part une injustice révoltante envers les Chinois à perpétuer dans nos publications des histoires qui font peser sur eux une accusation aussi grave.

Mais, dira-t-on, ne se commet-il pas d'infanticides à la Chine? Bien que je n'aie été moi-même témoin d'aucun acte de cette nature pendant mon long séjour dans ce pays ; bien que je n'aie jamais été à même de juger de l'indifférence avec laquelle il y est considéré, je n'affirmerai pas que ce crime contre nature n'ait jamais souillé les mains des Chinois. Là n'est pas la question. On a prétendu que c'était une pratique généralement répandue à la Chine, et à laquelle on n'attache nulle importance.

N'y a-t-il pas des meurtriers d'enfants en Angleterre, en Écosse, ou en France, ou en Autriche? Pourtant nul ne s'avisera d'établir une accusation générale contre les mères de ces pays, en raison du crime de quelques individus isolés.

Supposons un Chinois sachant lire l'anglais (et il y en a maintenant un certain nombre); supposons qu'il parcoure nos journaux pendant une série d'un mois, et qu'il prenne note de tous les cas d'infanticide ou d'exposition d'enfants qui sont déférés aux cours de police. Que dirons-nous de sa droiture et de son honnêteté, s'il annonce à ses concitoyens que les Anglais, hommes et femmes, sont un ramassis de misérables qui se font un jeu d'immoler ou de pendre leurs enfants? L'opinion que beaucoup de personnes se sont formée à cet égard des Chinois n'est pas moins injuste, et elle n'est pas établie sur des bases plus solides.

Il est à regretter que beaucoup de personnes qui avaient apporté d'Europe ce préjugé populaire ne s'en soient pas défaites dans leur voyage à la Chine. Rien ne leur était plus facile en faisant des observations impartiales. Elles n'avaient besoin de s'en rapporter qu'à leurs yeux et à leurs oreilles. Si elles y ont persévéré, ce ne peut être que par ignorance, par entêtement, ou par une disposition naturelle à propager des fables. Le docteur Williams, de Canton, qui a résidé en Chine plus longtemps que moi, a la candeur et la franchise de dire : « Les investigations faites avec soin à Canton ont donné la preuve que ce crime y est comparativement rare, et que l'opinion publique n'y est pas en sa faveur. Il est plus rare de trouver dans les rues et dans les criques de Canton des cadavres d'enfants que des cadavres d'adultes ; et rien ne dit que les uns ou les autres n'aient pas succombé à une mort naturelle [1]. »

Quelques philanthropes bien intentionnés, mais à vues fausses, ont pu, dans une visite à la Chine, entendre dire à quelques Chinois qu'ils avaient fait périr un ou deux de leurs enfants. De là ils ont tiré la conclusion que tous les Chinois sont adonnés au crime de l'infanticide. Ils auraient pu, dans d'autres districts, trouver d'autres indigènes qui se seraient révoltés à l'idée qu'on pût les en croire coupables. Mais pourquoi croire les premiers, et attribuer les dénégations des autres au seul désir de déguiser la vérité et de se soustraire au dégoût ou à la haine des étrangers ? Doit-on partir de là pour faire peser une accusation d'infanticide sur toute une population de quatre cents millions d'âmes ?

Admettons seulement que dans quelques parties de la Chine, regardées par la nation elle-même comme les plus pauvres et les plus dégradées des dix-huit provinces, ce crime diabolique se commette de temps en temps ; faut-il en prendre sujet (comme sir John Bowring[2] l'a fait récemment) pour attribuer cette contamination à toutes les provinces ?

---

[1] *Middle Kingdom*, vol. II, p. 260. — M. Wells Williams est un Américain, actuellement interprète de son gouvernement, qui réside depuis de nombreuses années en Chine, et qui a publié plusieurs ouvrages remarquables sur la langue et la littérature de ce pays, entre autres l'ouvrage cité ci-dessus, publié à New-York en 1848. G. P.

[2] Sir John Bowring, connu autrefois par ses traductions de poésies étrangères et comme économiste politique assez avancé, est, depuis plusieurs années, ministre plénipotentiaire anglais à Hong-Kong. Il a succédé à Sir John Francis Davis, connu comme sinologue. G. P.

Il faut bien accorder que, dans certains lieux, dans un temps ou dans un autre (par exemple, il y a cent cinquante ans, sous le règne de Kanghi), le besoin et la misère ont pu réduire les basses classes à cette horrible énormité; mais alors (comme le fait encore justement observer le docteur Williams), « on infère donc de la conduite de ces misérables que la nation *tout entière* est vouée systématiquement au meurtre de ses enfants ! »

Il est un fait réel, et je me hâte de le publier : c'est que, dans plusieurs endroits de la Chine, on trouve des éminences coniques, ou des espèces de bâtiments en briques, de peu d'élévation, qui servent à déposer les enfants morts ; on en a conclu de suite que ce devait être le lieu où l'on immolait ces petits innocents, tandis qu'ils ont pour objet de fournir aux parents pauvres un lieu de sépulture convenable pour ceux de leurs enfants qui meurent à leur naissance, ou bien de maladie. Il n'y a pas plus de deux ans que sir John Bowring a publié des documents à ce sujet. « Dans beaucoup d'endroits de la Chine, il y a des tours construites en brique ou en pierre, où les parents vont jeter leurs enfants dans une fosse pratiquée au pied de la muraille [1]. »

Cette phrase fut écrite évidemment pour confirmer l'opinion de Sir John Bowring, que l'infanticide est commun à la Chine. Cependant la même plume a écrit, dans une autre production, que les Chinois, en général, sont fous et glorieux de leurs enfants. Le lecteur qui ne connaît pas cette contradiction de Son Excellence n'hésite pas à croire que les enfants ont été immolés par leurs parents, sans réfléchir que sans doute ils sont morts de

---

[1] *Journal de la Société de statistique.*

mort naturelle, ou au moment de leur naissance[1]. Le *Times*[2], en citant le passage dont nous venons de parler, ajoute : « Par une horrible inversion d'usages, les Chinois paraissent faire des arrangements pour la mort de leurs enfants, comme chez d'autres nations on en fait pour leur existence. Tout le monde connait les hospices d'enfants trouvés, et ces tours pratiqués dans les portes, où l'enfant est déposé par les parents qui l'abandonnent. Mais les enfants abandonnés en Chine n'ont plus besoin des soins de personne. »

On allègue encore et on croit généralement en Europe que l'infanticide, dans le cas où il est découvert, est traité avec indifférence par le gouvernement et par la population en général.

Sans doute, dans quelques endroits, à la suite de grandes disettes, il a pu arriver que des parents, réduits au désespoir, aient exposé ou même tué leurs enfants; mais, comme on le verra dans l'alinéa suivant, l'esprit public s'est soulevé contre ces crimes. La Chine a possédé pendant longtemps des hospices d'enfants trouvés, et, dans certaines circonstances actuelles, on voit encore se former de ces sortes d'établissements temporaires.

---

[1] Dans la loi anglaise, l'infanticide est un délit grave, mais l'accusation d'infanticide est aussi d'une extrême gravité. Pour parer au danger d'une fausse accusation, la loi, dans son humanité, présume que tout enfant nouveau-né est mort-né, à moins que le contraire ne résulte d'une preuve médicale ou autre. La preuve est à la charge de l'accusation, et on ne reçoit aucune preuve, à moins qu'elle ne soit confirmée par la déposition de médecins affirmant que l'enfant a survécu à sa naissance et vivait réellement au moment où un acte de violence a été exercé sur lui. Que l'accusation soit portée contre une nation ou une personne, les exigences de la loi doivent être les mêmes.

[2] Numéro du 12 mars 1857.

Les Annales chinoises font mention de plusieurs édits impériaux contre l'acte de noyer les enfants du sexe féminin. On en conclura sans doute que le crime a existé dans des proportions alarmantes en certains lieux et à certaines époques; mais la publication de ces édits n'en prouve pas moins que le gouvernement n'a jamais autorisé ou même toléré une pratique si révoltante.

Sir George Staunton donne la traduction suivante d'une partie de la trois cent dix-neuvième section du Code pénal de la Chine, et y annexe une note au sujet de l'accusation d'infanticide qu'on porte contre les Chinois. « Si un père, une mère, un grand-père ou une grand'-mère châtient leur enfant d'une façon tellement sévère et inaccoutumée, que l'enfant vienne à mourir, l'auteur de la mort sera puni de cent coups. Si les parents ou grands parents sont convaincus d'avoir tué l'enfant avec intention de le tuer, le châtiment sera porté à cent soixante coups et à une année de bannissement.

« Cet article prouve manifestement, dit Sir George, que les parents ne possèdent pas un pouvoir de vie et de mort sur leurs enfants; et qu'en conséquence *le crime d'infanticide, bien qu'on puisse le supposer commun en Chine, n'y est, en fait, ni directement sanctionné par le gouvernement, ni en conformité avec l'esprit public et la législation de l'empire.* »

Absence de tout sentiment de bienveillance chez les Chinois. — Indépendamment de l'accusation vague d'infanticide portée contre les Chinois, on est généralement disposé à croire, en Europe, qu'ils sont complétement dénués des sentiments doux et généreux que la nature place dans le cœur de l'homme. On cite certains cas, à la vérité, sans fournir de preuves, où les Chinois se sont rendus coupables d'atrocités. Mais les actes de certains scélérats (qu'ils appartinssent à la classe riche ou à la classe pauvre) ne peuvent être mis à la charge de la population entière. Par malheur, cependant, il y a eu trop longtemps en Europe, surtout dans les communautés religieuses de notre pays, une tendance à publier des *illustrations* ayant pour sujet les cruautés horribles commises par les païens. Ces publications tendent plutôt à inspirer le dégoût et la répulsion qu'à éveiller les sentiments d'une sainte compassion ou d'un intérêt bienveillant envers des peuples que la religion nous ordonne de considérer comme des frères. N'est-il pas révoltant que, dans nos ouvrages élémentaires, dans les livres illustrés à l'usage de la jeunesse, on cherche à entretenir le goût naturel de l'enfance pour le terrible, aux dépens des nations païennes? Quel effet satisfaisant cela peut-il produire sur les jeunes imaginations? Rarement il arrive que des récits effrayants éveillent dans les cœurs juvéniles les sentiments tendres et humains. En outre, il n'est pas du tout convenable d'endurcir les enfants en leur donnant des idées monstrueuses et hideuses au sujet de leurs coreligionnaires, comme il est également injuste envers le païen d'indisposer contre lui le public bienveillant en ne lui montrant que le côté mauvais de sa nature.

Pendant mon séjour en diverses parties de la Chine, un des sujets qui a le plus occupé mon attention a été l'existence et la conduite des Institutions bienfaisantes du pays; et je n'éprouve aucun scrupule à donner ici tout au long le résultat de mes observations à cet égard.

Après avoir traité la question de l'infanticide, je vais

m'occuper particulièrement des Institutions existant pour la protection des enfants trouvés des deux sexes, établissements que possèdent toutes les principales villes de la *Terre fleurie* (la Chine).

Le premier que j'inspectai, en 1842, était dans la cité de Ningpo.

En approchant de l'édifice, j'observai à gauche du portail extérieur une crèche assez grande pour y déposer un enfant. Au-dessus de sa principale entrée était une inscription équivalente à ces mots : Nourriture et protection des enfants. Elle indiquait suffisamment l'objet précis de l'institution.

Un vestibule bien pavé s'offrit d'abord à moi; à gauche et à droite ouvraient des portes surmontées d'une tablette portant ces mots : *Chambre de lait,* ou salle des nourrices.

Je distinguai à travers les treillis un nombre considérable de femmes du commun, ayant des enfants au sein, et tenant par la main de jeunes garçons et de jeunes filles. Ces pauvres enfants trouvés formaient bien la réunion de petits êtres la plus sale et la plus déguenillée qu'il m'ait jamais été donné de voir. Chaque nourrice paraissait en avoir deux ou trois à sa charge. Je fus introduit dans la salle destinée aux filles. Elle contenait trente chambres sur deux ou trois rangs latéraux. Les appartements occupés par les gardiens offraient, sous le rapport de l'ordre, un contraste frappant avec le reste de l'établissement.

L'objet de l'institution est de donner nourriture et protection aux enfants abandonnés ou à ceux de parents sans ressources. Les garçons y restent jusqu'à l'âge de dix à douze ans, époque où ils sont loués pour quelque métier, ou adoptés par quelques personnes sans enfants; les filles, jusqu'à l'âge de quatorze ou quinze ans. Alors elles sont placées comme servantes; quelquefois, il est vrai, comme concubines; mais souvent elles trouvent des maris. L'institution remonte à plus de cent ans. Elle fut fondée dans la première année du règne de *Khien-Loung;* elle contenait alors vingt-quatre pièces. Elle en renferme maintenant une centaine, avec des salles communes et le logement des fonctionnaires.

Les fonds pour son entretien viennent de plusieurs sources. Ses revenus annuels consistent en argent placé, en dotations particulières, en loyers de maisons, fermages en argent et en nature, et en contributions levées sur les six districts du département de Ningpo.

Dans les annales de Ningpo, publiées il y a environ dix ans, on voit qu'à cette époque l'institution possédait plus de deux cents acres de terre (environ quatre-vingts hectares) donnés par la générosité de ses bienfaiteurs. Dans la quarantième année du règne de Khien-Loung, Sa Majesté ordonna que la ville et le district de Ningpo contribuassent annuellement pour cinq cent soixante livres de riz ou autre grain, et les autres villes de district du même département pour cinq cent quatre livres chacune, afin que les nourrices pussent recevoir des rations mensuelles. Indépendamment de l'économe résident, il y a un inspecteur du gouvernement, chargé de prendre une connaissance générale des affaires de l'institution, pour empêcher la profusion et prévenir les abus.

Il s'en faut que les hospices d'enfants trouvés soient de date récente à la Chine. Un écrivain du pays, dans un rapport sur l'institution des enfants trouvés de Changhaï, dit : « Je considère le plan de cet asile comme conforme à la méthode adoptée sous la dynastie des *Tchéou* (1120-250 ans avant Jésus-Christ), pour le soulagement des orphelins pendant le printemps et l'été. » C'est ainsi que, pendant la dynastie *Han* (de 220 avant à 250 après Jésus-Christ), les empereurs fournissaient des greniers publics de quoi nourrir les orphelins et les enfants des gens pauvres. Encore sous la dynastie *Soung* (960-1270 de Jésus-Christ), dans un seul endroit et à une seule époque, le gouvernement affecta cinq cents acres (deux cents hectares) de terre à la construction de bâtiments pour la réception d'enfants abandonnés.

Il n'est pas rare, je le répète, de rencontrer dans d'autres parties de la Chine des institutions semblables.

A Changhaï, il s'en trouve une fondée en 1710. La description suivante, prise de notes faites pendant ma dernière visite en 1852, est extraite du *Journal de Chambers*, n° 135, où j'avais obtenu de l'insérer.

« Il s'élève dans le quartier sud-est, près du centre de la cité, dans une rue isolée. Au-dessus d'une porte sans prétention, on lit cette inscription gravée sur la pierre : *Yuh-ying-tang*, « établissement pour la nourriture ou l'entretien des enfants. » Le premier objet qui attire votre attention est une sorte de boîte. Je la tirai, et vis qu'elle était proprement garnie de coton. En la repoussant, j'entendis le tintement d'une clochette à l'intérieur. On m'expliqua que cette boîte était destinée à recevoir les enfants apportés de jour ou de nuit. Afin que les préposés soient dûment avertis, la boîte, dès qu'on la repousse, touche au ressort qui tire une clochette : alors le portier s'empresse de l'ouvrir, et de porter son contenu vivant au directeur de service.

« Entré dans le bâtiment, je comptai vingt-quatre enfants trouvés, principalement des filles; et, dans le nombre, des infirmes, des aveugles et des idiots. Un enfant en particulier attira mon attention : c'était un sourd-muet de onze ans. C'étaient là seulement les enfants entretenus dans l'intérieur ; mais il s'en trouvait sur les Livres cent entretenus au dehors. Les chambres de nourrices étaient petites, avec des lits très-modestes, mais suffisamment confortables pour les nourrices. On me montra un certain nombre de barils vides, destinés à recevoir les petites créatures, afin de soulager les nourrices. Ces barils sont environ de la hauteur d'un enfant qui serait à quatre pattes, et remplis de paille. On y place le nourrisson, et il s'y trouve debout, sans danger de tomber. Parmi les nourrices au biberon, j'en vis plusieurs qui avaient charge de deux ou trois enfants. Quelques-unes étaient jeunes, et semblaient plus saines, plus propres et de meilleure mine que ne le sont généralement les femmes des basses classes. On me dit que, lorsque les enfants étaient grands, ils étaient adoptés par des familles, ou mariés, ou mis en condition. Mais je ne pourrais donner une description plus exacte de l'établissement, de son objet, et de ses résultats, qu'en insérant ici un extrait d'un de ses Rapports (celui de l'année 1849) qu'on me présenta à ma dernière visite.

« La partie la plus curieuse et la plus instructive du Rapport est la règle de la maison. Elle se compose de quatorze articles, dont je me contenterai d'indiquer les plus importants. Il y est dit que les protecteurs de la société se réuniront tous les quinze jours dans l'hospice. Après avoir fait leurs dévotions à l'idole patronnesse, ils inspecteront les enfants, s'informeront de la conduite des nourrices, et leur remettront leur ration de vivres et leur salaire en argent. Un autre article fixe la manière dont chaque enfant doit être examiné lors de sa réception. « Les officiers de l'établissement chercheront à découvrir l'année, le mois et le jour de la naissance de l'enfant : on examinera les lignes et la forme de ses doigts; on s'assurera s'il est sain de corps et s'il jouit de ses sens ; s'il y a sur son corps des signes particuliers. On prendra note de toutes les observations, puis on le remettra à une nourrice. »

« Un paragraphe entier est consacré aux précautions à prendre dans le choix des nourrices. Il entre dans les détails les plus minutieux. Pour qu'une femme obtienne cette place dans l'établissement, il faut que son mari vienne donner son nom, ou, à son défaut, un parent ou un voisin ; mais alors ceux-ci doivent répondre d'elle. Les officiers résidents doivent s'assurer si elle est en effet capable de nourrir. « Si elle présente les conditions voulues, dit le règlement, on inscrira son nom sur les registres, et, à mesure qu'on recevra des enfants, on les distribuera aux nourrices, par tour d'inscription. On mettra le plus grand soin à s'assurer que ces femmes ne négligent pas leurs nourrissons, qu'elles ne les confient pas à d'autres mains, qu'elles ne les échangent point, et surtout qu'elles n'aient pas envoyé préalablement leurs propres enfants à l'hospice, afin de se présenter ensuite pour les nourrir. Si quelque nourrice se rend coupable d'une faute, même légère, on la renverra de suite, et on en mettra une autre à sa place. Si sa faute est plus grave, on la livrera à la justice de la loi. »

« L'article quatorzième s'occupe de l'habillement des enfants. Il prescrit qu'au troisième mois on donnera à l'enfant trouvé une chemise de calicot et des caleçons;

au quatrième mois, une brassière ou camisole et des rideaux ; au huitième, un jupon en coton, un bonnet, des bas et une couverture piquée. Tous ces objets doivent porter la marque de l'établissement ; et, lorsqu'on les fournira au dehors, ils devront être portés sur un livre de sortie. Il est défendu expressément aux nourrices de rien louer de ce qui leur est confié. Tous les ans, à la fin de chaque saison, on change les vêtements. Si l'enfant vient à mourir ou à être adopté, ses hardes reviennent à l'établissement. » L'article ajoute : « L'enfant abandonné est privé des regards de son père et de sa mère ; mais notre institution s'engage à le recevoir et à l'élever. Maintenant, lorsque, par l'adoption, l'enfant a été remis par nous en d'autres mains, si quelqu'un présumait se donner faussement pour son père et sa mère, et l'enlever en se prévalant de ce titre, le seul recours contre cet attentat est de porter au magistrat le traité fait entre l'administration et les parents par adoption, et de livrer le coupable à la justice. En outre, comme notre asile est destiné spécialement à se charger des enfants abandonnés, si quelques personnes demandaient à faire nourrir leurs enfants par les nourrices de l'Institution, par le motif que la mère serait malade ou morte ; ou qu'elles apportassent un enfant de trois ans et au-dessus, en état de marcher et de se nourrir, toute demande de cette nature devrait être immédiatement rejetée, et nous porterions plainte au magistrat. »

« L'article dernier porte : « Quant à l'adoption par les familles des enfants trouvés de notre établissement, les garçons peuvent être adoptés selon toutes les règles de la légitimation. Si les parents qui adoptent n'ont pas d'enfants à eux, ils seront soustraits alors à notre surveillance. Mais, quant à ce qui concerne les filles, pour empêcher qu'elles soient destinées au concubinage, à un trafic honteux ou autres buts déshonnêtes, le surintendant de l'institution, s'il ne connaît pas suffisamment les parties contractantes, prendra préalablement des renseignements sur leur compte, pour s'assurer que l'enfant ne recevra aucune espèce de dégradation. Mais alors même, avant de livrer la jeune fille, on devra s'assurer de sécurités suffisantes de la part des parents ou des voisins des parties. C'est là un point de la plus haute importance, et où nous recommandons les plus grandes précautions. »

« Un de ces rapports se termine par un appel à la générosité publique en faveur de l'Institution. « Nous supposons que, par amour du prochain et par pitié pour ces créatures abandonnées qui n'ont ni père ni mère, chaque personne bienfaisante du voisinage contribuât seulement pour un *cash* (environ le tiers d'un centime); cela suffirait pour soutenir pendant un jour tous les enfants trouvés de l'établissement. Il serait bon qu'on ne considérât pas une aumône comme inutile, par cela qu'elle serait minime. Qui sait si elle ne servira pas à donner un exemple qui trouvera des imitateurs ? La chaleur fécondante de vos lèvres peut nourrir une plante de bienfaisance dans le champ du bonheur, ou faire prospérer le bouton déjà éclos. En saisissant de bonne heure l'occasion qui vient s'offrir d'accomplir votre objet, vous encouragerez puissamment les vues utiles de l'institution, et nous vous en rendrons des actions de grâce. — Adressé respectueusement au public par le comité de l'Hospice des enfants trouvés de Changhaï. »

Quoique l'infanticide et les noyades d'enfants « du

sexe féminin » aient pu être, en certains lieux et à certaines époques, l'occasion d'une telle sollicitude et d'une telle générosité de la part d'un public charitable, au point d'encourager la fondation des *Asiles pour les enfants trouvés*, il est à peine possible de douter qu'à la Chine, comme dans le reste de la terre, il existe au fonds des cœurs l'étincelle d'humanité, procréée, sinon entretenue par les scènes déchirantes auxquelles les temps de misère et de famine ont donné et donnent encore lieu dans les pays situés sur le bord des rivières. Par suite de ces terribles catastrophes, des districts tout entiers ont été dépeuplés ; des centaines d'enfants ont été, non pas précisément abandonnés, mais placés aux portes des gens riches par des parents malheureux, alors qu'ils ne pouvaient plus endurer les cris d'une souffrance impossible à calmer, et dans l'espoir qu'un Samaritain inconnu viendrait ramasser le petit être confié à la Providence.

Je me souviens très-bien du printemps de 1850, où, à la suite d'une famine cruelle dans l'intérieur, Changhaï et ses environs se virent inondés de milliers de mendiants. Ils n'appartenaient point à la localité. Beaucoup venaient des bords du *Yangtze* et du fleuve Jaune [1]. Ils s'abattirent sur la contrée comme une nuée de sauterelles. Ces infortunés, réunis par bandes nombreuses, remplissaient l'air de leurs cris lamentables.

Pour secourir ces masses désolées, les gouvernements provinciaux et locaux firent un appel à la *charité*, et encouragèrent les contributions, même les plus minimes. Les riches et les gens de la classe moyenne se

---

[1] Les deux plus grands fleuves de la Chine.   G. P.

réunirent pour la bonne œuvre, et ouvrirent des listes de souscription et des magasins de grains. Dans certains endroits, on forma des listes de souscription où chaque action ne devait pas dépasser cent *cash* de cuivre, ou environ quarante centimes. Les étrangers s'empressèrent de joindre leur obole à cette offrande bienfaisante. Mais l'idée la plus heureuse et la plus efficace fut l'ouverture d'un asile temporaire, fondé par les gens aisés de Changhaï, destiné spécialement à abriter et nourrir les enfants de gens sans ressources. Il était placé en dehors de la porte sud de la cité, et s'appelait « l'Asile pour les enfants abandonnés. »

Comme j'ai eu l'occasion de l'inspecter personnellement et d'en connaître l'objet et les opérations, je puis en parler avec certitude. L'asile, comme je l'ai dit, n'était que temporaire, seulement pour quelques mois, et pour parer au besoin du moment. Les bâtiments s'élevèrent dans l'espace de peu de jours; ils couvraient quatre arpents de terrain. Ils étaient divisés en cent appartements, tous au rez-de-chaussée, quelques-uns de quinze, d'autres de trente pieds carrés. Le sol en était battu, et les enfants y jouaient et y mangeaient. Des clôtures de lattes séparaient les chambres à coucher; elles étaient élevées de quelques pieds au-dessus du sol. Lors de ma visite, le nombre des enfants s'élevait à deux mille, dont un tiers de filles. Chaque enfant était bien vêtu et paraissait bien nourri. Ils portaient tous un numéro, et un registre parfaitement tenu indiquait l'endroit d'où ils avaient été apportés; de cette manière, lors de la suppression de l'asile, chaque intéressé pouvait reprendre son bien. Ils étaient fractionnés par vingtaines pour chaque compartiment, sous la surveillance d'une femme âgée, chargée de la nourriture, des habits, des médicaments, etc. L'âge commun était entre trois et dix ans. On me dit que les enfants au-dessous de trois ans étaient adressés à l'hospice des Enfants-Trouvés de Changhaï, dont j'ai parlé ; ceux au-dessus de dix ans n'étaient pas reçus. Dès qu'on trouvait un de ces pauvres petits délaissés, on l'interrogeait minutieusement sur son âge, son nom et ses parents. De tout ce nombre d'enfants, mon opinion intime est que beaucoup n'étaient pas abandonnés par leurs parents dans le but de leur ôter la vie, mais dans l'espoir qu'ils trouveraient des moyens d'existence dans la charité publique. Les étrangers n'ont pas eu le mérite d'avoir suggéré aux habitants de Changhaï cet acte de bienfaisance. Ceux-ci l'ont accompli de leur propre mouvement, encouragés par la magistrature locale, et à l'aide des efforts réunis de la population. Je dois ajouter que, d'après ce que j'ai vu, l'ordre de l'établissement ne laissait rien à désirer.

Je réunirai, dans les paragraphes suivants, tout ce que j'ai pu obtenir, pendant mon séjour à Ningpo, sur d'autres sociétés philanthropiques.

1° Le *Tsing-Kiehtang*, ou « Maison de la pureté, » est une retraite pour les pauvres veuves qui ont perdu leurs moyens d'existence. Ce bâtiment a été élevé à Ningpo, sous la sanction du gouvernement, à l'aide de contributions particulières. On y reçoit aussi des jeunes filles dont les prétendus sont morts avant le mariage, et qui, en raison de leur abandon, ont fait vœu de virginité perpétuelle.

Dans la plupart des principales villes on forme un fonds pour le soutien des femmes veuves malheureuses. A Canton, par exemple, il y avait un fonds dont l'origine est comparativement récente, puisqu'il ne remonte qu'à 1820. Le gouvernement en avait l'administration, d'accord avec les principaux du pays. Le secours accordé à la veuve était léger, seulement 141 francs 25 centimes par an; mais il suffisait à sa nourriture pendant quelque temps. Le nombre de femmes secourues au moyen de ce fonds s'élevait à quinze cents. Il y a quelque temps les autorités publiques se plaignirent hautement que quelques-unes de ces veuves s'étaient remariées, vendant leurs billets au lieu de les rendre; et que les parents d'autres qui étaient mortes avaient continué à recevoir les secours. C'était une espèce de bureau de bienfaisance. Cependant les veuves qui avaient des parents dans la ville répugnaient à exposer leur nom et leurs besoins, condition indispensable pour obtenir des secours; de sorte que celles inscrites tenaient presque toutes à des familles étrangères à la ville.

2° Le *Yangtsi-Youen*, ou « Asile de prévoyance et de secours, » établi à Ningpo, était un édifice appartenant au gouvernement, destiné à secourir les infirmes et les impotents. Tous ces infortunés y recevaient une marque directe de bienveillance de la part du chef de l'État.

Les grandes cités de l'empire, où le luxe et la misère se coudoient dans les rues, offrent des refuges aux nombreux objets de pitié qui pullulent dans les ruelles et les allées. Cependant il arrive là ce qui arrive partout ailleurs sous le soleil : les ressources sont insuffisantes pour tous les besoins, et ne peuvent parvenir à supprimer la mendicité. D'après des renseignements trop certains, un nombre limité de malheureux reçoit régulièrement les secours du trésor impérial; mais la masse ne fait que sentir, à de rares intervalles, quelques gouttes de la céleste rosée. Dès qu'un des indigents inscrits sur la liste vient à mourir ou à disparaître, sa place est immédiatement remplie par un des candidats affamés. Il paraît y avoir un fonctionnaire chargé, par les autorités locales, de surveiller et de tenir en ordre les habitués de cette retraite. S'il arrive que l'un deux soit surpris mendiant dans les rues, ou qu'il ait le malheur d'implorer la charité publique d'une manière trop bruyante, la main de l'autorité ne manque pas de s'appesantir sur lui.

L'asile de Ningpo, très-peu confortable par lui-même, le devient encore moins par l'excessive malpropreté et l'incurie des malheureux qui y sont entassés. Des habitants respectables de la ville, quoique personnellement très-peu propres eux-mêmes, ne m'en ont parlé qu'avec des gestes de dégoût. Je ne puis donc affirmer que, pour l'ordre et la propreté, il rivalise avec les maisons de pauvres de la Grande-Bretagne. Quelques soins qu'y apporte un gouvernement patriarcal tel que celui de la Chine, ces sortes de refuges, ouverts aux rebuts de la société, se trouvent presque inefficaces et inutiles. Un des principaux abus consiste dans la cupidité diabolique des directeurs, qui, pour s'enrichir, tirent largement sur le public, sous prétexte de subvenir aux besoins des pauvres. Par malheur, cette remarque peut s'appliquer à toutes les institutions philanthropiques de l'empire de la Chine.

Une conséquence inévitable de cet abus est la foule d'êtres ignobles à figure humaine qui se pressent dans les rues, allant de boutique en boutique, et demandant d'une voix importune et glapissante « un peu de légumes, un peu de riz, un peu de thé. »

Le matin, de bonne heure, dès que le tumulte des affaires commence à retentir dans l'enceinte de la ville (à Ningpo, par exemple, où j'en ai été souvent témoin), des bandes de mendiants aveugles ou boiteux entrent à la file, puis se partagent pour aller sur tous les points à la fois solliciter la pitié des marchands ou des bourgeois.

Ces industriels (j'entends les mendiants) apprécient au plus haut degré l'utilité de la musique comme moyen pour exprimer leurs besoins et exciter la pitié des passants. Dans les idées qu'un Européen se forme de l'harmonie, cette réunion de voix ne mériterait pas le nom de musique; mais ces accords n'en sont pas moins merveilleux pour les indigènes, et n'exercent pas sur eux moins de puissance. Un habitant du « Royaume du Milieu » préfère les cris nasillards d'une bande de chanteurs de ballades aux notes délicieuses du rossignol de l'Occident, de la célèbre Jenny Lind.

Pour peu que vous en ayez le courage, vous pouvez vous donner une idée de leur musique vocale dans l'air chinois que j'ai pris la peine de mettre sur des notes anglaises. Les paroles chinoises sont placées au-dessous, et j'essaye d'en donner une traduction générale :

LA CHANSON DU MENDIANT DE FOUNG-YANG.

Superbe *Foung-Yang*[1] charmant à voir,
Pendant le règne de dix ans de l'empereur Tchao,
Le déluge est venu, et puis trois ans de sécheresse ; —
Trois ans de sauterelles, — malheur sur malheur ;
Terre du riche vendue, enfant du pauvre vendu ;
Sans terre et sans enfants, moi je suis le plus misérable,
Errant sans asile, il me faut mendier ou mourir.

[1] Un district de la province de *Ngan-hoeï*.

Non contents d'exercer leurs voix, ces mendiants nomades jouent encore de divers instruments pour attirer l'attention des passants et les disposer à la charité. En approchant de vous, ils emploient les flatteries et les supplications. Si votre main se trouve prompte et libérale, dix mille bénédictions pleuvent sur votre heureuse tête; mais malheur au cœur dur et à la main qui ne sait pas donner!

L'esprit de charité n'est pas rare à la Chine. A Canton, dans le rigoureux hiver de 1852, une riche dame distribua cinq cents jaquettes chaudes aux pauvres et aux vieillards de cette capitale. A Changhaï, province du Nord, il n'était pas rare, pendant l'intensité du froid, de voir des marchands ou des familles bienfaisantes souscrire pour donner des vêtements aux pauvres, et ouvrir des cuisines où l'on faisait bouillir du riz et du thé pour les distribuer, au moyen de cartes, à la foule des malheureux.

C'est de cette manière que les riches, en soulageant l'humanité, attirent sur eux les sourires de l'empereur, ainsi que les bénédictions des pauvres.

A l'occasion d'une sécheresse, d'une inondation, d'une grêle, d'une peste ou d'une guerre, le gouvernement est dans l'usage de donner des preuves de sa munificence; la *Gazette de Péking* publie les sommes accordées ou les quantités de grain employées dans ces actes de générosité.

En 1842 et 1843, à la suite des calamités attirées sur Ningpo et ses environs par les démêlés avec l'Angleterre, l'empereur résolut de calmer le peuple par les marques de sa bonté souveraine. Il fit distribuer une somme d'argent aux pauvres des villes de *Ningpo*,

Tchinhaï et *Tinghaï*, qui avaient éprouvé les horreurs de la guerre. Lorsque des commissaires nommés à cet effet avaient reconnu et approuvé les droits d'un habitant, ils traçaient sur sa porte le caractère *tchà*, qui signifie : Vu et approuvé. Lors de mes promenades journalières dans Ningpo et ses faubourgs, j'ai vu des centaines de ces marques officielles. La distribution devait durer trois mois consécutifs. Dans le département de Ningpo, on a calculé officiellement que le nombre des bénéficiaires s'est élevé à deux cent mille. Plus au nord, dans la province de *Kiangsou*, à la même époque, et à la suite des mêmes désastres, malgré les sommes énormes que le Trésor impérial avait eu à payer aux Anglais, et en considération de la misère publique, le gouvernement fit vendre, pendant quatre mois, du riz à moitié prix, ce qui soulagea beaucoup la classe nécessiteuse.

Les insurgés de Kouangsi, dans leur manifeste national contre la dynastie régnante, mettent au premier rang de leurs griefs l'accusation qu'on va lire : « Toutes les fois qu'il y a une famine causée par la sécheresse ou par l'inondation, l'empereur ne témoigne aucune commisération pour le peuple. Tandis que des multitudes affamées errent çà et là pour soutenir leur misérable existence; tandis que les os de ceux qui meurent blanchissent sur la terre, ces Mantchoux restent tranquillement assis à regarder, heureux de voir la population chinoise s'éteindre par degrés. » Les faits que j'ai mentionnés donnent un démenti à cette accusation. La population, d'ailleurs, sait très-bien que la politique du gouvernement impérial est d'épuiser toutes ses ressources pour adoucir les souffrances du peuple. Sans doute dans beaucoup de cas la friponnerie des agents dénature et fausse les intentions du cœur impérial. Mais un grand nombre d'autres faits pourraient prouver les soins que le gouvernement ne cesse de donner au soulagement de la misère. En 1849, au récit d'une violente inondation à *Soutcheou*, le Paris de la Chine, l'empereur accorda aux habitants sans demeure et à d'autres, pendant quatre mois de suite, une allocation mensuelle, prise sur le Trésor public, de neuf cents *cash*, ou trois francs dix centimes, pour chaque individu adulte, et six cents *cash*, ou deux francs cinq centimes pour chaque enfant.

En 1842, lorsque les forces anglaises abordaient dans un pays, les officiers commandants suivaient une ligne de conduite bien propre, tout en soulageant les malheureux, à inspirer à la population des sentiments favorables pour les vainqueurs : ils distribuaient à vil prix le riz trouvé dans les greniers du gouvernement. Plus d'une fois, pendant que nous occupions la citadelle de Tchinhaï, j'ai assisté à ces distributions de riz. Le cri de la faim et le bas prix des comestibles engageaient la population de tout âge et de tout sexe à venir visiter ses « amis barbares, » dont elle recevait des marques d'affection bien précieuses dans ses terribles besoins. Le nom d'un certain *Lopat-Tan* (Robert Thom), interprète et magistrat à Tchinhaï, qui dirigeait ce trafic charitable, est resté gravé dans la mémoire de centaines et de milliers d'habitants du voisinage [1].

---

[1] Robert Thom s'était livré, avec toute la ferveur de son âme ardente, à l'étude de la langue, des mœurs et des institutions du peuple chinois. Il s'était fait en quelque sorte Chinois en épousant une Chinoise. Il est mort de consomption, étant consul anglais à Ningpo, le 14 septembre 1846, au moment où il achevait la publication, dans cette ville, de son livre intitulé : *The Chinese Speaker*, ou « Extrait

5° *Des Dispensaires médicaux* existent dans ce pays, ayant pour objet de visiter les malades et de les soigner pour rien. Il m'a été impossible de trouver aucune institution spéciale de cette nature à Ningpo, si ce n'est une subdivision relative à une société générale de bienfaisance dont je parlerai plus loin. Cependant je me crois autorisé à dire qu'il en existe dans les cités de premier ordre. Toutefois, d'après ce qu'on m'a raconté, elles sont réduites à l'impuissance par les vues étroites et illibérales d'après lesquelles elles sont dirigées.

Dans une description chinoise de la ville de Canton, je trouve la phrase suivante : « Il y a quelques siècles, on créa un dispensaire médical public, dans la vue de fournir gratuitement des médicaments aux pauvres. Mais, ajoute l'auteur, il y a longtemps que cet établissement n'existe plus. » Il y en avait encore un à Changhaï, en 1853, soutenu et administré par des résidents chinois. Il fut fondé en 1845. On lit dans le rapport de cette même année : « Dans les rivières environnant Changhaï, nous avons les marées de jour et de nuit; mais dans les affluents et les canaux où la marée ne remonte pas, l'eau devient stagnante. L'eau des puits se corrompt; aussi les gens qui demeurent dans le voisinage souffrent-ils de fièvres pernicieuses, et meurent-ils en grand nombre, surtout pendant l'été et l'automne. Si nous considérons que les pauvres victimes de ces influences malignes n'ont pas les moyens de se procurer les secours de la médecine, quelles funestes consé-

---

d'ouvrages chinois écrits dans la langue mandarine, » imprimé à la chinoise, avec les types mobiles chinois gravés à Paris sous la direction de celui qui écrit ces lignes. Il avait publié auparavant une traduction chinoise des *Fables d'Ésope*, Canton, 1840.   G. P.

quences nous devrons en tirer! Maintenant n'est-il pas plus louable de venir en aide aux malheureux pendant qu'ils sont en vie que de contribuer pour leur acheter des cercueils lorsqu'ils sont morts? »

Ces raisons puissantes engagèrent un grand nombre de personnes bienfaisantes à ouvrir le dispensaire. D'après un rapport imprimé en 1845, plus de treize mille malades y reçurent assistance pendant les trois premiers mois. Les règles de l'établissement sont minutieusement établies et écrites sur des tablettes en caractères noirs et blancs. J'en vais offrir au lecteur les points principaux : « Comme la société est purement de bienfaisance, la plus rigide économie et une extrême prudence doivent accompagner ses opérations. Les médecins employés par elle ne doivent point accepter de salaire; chaque malade doit être visité à tour de rôle, et il lui est interdit de solliciter un passe-droit. Les médecins, même en temps de vent ou de pluie, ne peuvent s'absenter de leurs postes sous aucun prétexte. » On nomme vingt-neuf docteurs en médecine comme ayant donné leur aide pendant le cours de l'année. La souscription pour l'année s'élevait à plus de trois mille sept cent cinquante francs; et il y avait un léger excédant aux recettes sur les dépenses. Les deux tiers de ces dépenses consistaient en achats de médicaments; le reste en « frais divers » consacrés au service de l'établissement. Leur détail peut amuser le lecteur:

« Diners des médecins et de leurs aides; gâteaux de farine pour diners et goûters; diners des apothicaires; voitures pour les médecins, et ports de lettres *dito*; cierges pour autels; thé; tabac; deux cents pinceaux pour écrire; quatre cents bâtons d'encre, cinq livres d'ordonnances; papier pour écrire lesdites; papier à enveloppes pour les médecins; placards rouges; livres d'entrée; enveloppes à poudres; cartes pour les malades; gages du cuisinier; papier à emplâtres; dix théières; vingt torchons; gravure des cachets des médecins; paniers à riz; vingt-deux pipes à fumer le tabac, » etc.

4° Il y avait à Canton en 1832 un *Asile pour les aveugles*. Je trouve à ce sujet dans le premier volume du *Chinese Repository :* « Les magistrats ont publié une proclamation obligeant tous les aveugles à paraître en personne pour subir une visite. » Cet établissement paraît contenir deux mille trois cent quatre-vingt-quatorze aveugles, tant hommes que femmes. Ils reçoivent un secours d'un peu moins d'environ un franc par semaine. Comme cette allocation ne peut suffire à leur nourriture, ils sont forcés de mendier et de chanter afin de se procurer le surplus.

5° Il y a eu aussi à Canton une *Léproserie* (*Ma foung youen*) : une lèpre de la forme la plus hideuse et de la nature la plus incurable y faisait de nombreuses victimes. En 1832, elle contenait trois cent quarante et un malades, dont l'entretien coûtait seulement deux mille cinq cents francs par an.

6° Canton possède encore depuis 1805 un *Établissement pour la vaccine*. La vaccine a été introduite pour la première fois à la Chine par Alex. Pearson, chirurgien de la Compagnie des Indes orientales à Canton. C'est aussi au docteur Pearson qu'est due cette institution pour la vaccine. Il a publié sur la théorie de l'art un traité concis, qui a été traduit en chinois par sir George Staunton. Depuis cette époque la vaccine a été répandue et pratiquée par les médecins du pays. Un certain nombre de praticiens s'y tient à la disposition du public. Les avantages de cette innovation n'ont pas tardé à s'ébruiter et à s'étendre dans les districts importants. Dans d'autres parties de la Chine, l'inoculation se pratique, dit-on, entre autres, sur les membranes qui tapissent les narines.

7° Il y avait à Changhaï une *Société humaine* (ou *Kieou seng-tchuh*), pour le *sauvetage* des noyés. Je ne sais si elle existe encore; mais, avant l'invasion des insurgés, en 1853, elle était établie sur les bords de la rivière en dehors de la grande porte de l'Est.

Elle avait pour mission, lorsqu'une personne tombait dans la rivière, de tenir des bateaux prêts à la secourir. Si on parvenait à la retirer de l'eau, des moyens étaient préparés pour la rappeler à la vie. L'un de ces moyens consistait à étendre le patient sur le dos, et à lui renverser une énorme chaudière pleine d'eau sur l'abdomen. Cette opération devait avoir pour résultat de faire sortir par le nez l'eau qui avait asphyxié l'individu, « en raison de la connexion qui s'établissait entre son abdomen distendu et le vide de la chaudière. » Un autre moyen de rappeler la chaleur vitale, recommandé par les prospectus, était de « pendre le patient par les pieds aux épaules d'un autre homme, en ayant soin toutefois de boucher l'orifice de l'anus au moyen d'un tampon de coton, pour empêcher les conséquences de la locomotion. Ce procédé devait obliger l'eau à sortir par la bouche, et rétablir ainsi la circulation. »

8° Il existe dans la plupart des principales villes des *Maisons de charité pour les hommes âgés*. En 1843, la ville de Hangtcheou se glorifiait de posséder un établissement de ce genre contenant cinq cents pauvres vieillards qui y trouvaient l'abri et la protection nécessaires à leur faiblesse.

9° A Changhaï, l'auteur a trouvé deux établissements de bienfaisance, d'un caractère général : l'un dans le midi de la ville, nommé *Toung-chen*, « ou Maison de la bonté unie; » l'autre, en dehors de la porte du Nord, le *Toung-jin*, ou « Institution de charité unie. »

La dernière de ces deux institutions paraissait être la plus prospère; cependant leur objet était le même : — Prendre pitié des veuves, assurer une existence aux hommes âgés, distribuer des cercueils aux pauvres, procurer aux indigents une place au cimetière, fournir de l'eau en cas d'incendie, soutenir les écoles gratuites, fournir pendant l'hiver des vêtements chauds et du bois aux nécessiteux.

10° Mais il se trouvait à Ningpo une société nommée *Ti-jin-tchuh*, ou « Société de bienfaisance pratique, » laquelle attira principalement mon attention.

Elle fut fondée en 1854, principalement grâce à deux hommes considérés dans le pays, qui y contribuèrent largement de leurs deniers, et engagèrent un certain nombre de leurs concitoyens à se joindre à eux pour soulager la misère publique aggravée par les circonstances difficiles où l'on se trouvait. Le but qu'ils se proposaient est indiqué dans un rapport de 1856, que j'ai sous les yeux. Les principaux objets de l'Institution étaient :

De *prendre soin des enfants abandonnés*. — Le rapport établit que la pitié des fondateurs a été émue par le spectacle d'enfants affamés qui, délaissés par leurs parents en raison des exigences de la famine, gisaient le long des routes et des grands chemins.

De *fournir des vêtements aux pauvres pendant la sai-*

son rigoureuse. — Le rapport constate que, dans l'année 1835, des fournitures gratuites d'habillements ont été faites à l'Hospice des Enfants-Trouvés et à un grand nombre de mendiants de la ville et de la campagne, ces derniers se contentant pour se couvrir d'un simple sac à grains.

De *procurer des cercueils aux pauvres.* — L'état imprimé qui est entre mes mains montre que, dans la même année, cent cinquante et un cercueils ont été fournis aux familles sans ressources à un prix moyen de six francs vingt-cinq centimes.

De *procurer aux indigents une place au cimetière.* — Sous ce chapitre la Société a eu, pendant l'année 1835, à placer deux cent soixante-dix-neuf adultes et enfants.

De *réunir les ossements des morts épars dans les cimetières.* — Ceci est une marque de respect témoignée périodiquement aux restes de ceux qui ont été confiés au sein de la terre, mais dont les cercueils ont été brisés par vétusté. Les ossements, ainsi réunis, sont transportés à un cimetière appartenant à la Société. Les cercueils où ils sont placés sont de commune dimension, et, dans une seule année, ils se sont élevés au nombre de six cent quarante-sept.

Peut-être n'y a-t-il pas de spectacle plus révoltant dans le voisinage d'une ville chinoise (Ningpo, par exemple) que l'exposition de cercueils dont la plupart sont vieux, sales et délabrés. Ceux que j'ai rencontrés en 1842 et 1843 gisaient principalement au pied et le long des remparts. Les uns tombaient en morceaux par le fait de leur vétusté ; les autres, surtout les plus neufs, avaient été défoncés et pillés par des voleurs ou des chiens affamés. Mais ces cercueils, dont la vue choque les regards du voyageur à la Chine, contiennent en général les restes des pauvres. Les gens comme il faut, soigneux des restes des amis qu'ils ont perdus, érigent des tombeaux de famille; ces tombeaux, au dedans comme au dehors de Ningpo, sont indiqués par de petites éminences coniques, en forme de pains de sucre, couvertes de gazon, et entourées de plantes de genièvre et de pins communs.

Des *Enclos de Charité*, sous la surveillance de la Société, sont disposés pour la sépulture des indigents.

A Ningpo, il y a deux terrains, l'un à l'est, l'autre à l'ouest, qui sont la propriété de la Société, et reçoivent la destination dont je viens de parler. Lorsque je me promenais sur les remparts de Ningpo, il m'est arrivé plus d'une fois, tant au dedans qu'au dehors des remparts, de rencontrer des monceaux de cercueils qui paraissaient récemment entassés. Lorsque je lus le rapport de la société, j'y vis l'explication de ce fait. Elle envoie à certaines époques des agents chargés d'empiler les cercueils des pauvres, pour les faire transporter aux « Enclos de Charité, » où ils sont enterrés aux dépens de la société.

De *distribuer des médicaments aux malades pauvres;*

De *distribuer du thé pendant la saison chaude, et du bois pour le préparer;*

Et enfin de *réunir pour le brûler, du papier couvert de caractères écrits ou imprimés.*

Pour cet objet, la société charge des porteurs d'aller de maison en maison, de ruelle en ruelle, de rue en rue, et de ramasser tous les fragments de papier écrit ou imprimé qu'ils peuvent trouver épars. De cette manière elle est parvenue dans une année à réunir cinq mille livres de papiers de rebut. Cette bonne action (car c'est ainsi que les Chinois la considèrent) n'est pas limitée à une société particulière. Il y a beaucoup d'individus qui, s'imaginant faire une chose méritoire aux yeux de leurs divinités, distribuent dans la cité des ramasseurs de fragments de papier, les payent de leurs propres poches, et, réunissant leurs récoltes, en font un feu de joie. Les porteurs employés à cet usage promènent de grands paniers sur lesquels se lisent en gros caractères ces mots : *King sie tsze tchi*, « Respectez soigneusement le papier sur lequel des caractères sont écrits. » C'est ce qui explique pourquoi on rencontre souvent dans les rues des hommes portant d'énormes corbeilles remplies de vieux papiers. Rien ne surpasse le respect que témoignent les Chinois, surtout les Chinois bien élevés, pour le papier écrit ou imprimé. Aussi se plaignent-ils amèrement des usages outrageants auxquels les européens les emploient.

En terminant la nomenclature des inspirations bienfaisantes des Chinois, je ne dois pas en omettre un trait important.

11° *Établissements charitables d'éducation.* — Il y avait à Ningpo un édifice dont la construction remontait à deux siècles, primitivement nommé « Collége du Champ de Charité. » Son objet avait été dans le principe de procurer de l'éducation aux pauvres. Lors de ma résidence, je n'en vis plus que les ruines. Dans la guerre avec la Grande-Bretagne, ayant été occupé temporairement par un officier chinois, il partagea le sort de toutes les autres résidences officielles lorsqu'il tomba entre les mains des vainqueurs. Dans toute l'étendue de l'empire, comme à *Hang-tcheou*, *Canton*, etc., il se trouve des écoles de charité soutenues au moyen de souscriptions particulières. Les descriptions chinoises de Changhaï y font mention de trois écoles de cette nature, mais j'avoue qu'il en reste maintenant peu de traces.

De tout ce qui précède on peut conclure que l'accusation portée contre les Chinois en général, de ne point s'occuper des pauvres et de ne prendre aucune espèce de mesure pour les soulager, est injuste et mal fondée. Nous venons de voir de nombreuses combinaisons pour protéger les enfants, les veuves et les vieillards, abriter les vagabonds, sauver du feu et de l'eau ceux qui sont menacés d'y périr, satisfaire aux besoins des aveugles et des lépreux, fournir des médicaments, des vivres et des habits, aider les écoles gratuites et enterrer les malheureux. Je suis tombé d'accord que les soulagements ne sont point en rapport avec les exigences ; que les bonnes intentions des établissements sont trop souvent contre-carrées par la vénalité ou l'indolence des administrateurs. Cependant il est certain que les inspirations de l'humanité s'étaient fait entendre au cœur des Chinois longtemps avant que la Chine fût ouverte aux étrangers, et leur avaient suggéré des plans de philanthropie à la fois judicieux et convenables aux localités. Que l'Évangile entre avec ses généreuses influences dans l'Empire de la Chine ; — que la civilisation du christianisme s'insinue dans cette « ruche de nations ; » alors ce ne sera plus un ruisseau, ce sera un fleuve, un torrent de bienfaisance qui débordera parmi ce peuple, répandant partout les eaux fécondantes de la charité, de l'humanité et de « l'amour fraternel. »

DEUXIÈME PARTIE

LA VIE CHINOISE DANS SA RÉALITÉ A NINGPO

CHAPITRE PREMIER

Ma première arrivée dans la ville. — Je fais visite aux fonctionnaires. Maisons de thé. — Terrains militaires. — Murs de la ville. — Mosquée. — Temples bouddhique, taoiste et de Confucius. — Glacières.

Maintenant que j'ai passé en revue et commenté les diverses idées que les « barbares du dehors » se forment du « Céleste Empire, » j'inviterai le lecteur à m'accompagner dans quelques parties de la Chine rarement visitées jusqu'ici par les étrangers ; il y fera connaissance avec la condition des « Chinois tels qu'ils sont réellement. »

J'avais passé à Macao les années 1840 et 1841. J'étais resté une partie de 1842 à Tinghaï, pendant l'occupation de Tchousan par les troupes anglaises. Lors de la terminaison de la rupture entre la Grande-Bretagne et la

Chine, je saisis la première occasion qui s'offrit à moi de résider à Ningpo, une des principales cités de la province de Tché-kiang. En consultant une bonne carte de la Chine, on voit une courbe demi-circulaire formée par les côtes de la mer ; au centre de cette courbe, vers le 29°58′ nord de latitude, et de longitude 121°22′ est, se trouve la ville de Ningpo. Pendant mon séjour à Tinghaï, je m'étais concilié l'amitié de quelques personnes haut placées à Ningpo ; et c'est ce qui m'avait déterminé. En formant mon plan, je fus assez heureux pour avoir l'aide et les conseils de Wou, professeur de langues, que je considérais comme un homme d'un jugement solide, et dont, après une épreuve de onze années, je suis heureux de reconnaître la bienveillance et la fidélité.

Ce que je me proposais était de me fortifier dans le dialecte de la langue parlée dans la province; et, au moyen de rapports plus intimes avec les gens du peuple, d'accomplir ma mission d'une manière satisfaisante.

Je m'embarquai donc le 7 décembre 1842, au matin, dans un bateau de passage amarré au quai de Tinghaï. Le bateau, ayant pris ses passagers (tous, à mon exception, natifs de la Chine), passa sur les dix heures au pied de la colline de la maison Joss (*Joss-house-hill*), et, le vent et la marée aidant, entra dans la rivière de Ningpo à quatre heures de l'après-midi [1] ; à six heures nous débarquions au « quai de Tchusan, » à une bifurcation de la rivière nommée *San-kiang-kéou*, ou l'embouchure des trois rivières [2].

---

[1] La distance entre Tinghaï et Ningpo est reconnue par les natifs être de 181 *li* ou 54 milles.

[2] Appelée ainsi de ce que, à ce point de jonction, elle est formée de trois rivières réunies.

Sitôt que je fus débarqué, ce que je fis le plus vite possible, je m'acheminai vers la porte ouest de la ville. Il s'y trouve une pièce d'eau sur le bord oriental de laquelle s'élevait la demeure du docteur Tchang. C'était un médecin chinois que j'avais connu à Tinghaï, et avec lequel je m'étais lié d'une étroite amitié. La vue d'un Anglais isolé, parcourant les rues assez longtemps après le soleil couché, ne manqua pas de faire quelque bruit. La curiosité se trouvait éveillée, et les agents de police vinrent en toute hâte me demander qui j'étais et quel était mon dessein en visitant Ningpo

Je me frayai un chemin parmi la foule; et, après une rude marche à travers un nombre infini de rues et de ruelles, j'atteignis sain et sauf la maison de mon ami, où je fus reçu à bras ouverts par lui et sa famille. Cependant, à peine m'étais-je assis, que nous vîmes arriver messager sur messager de la part des principales autorités, chargés de prendre de nouvelles informations sur mon nom et mes intentions. M'apercevant de l'anxiété que causait au dehors la soudaineté de mon arrivée, je crus convenable d'en informer officiellement le principal officier, préfet du département. Je remis donc ma carte au fils aîné de mon hôte, et le chargeai de la porter avec mes compliments au noble fonctionnaire. Le jeune homme était de retour au bout d'une heure avec la carte du préfet et ses civilités; et, dans le cours de la même soirée, un de ses confidents vint me rendre visite en m'apportant des témoignages d'amitié et une intivation pour me rendre près de lui le jour suivant.

En m'éveillant le lendemain matin, mes regards furent charmés du site délicieux qu'occupait la maison de mon hôte. Elle était placée sur une route fréquentée, au bord d'une sorte de lac, en vue de scènes riantes et animées. Sa façade était bordée d'un rang de saules qui jetaient une ombre agréable sur la modeste habitation.

Tandis que nous déjeunions, le peu de flâneurs qui, en raison de l'heure matinale, s'étaient réunis devant la maison pour avoir les prémices de la vue d'un étranger, augmentèrent insensiblement de nombre et devinrent bientôt une multitude. Le treillis de la porte devint une protection insuffisante, et les fenêtres de papier furent mises à jour. A chaque trou paraissait un œil brillant de curiosité.

Le vénérable docteur supplia ses concitoyens de se montrer un peu plus polis à l'égard d'un visiteur anglais, et leur fit des remontrances sur leur manque d'urbanité. Mais rien ne pouvait y faire : chacun cherchait à contenter sa curiosité vaille que vaille, et la foule allait toujours croissant ; au milieu de tout cela, il n'y avait ni bruit, ni disputes, ni mouvements tumultueux. Ils regardaient en silence, s'étonnant et se faisant remarquer les uns aux autres combien l'étranger ressemblait peu aux représentations qu'ils en avaient lues dans des proclamations peintes ou imprimées. — Sa figure, il est vrai, différait un peu de la leur, sa coiffure et ses habits étaient d'une forme étrange ; mais « il n'avait pas les cheveux rouges ! il avait des articulations aux bras et aux jambes ! il n'avait pas la figure noire comme de l'encre ! ce n'était pas un ours ! ce n'était pas un singe ! il n'avait pas l'air féroce ! en un mot, ce n'était pas un diable ! ô merveille ! il pouvait s'asseoir et parler chinois ! il était là, mangeant des mets chinois avec des amis chinois, et avalant son riz à l'aide de bâtons chinois, comme le plus adroit d'entre eux aurait pu le faire ! »

Était-ce bien réellement un Anglais qu'ils avaient devant les yeux ?

Après déjeuner, je me rendis à pied aux bureaux du préfet, Chou-Koung-chéou, à qui la veille j'avais annoncé ma visite. Mon vieil ami Wou-Sienseng et le docteur Tchang m'accompagnaient. Comme toutes les résidences officielles avaient été détruites pendant la guerre avec l'Angleterre, sa seigneurie habitait provisoirement un temple auprès de la porte de l'ouest, le *Wentchang Koh*. La cour extérieure de l'édifice retentissait du bruit d'une foule de curieux se pressant pour avoir un aperçu du nouvel arrivé. Je fus introduit suivant les règles dans la salle d'audience, après avoir envoyé mes cartes, etc. Cette salle était nue et froide, sans le moindre ornement, et meublée seulement d'un rang ou deux de chaises grossières. Sa seigneurie fit enfin son entrée. Elle parut enchantée de me voir ; et, ce qui me fit plus de plaisir, traita mon maître de langue avec un respect marqué. Je savais, en effet, qu'avant le traité de Nanking un maître de langue qu'on eût vu en compagnie d'un étranger eût été arrêté et mis en prison. Le *Ta-laoyay* (titre équivalent à celui de seigneurie) était un homme gros et court, — large tête, — visage rond et d'une expression agréable, — traits caractérisés, — maintien aisé, — les yeux grands, noirs, vifs, pleins d'expression, la barbe d'un noir de jais, taillée en pointe, et accompagnée d'une paire de moustaches formidables. Il portait le bonnet officiel, orné par derrière d'une plume de paon, et surmonté d'un bouton de cristal transparent, signe indicatif du cinquième rang de noblesse de charges. Sa mise n'avait rien de lourd, bien qu'il fût couvert d'une robe de riche satin foncé. Un collier composé de grains élégamment travaillés retombait sur une sorte de plastron carré, et couvert de riches broderies. Un autre plastron semblable figurait sur le dos de sa tunique. Sur ces deux plastrons était figuré le symbole de son ordre, le *péhien*, « faisan d'argent. » Sa voix était harmonieuse, et, lorsqu'il parlait, il avait un air d'autorité. D'abord sa prononciation ne me parut pas distincte; mais cela tenait sans doute à ce que je n'étais pas habitué à l'accent de Kiangsi, sa province natale. Il n'avait pas plus de cinquante-trois ans. C'est une particularité dont l'étiquette chinoise me faisait un devoir de m'assurer d'abord.

Sa démarche et son maintien offraient de la dignité sans hauteur; il avait un air affable sans être familier. L'impression favorable qu'il produisit sur mon esprit subsiste encore au moment où je parle. Chou-Koung-chéou était un officier dont les Anglais ont parlé plus d'une fois pendant la guerre; et plus d'un se souvient sans doute encore de lui sous la désignation du « beau vieux Chinois. »

Dans cette entrevue, notre conversation roula principalement sur deux sujets. L'un d'eux était la *géographie*. Il fit apporter de sa bibliothèque un manuel chinois de géographie : il fourmillait d'erreurs et d'imperfections. Entièrement conforme aux vues étroites et exclusives des Chinois, il contenait la description linéaire la plus étrange des divisions du monde. L'autre sujet sur lequel nous nous entretînmes était mon identité. Je ne me donnais ni pour un marchand, ni pour un soldat, ni pour un fonctionnaire civil! Qu'étais-je donc? Un « ministre de la religion de Jésus-Christ. » Voyant que je n'étais pas catholique romain, il m'exprima sa surprise, que dans le pays d'Occident nous eussions deux religions différentes professant le nom de Jésus. Il me demanda en quel point réel elles différaient. Il conjecturait que chez nous la scission pouvait venir d'un double système, ainsi qu'il l'avait vu parmi les papistes de la Chine; l'un recommandant l'adoration de la Croix, l'autre lui refusant cet hommage. Je cherchai à lui expliquer un certain nombre des principaux points de disparité, et m'attachai surtout à ôter de son idée que le papisme fût la véritable religion fondée par Jésus lui-même[1].

A mon départ de la préfecture, sa seigneurie me témoigna la satisfaction qu'elle éprouvait à se trouver enfin avec un Anglais qui ne fût pas un soldat. En effet, elle n'en avait que trop vu de cette profession dans les deux ou trois dernières années.

Kou, un des officiers inférieurs de la préfecture, quoique l'un des confidents officiels du préfet, me conduisit alors à la maison d'été de sa seigneurie, où je fus accueilli avec une extrême urbanité. On me servit en profusion du thé, du vin, des gâteaux, des fruits, etc. Tandis que j'étais assis, un homme entra précipitamment et

---

[1] Nous ne pouvons nous empêcher de faire remarquer ici que rien ne peut s'opposer davantage à la propagation du Christianisme parmi les populations éclairées de l'Orient que cet antagonisme perpétuel qui se produit, non-seulement entre les prédicateurs dissidents d'une religion qui a les mêmes origines, mais encore entre les missionnaires de la même Église, appartenant à des communautés différentes. Tout le monde connaît les longues et vives querelles qui eurent lieu entre les Dominicains et les Jésuites, sous le règne de l'empereur *Khang-hi* (1684-1700), au sujet des honneurs rendus à *Confucius*, aux *Ancêtres*, etc. Ces querelles firent dire à l'Empereur et aux principaux mandarins, en s'adressant aux missionnaires : « Comment voulez-vous que nous ajoutions foi à ce que vous nous prêchez comme étant la vérité, lorsque, vous-mêmes, vous ne vous accordez pas entre vous? » G. P.

se jeta à genoux devant Kou. C'était un *Han-kan*, ou
« traître chinois, » proscrit pendant la dernière guerre
pour avoir aidé et soutenu les Anglais. Par le traité de
Nanking, les coupables de cette catégorie avaient obtenu
un pardon impérial, et chacun d'eux avait reçu une passe.
M. Kou lui dit de quitter sa posture suppliante, lui présenta un siége, et le postulant se mit à prendre du thé et
à causer avec nous. Cet officier, Kou, vint me voir le
lendemain. Dans ses manières et dans ses questions, il
montrait autant de candeur que de curiosité. Il paraissait surtout désireux de s'instruire au sujet de l'Angleterre et des autres pays de l'Occident.

Une fois débarrassé des visites d'étiquette, je passai
le reste de la journée à rôder dans la ville, mon ami le
docteur me servant de guide. C'était un grand avantage
pour moi : le brave homme employait tous ses moyens
de persuasion à tenir à distance la foule réunie autour de
nous pour contempler un étranger isolé, venant d'un
pays situé à l'autre bout du monde, et se promenant au
sein de leur ville.

Dans le cours de mes pérégrinations, j'entrai chez
M. Lin, personnage d'une grande réputation et immensément riche. Il était absent de chez lui, mais je fus invité
à visiter ses jardins, qui sont célèbres dans la ville. Certes, je ne pouvais voir sans étonnement le goût qui
avait présidé à la distribution de terrains aussi peu étendus, où l'on avait groupé une multitude d'objets composant un véritable *epitome* de paysage. Il y avait un lac
avec ses îles, trois montagnes, des coteaux, des vallées,
des vergers, des jungles, des rochers arides, de fraîches
pelouses, des sentiers sablés, tout cela réuni dans moins
d'un demi-arpent de terrain. L'œil rencontrait partout

des bassins d'ardoise ou de marbre, des ifs taillés, des pêchers affectant des formes bizarres, des cèdres nains du Japon, des bambous, les uns carrés et les autres ronds, etc., etc.

Les personnes riches donnent en général ces sortes de dispositions à leurs jardins. Leur but est de procurer à leurs femmes et à leurs enfants des moyens de récréation sans sortir de la maison. Sans doute il y a un certain talent à réunir dans un petit espace un abrégé des scènes de la vie rurale, et d'offrir des paysages en miniature aux personnes vouées à la vie d'intérieur. Au centre de ces ornementations, il n'est pas rare de trouver une maison d'été destinée à l'étude et aux amusements. Un des principaux ornements des jardins chinois consiste dans un lac peuplé de poissons rouges, et orné de lis d'eau, fleur que les Chinois affectionnent pour l'expansion de ses larges feuilles et l'odeur agréable qu'elle exhale.

Au sortir de l'élégante maison de M. Lin, je fus voir M. Tang, autre personne d'un rang distingué, fameux parmi ses concitoyens par ses dessins de chrysanthèmes. Il me reçut d'une manière à la fois digne et polie. Les dames de sa famille paraissaient extrêmement curieuses de voir un peu l'étranger. M'introduire près d'elles sans cérémonie eût été du dernier inconvenant. Cependant, avec l'ingéniosité de leur sexe lorsqu'il s'agit de satisfaire la curiosité, elles criblèrent le papier de trous qui leur servirent d'observatoire. M. Tang s'en aperçut bien, mais il n'eut pas l'air d'y faire attention.

Fatigué de ma promenade, je repris le chemin de la maison; mais, comme c'était sur la brune, je m'arrêtai à regarder les « maisons de thé » de Ningpo, qui sont très-fréquentées le soir. Nous étions éloignés du centre de la ville, où se trouvent les « maisons de thé » élégantes. Celles qui s'offraient à moi étaient par conséquent d'un ordre secondaire. L'ameublement était pauvre, le thé faible, et la compagnie mêlée. La description que j'en fais ne pourrait donc donner une juste idée de ces sortes d'établissements utiles. Bien que ceux d'un ordre inférieur aient beaucoup de rapports avec les « grog-shops » d'Angleterre, le breuvage qu'on y prend met entre eux une grande différence. J'ai vu parfois, il est vrai, servir des liqueurs fortes dans les maisons nommées par excellence « maisons de thé; » mais en général ce qu'on y prend égaye sans enivrer. On rencontre partout dans les villes chinoises de vastes boutiques où l'on n'entre que pour prendre du thé. Elles contiennent un certain nombre de tables de bois carrées, autour desquelles sont rangés des bancs ou des chaises pour quatre ou six personnes; au fond se trouve le laboratoire avec ses fours et ses étuves, garni de tablettes supportant d'énormes bouilloires, des théières massives, des chaudrons monstrueux de hauteur d'homme, remplis d'eau bouillante. De nombreux garçons vont çà et là, vigilants dans leurs attentions, portant sur de petits plateaux des tasses pleines de la décoction brûlante, des gâteaux, des fruits secs, etc., etc. Il n'en coûte guère que deux centimes et demi pour se régaler. Ces boutiques sont pleines à chaque instant de la journée, particulièrement le matin et le soir. On n'y est point incommodé du bruit de conversations discordantes. Les hommes de peine et les passants y trouvent constamment des objets d'une utilité permanente, des bassins remplis d'eau chaude et des serviettes blanches, quoique un peu rudes, pour se laver la figure et les mains. On y permet de fumer et de jouer; et Dieu

sait si l'on se sert de la permission ! On y entend même
de la musique; et, semblables à d'autres lieux de réunion
de la même classe en Europe, les maisons de thé de la
Chine servent le soir de refuge aux ouvriers, qui viennent
y chercher des nouvelles, des commérages, des délassements et de la distraction. Aussi, à cette heure, peut-on
voir la plupart des tables occupées par des joueurs de
dés ou d'autres jeux. Souvent, l'hiver, les salles sont
converties en théâtres, où quelque saltimbanque, célèbre
par ses talents athlétiques ou mimiques, vient, moyennant
une rétribution de quelques sous, captiver son auditoire
populaire par le récit de légendes fantastiques ou de
traits tirés de l'histoire ancienne. Les boutiques de thé
sont choisies bien souvent pour y vider rationnellement
des querelles ou des discussions; et plus d'une fois j'ai
vu déférer à ces sortes d'assemblées des cas d'injure ou
de diffamation scandaleuse.

Quelquefois les maisons de thé donnent aussi à manger et contiennent un restaurant. On peut s'y procurer à la minute un repas substantiel. Ce restaurant
occupe des salles vastes et commodes. Plusieurs ont deux
étages, le restaurant au premier, la cuisine au rez-de-
chaussée. La carte se compose de tous les produits de la
saison, à des prix modérés. Les restaurants de premier
ordre que j'ai été à même de visiter étaient établis d'une
manière très-respectable, et sous beaucoup de rapports
pouvaient se comparer aux nôtres.

Un mot ou deux sur le *thé* et la *manière de le préparer*. Les Chinois ont, comme on sait, plusieurs variétés
de thé; mais dans une maison où j'étais reçu on me servit une sorte très-estimée appelée *thé fortifiant*. Ce thé
se prépare dans la province de *Yun-nan*, et jouit d'une

grande réputation comme préparation médicale. Il ressemblait beaucoup au thé noir commun, mis en petites boules au moyen de gomme. Mais le goût de l'infusion avait de l'amertume. Lorsque mon hôte m'eut décrit très au long les vertus de son breuvage, il ajouta qu'il y avait une autre espèce de thé encore plus estimée, et de beaucoup supérieure à tous les autres thés par sa saveur, sa finesse et surtout par sa rareté, à savoir le « *thé de singes.* » Cette sorte, m'assura-t-il, ne pouvait s'obtenir que dans certains lieux et avec beaucoup de peine. Elle croît sur des hauteurs inaccessibles au pied de l'homme, et où peut seul atteindre l'animal sagace dont elle porte le nom. On la recueille, me dit-il, au moyen d'une certaine espèce de singes dressés à gravir les précipices les plus escarpés, à remplir des sacs de cette herbe délicieuse et à revenir apporter leur récolte entre les mains de leurs maîtres. Selon lui, rien n'égalait la délicatesse du *thé de singe;* aussi se vend-il à des prix exorbitants. Le narrateur avait été à même d'en goûter, et regrettait beaucoup de ne pouvoir m'en faire la galanterie. Du reste, j'ai trouvé dans la *Chine en miniature* de Breton une notice sur le même sujet. « Le thé, dit-il, se plaît beaucoup plus dans les situations sèches et élevées que dans les terrains bas et humides. Il en résulte que sa récolte, surtout pour les qualités supérieures, est difficile et périlleuse. Les hommes ne pourraient gravir certains pics d'un accès dangereux; un faux pas les précipiterait dans des abîmes, ou du moins serait fatal aux jeunes plantes. Pour surmonter cette difficulté, on a recours à un expédient singulier. On dresse des singes à grimper et à cueillir les feuilles. On conçoit combien il doit être difficile d'employer des aides de cette espèce, car le singe n'est guidé alors que par un instinct purement mécanique. Lorsqu'ils redescendent de la montagne, on leur donne pour récompense quelques délicatesses dont ils sont friands. »

La méthode ordinaire pour « faire le thé, » chez le peuple le plus buveur de thé qu'il y ait au monde, consiste à mettre simplement dans un vase autant de thé qu'on peut en pincer avec les doigts, à verser dessus de l'eau bouillante, et à recouvrir le vase. On prend alors le breuvage à loisir, et on peut obtenir une seconde édition au moyen d'une autre dose d'eau bouillante.

Dans les familles qui reçoivent beaucoup de monde, et dans les boutiques, on garde, sur un comptoir ou sur une table, une théière de forme commode, entourée d'une armée de tasses, mises à la portée de tout venant. *L'eau de pluie* s'emploie de préférence pour la préparation. Aussi, dans les familles économes, a-t-on soin de placer de grandes jarres sous les toits des maisons pour recevoir chaque goutte d'eau qu'ils déversent. Le thé fort n'est pas de prédilection chez les Chinois. Le noir est la règle générale, et le vert l'exception. Il est d'usage de le prendre sans *lait* et sans *sucre*. Les étrangers seuls y introduisent ces deux ingrédients, sans doute pour adoucir les *désagréments* d'un breuvage que la mode a fait prévaloir. A l'égard, d'ailleurs, du lait et du sucre, le dernier est surabondant à la Chine, et s'emploie pour toute espèce d'usage imaginable, excepté pour prendre du thé. Mais, quant au lait, vous vivrez longtemps sur la « terre fleurie » sans entendre le cri bienvenu de la laitière qui réveille chaque matin les servantes de la bonne ville de Londres. Il est bien convenu que je parle seulement ici des Chinois. Sous ce rapport les visiteurs étrangers ne s'astreignent pas à la règle de « vivre à Rome comme à Rome; » ils veulent avoir du lait, même à la Chine. Et enfin les femelles de ces buffles monstrueux, qu'on prendrait à la première vue pour des hippopotames ou des rhinocéros, ont fourni et fournissent aux tables européennes leur lait épais et savoureux pour le thé et le café.

La première fois que je vis du lait dans une des rues de la Chine, c'était une jeune femme qui le portait dans une tasse. Je m'approchai d'elle. « Excusez-moi, lui dis-je; qu'est-ce que vous portez là? — Du lait, me répondit-elle. — Du lait?... quelle espèce de lait? de vache ou de chèvre? — Du lait de femme, monsieur. — Du lait de femme? qu'est-ce qu'on veut en faire? — On l'a acheté pour une personne âgée. — Et combien peut valoir cette tasse? — Quatre-vingts *cash* » (ou soixante centimes environ).

J'ai découvert depuis que très-souvent les nourrices vendaient leur lait pour les petits enfants orphelins ou pour les octogénaires ramenés à une seconde enfance. Le lait de nourrice se vend dix ou quinze centimes la tasse.

Ma première journée à Ningpo s'était passée dans les visites officielles, les jardins, et les maisons de thé. Je voulus consacrer la seconde à un autre ordre d'excursions variées et instructives. A quelques minutes de mon habitation se trouvait un terrain destiné aux exercices militaires. Ayant appris que les archers à cheval devaient manœuvrer ce jour-là, je m'y rendis immédiatement après déjeuner. Le terrain pouvait avoir deux cents mètres de long sur cinquante de large. Les officiers présents étaient de grades inférieurs, correspondant à ceux d'enseignes et de sergents, à l'exception du juge militaire, qui se tenait assis sous un dais de toile. Les archers se rangèrent sur deux de hauteur, par escouades de huit hommes, et reçurent le mot d'ordre à genoux. On les fit ensuite monter à cheval, prendre le galop, et lancer des flèches. Chaque cavalier, après avoir vidé son carquois, revenait s'agenouiller devant le juge, qui lui faisait des réprimandes ou lui donnait des instructions ou des éloges. La cible, placée à environ soixante mètres du dais, présentait trois disques rouges, placés l'un au-dessus de l'autre, sur une natte fixée à un bambou. Il s'agissait d'atteindre un de ces disques, surtout celui du milieu, pendant que le cheval fournissait sa carrière. Il y eut des tireurs maladroits, d'autres un peu moins. Chaque coup heureux était annoncé au son du tambour.

La liberté qu'on me laissait d'assister à cette revue contrastait d'une manière frappante avec le refus éprouvé quelque temps auparavant, à Canton, par des étrangers qui avaient exprimé le désir d'assister à de grandes manœuvres. Une proclamation, publiée à cette occasion, portait : « Les autorités locales pensent avec raison qu'il est de leur devoir de se mettre en garde contre les visiteurs étrangers. En conséquence, le *Tchihien* (sous-préfet) de Nanhaï a publié, il y a quelques jours, une proclamation pour leur interdire l'entrée des champs de manœuvre, lors des grandes revues qui devaient avoir lieu. Cette prohibition avait deux causes : la première était que, portant des épées, ils auraient pu, dans un mouvement subit de colère, blesser les spectateurs ; la seconde était qu'eux-mêmes eussent pu se voir, par accident, foulés aux pieds des chevaux. Par ces considérations le *Tchi-hien* ordonne aux marchands *hong* et aux linguistes de faire leur devoir, et d'empêcher les étrangers de dépasser leurs limites. »

Dix ans plus tard, j'eus occasion, à Changhaï, d'assister à une parade d'infanterie et d'artillerie, au moment où l'on se disposait à repousser les rebelles de Kouangsi. Je fus frappé du manque de discipline qui s'y faisait remarquer. Il y avait cinq compagnies des étendards *rouge, bleu, blanc, jaune* et *noir*; chacune composée de cinquante hommes, avec une pièce de canon et ses artilleurs. Les évolutions n'avaient ni règle ni ordre. Les fusils étaient grossièrement fabriqués. Les canons étaient traînés par six hommes. Les écouvillons étaient en bambous garnis à l'extrémité d'une brosse en crin; les refouloirs étaient de simples perches, et les mèches étaient en étoupes. Les soldats n'avaient point d'uniformes distinctifs : ils portaient des bonnets ornés de glands, d'où pendait un morceau de drap de la couleur distinctive de la compagnie. Les officiers étaient peut-être ce qu'il y avait de plus ridicule, retroussant leurs jupons et leurs robes, faisant mille contorsions, vociférant les commandements de la manière la plus discordante, et s'interrompant pour aller de temps en temps se rafraîchir et fumer une pipe.

Revenons à Ningpo. Lorsque la parade des archers fut terminée, je me rendis, accompagné de Wou-Sien-seng, aux murailles de la ville, dans l'intention d'en faire le tour. Leur circonférence totale est de près de cinq milles; leur hauteur approximative de vingt-huit pieds, sans compter un parapet de cinq pieds; et leur épaisseur de quinze pieds en haut et de vingt-deux pieds par le bas. Elles sont construites en matériaux solides :

la partie inférieure en pierre de taille, et le haut en briques. Quelques portions étaient dans un état de ruine ; et par endroits les remparts étaient tellement obstrués d'herbes et de ronces, que j'avais de la peine à m'y frayer un passage. Les murailles sont percées de six portes, chacune d'elles double ; l'intérieure séparée de l'extérieure par un espace d'au moins vingt mètres. La réunion de la porte extérieure à la porte intérieure est faite par le mur d'enceinte, qui se contourne en formant une section de parallélogramme. Au point de la porte intérieure où elle sépare le mur, les deux côtés de celui-ci sont réunis au moyen d'une arche, nommée « mur de la Lune. » Chaque porte, intérieure ou extérieure, était munie d'un corps de garde : celui de l'extérieure, étant le plus grand, est élevé de deux étages. Pendant un séjour de sept mois que j'ai fait à Ningpo, je n'ai jamais vu ces corps de garde occupés, même pendant la nuit. Les portes de la ville étaient en général fermées un peu après le coucher du soleil ; mais la plus légère rétribution au portier suffisait pour se les faire ouvrir. Je n'ai pas vu ici, comme dans d'autres villes chinoises, qu'on autorisât à construire des maisons sur les murailles, ni dans leur voisinage immédiat. Au contraire, il régnait tout le long de la base des murs, du côté de la ville, un chemin libre de huit à dix pieds de largeur.

En jetant les yeux sur l'intérieur de plusieurs corps de garde, à mesure que je passais devant, il me fut aisé de voir que les Anglais les avaient occupés. Nos soldats, qui, durant la guerre avec la Chine, ont été pendant plusieurs mois stationnés dans cette ville, avaient charmé leurs moments d'ennui en charbonnant leurs noms ou leurs pensées sur les murailles, ou en y traçant des figures grotesques avec la pointe de leur baïonnette. Cette pratique, d'ailleurs, n'est pas spéciale aux Européens. Côte à côte de ces chefs-d'œuvre, je pus distinguer des figures tracées par les Chinois, non moins passionnés pour le plaisir d'écrire ou de graver leurs noms sur les murailles.

Sous les portes de Ningpo, comme d'ailleurs dans toutes les villes de Chine, les curieux ont leur choix de nombreux placards de toute dimension, et plus attrayants les uns que les autres. Ces placards sont là pour informer le public de tout ce qui peut l'intéresser : annonces de services religieux, spectacles et curiosités, ordonnances de magistrats, faits surprenants de toute nature, etc. La rage des annonces est aussi prolifique en Chine que partout ailleurs : entre autres curiosités de cette nature, j'ai vu des satires virulentes sur des hommes publics, des avis officieux, et surtout des pouffs de charlatans. Comme en Europe, on lutte à la Chine contre l'envahissement des murs de maisons particulières par les affiches et les placards. On a soin de mettre des avertissements dans le genre de ceux-ci : « Les affiches placées dans cet endroit seront barbouillées. — Les placards seront déchirés. — Il est défendu d'afficher. » Quelquefois la requête est plus polie : « Vous êtes instamment priés de ne pas afficher. »

Au milieu de ma promenade, apercevant au centre de la ville un haut et vaste édifice, je m'y dirigeai. C'était le *Pavillon du tambour*, formé d'une arcade de grande dimension, surmontée d'un corps de garde. Placé comme il est au centre de la cité, à l'endroit où se croisent les principales rues, le monument était environné de bruit et de mouvement. D'après les traditions locales, ce haugar existait avant le quinzième siècle, et il a subi nombre de changements. Les noms qu'on lui a donnés indiquent assez son objet. On l'appelle « l'Observatoire, le Palais des Rayons du Soleil, de la Claire Distance. » Évidemment il fut construit, dans l'origine, pour supporter un corps de garde, d'où l'on pût surveiller le pays environnant et protéger les intérêts de la ville et des habitants. Le nom populaire « Pavillon du Tambour » lui vient de ce qu'il renferme un énorme tambour, que les gardes de la ville employent la nuit comme signe d'alarme, en cas d'attaque ou d'incendie.

Du « Pavillon du Tambour, » je revins aux murailles. On n'y rencontrait guère d'autres personnes que celles qui y montaient des rues voisines avec le désir de voir un Anglais en personne naturelle. Çà et là je rencontrais quelque maigre cheval paissant en solitude sur les remparts. En dehors des murailles règne un fossé assez large qui fait presque le tour de la ville. Il s'interrompt au nord et à l'est, où la ville est suffisamment protégée par la rivière; mais, commençant à la porte du nord, il suit le pied de la muraille jusqu'au sud-ouest, où il s'arrête à la porte du Pont, ce qui lui donne une étendue d'environ trois milles. Il est profond, et, en certains endroits, il a peut-être environ quarante mètres de largeur, rempli de l'eau qui provient des champs voisins ou de la rivière, et sillonné toute la journée par des bateaux.

La porte du Pont, l'une des deux portes orientales de Ningpo, a reçu ce nom parce qu'on a établi vis-à-vis un pont flottant sur la rivière. Ce pont a deux cents mètres de long et près de six de large. Il est formé de planches fortement liées ensemble et posant sur des solives au nombre de seize, réunies au moyen de crampons de fer et de chaînes. On l'ouvrait de temps en temps pour donner passage aux bateaux. Il s'y tenait un marché très-animé, et les passants s'y coudoyaient de telle sorte, qu'on n'y eût pas eu le loisir de regarder autour de soi. Il conduisait à un faubourg très-peuplé, situé de l'autre côté de la rivière.

Lors de cette première visite sur les murailles de Ningpo, le pays environnant me parut agréable; et, dans les promenades que j'y ai faites depuis, je n'ai pas eu lieu de revenir sur cette opinion. La vaste plaine qui entoure la ville formait un magnifique amphithéâtre, s'étendant d'un côté jusqu'à douze, quinze ou dix-huit milles vers le pied de montagnes majestueuses, et de l'autre atteignant les limites de l'Océan. Nos regards étaient arrêtés par une foule d'objets agréables et curieux. Si, du nord-ouest, je les dirigeais vers le sud et le sud-ouest, j'avais devant moi les canaux et la rivière, des champs bien cultivés, des fermes de belle apparence, de riants cottages, des maisons de campagne, des tombeaux de famille, des monastères et des temples. Du côté de l'est, la vue était arrêtée par les montagnes; mais, dans l'intervalle qui m'en séparait, le paysage était le même; seulement je distinguais plus clairement la rivière fourmillant de bateaux, et ses rives couvertes de *glacières*. Ma curiosité n'était pas moins satisfaite si je portais mes yeux vers la ville. J'y voyais une multitude de maisons à un ou deux étages, basses et irrégulières; d'autres édifices, lourds comme des prisons, des tombeaux de familles semi-sphériques, des temples avec leurs toits étincelants, des résidences officielles, des salles d'examens, et la sombre pagode de Ningpo. Il fallait remettre à un temps plus reculé ma visite à tous ces objets de ma convoitise; car, bientôt harassé de fatigue, je fus obligé de regagner la maison de mon hôte.

Si j'ai insisté autant sur mes allées et venues de cette journée, c'est que je voulais faire connaître au lecteur ce qu'on peut appeler le type parfait d'une ville murée à la Chine. En effet, chaque ville, même du troisième ou dernier ordre, est ou a été murée. Toutefois, bien que la ville de Ningpo soit d'une importance considérable, je ne puis prétendre que la description que je viens d'en donner puisse approcher de la réalité en ce qui concerne de grandes capitales telles que Nanking, Nantchang ou Péking.

A mon retour au logis, j'étais attendu par une marque de respect à laquelle je fus très-sensible. Chou *ta lao-yay*, le préfet, était venu me rendre ma visite. La règle, de la part des gens en place, est de rendre les visites le second jour, en personne ou par député. Mon ambition se bornait au député. Je me trouvai d'autant plus flatté de la marque d'attention personnelle que me donnait sa seigneurie, que j'y voyais une renonciation à un système de vanité officielle et d'exclusion. Le préfet était venu avec son train ordinaire de crieurs, de licteurs, de porteurs de chaînes et autres serviteurs.

Il arrive rarement, ou plutôt il n'arrive jamais, que les magistrats chinois sortent sans une foule d'*attachés* de divers ordres. D'abord vous voyez des « drôles en guenilles, » portant des étendards, des lanternes, et de grandes pancartes où est inscrit le nom du dignitaire. Tous ces précurseurs arrivent au pas de course en criant : « Retirez-vous! retirez-vous! Taisez-vous! faites place! » Suivent des porteurs de gongs, frappant sur leurs instruments un certain nombre de coups indicatifs du grade de leur maître. Viennent après eux les porteurs de chaînes, les porteurs de bambous, les porteurs de fouets, qui indiquent son autorité judiciaire. Des deux côtés du palanquin du dignitaire, trottent à pied de nombreux domestiques avec des parapluies, des pipes et des étuis pour cartes. L'arrière-garde se compose d'une, de deux ou trois chaises à porteurs en bambou, occupées par les secrétaires, les scribes, etc. Le nombre des porteurs de chaises varie selon le rang de l'officier. La plupart des gens de la suite ont des bonnets ornés de glands rouges. Pendant la guerre avec la Chine, les Anglais avaient conçu l'idée que tout Chinois qui possédait un gland ou une houppe rouge sur son bonnet devait être un soldat ou un parent de quelque dignitaire. Cette opinion s'était tellement enracinée dans l'esprit de quelques officiers supérieurs anglais, que, lors de l'expédition de Tchousan, on ne permit à aucun habitant de l'Ile de porter un bonnet revêtu d'un gland. Quiconque se montrait avec le signe prohibé sur la tête ou à la main était sûr d'être soupçonné et arrêté. Trouvait-on, dans le chenil d'un indigène, un bonnet à gland rouge, quelque sale ou délabré qu'il fût, on en concluait immédiatement que ledit indigène était un soldat ou un perturbateur de la paix publique. Quelque temps après la terminaison de la guerre, pendant que Tchousan resta entre les mains des Anglais, ils ne permettaient encore à personne de la vie civile de porter de ces sortes de bonnets, pas même aux messagers envoyés par les officiers chinois aux autorités étrangères à Tinghaï. Cette mesure provenait d'un malentendu. Le bonnet à gland rouge n'est pas porté seulement par les soldats. Il orne encore la tête des domestiques de grandes maisons, des messagers de fonctionnaires, et même des domestiques les plus infimes de ces derniers, lorsque leur maître fait une visite de cérémonie ou se rend à une fête. Le bonnet est de drap en hiver et de paille en été, avec une houppe de soie rouge. Comme il y a dans l'année un nombre considérable de fêtes, un bonnet fait partie indispensable de la garde-robe de tout estafier de police et de tout porteur de chaise, classes qui tiennent le dernier rang dans l'ordre plébéien.

Le premier dimanche qui suivit mon arrivée à Ningpo, je reçus de bonne heure dans la matinée la visite d'un prêtre mahométan, appartenant à la mosquée qui existe dans la ville. J'éprouvai une délicieuse sensation à entendre un Chinois converser sur un seul Dieu vivant, sur les commandements de Jéhovah, et sur les patriarches de l'Ancien Testament. Il se déclara avec chaleur contre la déraison qu'il y avait à adorer plusieurs dieux, prenant pour principe ce commandement exprès de Jéhovah, que lui seul devait être l'objet de l'adoration. Quant à la doctrine de Jésus-Christ, ce prêtre n'en connaissait guère que le nom.

Mon entrevue avec lui m'encouragea à visiter la mosquée elle-même. Sur la porte étaient gravés ces caractères : *Hoeï Hoeï Tang* « temple mahométan. » Cette première fois, j'eus le bonheur de rencontrer le doyen des prêtres : il était natif de Chan-toung, quoique d'origine arabe, ses ancêtres étant venus de Médine. Il lisait l'Alcoran, et parlait couramment l'arabe. Mais, bien que né à la Chine, ministre d'une religion en Chine, et bien que pouvant parler chinois, il était aussi incapable de lire et d'écrire le chinois que le premier habitant de Londres. Il se plaignait beaucoup du petit nombre de ses coreligionnaires habitant Ningpo, et formant tout au plus vingt ou trente familles, quelques-unes, il est vrai, d'un rang élevé. Cet homme, réellement intéressant, m'apprit que le centre du mahométisme à la Chine était Hang-tcheou, capitale de la province de Tché-kiang, où se trouvaient plusieurs mosquées. Son unique vœu était de faire un pèlerinage à la Mecque. Dans ce but, il prenait de moi des informations minutieuses sur la distance de cette ville, la longueur du voyage, etc.

Il me fit entrer dans le temple même qui touchait à sa demeure particulière. Un escalier de quelques degrés me conduisit dans une enceinte du style le plus simple. Çà et là j'apercevais de vieux meubles et de vieux instruments aratoires épars dans la poussière. Le toit était soutenu par des colonnes ornées de sentences tirées du Koran. En entrant, mon attention se fixa sur une porte pratiquée dans la muraille, laquelle ouvrait, me dit-on, sur le sanctuaire, près de laquelle on voyait quelques rayons chargés de livres. C'étaient les écritures mahométanes en vingt-quatre parties. Il me montra ses ornements sacerdotaux. Ils consistaient en une simple robe blanche et un turban de forme conique, dont il ne se servait que pour le service religieux. Il me dit qu'ils ne reconnaissaient dans la semaine qu'un jour consacré; mais, si les sectateurs du prophète avaient ce jour-là quelque occupation importante, ils ne se faisaient pas faute de manquer au service. J'aperçus près de la porte une tablette appelée *Loung-paï* « tablette du dragon, » semblable à celles qu'on trouve dans les temples chinois, avec cette inscription : *Hoang-ti, wen-souï, wen-souï, wen-wen-souï*, signifiant : « l'Empereur, l'Éternel, » etc. Je lui demandai, en lui montrant cette tablette, comment il la supportait dans un lieu qui, à son dire, était le séjour du vrai Dieu vivant. Il protesta qu'il n'avait jamais rendu et ne rendrait jamais d'hommages à cette tablette. Pour me prouver sa sincérité, il me fit observer qu'on l'avait placée dans un endroit le plus éloigné possible du sanctuaire. Il ajouta qu'on ne la souffrait dans l'intérieur de la mosquée que par politique : car, si on venait à l'accuser, lui et ses disciples, de déloyauté envers l'Empereur, il lui suffirait d'invoquer la présence de la tablette.

Le cinquième jour de ma résidence à Ningpo, je reçus un message du commandant en chef de la province de Tchè-kiang, dont le quartier général était à Ningpo. Il me demandait si je pouvais lui procurer un verre pour son télescope, qui était en mauvais état. J'étais dans l'impossibilité absolue de satisfaire à sa demande. Tout ce que je pouvais lui offrir, c'était d'envoyer l'instrument à Hong-Kong, pour le faire réparer. Mais ma proposition ne convint pas à Son Excellence. Lorsque, plus tard, je visitai le commandant en chef, je vis un homme âgé, de haute stature, affecté d'une paralysie de l'œil droit. Il parlait lentement, son allure était indolente, bien qu'il témoignât des sentiments honorables et aristocratiques. Il portait une robe rouge fort riche, et son bonnet officiel était orné du bouton de corail avec une plume de paon. Les personnes de sa suite étaient des enseignes, des sergents et des caporaux, portant le bouton de cuivre et le bouton opaque.

Vers le même temps, je profitai d'une occasion qui s'offrit à moi de visiter d'autres mandarins de Ningpo. Je parlerai sommairement de ces visites. Il y en avait un du nom de Luh, qui, pendant les négociations pour la paix avec la Grande-Bretagne, avait encouru le déplaisir de l'Empereur, et perdu ses honneurs et sa charge. Bien que sa belle figure ovale brillât des couleurs de la santé, il souffrait évidemment des conséquences de sa dégradation. Il jouissait parmi ses concitoyens d'une grande réputation comme lettré. Les habitants de Ningpo parlaient de lui comme d'un homme très-capable, et paraissaient regretter beaucoup qu'il eût perdu son emploi. Depuis son retour de Nanking, où il avait été appelé par les commissaires impériaux en 1842, pour concourir à la rédaction du traité, il s'était toujours conduit à l'égard des Anglais avec une courtoisie soutenue, et ils perdirent beaucoup en le perdant.

Tandis que j'étais assis dans la salle d'audience de M. Luh, Li-joulin, successeur de mon ami Chou-koung-chéou, se fit annoncer. Il n'avait pas plus de trente-trois ans, et on regardait comme une bonne fortune extraordinaire pour lui qu'il eût obtenu, à son âge, un emploi d'une si haute importance. Je fus informé qu'il devait sa faveur à la Cour à ses connaissances littéraires. A l'âge de dix-neuf ans, il avait obtenu le second degré des honneurs littéraires, et se vit de suite nommé maire d'une ville voisine. Son intelligence remarquable et sa bonté naturelle donnaient lieu d'espérer qu'il contribuerait à faire adopter une politique libérale envers les étrangers.

Mais, dans la visite que je fis à un voisin de MM. Luh et Li-joulin, je devais recevoir des impressions bien opposées à celles que m'avaient inspirées ces deux hommes aimables. Le nom de ce voisin était Loung; il exerçait alors les fonctions de maire de Ningpo. Sa figure longue et maigre, ses sourcils épais, ses regards hautains, et la condescendance affectée qu'il mettait à entretenir un étranger, me glacèrent et me firent supposer que c'était un homme capable d'actions mauvaises. Je n'en eus que trop la preuve ce jour-là même en sortant de son cabinet. Vis-à-vis la salle de réception de Loung, j'aperçus un groupe de gens réunis au milieu d'un espace vide. En approchant, je vis un malheureux coupable, à genoux sur des chaînes de fer. Il était maintenu dans cette horrible position sans pouvoir se servir de ses mains, qu'il avait liées sur le dos. Pour peu qu'il remuât à droite ou à gauche, un homme armé d'un fouet, placé de chaque côté, le forçait immédiatement, d'un coup donné sur sa tête nue, à reprendre sa position verticale. L'agonie du pauvre homme était extrême. Elle se lisait dans ses lèvres tremblantes, dans ses traits pâlis, dans sa voix suppliante, qui demandait grâce, et à laquelle répondaient ces deux mots : « Avoue, ou souffre ! » Je m'éloignai sans pouvoir articuler un mot.

Pour me distraire de ce triste spectacle j'allai me promener du côté de la porte nord de Ningpo. A peu de distance, se trouvaient sous un même toit deux temples de la secte du Tao, appelés Yuching-Kouan. Quoique l'édifice fût considérable et que le nombre des prêtres y fût peu nombreux, tout semblait y être tenu dans un ordre parfait. Cela venait probablemennt de ce qu'il avait été récemment occupé par quelques fonctionnaires publics. Lorsqu'une résidence officielle est en mauvais état de réparation, on choisit un temple, un monastère, pour y loger le fonctionnaire momentanément sans domicile. Les autorités de Ningpo, s'étant trouvées sans feu ni lieu par suite des ravages de 1841 et 1842, furent obligées pendant une année ou deux de s'ensevelir dans l'obscurité des cloîtres. Le temple de Yuching est situé tout près des murailles, et sa façade de derrière est abritée par un bosquet d'arbres épais. L'avenue conduisant de l'entrée au sanctuaire était bien entretenue et fraîche, recouverte par les branches d'arbres élevés plantés des deux côtés, et qui répandaient sur tous les objets une ombre paisible. Le principal prêtre, faible de complexion et de petite taille, s'offrit à me faire visiter le monument. J'acceptai son offre, et nous parcourûmes les vastes bâtiments, corridor par corridor, sans rencontrer plus d'une douzaine de prêtres de la communauté. Les vastes salles étaient occupées par des figures sculptées et peintes, de tous rangs, de toutes formes et de toutes grandeurs, jeunes et vieilles, créatures humaines, animaux, démons, ou supposées divines. Quelques inscriptions étaient étrangement mal appliquées. Par exemple, à la porte principale, on lisait ces mots au-dessus d'un horrible monstre à trois yeux : « Les trois yeux auxquels rien ne peut échapper, ni le bien ni le mal. »

A quelque distance du temple que je viens de décrire, j'observai un autre portail appartenant au temple de Lieou-tsou. Sous l'entrée étaient assises quatre figures monstrueuses, les quatre grands Kin-keng. Probablement elles y sont encore. L'une tient une lyre aux accords de laquelle, est-il dit, les oreilles de l'univers sont éveillées. Une autre, à figure rébarbative, brandit une épée nue. Une troisième porte un grand parasol; et les fidèles prétendent que, par la simple élévation de cet instrument, elle a le pouvoir d'attirer sur la terre le tonnerre et la pluie. La quatrième tient un long serpent enlacé autour de son bras, pour signifier le talent de soumettre et d'apprivoiser les êtres les plus sauvages. Ces figures étaient disposées deux par deux de chaque côté du passage. Sous le portail du centre, on se trouvait face à face en entrant avec une figure de grande taille, la poitrine et le ventre découverts, assise sur un coussin, l'air riant et narquois, ayant ces deux mots au-dessus de sa tête : *Tchih siao*, le « riant toujours. » C'est une représentation du « Bouddha qui doit venir. » Derrière lui est une idole debout appelée l'image de Wei-to ou le Houfah Wei-to, protecteur de la secte bouddhique. Il est recouvert d'une armure, et semble tout prêt pour l'offensive comme pour la défensive. Il y avait dans l'intérieur une foule d'autres figures, consistant en héros canonisés, et en disciples de cette superstition populaire.

Je me rendis de là à un monastère bouddhique, situé tout auprès, le *Yentchingtze*. J'y trouvai cinquante prêtres. Il y en avait un autre dans le voisinage, appelé Kouantang, encore plus grand qu'aucun de ceux que j'eusse vus, et beaucoup plus orné. Les figures de Bouddha y étaient les plus énormes que j'aie vues en Chine. C'étaient les trois représentations de Bouddha, le *Chékia*, le *Wenchou* et le *Pouhien*. Derrière cette triade était le *Kouanyin* aux mille mains, le *Çiva* des Hindous. De chaque côté de ces dieux principaux était un rang de neuf figures représentant des ermites célèbres et des génies déifiés appelés les *Lohan* [1], tous de traits et de postures variés. Les prêtres me témoignèrent un vif regret d'avoir perdu une énorme cloche de métal qui appartenait à leur temple, et qui fut enlevée par les Anglais, lorsque Ningpo tomba entre leurs mains. Cette même cloche de Ningpo figure maintenant dans le *British Museum*.

---

[1] Ce sont les *ahrats* ou *vénérables* des bouddhistes indiens. G.P.

Lorsque je visitai ce temple, il ne renfermait que cinquante à soixante prêtres venus de différentes parties de l'empire. Il s'en trouve quelquefois plus de mille. Leurs couchers semblaient dénués de toute espèce de confort; mais leur salle à manger et leur cuisine produisaient un effet tout opposé. Dans une des cuisines on me montra une vaste chaudière où l'on pouvait faire bouillir du riz pour deux mille personnes à la fois. Le chef des prêtres me fit entrer dans une sorte de salon où nous nous entretînmes sur différents sujets. Lui et ses acolytes écoutèrent avec attention ce que je leur dis sur le seul Dieu véritable, et ses droits à notre hommage. Touchant notre Sauveur Jésus-Christ, ils semblaient avoir reçu à diverses époques quelques fragments de nos saintes Écritures et des traités chrétiens traduits en chinois.

Sans entrer dans des considérations sur la différence de leurs doctrines, je puis dire que la distinction fondamentale entre les prêtres taoistes et bouddhistes est celle-ci : — les prêtres de Bouddha avaient la tête complètement rasée, sans aucun vestige de cheveux. Les prêtres de la religion taoiste, au contraire, se rasaient de la manière que le font en général leurs compatriotes, en laissant croître les cheveux sur le haut de la tête, jusqu'à ce qu'ils soient assez longs pour faire un *kondeh*, qu'ils fixent avec une longue épingle. Ils ne se distinguaient donc des laïques qu'en cette circonstance, qu'ils portent leurs cheveux en touffe sur le sommet de la tête, tandis que le peuple en général les laisse pendre en forme de queue.

Je passe aux autres édifices de la ville dignes d'observation. Il y avait le « palais du dieu de la chaîne orientale. » Dans la Chine, on compte cinq *Yoh* ou chaînes de hautes montagnes, qui ont donné lieu à mille fables : la chaîne orientale, ou les montagnes *Taïchan*, dans le *Chantoung* ; la chaîne occidentale, ou les *Hoachan*, dans le Chensi ; la chaîne méridionale, ou les *Houngchan*, dans le Houpeh ; la chaîne septentrionale, ou les *Hanchan*, dans le Chansi ; et enfin la chaîne centrale, ou les *Soungchan*, dans le Honan. Chacune de ces chaînes passe pour être la résidence d'une déité qui y préside. Le temple dont je viens de parler est consacré au génie de la chaîne orientale. Il s'élevait au sud de la « porte du Pont, » d'où je découvris un sentier qui y menait directement sous les murailles de la ville. L'étendue de l'édifice était considérable. Il avait une façade élégante décorée d'un groupe en relief assez remarquable, au centre duquel on lisait le nom du temple en lettres d'or. En y entrant, je le trouvai désert. Je n'y vis aucune apparence ni de prêtres ni de fidèles. Les seuls êtres vivants qu'on y découvrit (à l'exception du concierge) étaient des faiseurs de nattes. Les figures des dieux étaient sales et poudreuses, et montraient des traces ostensibles de négligence et d'abandon. En pénétrant jusqu'au fond, je découvris une galerie d'idoles, et essayai de monter l'escalier. Mais les portes étaient fermées, et je ne pus obtenir qu'on me les ouvrît. Mon attention fut éveillée par deux avertissements, placés, l'un au bas de l'escalier de droite, prévenant les « personnes qui mangent des viandes fortes ou qui boivent du vin qu'elles ne doivent pas entrer ; » l'autre, au bas de l'escalier vis-à-vis, invitant les « personnes impures » à se retirer promptement. En sortant dans la rue, j'aperçus un guichet à droite de l'entrée principale. On me l'ouvrit et on me fit voir des images ayant pour objet de représenter les terreurs de l'enfer. L'appartement, sombre et effrayant par lui-même, est appelé *Tiyoh*,

« prison terrestre. » Au centre, on voyait des figures d'un aspect hideux dans des attitudes menaçantes, et derrière elles des groupes de petites figures en relief sur la muraille, représentant les souffrances des damnés. Chaque groupe avait son juge, ses criminels, ses bourreaux et son genre particulier de punition. Les juges portaient le costume d'officiers généraux, et les bourreaux celui d'agents de la police. Les degrés de punition étaient variés selon l'énormité des crimes; et on avait eu soin de les présenter aux regards du spectateur sous toutes les formes imaginables. Être fouetté, être frappé de bâtons, être marqué avec un fer rouge, étranglé, percé d'une lance, décapité, scié, écorché vif, aplati entre deux planches, fendu du haut en bas, percé de part en part; avoir les yeux arrachés, les membres séparés du corps un à un; être précipité d'un rocher ou d'un pont dans un gouffre ou dans un torrent rapide, pilé dans un mortier, bouilli dans un chaudron, rôti dans une fournaise, cuit dans un four, constituent, aux yeux de cette secte, les tourments d'un monde à venir. C'est une sorte de contre-partie des supplices infligés autrefois en Europe par les bourreaux de l'Inquisition.

Sur ma route, je visitai le *Tienyeh-koh*, vaste et précieux dépôt d'ouvrages chinois, surtout de ceux publiés antérieurement à la dynastie régnante. On dit que cette collection appartient à la famille *Fan*, dont un membre en est conservateur. Les volumes étaient répartis en trois cents classes; et les cases où ils étaient déposés étaient fermées avec soin; on ne les ouvrait que dans des occasions spéciales.

De là je dirigeai mes pas vers le *Tienfoung t'ah*, nommé par les étrangers « tour de Ningpo, pagode de

Ningpo ou obélisque de Ningpo. » Lorsqu'on remonte la rivière en venant de *Tchinhaï*, à cinq milles de Ningpo, c'est le premier objet remarquable qui fixe les regards. Dès qu'on est entré par la porte est de la ville, on s'empresse de s'y rendre, en se dirigeant du côté du sud-ouest. Lorsqu'on a parcouru un grand nombre de rues, il frappe subitement les regards, s'élevant à cent soixante pieds au-dessus du sol, faisant rentrer en terre toutes les maisons environnantes. Cette pyramide est hexagone; elle a sept étages et plus de vingt-huit fenêtres; à chaque fenêtre est suspendue une lanterne; et, lorsque l'obélisque est illuminé, ce que je n'ai vu qu'une fois pendant mon séjour, il offre un spectacle charmant. Lors de ma visite, l'édifice était en mauvais état d'entretien et se dégradait de plus en plus chaque jour. Il avait déjà dévié considérablement de la perpendiculaire, de sorte qu'on pourrait à juste titre l'appeler la « tour penchée de Ningpo. » La garde en était confiée à un prêtre bouddhique qui habitait un monastère près de là, et je fus obligé d'attendre son arrivée. Le pauvre homme trouvait un avantage à garder les clefs; c'était pour lui le seul moyen de s'assurer les largesses des visiteurs étrangers. Après avoir gravi un étroit escalier qui règne en ligne spirale à l'intérieur, j'atteignis l'étage supérieur, d'où s'offrit à moi une des plus belles vues qu'on puisse désirer. La ville entière avec ses faubourgs, la vallée de Ningpo avec ses hameaux, ses villages, ses collines, ses cours d'eau, et bien loin, bien loin, la chaîne des montagnes d'un côté, de l'autre la mer bleue et sans limites. L'intérieur de la tour n'offrait rien de curieux, si ce n'est une assez grande collection de griffonnages anglais. J'inscris ici l'un d'entre eux :

P. Anstruther, prisonnier, } 16 septembre 1839.
23 février 1840.

P. Anstruther, libre et heureux, 15 octobre 1841.

Par un *lapsus manus*, l'écrivain avait commis une erreur de date, en mettant 1839 et 1840, au lieu de 1840 et 1841. En redescendant des régions supérieures, je me trouvai dans la société des morts, les classes pauvres ayant choisi la base extérieure du monument pour y déposer les cercueils de leurs parents.

Cette tour remonte à une haute antiquité, sa construction étant antérieure à celle de la ville elle-même. Le district de Ningpo, du temps de la dynastie Han, ou au commencement de l'ère chrétienne, était peu considérable. Il prit de l'importance dans les septième, huitième et neuvième siècles. Dans les premières années du dixième siècle, sous le règne de Taïtsou, le premier monarque des cinq dynasties qui se disputèrent successivement l'autorité, le district reçut des proportions de classe supérieure. Pendant la courte domination de cet empereur, un nommé Hoang-Ching, originaire de la ville, jeta les fondements des murailles. Mais il y avait déjà cent ou deux cent cinquante ans que la tour subsistait. En élevant cette masse énorme, on avait sans doute pour motif une croyance qui s'est accréditée dans toute l'étendue de l'empire. Dans l'opinion générale de la population, cette tour non-seulement assure au pays la continuation des faveurs célestes, s'il les possède déjà, mais encore en éloigne les mauvaises influences et lui pronostique un avenir de prospérité. La tour est donc debout depuis onze cents ans; mais son histoire offre bien des péripéties : elle a été bâtie et reconstruite; elle a été endommagée par la foudre et réparée. Son pinacle a été enlevé par un ouragan et reconstruit. Il commence à menacer ruine encore une fois. Mais les jours du géant sont comptés, et on peut apprendre sa chute d'un moment à l'autre.

Poursuivant toujours ma promenade, j'arrivai à *Hien-Hiohkoung*, palais littéraire du district. Chaque département de l'empire possède un palais littéraire, et chaque district a aussi le sien. Dans l'ordre, la ville de Ningpo, étant chef-lieu d'un département et d'un district, doit en avoir deux. Le palais était tombé en ruines par suite des désastres de 1841, et, lorsque je le visitai, il offrait déjà une apparence respectable, quelle que fût la mauvaise qualité des matériaux qui servaient à sa reconstruction. De nos jours cet établissement sonne mieux à l'oreille qu'il n'a d'utilité. Il était destiné dans le principe à loger l'officier littéraire ou le surintendant nommé par le gouvernement pour surveiller les intérêts littéraires du district, et surtout pour encourager les efforts et les vues des candidats parvenus à prendre le premier degré. Ceux-ci devaient y continuer leurs études et passer leurs examens sous son inspection immédiate. Mais, grâce à la dégénération du siècle, la place de surintendant littéraire n'est plus qu'une sinécure.

Le *palais départemental*, dédié à Confucius, est un vaste édifice qui s'élève dans la partie nord de la ville. Il a servi, en 1841, d'état-major aux troupes anglaises. Au huitième siècle de l'ère chrétienne, on avait commencé à le construire dans un autre quartier de la ville, mais trois cents ans plus tard on le transporta là où il est. L'œil n'y trouve rien de remarquable que sa vaste étendue, la grandeur des salles, la décoration et la dorure des plafonds, et des tablettes commémoratives des vertus de Confucius. La tablette centrale, élevée sur un piédestal, porte l'inscription suivante : *Siége spirituel du très-saint maître* Confucius. L'image de ce grand homme ne se présente point à la vue; mais des centaines de milliers d'individus ont rendu à cette tablette l'hommage de leurs adorations. Un habitant de Ningpo me dit que, tous les ans, au commencement du printemps et de l'automne, on offre devant la tablette, au plus sage des sages, une vache, un mouton, un porc, une grande quantité de pièces d'étoffes de soie, et des vases consacrés remplis de riz, de fruits secs et de végétaux.

Sortant alors de la ville, je parcourus les chantiers de toute espèce, et, entre autres curiosités, je trouvai des glacières sur le bord de la rivière. Beaucoup de ces dépôts de glace sont *au-dessus* du sol, et non dessous. Ils sont généralement élevés sur une plate-forme, hors de l'atteinte des débordements de la rivière. Sur cette plate-forme, on établit un plancher de bambou et on le couvre d'un toit épais de paille de riz. On avait pris la glace tant des champs voisins que d'étangs artificiels où les propriétaires des glacières introduisent l'eau pendant l'hiver. Lorsque la glace a acquis une certaine épaisseur, on la ramasse, et chaque couche se recouvre de paille pour pouvoir se conserver pendant l'été. La glacière a un puisard pour l'écoulement des fontes. Les habitants de Ningpo n'employaient la glace que comme antiseptique, pour empêcher la viande et le poisson de se gâter. Le peuple n'a point d'idée des liquides rafraîchissants. Il sait seulement que les étrangers se servent de glace pour cet objet. On m'en vendait un plein panier pour trois ou quatre sous, ce qui est loin d'être cher pendant la canicule. La population de Ningpo tirait son poisson d'une distance de plusieurs lieues sur la côte; et, comme il aurait été difficile de le transporter sans le moyen de la glace, les bateliers en avaient toujours une provision prise dans ces glacières. Pour l'empêcher de fondre, le dessus des barques à glace était couvert de nattes et de paille, entretenues dans un état d'humidité au moyen de l'eau de mer. Dans un journal, tenu pendant une ambassade birmane d'Ava à Péking, traduit par le colonel Burney, on lit le paragraphe suivant : « Pour l'usage de l'empereur de la Chine, pendant la saison des chaleurs, on brise la glace sur les lacs voisins du palais au moyen de haches. On la divise en cubes de deux ou trois pieds, où l'on pratique un trou, comme on fait chez nous aux pièces de bois; puis on les tire au moyen de cordes jusqu'à des abris disposés pour les recevoir. Lorsque vient le mois de mars, la chaleur fait fondre cette glace, qui se convertit en eau. » De là l'imagination des ambassadeurs devait conclure que Sa Majesté est glacée pendant l'été.

CHAPITRE II

Sentiments de la population à l'égard des étrangers après la dernière guerre. — Résidence dans une famille chinoise. — Habitation dans un monastère bouddhique, — dans un couvent de femmes, — chez un marchand.

Figurez-vous un Anglais transporté à dix-sept mille milles de sa patrie, transplanté dans une grande ville chinoise ceinte de murailles massives de cinq milles d'étendue, habitée par une population récemment chassée de ses pénates par le fer et le feu des Anglais; figurez-vous cet Anglais vivant au milieu de gens, non-seulement incapables de sympathiser avec lui, mais différant totalement de lui par le langage, les habitudes, la mise, la religion et les idées; la plupart d'entre eux (par suite des désordres de la guerre) accablés de chagrin, remplis de terreur, ou brûlant de haine, dévorés par la jalousie, ou ne respirant que la vengeance; cet Anglais isolé, loin de tous ceux qui lui sont chers; et un sentiment de sympathie vous identifiera peut-être avec la position où je me trouvais à la fin de l'année 1842.

Lorsque j'eus passé quelque temps à Ningpo, je jugeai qu'il était pour moi d'un grand intérêt d'épier les expressions variées des sentiments de la population à l'égard des étrangers.

Un jour que je suivais une longue ruelle bordée de maisons d'apparence massive, je rencontrai un groupe de Chinois de mauvaise mine. En passant auprès d'eux, je leur adressai un mot de politesse. Ils n'y répondirent pas; mais, se retournant pour me regarder, ils se dirent entre eux : « Oh! sans le traité de Nanking, en voilà un à qui nous aurions bien fait son affaire ! » Je me contentai de répondre par un sourire et un salut. Une autre fois, une expression de reproches, telle que *fan kouei*, « diable étranger, » parvint à mon oreille. Je l'excusai facilement; cette expression appartenait au vocabulaire traditionnel que la plupart d'entre eux avaient reçu de leur père, et qui n'avait point dans leur idée d'acception injurieuse. Aussi n'y faisais-je pas autrement attention qu'en jetant un regard significatif à l'interlocuteur, ou en lui demandant s'il connaissait le sens de ses paroles.

Plus souvent je fus frappé des symptômes d'une frayeur excessive témoignée par le peuple, surtout dans les premiers jours. J'éprouvais un sentiment pénible en voyant avec quelle timidité inconcevable tout le monde, hommes, femmes et enfants, s'aventurait à regarder l'étranger. On me reconnaissait de loin à mon pantalon étroit, mon habit noir à pans allongés et mon chapeau anglais. A une distance de cinquante mètres, ma vue était un signal auquel les femmes s'enfuyaient avec leurs enfants dans les maisons, dont elles barricadaient les portes. Lorsque je flânais le long des rues, il semblait que chaque passant eût voulu se fourrer dans une coquille de noix. L'un tremblait de me regarder en face; l'autre jetait un regard furtif sur mes mains et mon parapluie, s'imaginant sans doute que le manche contenait un fusil à ressort, ou que mes doigts allaient se changer en pistolets de poche. Un troisième, à mon approche, mettait devant son nez la manche de sa robe ou son mouchoir (s'il en avait un); et, lorsqu'il m'avait dépassé, se prenait à cracher. Car il avait entendu dire, et regardait comme chose trop certaine, qu'il s'exhalait des « barbares » une odeur infecte et contagieuse. Une foule de bouches béantes et d'yeux écarquillés me suivaient à distance; mais, à la moindre halte, j'étais certain de disperser la multitude; et quelquefois je me trouvais seul, non sans m'amuser de l'étrange effet que j'avais produit.

Cette crainte était due sans doute aux prouesses et aux triomphes des armes étrangères. Mais, outre cela, les contes merveilleux qui circulent parmi le peuple sur ses ennemis formidables ne devaient pas peu contribuer à la consternation des personnes qui en voyaient un face à face. Ainsi, lorsque Tchousan fut pris la première fois par les Anglais, en 1840, on fit circuler à leur sujet des histoires d'un suprême ridicule. Par exemple, ils n'avaient point d'articulations aux jambes; leurs membres étaient tellement roides, que, s'ils venaient à tomber, ils ne pouvaient se relever. Ils étaient complétement aveugles; ils avaient la figure et les cheveux d'un rouge ardent; ils n'avaient dans leur pays ni lune, ni soleil, ni étoiles, ni ciel. Ne possédant pas la ressource de la rhubarbe, ils étaient dans un état de constipation continuel. Les troupes indiennes qui accompagnaient l'expédition étaient des animaux amphibies, vivant sept jours dans la mer et sept jours sur la terre. Les troupes anglaises étaient si facilement affectées par le froid, que les gelées de Ningpo devaient bientôt en avoir raison. D'autres descriptions extraordinaires étaient répandues par les officiers du gouvernement dans le but d'enflammer le courage des soldats et d'inspirer au peuple le mépris des étrangers; mais ces moyens avaient eu des résultats tout contraires à ceux qu'on s'en était promis. En conséquence, lorsque les « braves Chinois » venaient à se trouver vis-à-vis ces « monstres anglais, » ils éprouvaient un étonnement profond en les voyant si modérés, si agiles, si hardis, si adroits et si intrépides : en un mot, tout le contraire de ce qu'on leur avait dit et de ce qu'ils croyaient. Aussi le système nerveux du peuple et des soldats reçut-il de cette impression un choc dont il ne devait pas se rétablir sitôt.

La poltronnerie que les militaires chinois firent voir en général pendant la lutte avec l'Angleterre les a certainement abaissés beaucoup dans l'estime publique; et, depuis cette expérimentation de son courage, l'armée chinoise, déjà détestée pour son oppression, a été méprisée pour son manque d'énergie. J'ai entendu des habitants de Ningpo rire les premiers en racontant les histoires amusantes de leurs officiers supérieurs qui s'étaient revêtus d'habits de grosse toile et de sandales de paille pour échapper à la poursuite des Anglais. Le trait suivant m'a été raconté par un Chinois qui en avait été le témoin oculaire. Lorsque le vaisseau de Sa Majesté Britannique le *Cornwalis* se trouvait avec d'autres vaisseaux de guerre devant Canton, pendant la trêve, alors qu'on discutait les négociations pour la paix, la garnison de cette ville fut jetée tout à coup dans la dernière des confusions, en entendant le canon anglais tonner à ses oreilles. C'était un salut. Mais, s'imaginant que, malgré les engagements de la trêve, les vaisseaux anglais ouvraient leurs bordées contre la citadelle, les braves fils de Han se mirent à jeter leurs grosses bottes par les rues, et qui çà, qui là, par les ruelles et les canaux les plus boueux, s'enfuirent et coururent tant que durèrent leurs forces et leur haleine.

Un certain soir je me rendis à un temple pour assister à quelques cérémonies religieuses. J'étais accompagné de l'indigène qui m'a raconté l'anecdote qu'on vient de lire. Il se trouvait là deux bas officiers qui voulaient entrer dans la galerie où je me trouvais moi-même. Comme il n'y restait plus de place, mon ami leur en refusa l'entrée. Là-dessus ils formulèrent leur demande sur un ton plus bruyant, en faisant sonner bien haut leur rang et leur famille. Tout cela pouvait avoir quelque vérité; mais mon ami, près duquel j'étais assis, me dit assez haut pour être entendu au moment où ils entraient : « Oui, vous parlez bien haut maintenant; mais on n'a pas plutôt entendu : *p'ung*, que vous prenez la fuite : *p'ang !* » Il faut savoir qu'en chinois *p'ung* exprime le bruit d'une arme à feu, et *p'ang* l'action de prendre la fuite. Cette observation piquante, accompagnée de gestes très-expressifs, occasionna une gaieté générale dans la foule qui nous entourait. Le lendemain, un homme de la police vint dans la maison où je demeurais demander quel pouvait être l'Anglais dont l'ami avait, la veille, refusé l'entrée d'une galerie à des officiers. Le D[r]. Chang répondit que le nom de l'Anglais était *Mei* (c'était mon surnom); que c'était l'ami du grand officier civil *Ma* (Morrison), le secrétaire de Son Excellence *Pouh* (Pottinger), plénipotentiaire de Sa Majesté Britannique, et ami intime de *Ilipou*, *Kiying* et *Niukien*, commissaires au traité de Nanking. Le messager s'en retourna l'oreille basse, et je n'entendis plus parler de cette affaire.

Le châtiment terrible que la Grande-Bretagne a infligé

à la Chine dans la dernière guerre a eu des résultats dont le bienfait ne peut manquer de se faire sentir. Il a brisé l'entêtement et l'orgueil nationaux, et, pour résumer toutes les remarques à ce sujet qu'on a été à même de faire depuis, je citerai le paragraphe final du discours de M. Macaulay au Parlement, lorsque la question de la guerre avec la Chine fut soumise aux Chambres. Chaque mot de ce discours était une prophétie que les événements se sont chargés de vérifier. « J'ai terminé; il me reste à exprimer mon désir fervent que cette juste querelle soit promptement amenée à une fin heureuse et triomphante; que les hommes courageux auxquels sera remise la tâche d'obtenir réparation accomplissent leur devoir de manière à répandre, dans des régions où le nom anglais est connu à peine, la renommée non-seulement des lumières et de la valeur, mais encore de la miséricorde et de la modération anglaises. Je prie Dieu que cette Providence, qui nous a si souvent protégés au milieu des périls, fasse servir cette guerre, à laquelle nous sommes contraints, au rétablissement d'une paix durable, et au bonheur commun des vainqueurs et des vaincus. »

Naturellement, dans les circonstances où je me trouvais placé à *Ningpo*, j'avais un vif intérêt à étudier les appellations et les épithètes que les Chinois appliquent aux étrangers. Cette étude devait servir en quelque sorte d'illustration aux sentiments de la population à notre égard.

La chancellerie chinoise et les pièces officielles emploient certaines expressions, comme *i-jin* et *waï-i*. Ces deux mots éveillèrent d'abord les soupçons de notre gouvernement, et ont été le sujet de vives discussions parmi les sinologues européens. Mais le résultat des recherches a été que ces termes signifiaient simplement βαρβαρος, nom appliqué à tous les peuples qui n'étaient pas « Grecs » et qui ne parlaient pas la langue grecque. C'est le mot de « gentils » en opposition à celui de « juifs, » et « d'étranger » à celui de « pays. » Les livres chinois renferment d'autres phrases analogues. Dans le langage familier et dans le style épistolaire, on désigne aussi les Européens sous le nom de « peuple du dehors, peuple lointain, étrangers voyageurs, peuple de l'Océan occidental, étrangers du dehors. »

Pour nommer les nations auxquelles les étrangers appartiennent, les Chinois essayent quelquefois de traduire leurs noms, ainsi : *Yingkihlih*, pour Angleterre; *Falun-si*, pour France; *Amiliko*, pour Amérique; *Holan*, pour Hollande; d'autres fois, les nations sont décrites par leur pavillon, ainsi les Danois, par *Hoangki*, « pavillon jaune; » l'Amérique par *Hoaki*, « pavillon fleuri; » la Prusse par *Tanyingki*, « pavillon à un seul aigle. » Dans les actes officiels entre la Chine et l'Angleterre, l'Angleterre est ainsi désignée : le *Ta-ying kouë*, « la grande nation anglaise; » les Chinois bien élevés qui parlent de l'Angleterre emploient fréquemment cette expression. Il y a encore le terme *houngmao*, « à cheveux rouges, » qui s'applique aux étrangers en général. Cela vient probablement de ce que les Hollandais ont été le premier peuple qui ait trafiqué avec les Chinois. Il paraît que lorsqu'ils visitèrent l'Empire, il y a trois cents ans, ils excitèrent l'étonnement des Chinois par la couleur dominante de leurs cheveux : de là le nom donné indistinctement d'abord à eux et ensuite aux autres visiteurs. Un livre chinois, faisant allusion à leur arrivée, dit : « Leur vêtement est rouge, et leur chevelure aussi. Ils ont des yeux bleus enfoncés dans la tête, et leur aspect est vraiment propre à inspirer la frayeur. »

Dans le midi de la Chine, surtout à Canton, on prodigue aux étrangers l'épithète de « diables étrangers. » Ce terme, pendant la guerre avec l'Angleterre, s'est glissé dans le vocabulaire des peuples du Nord, et s'y est naturalisé. Ils y sont aussi appelés quelquefois « diables noirs. » Mais je suis heureux de dire que dans le Nord l'oreille de l'étranger est moins blessée que dans le Midi par ces sobriquets dont j'ai cherché à donner l'origine.

Je me suis entendu nommer *Weitsze* ou *Wotsze*. En m'informant, j'ai appris que c'était un nom donné aux nations placées à l'Est de l'Empire, — aux Japonais, par exemple, qui pendant longtemps n'ont pas porté d'autre nom à Ningpo. Les Portugais, qui ont été des premiers à trafiquer avec ce port, il y a trois cents ans, étaient désignés sous le nom de *Wotsze*. On devait s'attendre à ce que les Chinois, dans leur ignorance de la géographie et de la position géographique du Portugal, donneraient depuis le même nom à tous les étrangers qui aborderaient sur les rives orientales. En étendant plus loin mes recherches, j'ai appris que les habitants de la province de *Tchékiang* ne sont pas encore assez éclairés pour abandonner cette désignation en parlant des étrangers; et à *Hangtcheou*, tous les étrangers, les Anglais particulièrement, sont connus sous le nom de *Weitsze*.

Le nom le plus singulier que l'on donne à un étranger, surtout à un Anglais, est : « *I say.* » — Cette expression était journellement usitée à Tchousan et à Ningpo pendant l'occupation de ces villes par nos troupes. La dérivation de ce nom est aussi bizarre que les mots dont il se compose. Pendant la guerre, dès que les Anglais prenaient leurs quartiers dans un endroit, on voyait s'y introduire une foule d'enfants et d'autres parasites, tout prêts à offrir leurs services aux soldats et aux officiers. Ils ne manquaient pas de saisir au vol l'expression anglaise si commune : « *I say, I say* [1], » par laquelle les soldats et les matelots donnaient du nerf à leur conversation. Ils en conclurent que ces mots étaient une sorte de salutation amicale, et les employèrent pour désigner leurs maîtres provisoires. Ils diront par exemple : « Je vais chercher une volaille pour un *I say* en habit rouge. » « Avez-vous vu passer un *I say* par ici ? » J'entrais un jour au bureau de police de Tinghaï pendant que la loi militaire était en vigueur dans ce district. On avait pris un voleur, et on l'avait attaché pour le fouetter publiquement. Le pauvre diable, en sentant le fouet sur ses épaules, se mit à pousser des cris pitoyables. Il en appela d'abord à ses dieux ; mais, voyant que cela ne lui servait de rien, il eut l'idée d'attendrir les *I says* qui le fustigeaient, et continua à crier : *Pousah ! pousah ! omi-to-foh ! omi-to-foh* [2] ! « *I say ! I say !* »

Faisant encore partie de la famille du docteur Tchang, j'avais soin de rentrer de mes promenades habituelles au coucher du soleil. Un soir, je remarquai qu'après avoir été absent toute la journée, le vieux docteur rentrait tard, en poussant de profonds soupirs. J'en conclus qu'il avait quelque poids sur l'esprit ; et j'en fus bientôt convaincu en le voyant prendre à part mon maître de lan-

[1] Littéralement : *Je dis, — je dis*, phrase explétive.
[2] Ces expressions appartiennent aux sectateurs de la religion bouddhique. Ce sont des épithètes de *Bouddha*, « l'immortel Bouddha. »
G. P.

gue. Étant l'ami particulier et le confident du préfet Choo, le docteur Tchang avait été le matin de bonne heure invité à se rendre à une audience particulière de Sa Seigneurie. Le préfet lui annonça une triste nouvelle qu'il venait de recevoir. Le pauvre dignitaire était destitué de son emploi, dépouillé de ses honneurs, et traduit devant le tribunal des punitions.

Pour motiver un châtiment aussi sévère, on alléguait, non ses dispositions bien connues pour une terminaison pacifique des différends avec la Grande-Bretagne (il avait fait tous ses efforts dans ce but pendant les conférences de Nanking), mais sa défaite à Tinghaï, lorsque cette ville avait été attaquée et emportée par les Anglais dans l'automne de 1841. C'était lui qui avait surveillé la construction des ouvrages de défense sur l'île de Tchousan [1], et on le rendait responsable de leur perte. Après ce désastre il avait essayé deux fois de se détruire ; mais les prompts secours de ceux qui l'entouraient l'avaient rappelé à la vie. On allait jusqu'à lui faire un crime d'avoir survécu à sa défaite. S'il fût tombé sur le champ de bataille, disait-on, ses mânes auraient été élevées aux plus grands honneurs, et ses enfants auraient hérité de son rang officiel.

Avant de continuer l'histoire de notre ami déchu, un mot sur le suicide à la Chine. La manière la plus populaire de se détruire est de se noyer, de se pendre, ou d'avaler de l'opium ou des feuilles d'or. Les gens en place préfèrent la première et la dernière de ces méthodes. Pendant la guerre avec l'Angleterre, où il leur arrivait tous les jours d'être battus, on vit souvent leurs offi-

---

[1] Ce nom est une corruption de *Tchéou-Chan*.   G. P.

ciers se donner la mort de l'une ou l'autre de ces manières. On décrit différemment l'usage et les effets de la feuille d'or comme instrument de suicide. On commence par avaler une certaine quantité de feuilles roulées en boule. On boit ensuite un verre d'eau. L'eau fait distendre les feuilles dans l'estomac, et cause dans ce viscère des troubles qui occasionnent une prompte mort. D'autres personnes prétendent que les feuilles en se distendant remplissent le gosier et produisent la suffocation.

Il y a une autre manière de se détruire que le peuple considère comme efficace, mais qui, chez nous, semblerait fabuleuse. Il existe un oiseau nommé le *sienhoh* [1], qui porte sur sa tête une houppe de duvet écarlate, semblable à du velours, causée par le venin des serpents dont cet oiseau fait sa nourriture. On forme une boule de cette houppe, et les hauts officiers de la couronne placent cette boule parmi les ornements de leurs

---

[1] J'ai vu une paire de cette curiosité ornithologique à Ning-Po. Ces oiseaux venaient de Siam, et ils ressemblaient à la grue couronnée ou *Grus carunculatus*. Ils étaient tous les deux jeunes, mâle et femelle, à peu près de la même taille, et avaient de longues jambes. La tête était d'un très-beau noir, se bifurquant derrière, ayant une crête de peau écarlate. Le reste du corps était blanc, excepté les plumes secondaires des ailes, qui n'étaient pas rouges, comme elles sont représentées sur quelques peintures chinoises que j'ai vues, mais noires et couvrant la queue. Sur les pièces de poitrines brodées qui font partie de l'habillement porté par les nobles de l'État du plus haut rang, il y a une copie de ce singulier oiseau élégamment exécutée. Un ouvrage indigène sur l'ornithologie chinoise, que j'ai examiné, donne quelques curieuses et prodigieuses histoires concernant ce volatile : — qu'il peut vivre un millier d'années; qu'à l'âge de soixante ans, il peut chanter régulièrement et admirablement à chaque heure du jour; qu'en atteignant sa millième année il peut monter sur les arbres, mais jamais avant, etc.

colliers, dans le but de se suicider s'ils venaient à encourir la disgrâce impériale. Il leur suffit pour se procurer la mort de toucher la boule du bout de la langue.

Le pauvre Chou, n'ayant pas le droit, en raison de son rang, de porter un collier de cette espèce, ne pouvait adopter ce mode aristocratique d'en finir avec lui-même. Il avait bien tenté la méthode hasardeuse et dispendieuse de la feuille d'or; mais, comme je l'ai dit, les prompts secours de ses domestiques avaient neutralisé sa tentative. Le sort lui réservait des calamités plus terribles que la mort même.

L'infortuné fut dépouillé de ses robes d'honneur et de sa plume de paon. Ses visiteurs parasites évitaient déjà le seuil de sa demeure, et le cœur qui, la veille, palpitait aux émotions de la gloire était livré aujourd'hui à l'agonie du désespoir. Dans le cours de la soirée, au moment même où je recevais cette triste information, le dignitaire destitué m'envoya un présent de gâteaux, d'oranges et de jambons, notamment d'un jambon de chien de Chantoung; un message plein d'urbanité accompagnait ce présent. Chou me faisait dire que le changement survenu dans sa position ne lui permettait pas de m'inviter à dîner, comme il l'aurait désiré.

Quelques jours après je saisis une occasion d'aller voir l'ex-préfet. Dépouillé de ses ornements, de ses boutons, de ses plumes, etc., il offrait l'image d'une grandeur déchue. Après les civilités d'usage, il secoua la tête d'une manière significative, en s'écriant : « Ah ! voilà comme on nous traite, nous autres pauvres officiers de l'Empire du milieu ! Trois fois heureux vous et vos princes, qui avez de justes lois et des priviléges égaux ! » Sa Seigneurie me fit alors un détail de ses désastres.

Par ses lumières, sa douceur et sa justice, Chou s'était acquis une bonne réputation à Ningpo, et possédait un grand nombre d'amis ; aussi la ville entière éprouva-t-elle pour lui une vive anxiété. A plusieurs reprises les citoyens adressèrent des pétitions au gouverneur de la province, pour le supplier de s'entremettre en faveur de Chou-Koung-cheou. Ces sollicitations furent secondées par une députation des plus riches habitants, qui offraient de payer une forte rançon pour sa vie. Il paraît que le gouverneur intercéda pour lui, autant que la prudence le lui permettait, mais il ne put rien obtenir. Comme marque de la sincérité et de la vivacité de leur affection, les habitants de Ningpo ouvrirent une souscription pour racheter la vie de leur mandarin favori. Pendant ces jours d'une anxiété profonde, des listes de souscription circulèrent dans la ville, ayant une page destinée à chaque espèce de métier et de commerce. La liste commençait à se grossir lorsque, sur un avis provenant de haut lieu et fondé sur des instructions du cabinet impérial, ces mesures bienveillantes durent s'arrêter. Dès lors on regarda Chou comme un homme perdu.

Plusieurs de ses amis vinrent me voir pour me demander si je ne pouvais pas aviser quelque chose comme dernier ressort. Je savais que Chou était généralement aimé des officiers de l'expédition anglaise, et bien connu de Sir Henry Pottinger, plénipotentiaire de Sa Majesté. Comme Sir Henry se trouvait en ce moment dans le midi de la Chine, où il avait de fréquentes entrevues avec les commissaires impériaux chargés de compléter le traité avec l'Angleterre, j'engageai les principaux habitants de Ningpo à rédiger une pétition en faveur de Chou, et à l'adresser au plénipotentiaire anglais, le suppliant d'intercéder en faveur de Chou auprès des commissaires impériaux. Cette suggestion fut adoptée, et j'eus le bonheur de transmettre leur pétition à Hong-Kong, siége du gouvernement de Sir Henry. Peu de jours après, je reçus une réponse du secrétaire particulier de Sir Henry. Sir Henry, disait cette réponse, n'avait pas besoin de pétition pour parler chaudement en faveur de Chou, dont les talents et les services lui étaient bien connus.

On épargna la vie de ce mandarin. Il survécut à sa disgrâce; et pendant le reste de ses jours il conserva une profonde reconnaissance de l'intervention des Anglais en sa faveur.

Depuis mon arrivée, le digne préfet m'avait montré des attentions soutenues. Il avait encouragé ma résidence chez le docteur Tchang, jusqu'à ce qu'il pût lui-même me trouver une habitation plus commode. Il n'y avait pas encore pu réussir, et les malheurs qui lui survinrent l'obligèrent à discontinuer ses recherches; craignant que le bon docteur ne fût enveloppé dans sa disgrâce, il m'engagea à quitter sa maison et à me loger hors de la ville.

Je jugeai donc convenable de quitter sans délai l'humble maison du docteur. J'éprouvais cependant une forte répugnance à sortir de la ville. Accompagné de mon fidèle maître de langue, qui me servait de guide, je fus au monastère *Kouantang*, où le chef des prêtres, homme d'un âge avancé, mais encore vert, me conduisit par toute la maison et m'en montra la distribution. Lorsque je lui eus fait connaître le but de ma visite, il m'avoua sincèrement qu'un obstacle s'opposait à mon désir. Il craignait que les femmes de Ningpo, qui étaient en grande majorité dans la congrégation du temple, le désertassent en apprenant qu'un Anglais y faisait son séjour, et qu'ainsi le casuel des prêtres fût gravement compromis. On pense bien que je n'insistai pas sur ma proposition.

En m'ingéniant pour habiter l'intérieur de la ville, j'avais moins en vue les avantages qui pouvaient en résulter pour moi, comme missionnaire, que mon désir de créer un précédent, qui, une fois admis chez un peuple comme les Chinois, serait d'un immense avantage tant pour eux-mêmes que pour les étrangers. Désormais je n'avais rien autre chose à faire que de me retirer paisiblement dans les faubourgs, jusqu'au moment où je pourrais rentrer dans la ville.

En quittant le toit hospitalier du docteur, je pris possession d'un appartement dans un des temples du faubourg méridional de la ville, que les autorités avaient approprié à l'usage des étrangers venant de Tinghaï. Il se composait de deux bâtiments contigus. Je me logeai dans celui appelé Laohoeï-kouan, « maison du Vieux-Club, ou de la Vieille-Assemblée. »

Parmi les marchands qui se rendent d'une province à une autre, il est d'usage que ceux d'une même province ou d'un même département se cotisent pour élever un temple dans la ville où les appellent leurs affaires. Le temple est dédié au dieu de leur ville ou de leur province natale, et le service de ce temple est confié à des prêtres spéciaux. L'édifice sert encore à représenter des pièces de théâtre, pour l'amusement du public, et sans doute celui de l'idole adorée dans le temple.

Le rang des prêtres dépend surtout de la profession religieuse des contribuants; mais souvent la garde du temple et l'accomplissement des cérémonies sont confiés à un laïque, qualifié de *Tsaïkoung*, « maître des cérémonies, » dont le costume n'a rien de distinctif. Le bâtiment où je me trouvais logé avait été construit et se trouvait défrayé par des contributions volontaires. Les principaux fondateurs étaient des Fohkienois, qui avaient dépensé pour la construction une somme de six mille dollars, environ trente mille francs. Les maisons communes de cette nature diffèrent peu d'un temple ordinaire. Elles ont au centre un espace vide, entouré de galeries et de chambres commodes; on y réserve certains compartiments pour les étrangers qui viennent y faire une visite passagère, surtout ceux des districts auxquels appartiennent les fondateurs. Ces maisons sont d'une grande utilité pour les voyageurs qui parlent le même dialecte, qui viennent des mêmes localités, et qui souvent sont occupés des mêmes affaires, sans familles ni connaissances dans la ville, ignorant même où trouver une auberge pour se loger. Elles remplacent en quelque sorte nos clubs, comme lieu où l'on peut se procurer des nouvelles et des renseignements.

Je fis porter mon bagage dans l'une des chambres supérieures, et j'y commençai mes petits arrangements. Je divisai une des plus grandes salles en trois compartiments au moyen de nattes ; de sorte que ma chambre et celle de mon maître de langue se trouvaient séparées par ce qui figurait un salon de conversation. Dans les édifices de cet ordre, l'objet principal des hommages est le génie particulier du lieu de naissance des fondateurs. Outre ce génie local, il y en avait plusieurs autres auxquels étaient affectées diverses parties des bâtiments. Dans le compartiment que j'avais divisé se trouvait l'idole *Wenwang*, le calme et paisible « prince de la littérature. »

Comme j'ai joui pendant quelque temps de la société

de ce personnage, je ne peux me dispenser d'en toucher quelques mots. Il florissait il y a trois mille ans, et, depuis ce temps, il a conservé une réputation intacte dans la littérature, comme auteur du *Yih-King*, ou « livre des changements, » le plus ancien et le plus mystique des classiques chinois. Il composa cet ouvrage pendant un emprisonnement de trois ans, sous le règne du dernier empereur de la dynastie des Chang, qui se fit une célébrité infâme par ses extravagances et par ses crimes. Il y développa les huit diagrammes de *Fouh-hi* en soixante-quatre combinaisons; et, en décomposant ces combinaisons, il forma seize millions sept cent soixante-dix-sept mille deux cent seize variantes. Cette curieuse relique de l'antiquité a pour but de traiter les causes premières, fondées sur le système chinois de deux pouvoirs, le principe *Yang* et le principe *Yin*, ou les deux grands éléments vivifiants, mâle et femelle, qui président à la création et au maintien de l'univers matériel. Tous les phénomènes de la nature sont attribués à ces deux pouvoirs ou aux changements multiples des diagrammes cabalistiques qui y ont rapport. Les principes de conduite humaine, bons ou mauvais, dépendent encore des évolutions successives de ce système dualistique. Confucius lui-même employa de nombreuses années à fouiller dans les trésors cachés de ce Livre célèbre ; et les remarques de l'auteur sont incorporées maintenant avec des commentaires dus à la plume de Confucius. Ce n'est qu'à l'aide de ce commentaire que les étudiants peuvent expliquer les expressions aphoristiques de l'original. Un catalogue chinois (contenant tous les ouvrages des quatre départements : classique, historique, industriel et littéraire) ne mentionne pas moins de quatorze cent cinquante traités distincts sur le « livre des changements, » sous la forme de mémoires, d'exposés et de commentaires [1]. Un écrit semblable, portant le sceau de l'antiquité la plus reculée, et rédigé dans un langage dont les philosophes les plus savants peuvent à peine déchiffrer la mysticité, est fait pour plaire aux Chinois et exciter leur admiration. En outre, il a considérablement servi à encourager l'art de deviner au moyen des coquilles, des signes, des lettres, etc. C'est de cette source que découlent les superstitions les plus bizarres; et l'art de la divination peut revendiquer pour inventeur le « dieu de la littérature. » L'auteur de l'étrange et curieux fragment que je viens de citer ne pouvait manquer d'être canonisé et d'être placé parmi l'élite du panthéon chinois. Telle était la divinité qui partageait mon appartement dans le temple de la Vieille-Assemblée.

Mais, outre la société de cet éminent prince de la littérature, je trouvai une autre espèce de commensaux, beaucoup plus remuants et beaucoup plus incommodes : j'avais été précédé dans mon logement par des légions de rats et de souris. La taille de ces visiteurs était monstrueuse et leur nombre formidable. Il n'y avait pas moyen de rien garantir contre eux pendant la nuit. Les tours qu'ils me jouaient témoignaient d'un certain degré d'audace; et ce n'est pas à tort qu'on les a désignés sous le nom de cavalerie de Ningpo. La dextérité avec laquelle ils bondissaient des poutres sur les chevrons était surprenante. Ils n'étaient pas moins alertes pour trotter sur mes meubles, et visitaient par escadrons tous les coins

---

[1] Nous possédons une bien rare édition de cet ancien livre, imprimée en Chine en 1596, et qui donne l'ancien texte en *caractères figuratifs*. G. P.

et recoins de mon appartement. Leurs bruyants témoignages de plaisir lorsqu'ils venaient à tomber sur mes provisions étaient réellement amusants, et j'étais étourdi de leurs cris de rage et de douleur lorsqu'ils se livraient quelque bataille rangée; mais un désagrément sans pareil était, au moment de m'endormir, de me sentir lécher la figure par leur langue visqueuse ou de recevoir l'impression de leurs pattes froides.

Me mettre destructeur de rats aurait été une entreprise interminable, attendu que la place des morts aurait été immédiatement remplie par des successeurs animés à la vengeance par le meurtre de leurs camarades. S'il est vrai que les rats soient un mets recherché des Chinois, il faut que les rats de Ningpo aient perdu de leur popularité auprès des habitants de cette ville; car, loin de diminuer de nombre, ils semblaient se multiplier de jour en jour. La chasse aux rats est une occupation ici; on vend leurs peaux pour divers usages. Souvent dans les rues, à la Chine, mon attention a été attirée par le tintement de petites clochettes; elles annonçaient l'approche d'un preneur de rats. Il marche, portant sur l'épaule une perche où est suspendue une collection de rats morts empaillés ou desséchés, avec un écriteau indiquant la profession du porteur [1]. Beaucoup d'étrangers ont été à même de contempler ce spectacle en arrivant en Chine; et, prévenus que les Chinois mangeaient de tout, jusqu'aux rats et aux souris, ils ont conclu de

---

[1] Il y a peu d'années, on voyait encore à Paris, si on ne les voit plus actuellement, des individus portant aussi dans les rues une longue perche à laquelle étaient suspendus des *rats morts*. C'étaient des marchands de *mort-aux-rats*, qui portaient avec eux leur *enseigne parlante*.   G. P.

suite que cette assertion était fondée. A leur retour en Europe, ces voyageurs ont publié des récits de leurs visites dans les villes chinoises, et, y insérant des gravures où l'on voit un homme portant des chapelets de rats et de souris enfilés à une perche, ils ont propagé, surtout parmi la jeunesse, l'idée que c'était là un des principaux objets composant la nourriture des Chinois.

Au bout de quelques jours, le bruit commença à se répandre parmi les prêtres bouddhistes que Mei-*sien-seng* habitait un de leurs temples, et je craignis d'être infesté de bandes de prêtres, comme je l'avais été de celles des rats. Le second jour de ma résidence au monastère, je vis arriver cinq bouddhistes de l'ordre sacerdotal. Ils me firent nombre de questions sur mes vêtements, mes malles, mes livres, etc., etc.; mais ils ne se montrèrent pas moins complaisants que curieux, alors qu'ils virent que je cherchais, moi aussi, à obtenir d'eux des renseignements.

D'après ce qu'ils me dirent et ce qui fut confirmé par l'expérience, il paraît que la majorité des bonzes sort des classes inférieures de la société. Beaucoup, ayant perdu leur père, ont été voués au service de Bouddha par une mère indigente, pour quelques pièces d'argent. D'autres fois encore, les parents vendent leurs fils aux prêtres, seulement par motif de piété. Les cinq prêtres eux-mêmes m'assurèrent qu'ils étaient orphelins, et étaient entrés dans leur profession à un âge très-tendre, l'un à six ans, le second à huit, le troisième à dix, le quatrième à douze et le cinquième à quatorze. J'appris, une autre fois, qu'une mère avait vendu son fils, seulement âgé de cinq ans, pour être élevé dans l'état de prêtre, moyennant la bagatelle de cinquante francs. Beaucoup de prêtres font leurs vœux à un âge avancé. J'en ai connu un à Tinghaï qui, avant de prendre les ordres, avait eu deux fils. Il me dit que sa femme était morte; mais il ne paraissait nullement inquiet de savoir ce que ses fils étaient devenus.

Après une semaine de séjour dans ce monastère *extra muros*, je me résolus à changer de domicile, et je parvins à déterrer un appartement dans la ville, près la porte de l'Est. C'était dans un *couvent de femmes*, consacré à la déesse *Kouanyin*. Il avait servi dernièrement de résidence à un officier du département civil. Comme le local se trouvait libre, je louai, au prix de cinquante francs par mois, une cuisine, un salon et deux chambres à coucher. Sitôt que j'eus traité, je décampai du monastère, où j'étais resté pendant sept jours.

Cependant les moines de Bouddha ne voulurent pas me laisser partir sans me traiter. On juge que j'acceptai leur invitation avec empressement. Le dîner n'avait rien, au premier abord, qui différât sous le rapport des mets, de ce qu'on voit sur la table des gens « qui n'ont pas quitté le monde. » Les bouddhistes disent bien haut qu'ils se sont séparés du reste des hommes, et, pour preuve, donnent leur renonciation à toutes les choses d'un monde méprisable. Ils professent l'abstention complète de toute nourriture qui ait eu vie, d'ail et d'huile. J'en ai vu qui refusaient de prendre du thé chez moi, dans la crainte que la tasse ou la théière eussent été contaminées par quelque substance défendue. Cependant, tout rigides que soient leurs préceptes, quelque austères que soient leurs vœux, je dois rendre témoignage, d'après ce que j'ai vu des pratiques de ces prêtres, qu'ils ne sont rien moins qu'abstinents dans leur vie intérieure.

Le principal prêtre de l'établissement en question reçut très-bien de moi en présent un jambon; et un jeune prêtre me dit que pendant leur minorité ils pouvaient se livrer aux plaisirs de la table. C'était ce même jeune prêtre qui aidait à préparer mes repas pendant tout le temps que je demeurai dans le temple. S'il faut en croire certains bruits publics, les principaux monastères, dans l'intérieur de la Chine, sont connus pour la vie somptueuse qu'y mènent les reclus. Dans la circonstance dont je parle, je m'amusai beaucoup de voir, dans le dîner que me donna la communauté, comment, à l'aide seulement de leurs provisions grossières, tels que purées de fèves, légumes, etc., ils cherchèrent à se conformer, autant que possible, aux usages du monde extérieur. A la première vue, comme je l'ai dit, les plats semblaient pareils à ceux qu'on sert à une table d'hôte. Jusqu'à ce que je les eusse goûtés, tout ce que je voyais me semblait être des ragoûts de viande ou des rôtis de volailles. La peau des poulets annonçait une cuisson bien à point : j'avais bien vis-à-vis de moi le morceau délicat; mais, lorsque je voulus découper, mon couteau entra dans une sorte de gâteau de fèves, coloré par un four de campagne, et portant l'impression d'un linge à tissu épais. Nous avions à manger du faux mouton, de fausses volailles, de faux nids d'hirondelles, de faux..., etc. Je dois dire cependant que le vin était vrai et irréprochable, si l'on peut appeler vin une liqueur distillée du riz, connue sous le nom de vin de Chao-hing.

Au milieu du dîner, vers les sept heures du soir, mon domestique, qui était allé porter mon bagage, vint m'informer que l'abbesse, à la garde de laquelle étaient les chambres que j'avais louées, me priait de retarder d'un ou deux jours mon entrée en jouissance. Elle désirait prendre de nouveaux renseignements sur son locataire, et éprouvait quelques scrupules à louer son appartement à un étranger. Mais il était trop tard. Tout mon bagage était transporté, et il ne restait plus qu'à transporter ma personne. Le prêtre en chef dont j'ai parlé et dont je me séparais, apprenant la difficulté qui se présentait, s'offrit à m'accompagner et à répondre de moi. La prudence voulait que j'occupasse sans retard mon nouveau logement, et, au bout d'un quart d'heure, je me présentais à la principale porte du couvent.

A mon entrée je fus conduit à l'abbesse. Elle ôta son bonnet, et, la tête nue et les poings fermés, me fit un salut respectueux. Lorsque je lui eus rendu sa politesse, elle commença à me questionner sur mon âge, ma famille, ma profession et le but de mon voyage. Elle parut satisfaite de mes réponses, et surtout de ce que je lui répondais dans sa langue. Notre entretien et surtout les recommandations du prêtre semblaient lui avoir ôté un grand poids de dessus l'esprit. Une fois plus tranquille, elle fit apporter un plateau chargé de thé et de confitures. Les nonnes placées sous sa direction, au nombre de neuf, se pressaient autour de la porte. Enfin la *supérieure* prit sur elle de faire entrer sa disciple favorite, jeune fille de douze ans, qui se trouvait depuis six ans sous sa direction, mais dont le noviciat n'était pas encore terminé. En quelques instants, la timidité de l'abbesse se trouva complétement dissipée; mais la curiosité qu'elle et ses élèves témoignèrent pendant tout le reste de la soirée au sujet des divers objets que l'étranger avait apportés devint si intense et si désagréable, que l'heure de la séparation fut pour moi un véritable soulagement. J'ouvris ma petite collection de livres, et j'appris avec plaisir que toutes les nonnes savaient lire. Je leur fis cadeau d'un exemplaire à chacune, et nous nous souhaitâmes une bonne nuit les meilleurs amis du monde.

Un jour ou deux après, les nonnes m'envoyèrent à dîner, non-seulement dans le but de captiver mes bonnes grâces, mais pour gagner quelques francs. Les gens de la classe inférieure à la Chine font souvent à dîner pour leurs patrons ou leurs supérieurs dans le but de leur arracher de l'argent; singulière habitude, reconnue et encouragée d'un commun consentement. Le repas dont on me gratifiait consistait en végétaux, végétaux, et puis végétaux : exactement le même régal que m'avaient offert les prêtres une semaine auparavant, mais apprêté avec plus de soin et de frais. On ne pouvait reprocher à la cuisine d'être trop épicée. Ces sortes de tentatives ayant pour but d'imiter les plats de viande et de volaille peuvent plaire à l'imagination, mais ne procurent aucune satisfaction au palais. Comme les Chinois terminent leurs repas en mangeant une espèce de soupe au riz, ce plat final parut sur la table dans l'ordre voulu, et la soupe se trouvait figurée dans le bol central par un liquide quelconque Mais, pouvait-on être plus désappointé? ce n'était que de l'eau tiède, de la *véritable eau tiède* dans toute sa limpidité.

J'avais à peine passé trois semaines dans mon couvent de femmes, lorsque la dame abbesse me fit clairement entendre que j'eusse à choisir un autre logement; et, joignant le geste aux paroles, elle se prosterna devant moi et se frappa la tête contre le sol, en me suppliant de quitter bien vite sa maison. Voyant l'anxiété occasionnée par ma présence, j'assurai la dame que je ne prétendais pas lui être plus longtemps à charge. En me recevant, elle avait compromis les bénéfices du couvent. Pour moi, certaines raisons de prudence m'engageaient à partir à la hâte. J'avais appris depuis peu diverses circonstances peu honorables pour ces dames, qui me donnaient à penser que leur continence et leur pureté prétendues n'étaient qu'une parade plus ou moins bien jouée. Au fait, il serait difficile de trouver à la Chine un lieu complètement à l'abri du scandale, vrai ou faux.

Avant de quitter mes religieuses, il faut que je réunisse tout ce que j'ai appris au sujet des nonnes et des maisons de nonnes de la religion bouddhique à la Chine, dans le peu de jours où j'avais une si belle occasion de m'éclairer sur leur compte.

Le couvent qui s'appelait *Kouanyin*, du nom de l'idole à laquelle il était consacré, est connu dans les descriptions européennes comme dédié à la « déesse de la pitié. » Elle est représentée sous la forme d'une femme tenant dans ses bras un enfant qui est supposé étendre sa protection sur tous les infortunés élevant vers lui leurs cris de détresse [1]. C'est un des innombrables objets d'idolâtrie introduits de l'Occident par les bouddhistes. La déesse de la pitié est l'une du très-petit nombre de déités du sexe féminin adorées à la Chine. Aucune autre idole n'y est plus respectée et plus honorée. Aucune ne reçoit non plus des invocations si fréquentes, puisque les femmes forment l'écrasante majorité de la

[1] Depuis quelque temps, on voit, dans presque tous les magasins de curiosités de Paris, de petites statuettes en porcelaine de Chine représentant la déesse *Kouanyin* tenant un enfant dans ses bras. Cette déesse est d'origine indienne.   G. P.

population dévote, et que *Kouanyin* est la protectrice spéciale du sexe faible, surtout à l'heure de la grossesse et de l'enfantement.

Un grand attrait offert par les bouddhistes ferventes à l'esprit de l'aspirante qui vient se consacrer à l'autel de la déesse, est l'incorporation, après la mort, à la personne de Bouddha. Plus cette sorte d'absorption offre de circonstances mystérieuses, plus elle agit fortement sur des jeunes filles ingénues et crédules. Tel est le grand avantage offert par l'institution pour recruter un ordre de prêtresses dont le privilège est de pénétrer là où les formalités de la société ne permettent pas au prêtre étranger de pénétrer; et qui, par leur éducation, possèdent les moyens de maîtriser des âmes ouvertes aux impressions religieuses.

Pour remplir les rangs de cet ordre de prêtresses, la place des « annihilées » ou « absorbées » (c'est le titre qu'elles se donnent) doit être remplie par d'autres sujets, ou achetés ou consacrés volontairement. Les jeunes filles qu'on achète sont dans l'âge le plus tendre et s'obtiennent à peu de frais. A ma connaissance personnelle, une jolie petite enfant, de l'âge de quatre ans, a été offerte à une abbesse par sa propre mère pour la bagatelle de vingt-deux francs cinquante centimes. D'autres, il est vrai, sont consacrées par leurs parents sans vues de rétribution. D'autres encore, arrivées à l'âge de discrétion, se dévouent volontairement au service de cette déité. Lorsqu'une jeune fille s'initie de son propre gré, cela vient souvent, je dirai même toujours, de ce qu'elle a été trompée dans son avenir ou dans ses vœux. J'ai vu une fraîche et jolie religieuse de dix-neuf ans qui avait « quitté le monde » et prononcé les vœux de virginité éternelle par suite de la mort prématurée de son fiancé. Cette nonne avait de petits pieds, attendu qu'elle les avait eu ligaturés avant son noviciat. Mais, de toutes celles que j'ai vues, soit à Ningpo ou ailleurs, il y en avait très-peu qui eussent le pied mutilé. Sans doute celles qui étaient affligées de cette difformité avaient pris le voile volontairement, après avoir atteint l'âge nubile.

En général, la novice n'est pas admise dans les ordres avant l'âge de seize ans. Jusque-là, et dès le premier moment de son noviciat, elle prend le costume de la communauté. La principale distinction entre la novice et la professe est que la tête de celle-ci est complétement rasée, tandis que l'autre n'a de rasé que le front. Les jeunes nonnes ont une queue tressée qui leur flotte sur le dos. L'habit de ces prêtresses ressemble tellement à celui des prêtres bouddhistes, que bien souvent il est impossible à la première vue de distinguer les deux sexes. Les nonnes ont de gros souliers, de larges caleçons, des jaquettes courtes, avec les manches larges, la tête rasée et couverte d'une petite calotte, exactement comme les prêtres. Il faut avouer cependant que les sœurs ont la figure plus agréable, le regard plus doux, la voix plus harmonieuse et peut-être plus de propreté que les frères. Si l'on doit s'en rapporter à la médisance, les nonnes de Soutcheou ont altéré les règles de leur ordre. Renonçant à la grosse toile et aux étoffes communes prescrites à la communauté, elles ont adopté pour leurs vêtements les étoffes de soie les plus riches.

Lorsqu'une jeune personne s'est rasé la tête, ou, suivant l'expression européenne, a pris le voile, elle contracte l'engagement d'une vie de dévotion et de pénitence. Elle doit manger et boire avec modération, et sa nourriture doit se composer seulement de végétaux. Elle doit s'interdire les liqueurs fortes, à l'égal du poison. Son attention ne doit plus se porter sur les soins et les choses de ce monde. Elle y a renoncé, et désormais elle doit se préparer à sa future canonisation. Ses soins et ses affections ne doivent plus avoir qu'un seul objet, le service du temple où elle est enfermée, et les actes de bienfaisance et de compassion. Des exercices religieux doivent remplir sa journée, et sa seule distraction doit consister à tenir en ordre la cellule qu'elle occupe. Elle est astreinte à assister les fidèles, hommes ou femmes, qui viennent adorer aux autels ou y chercher des consolations. S'il lui reste des loisirs, ils doivent être consacrés à visiter les pauvres et les malades ; et tous ceux qui se placent sous sa direction spirituelle acquièrent des droits à une portion de son existence. Afin de remplir une vie de réclusion et d'abnégation, elle est obligée de se consacrer à une virginité inviolable. Elle doit abjurer toute idée de mariage, ainsi que la société des hommes, excepté des adorateurs du temple. Le prix de tous ces sacrifices est l'absorption et l'annihilation après sa mort.

Tandis que j'habitais le couvent de Kouanyin, il contenait dix nonnes, dont l'âge variait de sept à vingt-cinq ans. Malgré la sévérité de leur régime, elles paraissaient en embonpoint, fraîches et bien portantes, à l'exception de la plus jeune. L'abbesse pouvait avoir quarante ans, et avait l'apparence plus hommasse qu'aucune autre Chinoise que j'aie vue. Elle paraissait extrêmement violente, et parfois j'ai été témoin de sa part d'accès de colère effrayants. D'une sévérité excessive, elle tenait ses élèves sous une verge de fer. Son avarice était sordide, et sa fausseté profonde. Bien qu'elle parût mettre un grand scrupule à se priver de toute nourriture animale, et de tout ce qui pouvait avoir une odeur forte, elle ne se refusait pas les spiritueux qu'on obtient par la distillation du riz; et souvent je l'ai vue chanceler sous leur influence.

Les services journaliers avaient lieu le matin et le soir, mais rarement y ai-je vu assister plus de deux officiantes. A de certaines occasions qui revenaient chaque mois, il y avait des services qui remplissaient la journée tout entière. Parfois elles se faisaient assister par des sœurs des couvents voisins ; et j'ai vu même des prêtres leur prêter leur aide dans les concerts sacrés. Dans ces cas exceptionnels, les prêtres et les prêtresses occupaient des places séparées, mais les uns et les autres chantaient ensemble.

Leurs livres sacrés consistaient en un assez grand nombre de volumes imprimés en gros caractères sur de beau papier. Je leur en achetai un, mais elles ne voulurent me le livrer que lorsque je leur eus promis de lui donner une place distinguée dans ma bibliothèque; et que, pour plus de sûreté, elles l'y eurent rangé elles-mêmes de leur propre main. Rien n'égalait la précipitation avec laquelle elles semblaient se débarrasser de leur liturgie à la fin du service religieux. Jeunes et vieilles récitaient avec une volubilité admirable ; rien ne respirait en elles l'esprit de dévotion, et leur conduite l'annonçait encore moins. J'ai souvent considéré un groupe de jeunes nonnes réunies pour leurs dévotions à l'autel principal. Elles se montraient aussi vives, aussi gaies, aussi insouciantes que toutes autres jeunes filles dans un temps de vacances. Dans leurs prières, il y en avait une contenant les louanges de la déesse Kouanyin, dont le sens leur était sans doute aussi complétement inintelligible qu'à nous, et dont voici les paroles :

« *Sieou-li, sieou-li, mo-o, sieou-li, sieou-sieou-li sah-po-o,*

« *Sieou-to-li, sieou-to-li, sieou-mo-li, sao-po-o,*

« *Nan-wou-san, mouan-to-muh, pouan-nan-yen, toh-lou, toh-lou, ti-mi-sah, po-o* [1]. »

Comme une grande partie de leur occupation consiste à lire et à réciter des prières et des cantiques, la novice, avant d'être admise aux ordres, est obligée de faire une longue éducation ; et, dans cette vue, elle suit les cours élémentaires généralement adoptés dans l'Empire, apprenant le classique *Trimétrique* [2], les quatre livres, etc., et s'exerçant à manier adroitement le pinceau. Il y a certaines religieuses qui ont la réputation d'être très-instruites dans l'histoire du pays.

Ceux des laïques (les femmes surtout) qui se sont placés sous l'instruction spirituelle d'une nonne doivent avoir en elle une confiance absolue, soit comme institutrice, soit comme prêtresse. De quelque sexe que soit le dévot, l'institutrice lui donne un *nouveau nom*. Chacune des nonnes est aux aguets pour cultiver la connaissance de ses disciples et pour grossir la liste de ses amis ; car c'est d'eux qu'elle attend ses principaux moyens de subsistance.

J'ai vu, dans ce couvent de Kouanyin, derrière l'autel, une ardoise sur laquelle étaient gravés les noms de tous

---

[1] Il est probable que, si ces phrases étaient reproduites avec les caractères chinois, on pourrait les interpréter à l'aide du sanskrit, dont elles ne sont peut-être que la transcription altérée. G. P.

[2] Le *San-tseu-King*. G. P.

les souscripteurs. Tous les visiteurs de la ville et de la campagne (et ils étaient nombreux) donnaient quelque chose en argent ou en nature; et, tant en présents qu'en donations, les provisions ne manquaient pas dans l'établissement. Il possédait aussi des propriétés en terres ou en maisons. L'aile du couvent que j'habitais était entièrement destinée à recevoir des visiteurs et des étrangers; on les louait à un prix modéré, et on s'y serait trouvé assez confortablement, si on n'eût pas été sans cesse relancé par les exigences de l'insatiable maîtresse du logis.

J'ai dit plus haut que les nonnes étaient quelquefois chargées de services *spéciaux*. Ces services étaient ordinairement payés par les patrons de l'ordre, à l'occasion de quelque événement heureux ou malheureux, ou lorsque l'abbesse avait réussi à exciter les sentiments superstitieux de quelque malheureux mari affligé d'une femme bigote. La personne qui réclamait les exercices religieux des nonnes devait fixer le nombre de livres sacrés qu'elle désirait qu'on récitât. Il y avait pour cela un tarif fixé par les règlements. A chaque service les nonnes recevaient comme argent de poche un petit salaire particulier qui n'excédait pas trois sous.

On m'a dit qu'il se trouvait dans le district de Ningpo trente couvents contenant trois cents religieuses. Mais cet ordre ne jouit pas d'une grande considération. On le regarde comme composé d'une classe de femmes destituées de tous les sentiments chastes et délicats dans lesquels le sexe trouve sa gloire et sa protection. De même que les prêtres bouddhiques, non-seulement elles sont méprisées par la populace, mais encore elles sont détestées pour leurs dérèglements, et redoutées pour l'influence qu'on les suppose exercer sur les destinées, en raison de leurs rapports avec les esprits du monde invisible. Dans la croyance du vulgaire, on regarde que rencontrer une nonne est d'un funeste présage. Tels étaient, en 1840, les infâmes débordements des nonnes de Soutcheou, ces notoires fumeuses d'opium, que le célèbre Yu-Kien, le même qui, en 1841, vint à Tchinhaï comme commissaire impérial, ayant pleins pouvoirs pour exterminer les Anglais par le fer et le feu, détruisit le couvent de ces femmes perverses, et dispersa la communauté dans la ville.

Pour compléter cette notice des nonnes et des couvents de nonnes de la Chine, j'ajouterai un mot au sujet des deux plus jeunes sœurs du couvent de Kouanyin. La plus jeune des deux mourut lorsque j'étais encore dans la maison. Elle n'avait que sept ans, et il y avait un an à peine qu'elle était novice. A mon arrivée, elle souffrait d'une ulcération des intestins. L'abbesse, ayant entendu dire qu'il y avait un médecin anglais de passage à Ningpo, me pria de solliciter son assistance. Le docteur Johnson, des fusiliers de Madras, devait passer en effet quelques jours dans la ville. Il s'empressa de donner une consultation à la malade, et fournit les médicaments de sa propre pharmacie. Malheureusement l'enfant était dans un état désespéré, et le mal avait fait des progrès irrésistibles. Un matin, tandis que la jeune fille était profondément endormie, les autres nonnes qui la regardaient s'imaginèrent qu'elle était tombée dans un sommeil de mort. L'ayant palpée, elles la trouvèrent insensible au toucher comme au son de la voix. Elles coururent prévenir la supérieure. Celle-ci, s'étant assurée du fait, fit sortir le corps de la maison, et le fit transporter dans une resserre à bois, laissant la jeune religieuse expirer sans soins et sans secours. *Aluh*, la seconde des deux jeunes nonnes, un peu plus âgée que sa compagne, lui était tendrement attachée. Elle ne put obtenir de l'abbesse la permission d'assister aux derniers moments de la mourante. Lorsque le cadavre de l'enfant eut été placé dans son grossier cercueil, on y mit une poupée qui lui avait servi de jouet ; on récita quelques charmes pour apaiser l'esprit de la défunte et écarter les démons, et le cercueil fut porté au pied des murs de la ville pour y être enlevé par les salariés de quelque institution charitable.

Aluh était âgée de douze ans. Son père vendait des légumes dans les rues de Ningpo. Lorsqu'il mourut, sa femme vendit l'enfant, alors âgée de quatre ans, à un couvent de femmes. Elle avait un air d'intelligence et de bonté que rendait plus intéressant encore son état de langueur. Elle lisait et écrivait le chinois d'une manière remarquable. Elle se glissait quelquefois dans mon salon pour regarder mes livres, et passait une demi-heure à me faire des questions sur l'Angleterre. Elle semblait enchantée lorsque je lui lisais quelque traité religieux, et que je lui parlais de la doctrine du Sauveur. Bien qu'elle écoutât avec quelque intérêt mes explications sur l'Évangile, il m'était pénible de découvrir les ombres épaisses du préjugé dont l'avait imbue le système idolâtre dans lequel elle avait été élevée. Quelques semaines après mon départ du couvent, j'eus la douleur d'apprendre qu'*Aluh* avait cessé de vivre.

Grâce à l'intervention de plusieurs de mes amis chinois, je trouvai un nouveau logement convenable, aussi confortable que peuvent le comporter les ressources offertes par le pays. J'allai m'y installer dans le milieu de juin 1843.

Le maître de la maison était un marchand riche et considéré. Pendant l'occupation de la ville par les Anglais, il avait puissamment contribué de sa fortune à lever un corps de milice, l'un des obstacles vainement opposés à l'envahissement étranger. Les instances de mes amis le déterminèrent à me céder la jouissance de sept pièces, non compris la cuisine, moyennant cinquante francs par mois. Il réduisit par la suite ce loyer à vingt francs. Lorsque mon premier terme vint à échoir, ce modèle des propriétaires ne voulut pas recevoir d'argent, me disant qu'il était bien aise de me donner une marque de bienveillance. Jusqu'à l'époque où je vins habiter sa maison, il avait eu peur des Anglais. Mais, lorsqu'il eut vu plusieurs officiers de l'armée et de la marine qui, dans leurs visites à Ningpo, venaient passer une heure avec moi, leur urbanité parvint à dissiper sa défiance, et il s'aperçut bientôt que les Anglais n'étaient pas aussi sauvages et aussi barbares qu'il se l'était imaginé.

Je restai, sans intervalle d'absence, dans cette maison jusqu'au moment où je quittai Ningpo, dans le mois de juillet suivant.

CHAPITRE III

Dîner chez un mandarin. — Entrevue avec un fameux voleur d'hommes. — L'almanach chinois. — Manière de hâter le printemps. — Fête des lanternes. — Apparition d'une comète.

Peu de jours après ma nouvelle installation, plusieurs gentlemen anglais visitèrent Ningpo. N'ayant personne pour les conduire et leur servir d'interprète, ils me prièrent de les accompagner chez les principales autorités. J'étais heureux de leur rendre tous les services en mon pouvoir. La réception que mes compatriotes reçurent de la part des gros bonnets de la ville fut pleine d'urbanité. Ils en furent flattés, et m'en témoignèrent une vive satisfaction.

Une circonstance contribua surtout à donner à ces messieurs de nouvelles manières de voir. Ils furent invités par le principal mandarin à partager une collation, et ils se faisaient d'avance un grand plaisir d'assister personnellement à un objet aussi curieux qu'un véritable repas de cérémonie chinois. Ils se promettaient bien toutefois de s'abstenir de toucher aux plats, qui devaient, selon eux, consister en viande de chien, en vers de terre, en rats et en souris accommodés au lard. Quelle fut leur agréable surprise de trouver chaque mets, contre leur attente, apprêté d'une manière parfaitement convenable, et la cuisine très-variée! On servit d'abord des petits pains tout chauds et des gâteaux de toute espèce; ensuite des confitures, des œufs de diverses couleurs et des os à moelle confits; ensuite des canards, des poulets, du bœuf, du chevreau et du porc; et enfin du poisson, de la soupe et du riz. Outre cela, la table était chargée de fruits, frais et secs, et des vins les plus exquis que la Chine puisse fournir. Quelque chose, *amari aliquid*, déparait bien un peu un régal si complet: c'est que chacun de nous, tout muni qu'il fût d'une assiette, d'une tasse et de bâtons, était obligé de fouiller en commun au plat central. Étant depuis quelque temps habitué au maniement des bâtons, je me tirais assez bien d'affaire. Mais mes camarades ne se montraient pas aussi prompts à jouer de leurs instruments. Toutefois on vint à leur aide avec des cuillers chinoises et des fourchettes d'argent fabriquées dans le pays. Et, à la fin du repas, les visiteurs anglais, enchantés d'avoir été si bien et si largement traités, prirent congé des autorités de Ningpo dans les meilleurs termes du monde.

Notre hôte Louh, le principal officier, se trouvait (il faut bien le dire) affecté de la gale. Sachant qu'il y avait deux médecins au nombre des convives, il ne fit pas difficulté de les mettre au fait de sa maladie. Ils s'empressèrent de lui prescrire les remèdes usuels. Mais, en recevant la médecine ordonnée, le *Taotaï* (c'était son titre) exprima sa surprise de la belle couleur jaune du soufre, bien supérieur sous ce rapport au minéral non clarifié qu'on trouve chez les droguistes du pays. Il ne fut pas moins étonné d'apprendre qu'il lui fallait avaler du soufre, qu'il n'avait jamais vu administrer qu'extérieurement. Lorsque les médecins étrangers eurent quitté la ville, Son Excellence m'envoya un message spécial à trois reprises différentes pour s'assurer s'il fallait bien réellement avaler la potion : car il prétendait que le soufre, qui est échauffant, ne devait pas être indiqué pour pénétrer dans le système interne.

Vers le même temps, je fis connaissance avec M. Li, autrefois fonctionnaire dans la province de Nganhoeï. Ce qui me plaisait dans cet homme, c'était son extrême franchise. Il m'avoua qu'il faisait l'opposition la plus vive aux empiétements des Anglais sur les grandes prérogatives de l'Empereur de la Chine. Il protestait qu'il opinait encore pour la guerre, et prophétisait que, bien que la paix fût établie pour quelque temps entre les deux pays, le flambeau de la guerre ne tarderait pas à se rallumer.

Pendant la lutte avec l'Angleterre, il s'était fait une réputation dans l'art de « voler des hommes. » Il m'avoua que, dans le printemps de 1842, il avait formé des plans pour m'enlever, sur les informations qu'il avait reçues d'un jeune garçon chinois, alors à mon service à Tinghaï, lequel avait été lui-même enlevé et transporté à Hangtcheou. Cela me remit en mémoire un fait qui arriva quelque temps après que mon domestique eut disparu. J'amusai beaucoup M. Li en le lui racontant, et je vais le rapporter avec quelques détails, tant à cause de ma singulière délivrance, que pour les résultats plaisants qui suivirent des circonstances d'ailleurs graves et périlleuses.

Au commencement de la même année, il n'était pas rare d'apprendre que des soldats ou des matelots anglais eussent été enlevés à Tinghaï, et transportés dans l'intérieur pour y être jetés en prison, et peut-être subir un traitement pire. Si je ne me trompe, c'était, et je puis ajouter *c'est* encore le seul plan adopté avec succès par les Chinois pour harasser les Anglais. Outre cela, le métier de voleur d'hommes était assez lucratif, attendu que le gouvernement donnait une forte récompense pour un Anglais en vie, ou, ce qui revenait au même, pour la tête sanglante d'un Anglais.

À cette époque, j'occupais une petite maison au centre d'un potager, dans la ville même de Tinghaï. J'étais seul et isolé. Plusieurs de mes amis, officiers au 55ᵉ régiment de Sa Majesté, conçurent des inquiétudes sur mon isolement, et me proposèrent de prendre un logement dans leurs quartiers. Je les remerciai de leurs bontés et de leurs égards pour moi, leur disant que je ne craignais rien et que je désirais établir ma tente aussi avant que je le pourrais parmi les Chinois. J'avais pour propriétaire un homme très-estimé, qui m'inspirait pleine confiance, et qui me rendait tous les services en son pouvoir. Je résolus donc de conserver mon humble logement. Toutefois ces messieurs du 55ᵉ insistèrent pour que je prisse quelques armes défensives, et m'obligèrent à accepter un pistolet d'arçon à deux coups, chargé et amorcé.

Ma chambre à coucher avait quatre portes et autant de fenêtres; mais aucune ne fermait à clef ni au verrou; de sorte que, lorsque je me couchais, pour me mettre en sûreté, j'empilais des chaises, des malles et d'autres objets mobiliers contre les portes et les fenêtres, afin de pouvoir être réveillé dans le cas où quelqu'un voudrait faire effraction chez moi.

Pendant plusieurs nuits de suite, je dormis avec le

pistolet chargé sous mon oreiller. Mais un dimanche soir que le temps était sombre, orageux et menaçant, l'idée me vint, lorsque je fus retiré dans ma chambre, que, par une nuit aussi favorable aux enlèvements, on pourrait fort bien en tenter un sur ma personne. Je réfléchis que, dans l'animation du moment, je me servirais de mon arme formidable, et qu'il pourrait m'arriver de blesser un de mes semblables, ou de l'envoyer dans l'éternité. *Immédiatement* je résolus de risquer ma propre sûreté plutôt que d'encourir l'horreur de tuer un homme, un frère. Alors je jetai mon pistolet au fond de ma malle, et la fermai à clef. Ayant ensuite pris les précautions ordinaires à l'aide de mes meubles, je me couchai, et dormis paisiblement pendant plusieurs heures.

Vers une heure du matin, je me réveillai. Pourquoi ? Je l'ignorais. Le vent soufflait avec fureur ; la pluie tombait à torrents ; les éclats du tonnerre retentissaient de temps en temps, et le sommeil fuyait de ma paupière. Mais mon assoupissement fut tout à fait interrompu par des murmures bas et comprimés. Me soulevant sur mon coude, j'écoutai. Je distinguai des chuchotements au dehors ; — des sons étranges, inaccoutumés ; — des voix de Chinois se consultant et se donnant de l'aide réciproquement. Ils étaient déjà dans le jardin, et en quelques secondes ils pouvaient être dans ma chambre. Le pistolet se trouvait dans ma malle. J'eusse voulu le reprendre, que je n'en eusse pas eu le temps. En un clin d'œil je sautai à bas de mon hamac, et, saisissant une barre de fer, je m'élançai à la croisée, en criant : Qui va là ?... Mon interpellation produisit l'effet d'un choc électrique. Les coquins s'en prirent à leurs talons, et ce fut une déroute complète. Je remerciai Dieu pour mon compte, et aussi pour le leur.

Cependant mes domestiques s'étaient levés, beaucoup plus alarmés que je ne l'étais moi-même, le garde de nuit surtout, que je trouvai dans les bras de Morphée. Comme il n'était pas encore jour, et que la nuit continuait à être mauvaise, j'engageai les gens de la maison à veiller, attendu que probablement les voleurs pourraient reprendre courage et renouveler leur tentative. Je me jetai ensuite sur mon lit. Mais dans toutes ces agitations mes dispositions belliqueuses s'étaient réveillées. Je me relevai, je repris le pistolet dans ma malle, et le replaçai à ma portée. Une heure s'écoula sans que je pusse me rendormir. Enfin j'entendis mon maître de langue qui entrait doucement dans ma chambre et me dit tout bas : « Ils reviennent ! ils reviennent ! » Je calmai ses craintes en lui disant que maintenant j'étais disposé à les recevoir. Le suivant avec mon pistolet armé à la main, je sortis par le derrière de la maison. Par le peu de clarté qu'il faisait, je vis alors ce que pouvaient voir tous mes domestiques : deux hommes sur le mur, dont l'un aidait l'autre à descendre. Me glissant le long d'une haie, je parvins vis-à-vis d'eux, et je fis halte, en les mettant en joue. Je criai encore une fois : « Qui va là ? » et, à ma grande horreur, le pistolet partit. L'arme me tomba des mains, et je crus voir tomber aussi, un, et peut-être deux hommes. Mais non ! ils étaient encore là sur la muraille, toujours l'un aidant l'autre. Or, que le lecteur se figure ma surprise et mon soulagement à l'issue de cette échauffourée ! Le petit jour qui pointait me fit voir que les deux hommes sur lesquels j'avais tiré malgré moi étaient deux branches d'arbre s'étendant au-dessus du mur, et agitées par la brise du matin !

Cette histoire parut plaisante à M. Li; je dois ajouter que, malgré son antipathie patriotique contre les Anglais, il me traita toujours depuis avec une courtoisie remarquable, comme pour me faire *amende honorable* des désagréments qu'il m'avait causés.

De même que d'autres Chinois, pour me témoigner sa considération, il m'invita à dîner quelques jours après que nous eûmes fait connaissance. Je vis sur sa table un mets particulier qui ne s'était jamais offert à mes yeux, mais qui, me dit-on, se sert dans quelques maisons. Lorsque les convives eurent pris place au nombre de six, mon attention fut attirée par un plat *couvert*, chose assez rare à la Chine. A un certain signal, le couvercle fut enlevé; et aussitôt la table fut couverte de petits crabes qui sortaient du plat avec toute la rapidité dont ils étaient capables. Au moment où la compagnie s'était mise à table, on avait jeté ces crabes dans un plat rempli de vinaigre, cette immersion ayant pour objet d'augmenter leur activité ordinaire. Toutefois les évolutions de ces jeunes crustacés eurent bientôt leur terme. Chacun des convives saisit ceux qui étaient à sa portée, les fourra dans sa bouche, et, les brisant sous ses dents, les avala sans cérémonie. Déterminé à faire comme les autres, j'essayai de cette nouveauté une fois, — deux fois; et j'en vins à mon honneur, trouvant l'enveloppe douce et gélatineuse, car les petits animaux avaient à peine un ou deux jours; mais au troisième je fus obligé d'abandonner la partie, l'objet de ma gourmandise m'ayant mordu si serré à la lèvre inférieure, que je le lâchai dans un mouvement de douleur. J'ai renoncé depuis à des expériences de cette nature.

J'étais invité de tous côtés, et je ne manquais pas d'occupation. Mes journées se passaient si vite et si agréablement, que j'arrivai sans m'en apercevoir à la fin de janvier 1843.

Le mois de janvier est le douzième mois. Pendant toute sa durée, on ne s'occupa que de dispositions à faire pour l'année nouvelle. Pour désigner cette époque, les expressions du vocabulaire sont nombreuses et expressives, et les cérémonies dont elle est accompagnée ne le sont pas moins. Il s'agit de « remercier l'année, » de « reconduire l'année écoulée, » de « faire des présents à la nouvelle année, » de « prendre congé de l'année, » de « retenir l'année, » etc., etc. A partir du 19 janvier, les bureaux du gouvernement furent fermés pendant trente jours, leur clôture étant précédée de la cérémonie incommode de l'exposition des sceaux de l'État. Pendant cette crise, les gens riches se font des présents, qui ne font que passer de main en main, avec une rapidité et une profusion incroyables. A cette occasion, les autorités de la ville se montrèrent on ne peut plus attentives à mon égard; et je me plus à considérer leurs courtoisies officielles comme des gages d'amitié. Leurs présents consistaient principalement en paquets de thé, en fruits et en confitures, les objets étaient toujours en nombre pair, la superstition chinoise regardant le nombre impair comme malheureux, et le nombre pair comme fortuné. Cette règle est de rigueur pour toutes les fêtes, et surtout à l'ouverture du nouvel an. D'un autre côté, lorsqu'on fait des présents à l'occasion des funérailles d'un ami, ou lors de l'anniversaire de sa mort, c'est le nombre impair qui prévaut.

Pour la célébration de la nouvelle année, j'avais toutes

les occasions désirables d'observer les cérémonies et les fêtes de famille; et toutes les maisons les célébrèrent avec le luxe que comportaient leurs moyens. Les préparatifs domestiques durèrent pendant tout le dernier mois de l'année qui se terminait. On s'occupa d'abord de la confection des *nien-kao*, des *tsiéhtsiéh-kao*, ou « gâteaux de l'année. » C'est une composition de farine de riz délayée dans de l'eau, bien pétrie, dont on fait des gâteaux de toutes formes et de toutes grandeurs. Les boulangers et les confiseurs ne manquaient pas d'occupation. Mais, dans les familles, surtout pendant cette époque de réunion, la fabrication de ce gâteau favori exigeait la coopération des femmes, des enfants et des domestiques. Toute la maison y mettait la main; et ce travail en commun se faisait au milieu de la gaieté et des plaisanteries. On empilait les gâteaux en énormes pyramides dont le coup d'œil était agréable, chaque gâteau portant des dessins où la couleur rouge dominait. Pour manger ces gâteaux, on ne les fait point cuire. On se contente de les faire bouillir dans de l'eau mêlée de sucre, et quelquefois dans du vin.

Le 23 du dernier mois, ou une semaine avant la nouvelle année, commence une espèce de service de famille appelé *Tsi-tsao*, ou « sacrifice au dieu de la cuisine. » Ce dieu lare est représenté par une petite image, en général dessinée grossièrement, et placée dans une niche au-dessus du four. Elle subit d'abord un nettoyage complet pour la débarrasser de la suie que trois cent soixante jours ont dû y déposer. Dans la croyance des superstitieux, le dieu, après ce nettoyage, va rejoindre dans le ciel le divan annuel des divinités tutélaires, et lui rendre compte des faits et gestes de la famille à laquelle il préside. Il a aussi un congé de sept jours, pendant lequel il est exempt de ses obscures occupations, qu'il vient reprendre lorsque le délai est expiré. Le peuple est persuadé que les dieux d'un ordre supérieur viennent en corps visiter la terre à cette époque pendant l'espace d'une semaine ; et beaucoup de Chinois m'on dit que c'était là le motif pour lequel ils mettaient leur maison en ordre, et la tenaient constamment propre pendant cette période mémorable. Dans l'intervalle sanctifié, on prend beaucoup de peine pour garantir le sol de toute souillure. On met un soin scrupuleux à enlever la poussière et les toiles d'araignées, opération qu'on désirerait plus fréquente. Elle est accompagnée d'offrandes aux dieux lares et aux pénates, au bruit des gongs et des feux d'artifice.

La veille du nouvel an, la ville offrait une vaste scène de vie et d'activité. Une foule de gens allaient de boutique en boutique payant leurs dettes, ou recevant ce qui leur était dû ; d'autres allaient à la campagne rejoindre leurs familles ; un grand nombre regagnaient leur toit rustique avec les objets qu'ils avaient achetés pour célébrer la fête, tandis que des milliers rentraient en ville pour fêter le jour de l'an avec leurs amis et leurs connaissances. Les boutiques regorgeaient d'acheteurs : l'argent qui circule pendant toute la journée s'élève à une somme énorme. Aussi cherche-t-on à la prolonger jusqu'à une heure avancée, surtout ceux qui n'ont pas eu le temps de faire rentrer leurs créances.

Le soir, les familles n'offrent pas un tableau moins animé. Le docteur Tchang m'avait invité à venir passer la soirée chez lui. J'acceptai son offre avec empressement, curieux d'observer les cérémonies d'un cercle de famille dans une circonstance aussi importante. Lorsque j'arrivai à la maison, vers les sept heures, je trouvai tous les membres de la famille revêtus de leurs plus beaux habits Le principal appartement était brillamment éclairé, et les meubles semblaient nettoyés avec soin. Au centre était la table commune, convertie à cette occasion en table de cérémonie. Au haut bout, on avait placé une haute chaise sur le dossier de laquelle étaient dépliées trois images grossières, représentant le « superbe et céleste Changti, » titre d'honneur donné par les Taoistes à Yuhhoang, leur principale divinité. Devant ces sortes de caricatures étaient placées trois tasses de thé et trois coupes de vin, les offrandes étant toujours mises devant les idoles en nombre triple. Plus loin on avait posé douze coupes pleines de vin, pour dénoter, me dit-on, les différents mois de l'année ; la table était abondamment pourvue de fruits, de légumes non assaisonnés, d'encens, de chandelles, de vin, de sucre, de gâteaux, et enfin et surtout de *fouhli* [1], « offrandes. »

Au bas bout de la table et sur le plancher on avait étendu un tapis rouge, sur lequel tout le monde se mit à genoux. C'était un spectacle touchant de voir le patriarche s'agenouiller devant cet autel improvisé, courber jusqu'à terre sa tête vénérable, et rester pendant plusieurs minutes dans cette posture, les yeux baissés, les lèvres murmurant une prière. J'avais vu bien souvent les indigènes dans l'acte d'adorer ; mais j'avais toujours trouvé en eux absence de dévotion, de sérieux et de sincérité. Ici tout cela s'offrait à ma vue. Lorsque

---

[1] Les *fouhli*, ou « offrandes dénotant le bonheur, sont ordinairement de trois sortes: poisson, porc et volailles, quoique le Dictionnaire de *Khang-hi* dise « *bœuf, mouton et porc*. Il n'y a pas de règle fixe.

chacun des fils eut répété après le docteur Tchang ces marques d'obéissance, les images furent enlevées et brûlées avec un paquet de papier argenté, dont la combustion fut annoncée par le bruit de trois gros pétards; une coupe de vin mêlée aux *fouhli*, « offrandes, » fut jetée du dehors sur le toit de la maison. Cet acte exprimait leur reconnaissance envers le demi-dieu *Chin-noung*, pour avoir enseigné aux hommes à faire cuire leurs mets au lieu de les manger crus, comme le faisaient les premiers hommes. On se rendit ensuite à la cuisine pour y offrir un sacrifice à son dieu spécial, qui alors se trouvait redescendu de son rendez-vous au ciel. Il était d'une propreté irréprochable ; deux ou trois chandelles brûlaient devant lui, et six assiettes pleines de légumes étaient rangées autour de sa niche. On rendit ensuite les devoirs aux ancêtres de la famille, mais de la branche mâle seulement, représentée par huit portraits. On servit à ces honorables personnages une tasse de riz, une de vin, et on mit devant eux une paire de bâtons. Pendant toute cette cérémonie, la dévotion des assistants ne parut pas se ralentir un instant; les solennités finirent par un excellent souper. Ainsi se termina l'ancienne année.

On ne mit pas moins de vigilance et de ponctualité à guetter le moment où l'année nouvelle faisait son entrée dans le monde. Chacun était resté debout, hommes, femmes et enfants. Dès que l'aube du jour parut, on servit à chacun un plat chaud composé du gâteau de circonstance, trempé dans du vin sucré. Au lever du soleil, les membres de la famille se mirent en route pour aller saluer les dieux de la famille et de la ville, les ancêtres morts et les parents vivants. Le lever du soleil fut le signal général, pour chacun, « de se porter les compliments de nouvelle année. » Pendant huit ou dix jours, on ne vit que visites et réunions, toutes les classes de la société rivalisant de complaisances et de politesses. Pendant le jour de l'an même, on n'est pas accablé de visites ; on ne reçoit guère que les intimes ; on a bien assez à faire à guetter l'arrivée de la nouvelle année, à présenter ses devoirs aux membres de sa propre famille. Beaucoup de personnes même, fatiguées des veilles de la nuit, sont obligées de se mettre au lit au milieu de la journée. Au lieu de faire visite en personne, beaucoup d'individus, surtout de chefs de maisons de commerce et d'établissements publics, se contentent d'envoyer par leurs domestiques des cartes que ceux-ci glissent sous les portes ; aussi, lorsque de bon matin j'allai faire quelques visites d'amis, je trouvai le passage obstrué par un monceau de cartes. Ce n'est que le second jour que les habitants commencent à sortir, dans la toilette la plus riche qu'ils peuvent se procurer.

Pendant les deux ou trois premiers jours, il n'y eut pas de boutiques ouvertes, excepté les étalages de fruitiers, des devins et devineresses. Dans cette prévision, le peuple avait fait ses provisions pour une semaine, autrement, malheur à l'imprévoyance ! plus malheureuse encore fut la position de plusieurs Anglais qui visitaient Ningpo à cette époque, et qui, dans l'ignorance de cet usage, eurent toutes les peines du monde à trouver de quoi manger.

Depuis le commencement jusqu'à la fin du mois, ce ne fut qu'un bruit continuel de gongs, de tambours, de violons et de pétards. On ne se livra pendant dix jours à aucune affaire importante ; et, avant de rouvrir leur boutique, les marchands consultèrent les astres pour avoir un jour heureux. Les bureaux publics rouvrirent le 20 ; et « l'ouverture des sceaux » fut la terminaison des cérémonies.

Pendant tout le cours de cette période intéressante, j'eus des occasions précieuses de recommander les doctrines du christianisme. Dans des conversations fréquentes avec des officiers, des marchands ou des artisans, j'amenais l'entretien sur le grand objet de ma sainte mission. Ils ne trouvaient point d'objection à faire à l'exposé des vérités vitales de l'Évangile ; mais parfois ils se montraient curieux d'en apprendre davantage. Plus d'une fois ils essayèrent de défendre leurs pratiques idolâtres ; mais il ne leur arrivait jamais de refuser mes livres, ou de les traiter d'une façon méprisante. Toutefois leur orgueil se rejetait sur « les usages locaux, les habitudes populaires, les données traditionnelles ; » et à la Chine, en religion comme en pratique, ce sont là des raisons d'un grand poids.

L'ouvrage le plus généralement répandu parmi les Chinois, à cette saison, est l'almanach, qui partage l'année en vingt-quatre divisions, marquant le passage du soleil dans les douze signes du zodiaque. Les noms de ces différentes divisions sont appliqués au jour où le soleil est dans le premier ou le quinzième degré d'un signe du zodiaque. Par conséquent, en calculant par l'année lunaire, les places du calendrier changent tous les ans ; mais, dans l'année solaire, ils tombent plus uniformément sur les mêmes jours pendant plusieurs années de suite. Lorsqu'un mois intercalaire se présente, les divisions continuent comme d'ordinaire ; par cet arrangement, la première division tombe quelquefois sur le douzième mois, ce qui fait vingt-cinq divisions dans l'année; mais ce cas se présente rarement. Quelques-unes ont seize, d'autres dix-huit jours; mais le terme commun est quinze. Elles correspondent à peu de chose près à nos mois, comme on peut le voir ci-après :

SIGNES DU PRINTEMPS.
(Commencement de l'année.)

1º	février	5 Lih-tchun....	Le soleil dans le Verseau.
2º	—	21 Yu-chouï....	1ʳᵉ lune.
3º	mars	6 King-tchih....	Le soleil dans les Poissons.
4º	—	22 Tchun fen....	2ᵉ lune.
5º	avril	6 Ts'ing ming...	Le soleil dans le Bélier.
6º	—	22 Koh-yu.....	3ᵉ lune.

SIGNES DE L'ÉTÉ.

1º	mai	7 Lih-hia......	Le soleil dans le Taureau.
2º	—	22 Siao-mwan...	4ᵉ lune.
3º	juin	7 Meng-tchoung..	Le soleil dans les Gémeaux.
4º	—	22 Hia-tchi.....	5ᵉ lune.
5º	juillet	8 Siao-chou....	Le soleil dans le Cancer.
6º	—	21 Ta-chou.....	6ᵉ lune.

SIGNES DE L'AUTOMNE.

1º	août	9 Lih-tsicou....	Le soleil dans le Lion.
2º	—	24 Tchou-chou..	7ᵉ lune.
3º	septemb.	9 Peh-lou.....	Le soleil dans la Vierge.
4º	—	24 Tsicou-fen...	8ᵉ lune.
5º	octobre	9 Han-lou.....	Le soleil dans les Balances.
6º	—	24 Chouang-kiang.	9ᵉ lune.

[1] Les signes zodiacaux adoptés par les Chinois, quoique représentant des objets pris dans le monde zoologique, diffèrent considérablement des nôtres. Ce sont les suivants : 1º le Tigre; 2º le Lièvre; 3º le Dragon; 4º le Serpent; 5º le Cheval; 6º le Mouton; 7º le Singe; 8º le Coq; 9º le Chien; 10º le Sanglier; 11º la Souris; 12º la Vache.

SIGNES DE L'HIVER.

1°	nov.	8 Lih-toung..	⎫	Le soleil dans le Scorpion.
2°	—	23 Siao-siouï...	⎬	10° lune.
3°	décemb.	8 Ta-siouï....	⎭	Le soleil dans le Sagittaire.
4°	—	22 Toung-tchi...	⎫	11° lune.
5°	janvier	6 Siao-han....	⎬	Le soleil dans le Capricorne.
6°	—	22 Ta-han.....	⎭	12° lune.
				Le soleil entre dans le Verseau.

Dans la nomenclature des divisions de l'année, il y a un rapport aux saisons. J'en donne ici l'analyse, traduite d'un ouvrage chinois.

SIGNES DU PRINTEMPS

1° *Lih-tchun*, ou « printemps commençant. » Pour célébrer son retour, il y a une fête annuelle ressemblant un peu à la procession du bœuf Apis chez les Égyptiens, qui se rapportait à l'ouverture des travaux de la campagne pour l'année courante.

2° *Yu-chouï*, ou « eau de pluie. » C'est-à-dire les pluies qui commencent à cette époque à développer et à nourrir les produits de la terre.

3° *King-tchih*, ou « insectes existants. » D'après l'entomologie chinoise, c'est à ce moment que les reptiles et les insectes de toute espèce sont réveillés par le tonnerre de la torpeur de l'hiver, pendant laquelle ils étaient ensevelis dans le sol.

4° *Tchun-fen*, ou « division du printemps. » Cela signifie l'équinoxe du printemps, où le jour et la nuit sont d'égale longueur.

5° *Ts'ing-ming*, ou « clarté brillante. » Lorsque l'air

et le soleil sont purs et vivifiants, et que la lumière est gaie et brillante. Dans cette division, on donne les soins les plus attentifs aux sépulcres et aux mânes des amis décédés.

6° *Koh-yu,* ou « pluie de grains. » On doit en profiter pour les semailles.

SIGNES DE L'ÉTÉ.

1° *Lih-hia,* ou « ouverture de l'été. »

2° *Siao-mwan,* ou « peu rempli. » Cela s'entend du blé qui mûrit et se remplit graduellement.

3° *Meng-tchoung,* ou « occupé à planter. » C'est le moment où l'on transplante le riz.

4° *Hia-tchi,* ou « haut de l'été. » Ce moment répond au solstice d'été, où les jours ont le plus de longueur.

5° *Siao-chou,* ou « petite chaleur, » signifie l'élévation graduelle de la température, ou la chaleur augmente.

6° *Ta-chou,* ou « grande chaleur, » pendant laquelle la température devient extrêmement chaude.

SIGNES DE L'AUTOMNE.

1° *Lih-thsieou,* ou « commencement de l'automne. »

2° *Tchou-chou,* ou « élévation extrême de la chaleur. »

3° *Peh-lou,* ou « la rosée blanche, » commençant à tomber.

4° *Thsieou-fen,* ou « équinoxe d'automne. »

5° *Han-lou,* ou « rosée froide. »

6° *Chouang-kiang,* ou « descente de la gelée. »

SIGNES DE L'HIVER.

1° *Lih-toung,* ou « ouverture de l'hiver. »

2° *Siao-sioueï,* ou « petite neige. »

3° *Ta-sioueï*, ou « grande neige. »

4° *Toung-tchi*, ou « solstice d'hiver. »

5° *Siao-han*, ou « la température tombe par degrés. »

6° *Ta-han*, ou « la température descendue au plus bas degré. »

L'almanach chinois répond sous certains rapports à notre « Francis Moore » en Angleterre. Comme on a cité quelques passages intéressants de cet almanach dans les *Household words* (de Dickens), sous le titre de : « Francis Moore à la Chine, » j'en extrais le passage suivant :

« C'est un document annuel, régulièrement publié, qui se trouve dans toutes les mains, et sur le comptoir du plus humble marchand ; il y en a de plusieurs formats et de plusieurs éditions, les uns complets, les autres abrégés ; il y en a de réduits aux dimensions du *pocket*, et d'autres en feuille ; mais l'almanach original, la plus grande et la plus complète édition, est celui rédigé par le Bureau astronomique de Péking, sanctionné par l'autorité impériale, publié par le gouvernement au commencement de chaque année, et vendu à tous les étalages de bouquinistes moyennant le prix de trois liards ou d'un sou. C'est un registre complet des mois et des jours de l'année, suivant le système chinois ; des différentes divisions, des saisons, des termes pris dans le commerce, des sessions ou ajournements des bureaux, des solennités religieuses, et des anniversaires des empereurs et impératrices de la famille régnante.

« On y inscrit parfois quelques annotations astronomiques ; mais en général il ne fait nulle mention du mouvement des corps célestes, ni des éclipses solaires et lunaires. Si l'on garde le silence sur ces phénomènes, ce n'est pas que les membres du bureau d'astronomie manquent des connaissances nécessaires : car cette académie se livre à des observations exactes et régulières qu'elle transmet aux cours officielles de l'Empire. Mais, dans cet ouvrage destiné à la masse du peuple, on fait aussi peu que possible allusion à ces objets, par déférence pour son attachement à l'astrologie judiciaire. En effet, la croyance publique est que le soleil, la lune, les étoiles et les comètes, leurs révolutions, leurs éclipses, etc., ont de l'influence sur la destinée des hommes. Il y a plus : tandis qu'on touche à peine quelque chose du mouvement mystérieux des corps célestes, on s'étend sur les pronostics relatifs à chaque jour de l'année, de manière à calmer les inquiétudes de la populace. Dans ce but, on consulte des astrologues de profession, connus pour leur habileté à interpréter le mouvement des astres, à déterminer le pouvoir magique des orbes célestes sur les destinées humaines, et à prononcer quels jours sont heureux ou malheureux. D'après la décision de ces hommes, on marque le caractère de chaque jour, avec les transactions auxquelles on peut s'y livrer. Aussi ce calendrier est-il religieusement consulté par le commun des Chinois pour savoir au juste en quel moment ils doivent se laver, se raser la tête, ouvrir leur boutique, mettre à la voile, célébrer un mariage, ou remplir tout autre acte de la vie.

« Pour donner une idée de ces sortes d'instructions telles qu'elles sont consignées dans l'almanach impérial, j'extrais le passage suivant de l'almanach de l'année dernière, commençant avec notre 8 février 1855, qui était le premier jour de l'année chinoise.

« Le premier jour du premier mois. — Vous pouvez ce jour-là présenter vos offrandes religieuses (comme volailles ou poissons). Vous pouvez envoyer des représentations au Ciel (des remerciments, des prières, des vœux, en brûlant du papier doré, des figures de paille, ou des feux d'artifice); vous pouvez mettre vos habits de fête, des bonnets de fourrure ou une ceinture élégante. A midi, vous devez vous asseoir, la figure tournée vers le sud ; vous pouvez contracter mariage, visiter vos amis, partir en voyage, commander de nouveaux habits, faire des réparations à votre maison, etc., faire jeter les fondations d'un bâtiment, ou en élever la charpente; vous pouvez mettre à la voile, faire un traité de commerce, régler vos comptes, piler et moudre, planter, semer, soigner vos troupeaux.

« En addition aux articles précédents, relatifs au premier jour du mois, vous pouvez, le 2 (9 février) enterrer vos morts.

« Le 3, vous pouvez vous baigner, laver vos maisons et vos chambres, abattre une maison ou un vieux mur.

« Le 4, vous pouvez offrir des sacrifices, vous baigner, vous raser la tête, balayer vos planchers, creuser la terre, enterrer les morts.

« Le 5, gardez-vous de partir en voyage, de planter ou de semer.

« Le 6, vous pouvez faire tout ce qui est recommandé pour le 1er.

« Le 7, vous ne devez point aller dans une école, ni commencer un voyage, ni changer de logement, ni vous baigner, ni faire des réparations, ni jeter des fondations, ni acheter des terres ni des maisons, ni moudre, ni planter, ni semer, ni vous occuper de vos troupeaux.

« Le 8. Ce jour est regardé comme douteux. Il n'y a rien qui soit considéré comme heureux ou malheureux.

« Le 9, vous pouvez offrir vos présents religieux, visiter vos amis, dire au tailleur de vous commencer un habit, faire des marchés et commercer, faire rentrer votre argent.

« Le 10, vous pouvez faire vos offrandes, entrer en fonctions d'une charge, contracter mariage, visiter vos amis, partir en voyage, vous baigner, mais pas avant cinq heures du soir; vous raser la tête, pratiquer l'acupuncture[1], faire un contrat, trafiquer et échanger, balayer la maison, creuser une tombe.

« Le 11, vous pouvez commencer un voyage, changer de logement, acupuncturer un malade, faire faire un nouvel habit, faire des réparations à une maison, jeter des fondations, élever la charpente, mettre à la voile, dresser un contrat, régler vos comptes, soigner vos troupeaux, enterrer vos morts.

« Le 15, à cinq heures du soir, vous devez vous asseoir la figure tournée vers le sud-est.

« Le 18, vous devez offrir des sacrifices et vous baigner des pieds à la tête.

« Le 19, vous pouvez aller à l'École.

« Le 21, vous ne pouvez mieux choisir pour élever une charpente et enterrer vos morts.

« Le 25, vous pouvez, entre autres choses, entrer en fonctions d'une charge du gouvernement, vous mettre en grand costume; mais observez de vous asseoir la figure vers le nord-ouest.

« Le 26, ne vous occupez point d'ouvrages de broderie. »

« Bien que ce qu'on vient de lire puisse faire juger du soin que l'on prend pour satisfaire le goût public, il est présumable que, parmi les millions d'habitants de la Chine, il y a des hommes raisonnables qui méprisent toutes ces extravagances. »

En 1843, comme la division marquant « le commencement du printemps » tombait le 5 février, on fixa la cérémonie « d'aller au-devant du printemps » (*Ying-tchun*) au jour précédent. Les autorités municipales sortirent de bonne heure de chez elles, et allèrent en pro-

[1] Pratique orientale de *puncturer* les parties malades du corps avec de fines aiguilles.

cession à la porte orientale de la ville (on choisit ce point du compas d'après l'idée prévalente que le printemps vient du côté de l'orient, l'été du midi, l'automne de l'ouest, et l'hiver du nord). La procession se rendit, en traversant la rivière, vers un grand bâtiment dans le faubourg, entouré d'un terrain vide. La foule curieuse était immense. Le principal acteur était le prévôt de la ville. On avait élevé sur la place le dieu du printemps ; et près de cette figure, figurait la représentation, sur papier, d'un bœuf peint de couleurs variées. Lorsque diverses cérémonies préliminaires eurent été accomplies en leur honneur, les officiers s'assirent pour boire du vin.

Dans quelques endroits il y a une variante à cette coutume curieuse. Par exemple, dans certains districts, il existe une formalité accessoire appelée *p'ien-tchun* « action de hâter le printemps. » L'officier qui préside frappe la figure du bœuf avec une badine. Ce symbole signifie que les travaux du printemps doivent commencer, et que le bœuf doit se mettre à la charrue. Dès que l'officier a frappé le bœuf de sa baguette, tous les spectateurs se précipitent et déchirent l'effigie en mille morceaux qu'ils se disputent, chaque personne qui en remporte un fragment s'imaginant que son bœuf n'éprouvera point d'accident pendant toute l'année.

Dans certains pays de la Chine, le « bœuf du printemps » est fait en terre et de dimensions colossales. Mais l'usage général est d'en faire une représentation grossière sur un papier collé sur un châssis de bambou, de cinq pieds de long sur trois pieds de hauteur. La tête, les cornes, et la queue sont noirs ; le col et le ventre sont bleus ; les pieds sont blancs ; les côtés et le reste du corps sont jaunes. Ces couleurs sont, à ce qu'il paraît, disposées chaque année à Péking d'après le livre des cérémonies ; et le bœuf en papier est considéré comme pronostiquant le caractère de la nouvelle année, d'après les proportions et l'arrangement des couleurs. La quantité du noir indique celle des maladies et des morts ; le bleu pronostique les vents ; le blanc, les pluies et les inondations ; le rouge, le feu ; le jaune dénote les fruits de la terre ; et, si cette couleur prédomine, le peuple s'attend à une année d'abondance. Souvent lorsque la fragile figure a été déchirée, il en tombe des graines de coton, ou des grains de riz, de blé, etc., qu'on a placés d'avance dans son intérieur. L'abondance relative de chaque espèce se déduit d'après l'ordre dans lequel elles se sont échappées de la figure. La même cavité renferme encore un grand nombre de petites figures de bœuf en argile. La foule se dispute le bonheur de les ramasser.

Quelquefois l'idole du « dieu du printemps » a la forme d'un jeune homme, qu'on dit être le fils déifié de l'un des anciens Empereurs. Le costume de cette idole présente à la populace la prophétie des événements de l'année. Par exemple, sa tête nue prédit le froid ; une robe blanche annonce la sécheresse, etc.

En 1855, tandis que j'étais à Changhaï, je vis une « procession du printemps » beaucoup plus pompeuse que celle dont je viens de parler. Devant les mandarins on portait une petite jonque, ornée de pavillons. Cette jonque représentait une des jonques portant le tribut de grains à l'Empereur. Venait ensuite à pied un mendiant, richement habillé pour cette circonstance, et qui représentait le « mandarin du printemps », officier d'un rang distingué qui portait ce titre à une époque reculée. Il était suivi de huit hommes, en habit de cultivateurs, et de huit autres hommes bizarrement vêtus, et ayant la figure peinte : ces derniers représentaient des génies. Après eux, on voyait plusieurs plateaux carrés dont les quatre coins soutenaient de petits cadres de deux à trois pieds de hauteur, contenant des inscriptions indicatives des diverses industries de l'Empire.

Il n'est pas improbable que cette exhibition remonte à une coutume qui existait, d'après la computation chinoise, il y a environ quatre mille ans, pendant la dynastie *Hia*. Voici ce qu'en dit le *Chou-king*. « Dans le premier mois du printemps, un messager impérial allait çà et là sur les chemins avec une crécelle en bois. » Le but de cet usage était d'annoncer aux laboureurs le retour du printemps, et de les exciter à reprendre avec une nouvelle vigueur les travaux de leur profession.

Une semaine après la cérémonie du Printemps eut lieu l'anniversaire d'une fête, peut-être la plus populaire dans toute la Chine, la « fête des Lanternes. » Elle dura cinq à six jours ; et, pendant tout ce temps, chaque coin de rue de la ville fut orné de banderoles et brillamment illuminé. La foule parcourait les rues, faisant partir des pétards, des fusées, et toutes sortes de feux d'artifices. Cette fête s'appelle proprement *Changtoung*, la « fête des Lanternes élevées. » Mais la nuit principale, qui tombe le premier jour de pleine lune de la nouvelle année, est appelé le *Saïtoung*, « nuit des Lanternes rivales, » de ce que chacun rivalise pour le nombre et la richesse des lampes, etc. Cette fête a des rapports avec le respect religieux que ce peuple témoigne pour les morts. A cette occasion, on doit penser que les temples avaient leur part dans la brillante illumination ; mais le temple de

Fouhkien se faisait remarquer entre tous les autres.

Cet édifice s'élève au bord de l'eau, en dehors des murs de Ningpo, entre la porte Orientale et celle du Pont. Il porte le nom de *Tienhéoukoung*, « palais de la Reine Céleste, » et est dédié à l'idole favorite des matelots fouhkienais, *Matsoupou*. L'édifice fut fondé à la fin du douzième siècle. Jusque vers l'année 1680, il subit beaucoup de changements; mais dans cette année-là, après l'avoir laissé tomber en ruines pendant près d'un siècle, les marchands fouhkienois songèrent à le rétablir. Avant l'époque susdatée, les prédécesseurs de l'empereur Kanghi avaient publié des règlements de port très-sévères, dans la crainte des pirates qui infestaient les côtes. Les brigands d'un côté, et les règlements de l'autre, avaient sérieusement diminué le commerce entre Ningpo et le midi de la Chine. Mais, dans l'année 1680, l'empereur Kanghi révoqua une partie des règlements, et le commerce commença à reprendre. Un grand nombre de marchands fouhkienois et cantonnais, profitant de cet aspect favorable, firent voile pour Ningpo. Pendant leur voyage sur ces côtes périlleuses, ils avaient couru de grands dangers. Par reconnaissance pour leur délivrance miraculeuse, ces hommes résolurent de relever le temple de Ningpo, et se cotisèrent largement pour cela. En 1843, c'était l'édifice le plus élégant de la ville; et, quoiqu'il eût été entre les mains des Anglais en 1841 et 1842, on en avait interdit le pillage, et il était resté intact. Pour apprécier le goût de son ornementation et le fini de son architecture intérieure, c'est le soir des « Lanternes rivales » qu'il faut le visiter. Pendant cette nuit, l'édifice tout entier resplendit de lampes, de lanternes, de lumières de toute espèce. Les lanternes en corne et en verre suspendues dans toute son étendue portent des devises et des sujets peints des plus riches et des plus vives couleurs les murailles sont revêtues de dessins de toutes nuances, et les arcades qui soutiennent le comble retentissent des sons de la musique (telle quelle). Ajoutez à cela que le bruit et la gaieté d'une foule de spectateurs donnent du mouvement et de la vie à l'ensemble du tableau.

Mais à peine on sortait des fêtes nombreuses qui avaient inauguré la nouvelle année; à peine le peuple commençait à se remettre de l'excès de joie auquel l'avait entraîné cette époque, qui est précieuse pour lui, que les astrologues furent mis en émoi, à sept heures du soir, le 7 mars, par l'apparition d'une comète dans la partie sud-est du ciel. Il n'en fallait pas plus pour exciter l'appréhension des paisibles citoyens de Ningpo, un phénomène tel que celui-là étant regardé comme le présage d'une invasion du côté où il a été aperçu. Après la lutte soutenue contre le léopard britannique, il y en avait bien assez pour jeter la panique dans tous les cœurs.

Il est remarquable avec quel soin minutieux les Chinois ont, depuis la plus haute antiquité, enregistré dans la topographie de toutes leurs villes les prodiges célestes et terrestres qui s'y sont offerts. Ainsi, dans un récit topographique de la province de Tchéhkiang, récit que j'ai sous les yeux, une section est consacrée aux *notabilia* ou singularités naturelles de cette province. On y fait la nomenclature exacte de tous les phénomènes qui ont paru dans chaque district, avec la date de leur apparition, tels que : tremblements de terre, pestes, pluies excessives, sécheresses remarquables, sauterelles, famines, etc. L'ouvrage dont je parle mentionne cinquante-cinq secousses de tremblement de terre, entre les années 260 et 1660 de notre ère. L'une, qui arriva dans l'année 1342, fut accompagnée d'un ouragan si violent et d'un débordement de la mer si terrible, que des maisons furent renversées, et un nombre prodigieux d'habitants fut englouti.

J'ai extrait de ce vieux recueil la note suivante de comètes et de météores qui ont été visibles dans diverses parties de cette province, depuis le commencement de l'ère chrétienne jusqu'à l'année 1700 [1] de Jésus-Christ :

Années
de notre ère.
    5. Un météore brillant.
  78. Une comète sans queue.
  82. Une comète avec queue.

[1] Humboldt a écrit sur ce sujet : « Tandis que les nations de l'Ouest appelées classiques, les Grecs et les Romains, quoiqu'ils aient pu occasionnellement indiquer la position dans laquelle une comète apparut d'abord, ne donnèrent jamais des informations concernant sa course apparente, la littérature copieuse des Chinois (qui observèrent avec soin la nature et rendirent exactement compte de leurs observations) contient des notices circonstanciées des constellations à travers lesquelles chaque comète fut observée passer. Ces notices remontent jusqu'à plus de cinq cents ans avant l'ère chrétienne, et beaucoup d'entre elles sont encore trouvées utiles dans les observations astronomiques. Les premières comètes des orbites desquelles nous ayons connaissance sont celles de 240, 539, 565, 568, 574, 837, 1337 et 1385; tandis que la comète de 837 (qui continua d'être vingt-quatre heures à la distance de deux millions de milles de la terre) terrifia Louis Ier de France à ce point qu'il ne s'occupa plus qu'à construire des églises et à fonder des monastères, dans l'espoir de conjurer les maux annoncés par son apparition, les astronomes chinois firent des observations sur la marche de ce corps céleste, dont la queue s'étendait sur un espace de soixante degrés, apparaissant quelquefois simple et quelquefois multiple. » *Cosmos*, t. I, p. 84.

NOTICES DES MÉTÉORES.

Années
de notre ère.

118. Une comète sans queue.
» Une comète avec queue.
132. Une comète sans queue.
395. Beaucoup d'étoiles filantes de couleur rouge.
505. Une comète avec queue.
598. Un météore brillant.
819. Une comète avec queue.
880. Un météore brillant.
905. Vénus visible en plein midi.
994. { Étoile visible à midi, avec une lumière rouge de plus de dix pieds de long.
1385. Un météore brillant.
1388. { Une comète avec queue de couleur blanche, la queue de plus de dix pieds de long.
1524. Des pierres tombent dans la ville de Hangtcheou.
1539. } Un météore chacune de ces deux années.
1542. }
1545. Des pierres aérolithes tombent à Souïngan.
1577. Des pierres aérolithes tombent à la ville de Ninghaï.
1620. Des météores brillants.

CHAPITRE IV

Préliminaires et conclusion d'un mariage. — Vie d'un ménage à la Chine. — Observation des décades dans la vie. — Respect pour les vieillards. — Fête de la naissance. — Théâtres. — J'échappe au feu. — Incendie et confusion. — Gardes de nuit et le tapage qu'ils font.

Malgré l'apparition soudaine de la comète, le printemps ne fut pas sans doute considéré comme accompagné de présages assez fâcheux pour empêcher les gens de se marier. De nombreux mariages eurent lieu vers cette époque; et je puis donner quelques détails sur ceux dont j'ai été le témoin oculaire.

Mettant de côté les particularités des fiançailles et la séparation complète de la promise d'avec son prétendu jusqu'à l'heureux jour de leur union, je suis fermement convaincu qu'à la Chine « le mariage est honorable. » Je me fonde sur les considérations suivantes : leur loi commune ne permet qu'une seule femme légale; la voix publique oblige un homme à accomplir le contrat de mariage qui a été fait en son nom par des parents ou un tuteur; le jour et les formalités du mariage sont universellement tenus en estime; l'homme et la femme, lors de leur élévation à l'état de gens mariés, reçoivent de toutes parts d'unanimes félicitations.

Le premier degré pour arriver au mariage est celui des fiançailles. Quoique le cas soit rare, je puis citer celui d'un jeune homme qui, sans parents et sans tuteur, fut lui-même le moteur de son mariage : souvent les arrangements préliminaires sont faits par les parents des familles respectives; même avant la naissance de leurs enfants, il n'est pas rare de voir des mères et des pères faire des contrats au nom de ceux-ci, bien entendu dans l'hypothèse d'une différence de sexe. Mais d'ordinaire, dans ces négociations, on a recours à l'intermédiaire d'une « faiseuse de mariages. » Le rôle de *meï-jin*, ou « entremetteuse, » n'a ici rien que de respectable. On doit supposer que la personne choisie pour cet office est d'une moralité et d'une sagesse reconnues; sans quoi sa profession ne serait pas lucrative. Il doit être aussi entendu que la médiatrice est parfaitement informée de la fortune et de la réputation des deux familles. Il faut qu'on ait une grande confiance dans sa probité, puisque la dot est payée par ses mains. Avant d'arriver aux arrangements définitifs, il y a un objet qui doit être scrupuleusement examiné, c'est l'horoscope des deux jeunes gens. Il s'agit de constater, par comparaison, que l'*année*, *le mois*, *le jour* et *l'heure* de leurs naissances respectives ne comportent rien de malheureux pour leur union. C'est ce qui a donné naissance au colloque qui s'établit pour la contractation d'un mariage, *tchouh-pah-tsze*, « revue des huit caractères, » c'est-à-dire une série de quatre questions de chaque côté qui doivent concorder. C'est après l'observation de ces circonstances que l'on peut sanctionner les fiançailles. Bien que l'âge où l'on se marie à la Chine ne soit pas aussi précoce que l'ont publié certains ouvrages européens, cependant il n'est ni fixe ni uniforme. Le jour précis pour la cérémonie dépend d'un diseur de bonne aventure, ou des instructions de l'almanach impérial. Mais, en admettant que toutes choses soient favorables, et qu'il n'y ait rien à redire à la fortune du prétendu, les cérémonies qui accompagnent chaque stage de ses négociations sont nombreuses et fatigantes.

Une jeune fille, dans son adolescence ou jusqu'au moment où on la regarde comme mariable, porte un nœud de cheveux d'un côté de la tête et une touffe qui retombe sur chaque joue. Mais, lors de ses fiançailles, elle doit se soumettre à un usage, probablement très-ancien, ainsi décrit dans un ouvrage chinois :

« Lorsqu'une jeune fille est promise, ses cheveux doivent être relevés, et elle doit porter l'épingle à cheveux, comme signe de son engagement. » La célébration de cet engagement est accompagnée de fêtes et de cérémonies nombreuses, surtout dans la famille de la jeune personne. Un soir, j'arrivai chez un ami, ignorant qu'il y eût ce jour-là même une réunion de famille pour un semblable motif. Je trouvai une compagnie nombreuse dans la gaieté d'une fête bruyante, et mes yeux furent frappés d'un étalage merveilleux de soieries, d'ornements, de bijoux, de fruits, etc. C'étaient des présents à l'occasion des fiançailles de la sœur de mon hôte. Le faire-part des engagements sert de signal aux amis, surtout du côté du futur, pour témoigner leur satisfaction par des présents.

Cette phase n'est pas d'une médiocre importance dans l'histoire d'un couple chinois; car, à partir de ce jour, il est irrévocablement uni. Cependant, si le fiancé venait à perdre sa fiancée par cause de mort, il ne serait pas engagé, et pourrait se pourvoir ailleurs. Mais il n'en est pas ainsi pour la jeune fille. Si un malheur semblable lui arrive, pour contenter l'opinion publique et conserver l'estime de ses connaissances, elle doit repousser toute autre proposition et se vouer au célibat. Lorsque, par une conduite sans reproche pendant son veuvage, elle a mérité des témoignages satisfaisants, elle peut espérer que le gouvernement lui accordera les honneurs usités, c'est-à-dire qu'on élèvera un monument de marbre en son honneur. Les Chinois citent des exemples de jeunes femmes qui ont mieux aimé se suicider que de se déshonorer et de déshonorer le défunt en violant cette règle. Pour ce motif, il n'est pas rare que la jeune femme veuve, si l'on peut la qualifier ainsi, quitte la maison de son père pour aller se mettre sous la protection et le contrôle de son beau-père. Par cette démarche, elle confirme les obligations de son état de veuvage.

Après la ratification des engagements matrimoniaux, il est entendu que la jeune femme se soumettra à une sévère séparation du monde. Peut-être dira-t-on qu'il n'en est pas autrement pour les autres femmes dans les hautes classes, mais il ne peut être mis en doute que cet usage n'est pas universel à la Chine. Dans la classe pauvre, j'ai vu des jeunes filles qui, immédiatement après leurs fiançailles, avaient été emmenées immédiatement par leur belle-mère, pour vivre chez elle jusqu'au moment où elles seraient mariables. Pendant ce temps, elles se rendent utiles dans leur nouvelle famille. La manière de vivre de cette classe ne permet pas la séclusion; et la séparation entre les membres de la famille de l'un et de l'autre sexe n'est réglée que par des considérations de convenances et de pudeur. Dans une maison, non pas de gens pauvres, mais de gens très-aisés, j'ai connu une jeune femme fiancée qui voyait tous les jours son fiancé, et causait avec lui sans que personne y trouvât à redire.

On observe la séclusion des femmes dans les familles auxquelles leur fortune permet de maintenir les femmes et les filles dans des appartements intérieurs. Un semblable système réduit le cercle de connaissances de celles-ci à leurs propres parents. Elles en contractent une réserve extrême dans leurs rapports même avec les parents. Lorsqu'il leur arrive, à de rares intervalles, d'aller les visiter, elles sortent dans des chaises hermétiquement closes, comme pour exclure la vue des hommes et des objets extérieurs. Cependant le sentiment de la curiosité ne s'éteint pas complétement chez elles. Il est réveillé, excité et fortifié par les servantes, les coiffeuses, les doctoresses et les nourrices qui pullulent dans les maisons des riches.

Il est possible que, généralement parlant, la curiosité ait moins d'intensité chez les jeunes filles à la Chine que dans les contrées occidentales. Mais, quand il s'agit de leur sort futur, il n'est pas douteux que les jeunes beautés chinoises, en dépit de leur retraite et de la réserve, se permettent quelques conjectures au sujet des jeunes gens qu'on leur destine, et saisissent la moindre occasion de les regarder, ne fût-ce que par un trou d'épingle. On peut en dire autant des jeunes gens. Bien qu'il ne soit pas en leur pouvoir de former un attachement fondé sur l'inclination, ils sont assez adroits pour jeter un coup d'œil sur la personne qui doit être la compagne de leur existence. Il est naturel de penser que la même sollicitude anime à ce sujet l'un et l'autre sexe dans tous les pays et dans tous les climats. Pourquoi les Chinois eux seuls y seraient-ils étrangers ?

En général les préparatifs de l'heureuse union sont de longue durée ; mais je puis affirmer, sans crainte d'être démenti, que, si le jeune homme perd pendant ce temps quelque chose de son insouciance, c'est la jeune fille qui supporte le principal fardeau de l'anxiété. Dans beaucoup de familles, on prend de grandes peines pour préparer le trousseau, surtout les oreillers, les couvertures, etc. Ces achats se font sur l'argent des fiançailles, lequel sort de la poche du futur. A l'approche du jour mémorable, la fiancée a été parée de ses plus beaux atours ; et, à cette occasion, elle reçoit de voisins officieux plus de soins qu'elle ne le désirerait peut-être. Une jeune femme, au mariage de laquelle j'assistais, avait subi, un ou deux jours auparavant, la cérémonie de « découvrir la figure. » On lui enleva ses tresses virginales, et on lui rasa les cheveux du front, ce qui donna à cette partie un développement inusité, que l'on regarde comme la marque distinctive d'une femme mariée à la Chine. C'est probablement à cette pratique que l'on doit attribuer l'expression *kaï-mien :* « découvrir la figure. » Un repas d'adieu fut servi par les parents. La jeune femme, couverte de ses habits de mariage, était assise au haut bout de la table occupée par des femmes. Les hommes mangeaient à part dans un autre appartement. De son côté, le prétendu, dans la maison de son père, où avait également lieu une série de visites et de fêtes pendant plusieurs jours de suite, devait se soumettre à la cérémonie du « coiffement, » que le père accomplissait de ses propres mains, comme un préliminaire essentiel de la vie de ménage.

Lorsque le beau jour fut arrivé, je me dépêchai d'aller voir la jeune épousée quitter la maison de sa mère, vers sept heures du soir. Elle était dans sa petite chambre, où s'étaient concentrées jusque-là ses premières occupations, entourée de femmes et de matrones (dont sa mère faisait partie) pleurant et criant à qui mieux mieux. Elle s'était parée, s'était poudré la figure, mis du rouge aux lèvres, avait parfumé sa robe de musc, et mis tous les bijoux qu'elle avait en sa possession. Dans le cas où elle eût été trop pauvre pour avoir des bijoux à elle, l'usage lui eût permis d'en prendre pour la circonstance chez le premier prêteur sur gage. Enfin la chaise arriva à la porte, accompagnée de porteurs et de musiciens. Une foule de spectateurs assiégeait l'entrée, avide de jeter un coup d'œil sur la *sin-niang*, « la nouvelle femme. » Lorsque la procession eut été mise en ordre, la jeune fiancée fut emportée de sa chambre, à force ouverte, par ses frères, et placée dans la chaise nuptiale, à ce qu'il me parut, dans un état pitoyable. Au moment où elle sortit de la maison paternelle, on la fit passer par-dessus un réchaud de charbon allumé. C'était, me dit-on, une précaution pour empêcher qu'elle emportât avec elle le bonheur de la famille. Je dus me contenter de cette interprétation, mais il peut y en avoir d'autres non moins absurdes. La chaise était grande et élégante ; la fiancée s'y tenait assise, couverte d'un manteau bordé de petites clochettes ; elle avait sur la tête un bonnet ou un chapeau d'une forme singulière, et un voile qui lui couvrait entièrement la figure. On manifestait la gaieté la plus bruyante qui est de rigueur à l'occasion d'un mariage, où, comme le disent les Chinois, « les phénix chantent en harmonie. »

Pour cet objet, le marié n'avait pas épargné la dépense. Les gens de la noce traversèrent les rues bordées de spectateurs, précédés d'hommes et d'enfants portant des torches et lançant des pétards. Dans l'intervalle, un messager avait annoncé la venue de la mariée, et tout était en l'air chez le marié. On avait ouvert les portes pour recevoir les bannières, les parasols, les boîtes rouges, et les mille et un objets qui annonçaient l'approche rapide du principal personnage. Au même instant les porteurs arrivèrent et entrèrent au pas de course. Trois gros pétards annoncèrent la chaise, qui était escortée par quatre demoiselles d'honneur à pied, habillées de noir, et il faut bien le dire, frisant la soixantaine. Une maîtresse de cérémonies, bizarrement habillée, vint la recevoir. Au moment où la mariée sortit de sa chaise, on mit par terre une selle de cheval, et elle dut passer par-dessus, soutenue par les quatre demoiselles d'honneur, qui la conduisirent jusque dans les appartements intérieurs. Là, elle se trouva en présence du marié, qu'il avait fallu chercher pendant quelque temps, et amener, par contrainte, pour le présenter à sa compagne future. C'est là une simagrée qui indique la modestie du mari au moment de se charger de nouveaux devoirs. Le couple se mit ensuite à genoux pour rendre ses devoirs religieux « au Ciel. » Puis on lut publiquement un acte contenant le contrat de mariage. Vint après l'adoration des tablettes des ancêtres du marié. Enfin on conduisit les nouveaux époux dans la chambre nuptiale, qui se remplit aussitôt d'amis et de visiteurs. Là, placés à côté l'un de l'autre, les deux contractants échangèrent deux coupes de vin épicé attachées ensemble par un fil rouge. Cette partie de la cérémonie se termina par ce qu'on appelle *sahtchouny* [1], qui consiste à jeter une corbeille de fruits de toute sorte parmi la foule des spectateurs qui se précipitent dessus pour les ramasser. Le marié sortit alors de sa chambre. La mariée y resta pour ôter son voile et se débarrasser de sa toilette qui ne devait pas laisser d'être gênante.

Je fus extrêmement surpris de voir la chambre nuptiale ouverte et livrée aux investigations de tout le monde. A ce mariage, comme à d'autres dont je fus témoin, deux ou trois circonstances me frappèrent qui choquent *outre mesure* les idées d'un Occidental. A chaque visiteur qui arrivait, on soumettait la mariée à son inspection; il avait alors la liberté de faire telle remarque qu'il jugeait convenable sur ses lèvres, son nez, ses sourcils, ses pieds, etc. Évidemment ces remarques consistaient en lieux communs. Lorsqu'une personne sans expérience faisait ses observations, quelqu'un lui répondait aussitôt d'une manière convenable. Tandis que moi, simple spectateur, j'étais scandalisé de cet examen, la mariée gardait un sang-froid admirable : pas un sourire sur les lèvres, pas la plus petite contraction des muscles, pas la plus légère rougeur sur la figure. On me dit ensuite que la réputation de la mariée dépendait de la gravité, du calme et de la douceur avec lesquels elle recevait alors les remarques des assistants. S'il en est ainsi, plusieurs dames aux noces desquelles je me suis trouvé ont dû se faire une grande réputation de vertu.

[1] Cette coutume, comme le disent leurs Annales, fut instituée il y a plus de dix-neuf cents ans par un empereur qui, lors de son mariage, en distribuant un plateau de fruits de diverses couleurs, dit aux assistants : « Autant vous pourrez attraper de ces fruits, autant d'enfants vous aurez. »

Comme d'usage, la soirée se termina par un repas où les hommes et les femmes furent servis dans des appartements séparés. A la réunion des femmes, la mariée ouvrit le repas en paraissant au haut bout de la table de cérémonie [1], et adressant ce compliment aux convives par la voix d'une demoiselle d'honneur : « Respectables dames et jeunes demoiselles, la mariée vous fait ses remercîments respectueux pour toutes vos bontés et vos attentions. » Elle se mit alors à table où elle resta pendant quelques moments. Du côté des hommes, lorsqu'ils eurent pris place, le marié vint verser du vin dans la coupe de chacun des convives. Le maître des cérémonies adressa aux assistants les remercîments du nouvel époux, de l'honneur qu'ils venaient de lui faire, en assistant à son mariage. Après le repas, la mariée parut dans la salle des hommes pour joindre ses remercîments à ceux de son mari. La fête se termina tard dans la nuit, et nous laissâmes le jeune couple à sa lune de miel. Mais la lune de miel chinoise, cette introduction à la vie de ménage dans le Céleste Empire, est bien différente d'un voyage de plaisir sur le continent, ou aux lacs, ou aux bains! Dans quelques provinces, la jeune mariée chinoise est presque confinée dans sa chambre pendant tout un mois.

Que dirai-je de ce changement d'existence des femmes chinoises lors de leur mariage? En conclura-t-on qu'elles doivent être malheureuses, et que, bientôt dégoûtées d'une gêne nouvelle et imprévue, elles regrettent de ne pouvoir reprendre leur première condition? Je ne le pense pas.

---

[1] *Doubi-no-no : Se frottant l'estomac*, expression venant de ce qu'en exprimant ses actions de grâces elle donne à ses mains un mouvement de bas en haut et de haut en bas sur le creux de son estomac.

A la Chine, être unie en mariage à un homme ou à un autre est constamment mis sous les yeux d'une jeune fille, et attendu par elle, comme le comble du bonheur : tandis que rester fille est à ses yeux le comble de l'infortune. Elle ne pense pas qu'on lui fasse injustice en ne la consultant pas sur le choix d'un mari. Elle regarderait au contraire cette faculté, si on la lui laissait, comme une violation des lois de la pudeur. D'un autre côté, les devoirs que lui impose son nouvel état n'ont rien qui lui soit étranger. Sous le toit maternel elle avait été formée aux soins du ménage et à l'observation des devoirs domestiques. L'ordre établi dans la maison de son père l'avait préparée à sa position de femme mariée. Il y a, à la Chine, un adage populaire qui dit : « La femme est soumise à trois conditions dans la vie : chez son père, elle est soumise à ses parents ; dans son ménage, elle est soumise à son mari ; dans son veuvage, elle est soumise à son fils [1]. »

A quelques égards, ce n'est donc pas un grand changement pour une jeune femme que d'être transplantée dans la maison d'un mari ; et souvent elle change pour le mieux. Pourtant, dans sa nouvelle demeure, une jeune mariée peut s'attendre à subir des épreuves imprévues. Peut-être aura-t-elle une belle-mère jalouse et tyrannique ; ou, ce qui est encore pire, peut-être son mari sera-t-il froid, cruel ; peut-être battra-t-il sa femme. Si le

---

[1] On peut voir, dans notre *Description de la Chine* (t. I, p. 360 et suiv.), la traduction du Code de la femme, en sept articles, rédigé par la célèbre *Pan Hoeï-pan*, sœur de l'historien *Pan-Kou*, qui vivait dans le premier siècle de notre ère. Le portrait de cette femme lettrée célèbre, qui y est reproduit, se voit souvent sur les tasses de porcelaines chinoises.   G. P.

malheur le veut ainsi, la « pauvre femme non protégée » n'a d'autre parti à prendre que de se soumettre avec patience.

Mais la faute n'est pas toujours du côté du mari. Quelquefois les provocations et les soupçons d'une moitié acariâtre lui rendent la vie insupportable. Un professeur chinois de ma connaissance avait excité au dernier point la jalousie de sa femme, qui du reste était jeune, jolie et dévouée. Elle imagina pour le punir un moyen à la fois ingénieux et efficace. Rentrant un soir fort tard, il fut se mettre au lit, sans avoir donné à sa femme une explication satisfaisante de son absence. Le lendemain matin, lorsqu'il voulut se lever, il ne trouva plus ses habits, et personne ne pouvait lui en donner des nouvelles. Il resta dans cet embarras pendant toute une semaine, obligé de garder le lit par décence ; ce qui ne l'arrangeait pas, ni moi non plus, attendu que j'avais besoin de ses services. Enfin, sa femme, satisfaite de la vengeance qu'elle en avait tirée, lui rendit la liberté. C'est le mari lui-même qui me raconta cette histoire curieuse.

Un mot au sujet des *veuves*, des *veufs* et des *concubines*. J'ai connu des veuves qui s'étaient remariées, et d'autres qu'on avait prises comme secondes femmes ; mais, aux yeux des personnes comme il faut, cela n'est pas d'un bon effet. L'existence d'une veuve dépend de ses enfants et de ses parents, surtout de ceux de son mari. D'ailleurs elle trouve une grande source de consolation et d'encouragement dans les témoignages d'estime qu'elle reçoit de la nation, tels que les colonnes de pierre, etc., élevées en l'honneur des veuves. Quant aux *veufs*, ils ne se font pas faute de convoler en secondes et troisièmes noces.

Sous le rapport de la *polygamie et de son extension*, il ne m'a pas été possible d'obtenir des données même approximatives. Dans les classes pauvres, en raison du manque de moyens, il est rare de voir un homme qui ait plus d'une femme. L'usage de prendre des concubines est limité aux personnes d'un haut rang. Toutefois, quel que soit le nombre qu'en choisisse un homme, il n'a toujours qu'une seule femme légitime. Dans l'opinion publique, les concubines sont inférieures à celle-ci ; et, pendant la vie de la femme légitime, elles ne peuvent paraître aux yeux de la famille dans la mise qui caractérise la femme mariée. En faisant parade de nombreuses concubines, un homme se fait parmi ses voisins une réputation de richesse ; mais cet usage devient dans les familles chinoises une source inépuisable de jalousies. Cependant il y a à ma connaissance des exemples de femmes chinoises qui consentent à ce que leurs maris aient des concubines dans des villes éloignées où leurs affaires les retiennent pendant quelque temps. Sir John Bowring, dans un mémoire très-intéressant présenté à la « Société de statistique, » fait mention d'un fait de cette nature. « Une de nos servantes, dit-il, chrétienne, au moins de titre, exprima un vif désir que son mari prît une autre femme pendant son absence, et montra beaucoup de surprise de ce qu'un semblable arrangement nous parût blesser les convenances. » On citerait des cas où quelques femmes ont encouragé leurs maris à adopter cette coutume, par ambition et par leur désir d'exercer une autorité despotique sur un plus grand nombre de subordonnées.

Passons à d'autres pages de la « vie du ménage » chez les Chinois. Le 20 mars avait été choisi par le docteur Tchang, pour célébrer sa soixante-dixième année. En réalité le 19 était son jour de naissance; mais, comme ce jour tombait un dimanche, qu'il me savait dans l'habitude d'observer, il avait, à ce qu'il paraît, remis sa fête au lendemain lundi, pour ma convenance, marque d'attention à laquelle je ne pouvais être insensible.

Je pus alors me convaincre d'une chose que j'avais observée fréquemment : de l'importance que les Chinois attachent à chaque dixième année de leur existence personnelle. Chaque décade reçoit une désignation particulière. A dix ans, on atteint « le premier degré de la vie; » à vingt, on « prend le bonnet de la jeunesse. » Ce bonnet est placé sur la tête du jeune homme par son père ou le plus proche parent; c'est un signe qu'il entre dans l'ère des devoirs de l'âge mûr. Dans les temps anciens, lorsqu'un jeune homme arrivait à cet âge, la cérémonie de « prendre le bonnet » était accompagnée de beaucoup d'autres rites. Il y avait, en outre, trois autres grandes cérémonies, auxquelles les anciens étaient particulièrement attachés : le *mariage*, les *funérailles* et le *culte des mânes* des décédés. De ces quatre cérémonies, la première, la *prise du bonnet viril*, est la seule qui soit tombée en désuétude, ou plutôt elle a été réunie à celle du *mariage*, et on l'accomplit un jour ou deux avant cette dernière cérémonie. A trente ans, « on devient fort et mariable; » on est alors censé en état de remplir les devoirs de la maison et de la famille; à quarante ans, on est « propre à occuper une position officielle; » à cinquante ans, on est en état de « connaître ses propres faiblesses; » à soixante ans, on a « complété un cycle; » à soixante-dix ans, on « devient le phénix de l'antiquité; » à quatre-vingts ans, « le visage prend la couleur du fer rouillé; » à quatre-vingt-dix ans, on « tombe dans l'enfance; » à cent ans, on est « à l'extrémité de l'âge. »

On attache tant d'importance aux phases avancées de la vie, que, même à la mort de leurs parents, les enfants ne manquent pas de célébrer, selon leurs moyens, les décades avancées qui auraient marqué l'histoire de ces parents s'ils fussent restés sur la terre. J'ai assisté plusieurs fois à ces célébrations posthumes; le caractère de ces « occasions inférieures, » ainsi nommées par opposition aux « occasions supérieures » (celles observées du vivant des parents), est qu'elles tiennent du style funéraire. Ainsi le *blanc* est substitué au *rouge*, et les *signes de deuil* remplacent la *gaieté* et les *félicitations*. Il n'est aucun anniversaire où un homme reçoive plus de marques de respect qu'à celui de sa soixante-dixième année; et le docteur Tchang venait d'atteindre cet âge.

La vénération religieuse avec laquelle les Chinois observent les droits du sang assure aux chefs des familles respectables une existence fortunée vers la fin de leur pèlerinage. Les pauvres septuagénaires que leurs enfants ne peuvent entourer des douceurs réclamées par leur âge trouvent des secours dans la charité publique. On n'est point attristé à la Chine par le spectacle d'un vieux père abandonné de ses enfants, et livré à son sort seul et sans secours pour attendre une fin misérable. On voit ici le vieillard chancelant, homme ou femme, s'il n'a pas le moyen de louer une chaise à porteurs, marcher dans les rues et les promenades, appuyé sur le bras d'un fils ou d'un petit-fils, recevant sur son passage les hommages de tous les jeunes gens. On trouve encore une preuve du respect des Chinois pour l'extrême vieillesse dans les tablettes et les monuments qu'on rencontre chaque jour, et qui sont consacrés à la mémoire d'octogénaires, de nonagénaires et de centenaires. Le gouvernement est le premier à encourager ce sentiment. J'ai souvent rencontré, dans les rues, des hommes et des femmes d'un âge très-avancé vêtus de robes jaunes, présents de l'empereur comme marque de vénération pour leurs cheveux blancs.

Le chef patriarcal du pouvoir à la Chine regarde comme d'une bonne politique de témoigner des égards à ceux de ses sujets qui atteignent un âge avancé. Les lois, surtout celles créées par la dynastie régnante, ont pour objet de sanctionner ce sentiment naturel si populaire parmi les Chinois. Ainsi le code pénal de la dynastie tartare actuelle porte « que les veufs et les veuves pauvres, infirmes et sans enfants, recevront la protection et les secours des magistrats de leur ville, lorsqu'ils n'auront point de parents sur lesquels il aient droit de compter pour leur soutien; et le magistrat qui leur refuserait secours et protection serait puni de soixante coups de bambou. » Lorsque les vieillards dans cette position sont placés sous le patronage du gouvernement, le magistrat ou ses subordonnés qui manqueraient à leur fournir les vêtements ou la nourriture fixés par la loi seraient punis en raison de l'importance du secours, comme ayant détourné les provisions du gouvernement. Il paraît aussi que le même code fait, dans les causes criminelles, une exception en faveur des personnes âgées. « Quiconque sera reconnu comme étant âgé ou infirme à l'époque de son jugement pour un crime ou délit quelconque jouira du bénéfice de sa position, bien qu'à l'époque du crime ou délit il n'eût pas atteint l'âge ni contracté les infirmités qu'on fait valoir en sa faveur. » Un édit fut publié en l'année 1687, sous le sceau de l'empereur Kanghi, pour régler les secours accordés par le gouvernement aux gens pauvres qui auraient dépassé soixante ans. Les septuagénaires étaient exemptés de tout service et recevaient des aliments. A quatre-vingts ans, ils avaient une pièce d'étoffe de soie, un catty (ou six cent vingt grammes) de coton, cent livres de riz et dix cattis (six kilogrammes deux cents grammes) de viande. Les vieillards de quatre-vingt-dix ans recevaient double ration. Suivant un état officiel des indigents âgés, placés alors sous le patronage de la faveur impériale, il y en avait cent quatre-vingt-quatre mille quatre-vingt-six de soixante-dix ans et au-dessus, cent soixante-neuf mille huit cent cinquante de quatre-vingts ans et au-dessus, neuf mille neuf cent quatre-vingt-seize de quatre-vingt-dix ans et au-dessus, et vingt et un de cent ans et au-dessus. En 1722, Sa Majesté donna une fête aux vieillards de l'empire; et son successeur, Kien-loung, suivant cet exemple, institua, en 1785, un jubilé de la même nature, dont je trouve une description dans les mémoire du P. Ripa, qui y assistait. J'en extrais le passage qu'on va lire : « Un grand nombre de vieillards bien portants (hommes) avaient été envoyés à Pekin de toutes les provinces. Ils étaient rangés par compagnies, portant les bannières de leurs provinces respectives. Ils portaient encore divers autres symboles et trophées; et, rangés symétriquement le long des rues où devait passer l'empereur, ils offraient le coup d'œil le plus imposant. Chacun de ces vieillards avait apporté pour l'empereur un présent qui consistait généralement en vases ou objets de bronze. Sa Majesté donna à chacun d'eux une pièce d'argent d'une valeur d'environ six francs vingt-cinq centimes, avec une robe en soie de couleur jaune, qui est la couleur impériale. Ils se rendirent ensuite tous dans une place où l'empereur alla les voir. On calcula que cette vénérable réunion d'hommes s'élevait au nombre de quatre mille. Sa Majesté se montra très-satisfaite de cette revue; elle demanda à plusieurs d'entre eux leur âge, et les traita tous avec beaucoup d'affabilité et de condescendance. Elle les invita même en masse à un banquet où elle les fit asseoir en sa présence, et ordonna à ses fils et à ses petits-fils de leur servir à boire. Elle leur fit ensuite à tous un petit présent de sa propre main. L'un d'eux, le plus âgé de tous, qui avait cent onze ans, reçut un habit complet de mandarin, avec un bâton, un encrier et divers autres objets. »

Quelque temps après eut lieu l'anniversaire d'un autre de mes amis âgés. Comme la cérémonie se pratiquait sur une échelle plus vaste que chez mon ami Tchang, j'eus l'occasion d'y faire quelques observations nouvelles. C'était M. Kiang, demeurant à la porte Occidentale, homme d'une grande fortune, chef d'une famille considérable, et ayant de nombreux amis. Il était parvenu au comble des « trois félicités, » qui, selon l'opinion des Chinois sur le but de la vie humaine, consistent en « *de gros émoluments, de nombreux enfants et une grande vieillesse.* »

Il n'est pas rare, dans les familles riches, d'avoir une petite chapelle, ou plutôt un temple particulier, où l'on place, non des idoles, mais les tablettes des ancêtres. Ce sanctuaire s'ouvre à l'occasion des réunions de famille. M. Kiang fit ses dispositions pour traiter ses amis, et en même temps les *mânes* des morts, dans le petit temple contigu à sa maison. L'usage étant, à l'occasion de son jour de naissance ou d'une décade, de donner à ses amis un repas, et, si l'on est assez riche pour cela, une représentation théâtrale, notre ami résolut de faire bien les choses. Plusieurs semaines à l'avance, ses plans étaient dressés et de nombreuses invitations envoyées. On pense bien que je me promis de profiter de la mienne. La maison de M. Kiang était un muséum complet de curiosités. Le digne homme avait voyagé dans toutes les parties de la Chine; mais son faible, pendant toute sa vie, avait été de réunir des nouveautés étrangères et de les grouper dans sa résidence. Toutes les chambres étaient ornées de tables, de miroirs, de peintures, de lampes, de chandeliers, etc., de provenance étrangère. Son jardin était arrangé avec beaucoup de goût et à grands frais, orné, selon l'usage, de rochers, de cavernes, de ponts, de lacs, et d'une variété infinie d'arbres, de plantes et de fleurs. Avant que les grandes cérémonies de la soirée commençassent, mon hôte me conduisit au temple, où étaient réunis les autres convives. A mon entrée, j'observai qu'on avait établi dans l'édifice une séparation pour marquer les places distinctes que devaient occuper la société d'*élite* et la société mêlée; car, après la cérémonie, on devait exécuter une représentation théâtrale, où le public serait admis. La place destinée aux spectateurs privilégiés était ornée avec soin. Des siéges bien rembourrés et couverts de serge rouge, avec de petites tables chargées de thé, de gâteaux et de confitures, la remplissaient. L'intérieur du temple était recouvert de marbre et de dessins d'une extrême délicatesse. A la voûte étaient suspendues des lanternes de verre, coloriées en rouge, et offrant des objets amusants, entre autres des soldats étrangers dans des postures ridicules, grotesquement habillés, et avec les cheveux couleur carotte. Le temple lui-même offrait la scène la plus animée. Tout le monde était sur le *qui-vive*. Les personnes de la société étaient en grande toilette et suivies par leurs propres domestiques. Il régnait parmi elles tout le décorum de l'étiquette chinoise. Le contraste présenté par l'autre côté de la séparation était frappant. C'était une cohue de gens *grossiers*, mal habillés et tapageurs. Dans les galeries grillées qui régnaient au haut du temple, je distinguais des yeux de femmes regardant sans être vues. C'étaient les dames de la famille de M. Kiang.

Voyant que les amusements de la soirée n'étaient pas encore près de commencer, je me mis à mon aise; et, chaque convive étant libre d'aller où il veut, je me pris à parcourir un appartement long et étroit. Je m'aperçus qu'il servait de dépôt à une douzaine de cercueils. Quelques-uns étaient vides; et tous étaient d'une structure solide, d'une grande capacité, et formés de planches de plusieurs pouces d'épaisseur. D'après ce qu'on me dit, il paraît que deux d'entre-eux contenaient les restes de parents décédés; et que les autres avaient été préparés par les personnes vivantes de la famille, pour leur propre usage. M. Kiang lui-même souleva le couvercle d'un de ces cercueils, me disant d'un air de satisfaction que celui-là était tout prêt à le recevoir lorsqu'il rendrait le dernier soupir. A la Chine, on ne laisse point à l'entrepreneur des pompes funèbres le soin de préparer les cercueils. Il arrive très-souvent qu'on les fait faire de son vivant pour soi et pour sa famille. Au moment où j'écris ces lignes, je me rappelle un passage d'un ouvrage anglais, où l'auteur, après avoir décrit certains usages chinois en opposition avec les nôtres, dit : « Voici venir un Chinois de ma connaissance, faisant porter devant lui un cercueil richement travaillé. Qui donc est mort, lui dis-je? — Personne, me répond-il ; c'est un présent que je fais à mon vieux père. Il y sera, je le pense, extrêmement sensible, c'est une marque de respect de ma part ; et il trouvera son cercueil tout prêt quand il viendra à mourir. » — Voilà une description fondée sur un fait.

Lorsque je fus au courant de ce que contenait un appartement aussi lugubre, je retournai à une scène bien différente. Le spectacle allait commencer. Lorsque notre hôte eut fait les prostrations d'usage et eut offert l'encens, les acteurs montèrent sur le théâtre. Ils étaient tous jeunes ; le plus âgé n'avait pas plus de seize ans, et le plus jeune avait moins de neuf ans. Leurs costumes étaient élégants et plusieurs d'une grande richesse, faits sur le modèle des habits de cour sous la dynastie Ming. Les sujets étaient divisés en différentes scènes, et accompagnés d'une musique que je commençais à trouver supportable. Comme je n'étais pas bien au courant du dialecte mandarin, qui est celui du théâtre, j'avais de la peine à suivre le débit rapide des acteurs, et j'aurais de la peine à expliquer le sujet de la pièce. Les artistes remplissant les rôles de femmes parurent faire plaisir à l'auditoire ; mais, lorsque j'eus regardé les séduisantes actrices, que j'eus entendu leurs voix plaintives si reconnaissables, que j'eus observé leur démarche affectée, et leurs pieds si petits et si élégamment chaussés, quel fut mon étonnement d'apprendre que tout cela était faux ! Après la pièce les acteurs reparurent dans leurs propres habits ; c'étaient des enfants et des jeunes gens qui avaient revêtu des habillements de femmes. A la Chine, il n'y a point de pièces de théâtre sans qu'il y ait un ou plusieurs rôles de femmes, mais ces rôles sont remplis par des hommes ou des jeunes gens, attendu qu'il serait déshonorant pour une femme de monter sur le théâtre. Cela n'est toléré que dans certaines villes peu scrupuleuses, à *Sou-tcheou* [1], par exemple.

A une heure avancée de la nuit, nous prîmes congé de notre hôte. Il venait d'entrer dans sa septième décade; et, malgré tous nos désirs, nous ne pouvions espérer pour lui qu'il nous offrit encore bien des fêtes semblables.

Tandis que j'en suis sur le sujet du théâtre, je vais dire quelque chose des représentations publiques. Comme bien d'autres peuples, les Chinois en font un de leurs délassements favoris.

Il n'y a point chez les Chinois d'édifices permanents sous le nom de « théâtre, » c'est-à-dire appropriés à ce genre d'amusement. Au centre de leurs temples et de leurs monuments publics, il se trouve une plate-forme à demeure, sur laquelle on représente des pièces. Cela a lieu peut-être pour quelque fête spéciale, peut-être en l'honneur du génie de l'endroit. On rencontre quelquefois un hangar grossier dressé provisoirement en plein air, pour servir de théâtre. Un jour j'en vis un élevé au pied d'une colline, loin de tout temple et de tout village: c'était un grand quadrilatère de planches brutes. Il pouvait contenir trois mille personnes. Les sièges faisaient

---

[1] *Sou-tcheou*, que notre auteur a comparé précédemment à Paris, est la ville la plus lettrée, la plus artistique de la Chine. Les livres qu'on y imprime rivalisent avec les plus belles éditions de l'imprimerie impériale de *Pé-king*. (Voir notre *Description de la Chine*, t. II, p. 67 et suiv.) G. P.

défaut : la plupart des spectateurs étaient debout, quelques-uns étaient assis sur le gazon, et d'autres montés sur des arbres.

Il arrive assez souvent que de riches familles élèvent des théâtres par bonté pour leurs voisins ou en l'honneur d'une idole préférée. Si une maison de commerce commence ses opérations, ou qu'un établissement de longue date veuille célébrer une opération fructueuse, vite un théâtre. Plus souvent encore, à l'instigation de prêtres avides, on fait circuler une liste de souscription ayant en tête des phrases ronflantes sur les dieux, sur les sorts, etc. Cette liste passe de mains en mains : elle annonce que, pour plaire à telle ou telle divinité, il doit y avoir une représentation théâtrale. Si le produit de la souscription, déduction faite de la part des prêtres, permet de s'assurer d'artistes de talent, on rédige une pancarte donnant le nom des souscripteurs et un programme de la *fête*. Ces sortes de représentations ont lieu de jour, rarement le soir, et le public y est admis. Il n'est pas rare de voir la population du voisinage tout en l'air, et négligeant ses travaux, pour prendre sa part de l'aubaine. Les gens qui en tirent du profit, après les acteurs, sont les loueurs de bancs, les marchands de sucreries, ou ceux qui tiennent des tables pour jouer. Les acteurs sont pour la plupart des acteurs nomades. Ils forment des troupes qui parcourent le pays, se donnant des titres ronflants, comme « la Troupe des brillants acteurs, etc. » Les farces se composent de pantomimes : je crois être dans le vrai en disant que ces sortes de pièces sont mieux comprises du public que les pièces parlées. En effet, il est rare que les dernières soient dans le *patois* du pays ; et en outre les paroles sont étouffées par le bruit assourdissant de l'orchestre. Les décors sont tout ce qu'il y a de plus simple; ils consistent en mâts et en planches peints placés au fond et sur les côtés du théâtre. Sur la plate-forme on arrange, selon le besoin, des tabourets, des sièges et des tables, dont la grossièreté est dissimulée par des dessus de soie brodée. Sur un des côtés se place l'orchestre fameux pour râcler de ses violons, battre sur des gongs, et des tambours étourdissants. Le foyer des acteurs est derrière. C'est de là qu'on voit sortir ces saltimbanques, tous issus de la plus basse extraction, vêtus des plus brillants costumes de l'ancienne Chine. Rien n'est plus admirable que la rapidité avec laquelle les acteurs remplissent successivement plusieurs rôles, et se transforment en changeant de costumes. J'ai trop peu de connaissance du théâtre chinois pour porter contre lui un verdict de dégradation et de bassesse ; mais j'avoue que ce que j'en ai vu m'a semblé de nature à confirmer les spectateurs dans la dépravation de leurs goûts [1].

Quelque temps avant le « jour de l'an, » on avait observé la cérémonie religieuse appelée *pao-an*, « pour assurer le repos. » Elle se fit dans diverses parties de la ville. Elle a lieu pour se concilier les dieux, et, à l'approche de l'hiver, pour s'assurer leur protection contre les incendies ou les troubles nocturnes. En général elle est purement locale, et se célèbre aux dépens des habitants de tel ou tel quartier, qui se cotisent pour faire une pro-

[1] Nous croyons l'auteur trop sévère dans son jugement. Nous avons plusieurs pièces de théâtre chinoises traduites en français, entre autres l'*Orphelin de Tchao*, traduite par le P. Prémare, et mise en vers par Voltaire, sous le titre de l'*Orphelin de la Chine*, qui ne méritent pas cet anathème du révérend M. Milne.   G. P.

cession pendant un soir ou deux. Des offrandes volontaires d'encens, de chandelles, de fruits, de poisson, de porc, furent réunies, et le tout fut couronné par une mascarade modeste. Bien que le but ostensible de la cérémonie fût « d'assurer le repos, » et d'obtenir des dieux une assurance contre les incendies, si fréquents pendant l'hiver à cause du peu de précautions prises dans le chauffage des poêles, elle se passa d'une manière peu en harmonie avec ces résultats. La témérité avec laquelle je vis lancer des feux d'artifices dans les ruelles les plus étroites me glaça d'épouvante; et le bruit assourdissant des gongs et des tambours contrastait d'une manière burlesque avec la prétention du titre de la fête.

Comme pour leur donner une leçon, le soir même de cette fête bizarre un violent incendie éclata dans Ningpo. En un instant toute la ville fut dans le tumulte. Le feu avait pris dans la principale rue, dans la boutique d'un orfèvre. Il se propagea des deux côtés de la rue, menaçant d'envelopper tout le quartier dans une conflagration générale. Enfin, il s'éteignit après avoir détruit une centaine de maisons. Comme cette rue était la principale rue marchande de Ningpo, on vit, à la première alarme, accourir tous les commis et tous les associés des maisons menacées. En un clin d'œil les portes des boutiques furent barricadées, les entrées des magasins furent munies de gardes pour les protéger contre des troupes de voleurs officieux, qui se présentent tout prêts en apparence à rendre service, mais sans autre but que de piller. Dans chaque maison, on se hâtait d'emballer les marchandises, et chaque ballot était mis en ordre pour pouvoir être enlevé immédiatement, si l'incendie faisait des progrès. Quoiqu'on eût fait venir les soldats et la police, tout ce qu'ils firent fut d'augmenter la confusion. Les boutiquiers refusaient de confier leurs marchandises aux soldats; et, tandis qu'ils emportaient leurs ballots sur leurs épaules, il était curieux de les voir brandir de l'autre main un énorme bâton pour écarter des aides dont ils se défiaient.

Quelques villes chinoises possèdent des espèces de pompes à incendie, appelées « dragons d'eau. » Je ne saurais dire si, dans la circonstance dont je parle, on avait sous la main des machines de cette espèce; mais, s'il y en avait, elles ne servirent pas à grand'chose. A la lueur de l'incendie j'aperçus quelques domestiques, perchés sur le toit des maisons voisines, jeter çà et là quelques rares seaux d'eau. Leurs efforts semblaient exciter la risée de l'élément destructeur. Il fit rage, poursuivit sa course, accomplit son œuvre, et s'arrêta de son propre gré.

Voyant que le feu gagnait mon quartier, je fis transporter mes effets dans un jardin de derrière, d'où je pouvais les enlever au besoin. J'avais à peine terminé, que l'on vint m'annoncer que le feu venait de prendre à la maison vis-à-vis mon logement. Je me trouvais alors sur une terrasse, surveillant les progrès de l'incendie. J'entendis tout à coup quelqu'un d'en-bas crier en chinois : « Où est Meïsienseng? où est Meïsienseng?.. » Je descendis à la hâte. Aussitôt une main me saisit par le bras. En dépit de toutes mes remontrances, ne sachant encore à qui appartenait le bras qui m'avait saisi, je fus entraîné jusqu'au haut des murailles de la ville. Alors une voix s'écria : « Maintenant que vous êtes ici, vous allez rester à côté de moi. » C'était la voix de mon hôte. Dans la crainte que je souffrisse de l'incendie, le brave homme avait pris ce moyen sommaire, et décidé que je partagerais le lieu de refuge où il avait déjà conduit son fils. Je tentai de lui échapper, donnant pour raison que j'avais à surveiller mes effets ; mais il n'avait garde de me lâcher ; et, me ressaisissant de son poignet de fer, il continua à me remorquer en brandissant son bâton de l'autre main. Nous n'avions pas parcouru un grand espace, lorsque nous aperçûmes un groupe de spectateurs au-dessus de la porte de l'Est. A l'éclat des boutons qui les décoraient, et au parasol que l'on tenait sur la tête du principal personnage, je reconnus que j'étais en présence du gouverneur lui-même. Les gens de sa suite, en m'apercevant, informèrent Son Excellence que je venais de courir de grands risques. Il vint alors au-devant de moi et me fit des condoléances sur mon malheur. Il m'offrit un logement dans son palais, et au besoin l'usage de sa garde-robe. A minuit, on vint nous avertir que le feu était maîtrisé. Je retournai à mon logement ; et, à mon agréable surprise, je trouvai ma chambre en ordre, mes malles replacées, mes livres rangés, et tout parfaitement intact, grâce à la promptitude et à la fidélité de mes domestiques chinois.

Le lendemain, toute la journée, le mouvement continua à être grand dans la ville : c'étaient surtout les félicitations mutuelles entre les personnes dont les maisons avaient échappé à l'incendie, qui étaient les plus bruyantes. Beaucoup d'entre eux s'empressèrent de se rendre aux temples pour promettre aux dieux des actes publics de reconnaissance, tels que représentations théâtrales pendant un plus ou moins grand nombre de soirées, ou la récitation par les prêtres d'un certain nombre de chapitres des hymnes de Bouddha. En conséquence, le lendemain, de bonne heure, les murs de la ville étaient tapissés d'affiches monstrueuses, annonçant des représentations théâtrales, des récitations, etc., qui devaient avoir lieu tel ou tel jour, dans tel ou tel monument. Un établissement de commerce, entre autres, fit vœu de « jeûner pendant dix jours. » Un autre annonça qu'en considération de ce qu'ils avaient été protégés par les dieux dans l'incendie les associés s'engageaient humblement à faire réciter quarante-huit livres du *Fah-lien-hoa*[1] devant les idoles. Une troisième maison promit de donner une représentation théâtrale, et, dès qu'elle aurait choisi un jour propice, d'en donner avis au public.

Souvent à la Chine les incendies prennent des proportions effrayantes. Cependant, lorsqu'on voit avec quelle extrême négligence on se sert des lampes, l'inflammabilité des matériaux de leurs maisons, et la manière compacte dont les habitations sont entassées, on est surpris que ces sortes de malheurs ne soient pas plus fréquents. Il arrive quelquefois qu'un pauvre homme

---

[1] Cet ouvrage bouddhique fut traduit du sanskrit en chinois par *Kieou-mo-lo-chi* (Koumara, bouddhiste indien), qui vivait sous les seconds *Thsin* (205-206 avant J. C.). Nous en possédons une édition (le quinzième ouvrage d'une collection bouddhique) en 2 volumes grand in-8°; mais l'ouvrage complet n'a que *sept livres* formant *trente-huit chapitres*. M. E. Burnouf, dont la philologie orientale déplorera longtemps la perte, a traduit ce livre, peu de temps avant sa mort, sur le texte original sanskrit, envoyé du Népal par M. Hodgson, avec plusieurs autres livres bouddhiques, à la Société asiatique de Paris. La traduction française de Burnouf, (Le *Lotus de la bonne Loi*,) quoique complète cependant, ne comprend que *vingt-sept* chapitres. Il faut qu'il y ait une erreur dans le texte anglais de M. Milne et que l'on ait imprimé *forty-eight*, « quarante-huit, » au lieu de *twenty-eight*, « vingt-huit, » nombre de chapitres de la traduction chinoise. G. P.

voit brûler sa maison, pour avoir jeté dans le feu des rognures de papier doré en l'honneur de ses ancêtres. Je me souviens qu'un violent incendie, qui éclata à Changhaï, provenait de ce qu'un chapelier avait brûlé une brassée de papier doré devant « le Dieu de sa cuisine. » Ayant besoin à sa boutique, il avait laissé la masse enflammée gagner le parquet de la chambre. Sa superstition lui coûta cher. La perte de l'auteur de l'incendie ne se borne pas à la destruction de sa propriété. Si l'on vient à découvrir dans quelle maison le feu a éclaté, les cendres et les ruines des bâtiments environnants sont entassés sur le sol de la maison, cause du désastre. Ainsi les voisins n'ont pas la peine de transporter ailleurs leurs décombres. Ils les déposent sur le sol de l'infortuné propriétaire, qui voit les autres maisons se relever et reprendre leurs affaires, tandis qu'il ne peut encore songer à rétablir les siennes.

Souvent les officiers de district sont condamnés à des amendes ou même à la dégradation, lorsque le feu prend dans l'étendue de leur juridiction. Cela rend les autorités de la ville plus surveillantes ; et, à l'aide d'une police nombreuse, elles viennent à bout d'empêcher les vols et quelquefois d'arrêter un incendie, surtout en abattant des pans de murs.

Comme je l'ai dit, les filous et les voleurs sont les premiers dans ces occasions à offrir leurs services. La condition des femmes et des enfants est déplorable lorsqu'ils tombent dans les mains de ces vagabonds impitoyables. L'action de voler pendant un incendie est considérée par le peuple comme l'excès de la lâcheté et comme le crime le plus noir. Aussi considère-t-on comme indispensable de punir sommairement de la façon la plus sévère les voleurs qui sont pris en flagrant délit. J'en vis un matin passer deux qui étaient enfermés dans une sorte de grande cage en fer. Ils avaient la tête fixée au haut de la cage, au moyen de leur longue queue. Ils restèrent quatre jours dans cette situation, exposés au soleil, au vent, à la pluie, aux regards des passants, et moururent de fatigue et de faim. On m'expliqua que les autorités n'avaient pas le pouvoir de les décapiter ni de les bannir sans des instructions spéciales du cabinet de l'empereur ; mais il leur était loisible d'infliger ce mode de punition pour servir de leçon au public. Sans manifester l'intention positive d'abréger leur vie, on savait bien qu'en gardant un homme dans cette position pendant trois ou quatre jours sans lui donner ni à boire ni à manger, on débarrasserait le monde d'un scélérat odieux à la société.

Lors d'un incendie, il y a, comme en Angleterre, une foule de spectateurs qui mêlent leurs cris au bruit des maisons croulantes; mais ce qu'il y a de plus bruyant encore, ce sont les hommes de police qui manœuvrent ces lourds engins nommés « dragons d'eau, » en les traînant le long des rues étroites et des ruelles. En Chine, ce qui manque surtout dans ces calamités, c'est un corps bien organisé de pompiers, prompts à arrêter le progrès des flammes, au lieu de crier et de s'étourdir eux-mêmes.

Dans la principale rue de Ningpo, il y a de hautes murailles, téllement construites, que, de distance en distance, elles dominent les boutiques et forment voûte sur la rue. Les habitants considèrent ces murailles comme un obstacle puissant aux progrès de l'incendie, et de là elles ont pris le nom de « murs pour le feu. »

Dans quelques-uns de leurs établissements philanthropiques, on tient en réserve ces espèces de pompes dont j'ai parlé. Mais les meilleures sont dans le plus mauvais état, sinon hors de service. Plusieurs Chinois qui ont visité l'Angleterre ou les États-Unis d'Amérique, et qui ont vu l'organisation de nos pompiers, en ont été dans l'admiration. L'un d'eux, qui, dans l'année 1853, avait été témoin à Changhaï d'un incendie épouvantable, écrivait au *North China Herald*, à ce sujet, une lettre que j'ai traduite moi-même de l'original chinois, et que je rapporte ici.

A L'ÉDITEUR DU NORTH CHINA HERALD.

« Monsieur le rédacteur,

« Dans un voyage que j'ai fait dernièrement en Angleterre, j'ai été à même de voir quelques-unes des pompes à incendie dont on s'y sert. Rien ne surpasse la construction et le jeu de ces machines, soit sous le rapport du mécanisme, soit sous celui de leur effet.

« Il est vrai que dans « l'Empire du Milieu, » où nous avons le bonheur de vivre, il y a des pompes à incendie, autrement dites « dragons d'eau. » J'en ai même vu plusieurs à l'œuvre lundi soir, dans l'incendie effrayant qui a éclaté ici; mais elles sont d'insignifiant ou de nul service pendant la conflagration pour sauver la vie et les propriétés de nos concitoyens, au milieu des flots d'une population aussi pressée qu'elle l'est à Changhaï.

« Peut-être ne me trouverez-vous pas indiscret en suggérant l'idée qu'un certain nombre de nos concitoyens les plus éclairés et les plus généreux créent ici un établissement avec un corps de garde, des pompes et une brigade de pompiers, destinés à arrêter et concentrer les incendies terribles qui éclatent trop souvent dans notre ville.

« Un acte pareil exciterait, je n'en doute pas, la reconnaissance de notre population. L'exemple serait bientôt suivi par d'autres, et provoquerait, de la part de nos autorités, des mesures plus efficaces pour le bien-être d'une population nombreuse que, dans leur condescendance, ils se plaisent à considérer comme leur famille.

« Votre très-humble serviteur,

« Un Chinois. »

Encore quelques preuves de la considération que l'on a pour la tranquillité publique dans ce merveilleux pays. Dans toutes les villes chinoises que j'ai visitées, parmi les mille bruits qui contribuent à troubler le repos de la nuit, il y en avait un en particulier que, lors de mon arrivée à Ningpo, je ne pouvais pas venir à bout d'expliquer, tant il me semblait multiple. Enfin, la régularité périodique des sons et leur propagation aux approches du jour me donnèrent l'idée que ce pouvait être la patrouille de nuit : j'avais deviné juste. Les gardes de nuit étaient nombreux. Étaient-ils payés par le gouvernement ou soutenus aux frais de quelques maisons particulières? Je ne saurais le dire. L'heure des patrouilles n'était pas régulière; mais, en général, à un signal du gros tambour de la ville, la garde se posait à sept heures du soir. Les portes de la ville se fermaient, des barres de bois étaient placées transversalement au bout de chaque allée, et on distribuait les patrouilles dans chaque quartier. Les gardes de nuit faisaient leur ronde deux par deux. Mais, dans cet arrangement, on paraissait avoir suivi, comme dans toute autre chose, la règle des contraires. Chaque garde devait avoir une lanterne allumée à sa ceinture et une espèce de cylindre en bambou, comme pour informer les voleurs du moment où ils doivent faire leur coup. Ils produisaient le bruit qui m'avait réveillé en frappant de leur bambou un énorme gong soutenu par une perche qu'ils portaient à deux sur les épaules. Les coups sur le gong marquaient les heures de la nuit.

Quelquefois le bruit de ces gardes de nuit m'était insupportable. Ils étaient sourds à toutes mes raisons et à toutes mes prières; et enfin je fus obligé, pour les réduire au silence, de leur verser des bassins d'eau froide sur la tête. Le redoublement de tapage qu'ils faisaient à cinq heures du matin annonçait non-seulement le point du jour, mais encore le plaisir avec lequel ces fonctionnaires voyaient arriver le moment de leur délivrance. La pose des patrouilles le soir et leur licenciement le matin étaient annoncés par un coup de canon. Je tiens de plusieurs habitants eux-mêmes que les gardes, lorsqu'ils ne peuvent résister au sommeil, se font accompagner par des *oies*. Ces animaux, au moindre bruit, se mettent à crier et les réveillent. On m'a dit encore que les riches habitants qui entretiennent, la nuit, des gardes sur leur propriété, leur adjoignent, pour plus de sécurité, des volatiles et des singes.

Je vais donner, maintenant, quelques détails sur la division du temps chez les Chinois. Un jour entier est divisé en douze parties, composées chacune de deux de nos heures, et divisées par huitièmes. Leurs manières de mesurer le temps sont nombreuses et bizarres; mais, sous le rapport de la régularité et de l'exactitude, elles ne peuvent se comparer avec les nôtres. Voici celles que j'ai observées dans les villes que j'ai visitées.

1° L'*horloge d'eau* ou *clepsydre*. — Je crois qu'on en trouve encore dans les principaux bureaux du gouvernement. Un Chinois en donne en ces mots une description courte, mais peu satisfaisante : « Elle est faite de six vases placés l'un au-dessus de l'autre, d'où l'eau tombe par filtration. Le vaisseau d'en bas a une planche sur laquelle l'eau dégoutte. Sur un des côtés se trouve une aiguille indicatrice. A mesure que l'un des degrés se remplit d'eau, l'aiguille surnage et indique un quart. C'est de cette manière que l'on marque les heures et les divisions du temps. » Une horloge semblable (pour me servir des expressions du *Chinese Repository*) « se trouve à Canton, dans une chambre isolée, sous la surveillance d'un homme qui, outre sa paye, gagne sa vie à vendre des « bâtons à mesurer le temps. » Elle se compose de quatre bassins de cuivre placés sur des gradins en briques. Le haut de chaque bassin est de niveau avec le bas du bassin au-dessus. Le plus grand a vingt-trois pouces de hauteur, et contient quatre-vingt-dix-sept pintes et demie d'eau; le second a vingt-deux pouces de hauteur et vingt-deux de largeur; le troisième a vingt et un pouces de hauteur et vingt de largeur, et le quatrième ou le plus bas a vingt-trois pouces de hauteur sur dix-neuf de largeur. Chacun des bassins communique avec l'autre par une ouverture d'où l'eau dégoutte. L'aiguille placée dans le bassin inférieur, est réglée le matin et le soir à cinq heures, en en mettant la pointe sur ces heures. Lorsque l'aiguille marque le complément d'une demi-journée, on puise l'eau et on la reverse dans le bassin d'en haut. Il y a dans la salle deux gros tambours sur lesquels un garde frappe les heures pendant la nuit. »

2° L'*horloge solaire*, introduite peut-être par les Arabes, est maintenant d'un usage général. Elle est extrêmement simple, et sa construction ne diffère pas des nôtres. Il y en a aussi qui marquent l'heure de la nuit par la lumière de la lune.

3° Le *bâton d'encens pour marquer les heures* est aussi beaucoup employé. Placé presque partout dans les temples, il nous rappelle Alfred le Grand et ses bougies. Ce bâton porte des marques à distances égales, et le progrès de la combustion d'une mèche graduée donne la mesure des heures. Il est formé d'une composition de sciure de bois et de glu, et moulé par de minces cylindres de deux à trois pieds de long.

4° La *révolution des corps célestes* leur sert à mesurer le temps sur mer.

5° L'usage des *montres étrangères* est devenu maintenant à la mode chez les Chinois. Un petit-maître n'a sa vanité satisfaite que lorsqu'il porte une couple et quelquefois deux couples de montres se balançant à une riche ceinture. Il existe encore dans le pays deux légendes sur des manières de mesurer le temps : « Pour cela, on nourrit des poissons dressés à sauter hors de l'eau à des espaces de temps réguliers pour marquer les heures. On a encore des volatiles dressés à annoncer les heures, en chantant une fois pour la première heure, deux fois pour la seconde, et ainsi de suite. »

CHAPITRE V

Hommages religieux rendus aux morts. — Examens militaires et littéraires. — Jours de jeûne. — Choléra. — Voyage à un lac et à deux grands temples dans la campagne. — Historique des rapports du Ningpo avec les étrangers depuis 1842.

La troisième lune (le mois d'avril) fut marquée par des fêtes nombreuses, les unes fixes, les autres variables.

C'est dans les premiers jours de ce mois qu'arrivent les jours *Tsing ming*, « ciel clair et brillant, » commémoration des morts, qui s'observe scrupuleusement dans toute la Chine, sans acception de rang privilégié. Cette commémoration se prolonge de la fin de la seconde division de l'année au commencement de la quatrième lune, mais elle est dans toute sa vivacité entre les cinquième et dixième jours de la troisième. Des familles entières, vêtues de leurs plus beaux habits, et le maintien grave, allaient hors de la ville visiter les tombeaux de famille qui étaient nettoyés et mis en ordre à cette occasion. On donne différents noms à cette fête, ainsi : *Chang-fen*, « aller aux tombeaux ; » *sao-mou*, « essuyer les tombes ; » *paï-chan*, « payer ses dévotions aux collines, » indiquent tous le principal objet de la fête.

Le saule est dans les idées chinoises l'emblème de la

vie et de la santé ; aussi y eut-il à cette période prodigalité de branches, de feuilles et de bourgeons de saule. Hommes, femmes, petits enfants, jusqu'aux animaux domestiques, étaient ornés de ce symbole significatif. On le mettait dans les cheveux, on le suspendait au cou, on le plaçait sur le chambranle des portes, au-dessus des lits, dans tous les coins de l'appartement, preuve assurée que ce vœu de tous les autres peuples, celui d'une longue vie, n'est pas étranger aux cœurs des Chinois.

Mais le but principal de la fête est de rendre un hommage religieux aux morts. Plusieurs écrivains étrangers, tels que Fortune, Davis, Bowring, etc., ont voulu représenter cette cérémonie comme une suite de démonstrations révérencieuses aux ancêtres, et non comme un hommage religieux. S'il en était ainsi, que signifient ces plateaux chargés de porc, de poisson et de volailles? ces libations de vin, ces paquets de chandelles et de bâtons d'encens? ces holocaustes de papier doré, cet argent en papier, ces habits en papier, ces maisons en papier, ces marbres en papier, ces prostrations, ces cérémonies, ces prières sans fin, adressées aux ancêtres et aux parents décédés, avec encore plus de dévotion, d'ordre et de ponctualité que devant les idoles? Des démonstrations révérencieuses, et non un culte religieux, dites-vous? Cependant le saint-siège à Rome, peu scrupuleux en pareilles matières, a été tellement scandalisé des marques d'une nécrolâtrie si évidente et si dangereuse, qu'il les a complétement interdites aux « fidèles » de la Chine.

Comme il est impossible à tout homme d'un sens droit de ne pas déplorer que les Chinois de tout rang soient adonnés à cette forme de superstition, on doit et l'on peut chercher à en faire remonter la source à une faible et imparfaite reconnaissance de l'immortalité de l'âme, et de l'existence d'un état futur. Un homme peut ne pas s'occuper beaucoup de l'idée de la mort tant qu'il est bien portant; cependant « la qualité du cercueil et ses ornements, les cérémonies des funérailles, le choix d'une place pour sa tombe, tout cela l'occupe sérieusement [1]. » Mais pourquoi? parce que quelque chose lui dit intérieurement que, sans tous ces préliminaires, il ne sera pas heureux dans un monde à venir. Les pères de famille désirent avoir des descendants qui assurent à leurs mânes une ligne continue de soins et d'égards. Les enfants se croient obligés à offrir des sacrifices à leurs ascendants décédés. On suppose que les esprits des morts sont calmés par les cérémonies pratiquées devant leurs tombes; on croit que ces esprits, s'ils sont négligés, reviendront hanter la maison des survivants ; au contraire, ceux auxquels on rend les soins convenables peuvent exercer sur la famille une influence bienfaisante. Les esprits des morts doivent être fournis de nourriture et d'autres nécessités ; on brûle du papier d'or et d'argent sous la forme de pièces de monnaie, afin que ces objets passent à travers la fumée à un monde invisible où ils reprennent la consistance des métaux. Habits, chaises à porteurs, ustensiles, maisons, buffles, chevaux, faits en papier ou en carton, s'envoient de la même manière à « la terre des nuages, » pour le service des morts. A coup sûr tout cela indique quelques notions d'une immortalité à laquelle on songe, pour laquelle on se précautionne. Mais

---

[1] *Huc*, t. II, p. 216.

en même temps on y voit l'absence déplorable de cette révélation divine apportée au monde par celui qui « lui a donné la vie et l'immortalité au moyen de l'Évangile. »

Pendant le même mois, Ningpo fut sens dessus dessous, non-seulement à cause de la fête *Tsingming*, mais à cause du concours d'étrangers venus de toutes parts, dans le but d'assister aux examens militaires et littéraires, présidés par des commissaires spécialement députés sous le sceau impérial de Sa Majesté.

L'examen militaire eut lieu le premier et se fit en plein air. Je ne manquai pas de m'y trouver. Le lieu choisi était un champ de manœuvre en dehors des murs de la ville. Le temps, qui était beau, avait attiré un grand concours de spectateurs. Beaucoup sans doute désiraient voir en quel état se trouvaient les « *Invincibles* » après leur contact récent avec les soldats anglais. Jetant un coup d'œil sur ce « champ de Mars, » je vis à une des extrémités un bâtiment d'une étendue assez considérable. Le prévôt de la ville (président) était assis sous un dais, entouré d'un groupe orné de boutons, fumant de longues pipes, se donnant l'air digne, et faisant repousser quelques intrus qui se faufilaient dans l'enceinte. Le président avait devant lui une table sur laquelle étaient placés les objets nécessaires pour écrire. Il examinait les compétiteurs, et leur donnait des notes, bonnes, mauvaises, ou indifférentes. Je vis au bas des degrés qui conduisaient à son siège vingt-deux candidats seulement pour les honneurs militaires. Ils portaient des robes de soie et de satin de diverses couleurs et plus ou moins riches; leur bonnet de cérémonie était orné de houppes de soie, et ils étaient armés d'arcs et de flèches. La lice occupait un espace de plusieurs centaines de mètres de longueur sur quatre-vingts pieds de large seulement. Les spectateurs, hommes et femmes, étaient rangés des deux côtés, avides de contempler le spectacle, et ne se gênant pas pour exprimer par des cris ou des huées l'impression que leur causaient le succès ou l'échec des compétiteurs. Pour maintenir l'ordre, plusieurs hommes de la police se tenaient le long de la lice ; mais ils ne servaient guère qu'à exciter la rage ou les quolibets de la multitude; à l'autre bout de la lice, vis-à-vis le dais du président, était le point de départ des archers montés. Lorsque les épreuves commencèrent, un crieur s'avança et cria le titre de chaque division et le nom de chaque candidat. Ceux-ci répondirent un par un en s'agenouillant sur le genou droit et en inclinant la tête. Chaque compagnie reçut ensuite l'Ordre.

La première épreuve était celle des archers montés ; et c'était peut-être la plus intéressante. On les envoya à l'autre bout de la lice. A une ou deux exceptions leurs montures offraient un triste échantillon de l'espèce chevaline de la Chine. Les chevaux étaient caparaçonnés de la manière la plus fantastique, les selles hautes et gauches, les brides épaisses, rouillées et grossières, les étriers de vilaine forme, etc. Au moment où le candidat montait à cheval, deux trompettes sonnaient et donnaient le signal. Ce n'était point une lutte entre les compétiteurs ; c'était une expérimentation de leur adresse à tirer à cheval. La carrière à fournir avait plus de deux cents mètres ; sur la droite étaient placés à égales distances trois grands cylindres de serge noire, dans chacun desquels étaient tracés trois globes rouges. Celui du milieu était le but offert à l'adresse des archers. Lorsque l'un d'eux était parti, on agitait un petit drapeau pour l'animer; si sa flèche atteignait le but, on battait le tambour, en inclinant une grande bannière. Pour manier l'arc et la flèche pendant que le cheval était au grand galop, il fallait au candidat beaucoup d'adresse, puisqu'il n'y avait pas moyen de tenir la bride. La plupart des archers firent preuve de coup d'œil. Chacun devait parcourir la lice trois fois; et à chaque fois il venait au tribunal recevoir des reproches ou des éloges.

Vint ensuite le tour des archers à pied. Les candidats étaient divisés en compagnies de quatre. Chaque homme envoyait six flèches à la distance de cent mètres. Lorsqu'il touchait le but, on en prenait note, et le nombre de marques réglait le degré d'adresse. Le troisième exercice consistait à bander des arcs très-forts, exigeant une force de quatre-vingts à cent vingt livres. Le quatrième exercice était le maniement du sabre. La cinquième épreuve de force et d'adresse consistait à soulever de grosses pierres et à manier de pesants marteaux. L'examen se termina par cet exercice.

L'examen littéraire avait aussi attiré beaucoup de monde à Ningpo. Il occupa plusieurs journées, sous la direction de plusieurs mandarins venus exprès. J'aurais beaucoup désiré me rendre compte de cette lutte pour le degré *sieou-tsaï*, le premier échelon des honneurs littéraires, et je demandai, à plusieurs reprises, à être admis dans la salle d'examen. La requête, présomptueuse peut-être, fut invariablement refusée, bien qu'avec une exquise politesse.

Le premier degré auquel visent les aspirants littéraires, et qui conduit aux postes importants, est nommé *sieou-tsaï*, « rejetons élégants. » Le nombre des candidats à cet honneur est illimité, pourvu que leur nom se produise sous les auspices de personnes connues et estimées.

Cependant il y a des exceptions; elles s'étendent à cinq classes : les *teneurs de mauvais lieux*, les *acteurs de théâtres*, les *exécuteurs de la haute justice*, les *geôliers* et les *domestiques esclaves*. Il est encore une autre classe absolument exclue de tout espoir d'arriver aux distinctions littéraires. Cet ordre défavorisé paraît être limité à certaines localités, bien que, dans quelques endroits, il forme une partie considérable de la population. Il est connu sous la désignation de *tsi-min*, « gens dégradés. » On prétend qu'ils sont la postérité de certains rebelles qui menacèrent la stabilité de la dynastie *Soung* de 960 à 1126 de notre ère. Ces rebelles, vaincus, furent proscrits par un décret impérial, et se virent condamnés, eux et leur postérité, à une infamie éternelle. Cette exclusion des dignités littéraires est encore partagée par les *barbiers*, les *porteurs de chaises*, les *bateliers* et les *musiciens*, ainsi que leur descendance. D'après cela, et malgré l'encouragement apparent donné à toutes les classes pour rechercher les distinctions scolastiques, on voit, par les exceptions susnommées, qu'une partie considérable des Chinois est exclue de ce privilége.

Relativement aux candidats admis, il paraît y avoir une règle établie : c'est qu'un homme ne peut cueillir les palmes littéraires que dans sa propre province et dans le district où est située sa ville natale. Ainsi un homme de la province de Tchéhkiang ne peut être porté sur la liste des candidats de la province de Canton, et, dans la province Tchéhkiang, un homme du district de Ningpo ne peut concourir avec un autre du district de

Tchinhaï. Cette mesure indique d'extrêmes précautions pour garder les degrés purs et sans mélange, et agir avec justice et impartialité dans leur distribution. Toutefois un semblable arrangement peut attiédir le zèle et l'ambition de beaucoup de jeunes hommes qui, après avoir fait leurs études classiques dans d'autres parties du pays, peuvent se voir privés, par la distance ou leurs moyens, de revoir leur ville natale pour y passer les examens de rigueur.

Les lois de l'empire fixent des limites au nombre des *compétiteurs heureux* dans chaque localité ; mais le nombre des candidats est à volonté. Peu importe qu'il s'en présente peu ou beaucoup. Tous viennent avec la certitude que l'immense majorité d'entre eux doit s'en retourner désappointée, et qu'une excessive minorité remportera les honneurs. Par exemple, deux mille individus étaient venus à Ningpo, au mois d'avril, pour se disputer un prix que vingt-cinq seulement pouvaient obtenir! En prenant ensemble les six circuits qui appartiennent au département de Ningpo, cinq mille candidats étaient enrôlés, et cent-trente-neuf seulement devaient sortir victorieux de l'épreuve. D'après des statistiques locales que j'ai en ma possession, j'ai vu que, par les examens triennaux des *sieou-tsaï* opérés dans toute l'étendue de l'empire, vingt-cinq mille personnes pouvaient obtenir ce premier degré des honneurs littéraires ; mais que la province de Tchéhkiang, avec sa population de vingt-six millions et demi, n'entrait dans ce nombre que pour mille huit cent quarante-cinq individus seulement.

Pour assurer une bonne justice aux aspirants ambitieux, et pour maintenir l'intégrité de la dignité classique, on établit un bureau de surveillants, pris parmi les étudiants qui ont déjà passé. Sa mission est de constater les degrés de capacité des divers candidats. Si le bureau est édifié sur les titres du postulant, il lui donne un certificat d'introduction. En enregistrant son nom sur les listes du chancelier, on prend soin de décrire sa personne, son âge, les traits de sa figure, sa résidence et sa parenté. Le but de ces particularités est de transmettre le degré honorifique, sans reproche, à une ligne de réputations vertueuses et honorables. On va jusqu'à rechercher la descendance généalogique du candidat. Quoique la compétition ne soit pas libre pour toutes les classes, il n'y a point de restriction sous le rapport *de l'âge*. On fait mention d'un examen passé dans la province de Canton, où un vieillard à cheveux blancs se fit inscrire sur les listes à côté de son fils et de son petit-fils.

Lorsque les préliminaires convenables ont été réglés, les compétiteurs se présentent dès le lever du soleil. En entrant dans la salle d'examen, chacun d'eux se munit de son pinceau, d'un encrier, d'un bâton d'encre et de quelques légers rafraîchissements ; mais il ne peut conserver rien autre chose, bien qu'il ait devant lui la perspective d'être renfermé pendant quinze ou vingt heures. Ses poches, ses souliers, ses habits, sont minutieusement examinés, pour s'assurer qu'ils ne renferment pas des explications sur les sujets de l'examen. La découverte de semblables précautions est punie de la dégradation publique et de l'exclusion de tous examens futurs. Lorsque les concurrents sont assis, on ferme les portes, les guichets, les fenêtres et toutes les issues. La moindre crevasse, la moindre niche, est bouchée par des bandes de papier sur lesquels sont écrits ces mots importants : « Aucune dépêche scellée, à l'adresse du président examinateur, ne lui sera remise pendant tout le cours de l'examen. Retirez-vous, et tenez-vous à l'écart. » Il ne faut pas songer à entrer pour voir un ami, le conseiller ou l'assister. Pourtant, malgré tout ce système d'espionnage, on trouve quelquefois le moyen de tromper les plus adroits examinateurs. Un Chinois, lettré lui-même, m'a assuré avoir pris le nom d'un individu qui l'avait payé pour concourir à sa place. Il obtint le prix qu'il remit, bien entendu, à l'honorable personne qui l'avait commissionné, et qui le récompensa libéralement [1].

Mais nous admettons qu'il n'y ait parmi les concurrents que des gens honorables. Ils sont assis côte à côte à des tables massives en bois de sapin, sur des bancs larges et longs; on les compte, on les classe, et l'on place devant eux du papier, des pinceaux et de l'encre. Cette salle d'examen de Ningpo, que j'ai visitée lorsqu'elle était déserte, est belle et spacieuse. Remplie par deux mille personnes richement habillées, elle doit présenter un spectacle magnifique. On donne le sujet (pris généralement dans les « Quatre livres » et les « Cinq classiques »). Les compétiteurs doivent composer sur le sujet proposé un essai à la fois intelligible et concis, écrit dans le style classique, avec des citations appropriées, et en caractères élégants. Au bout de quelques heures, un coup de canon se fait entendre; les portes sont ouvertes, et la salle s'est bientôt vidée.

Pour une grande partie de ces jeunes gens, le premier

---

[1] Ces examens par *substitution de personnes* ont aussi quelquefois lieu ailleurs qu'en Chine. Les tribunaux, en France, ont été saisis de pareils délits, qu'ils ont condamnés à des peines d'emprisonnement.   G. P.

examen est aussi le dernier. Voyant qu'en réalité il leur est plus facile de lire et de réciter des livres à la clarté de leur propre lampe que d'écrire des compositions *impromptu* dans une salle publique, le plus grand nombre se retire des rangs. Ensuite, lorsque le juge littéraire a parcouru les divers papiers présentés à son inspection, il en a bientôt réduit le nombre à un choix très-limité. Ces heureux élus sont appelés à un second examen. La réduction de la liste continue ainsi de jour en jour jusqu'à ce qu'on soit arrivé au quotient demandé. Pour ce degré du *sieoutsaï*[1], il faut subir une série de trois examens : le premier, sous les yeux du prévôt du district; le second, sous le préfet du département; le troisième, sous un chancelier, nommé par le collège des *Hanlin*, à Péking. La décision finale dépend de ce dernier officier, dont le jugement est sans doute grandement influencé par l'opinion des examinateurs qui l'ont précédé.

Les candidats malheureux ont la liberté de renouveler leur épreuve l'année suivante. Mais le compétiteur victorieux acquiert une célébrité dans sa ville ou dans son village; les perspectives les plus brillantes s'offrent à ses regards, et il se voit exempté de certains désagréments auxquels ses voisins sont exposés. Mais il ne reste pas moins assujetti à de nouvelles obligations. Ce n'est pas tout que d'avoir atteint le premier degré, il faut soutenir convenablement cet honneur. Deux ou trois examens additionnels, passés à intervalles dans l'espace des trois années suivantes, doivent encore éprouver les forces de

---

[1] Ce premier degré équivaut à celui de *bachelier* ou de *licencié* chez nous, mais il est bien plus difficile à obtenir. G. P.

l'élu. Les licenciés *sieoutsaï* sont divisés en trois classes, selon leurs talents et leurs qualifications. La dernière est nommée *fahseng*. Les membres conservent leur degré, et c'est tout ce qu'on peut dire d'eux. La seconde classe est la *tsiangseng*, un degré au-dessus de la précédente. Mais la troisième *lingseng* est au sommet de l'échelle. Pour parvenir aux distinctions secondaires, les *sieoutsaï* ont à travailler fort et ferme pendant deux ou trois ans. Autrement, ils tombent dans la catégorie des paresseux et se voient récompensés en conséquence. Personne, à moins d'une permission spéciale, ne peut éluder ces épreuves décisives. Les éviter serait, dit-on, attirer sur soi le châtiment, et il est sévère. On s'exposerait à se voir exclu pour toujours des priviléges réservés aux « rejetons élégants. »

Je n'ai encore parlé que des luttes d'initiation nécessaires pour prétendre à l'honneur de pénétrer dans « la forêt des pinceaux » (tel est le nom que se donne le plus haut corps littéraire). Les autres degrés scientifiques sont les suivants : *kiujin*, « hommes élevés; » *tsinsze*, « écoliers avancés; » *hanlin*, « forêt de pinceaux. » Chacun de ces titres ne s'obtient qu'après des épreuves sévères. Ces examens ne se passent pas dans les villes de district telles que Tchinhaï, Changhaï, ni dans les villes de département, comme Ningpo, Soungkiang, etc. L'examen des *kiujin* a lieu dans les chefs-lieux de province, comme Soutcheou, Hangtcheou et Canton. Les deux autres se tiennent toujours à Peking, la capitale de l'empire.

De ces luttes littéraires, il n'est pas téméraire de dire que celle qui excite au plus haut degré l'ambition des familles est la première. C'est d'elle que dépendent le destin ou la fortune de myriades d'individus. D'après le rapport de plusieurs Chinois, qui le savaient par expérience, ce degré se paye quelquefois plusieurs centaines de dollars [1], sous la sanction du gouvernement impérial. Au moyen de cet achat, le postulant se trouve tout à coup licencié sans s'être donné la peine de concourir. Il porte le nom de *Kienseng*, et a le droit de porter le bouton de cuivre sur son bonnet. Mais, à partir de là, *il ne peut plus s'élever aux grades supérieurs que par ses talents et ses connaissances.*

Indépendamment des concours périodiques aux divers honneurs du monde littéraire, l'empereur lui-même peut, dans quelques circonstances particulières, ordonner des examens *spéciaux*. Je vois, par exemple, que, lorsque l'empereur Tao-kouang monta sur le trône, et depuis, à la célébration d'une époque importante de son histoire, pour donner une marque de sa faveur impériale, il accorda des pouvoirs extraordinaires pour des examens littéraires dans différentes parties de l'empire.

Les chefs de l'insurrection à la Chine ont essayé de faire peser sur le gouvernement mantchoux-chinois l'accusation de ne pas encourager les lettres. C'est positivement le contraire qui existe. Un Chinois très-instruit l'a parfaitement reconnu. « Les mantchoux, dit-il, ont généralement aidé les étudiants pauvres pour leur faciliter leurs études. Ils ont, sous ce rapport, égalé la dynastie *Ming* (l'ancienne dynastie chinoise que les rebelles prétendent faire revivre). Ils ont aussi construit et soutenu des académies, et fourni aux étudiants pauvres de quoi s'éclairer la nuit. » (Ceci a trait aux présents faits par le gouvernement aux étudiants pauvres pour les soutenir

[1] Le *dollar* vaut environ cinq francs.   G. P.

dans leurs études). En outre, les empereurs mantchoux ont fait, par eux-mêmes, plus que leurs prédécesseurs pour encourager la littérature chinoise. » Le *Lexique impérial* et le *Thesaurus*, ou dictionnaire bien plus volumineux encore (c'est-à-dire le *Peïwenyunfou*[1]), sont deux ouvrages importants compilés sous les auspices de Kanghi, et peuvent être considérés comme des souvenirs durables du désir des gouvernants tartares de donner de la stabilité à la forme classique de la langue chinoise. Je puis encore citer « l'édition impériale des Treize classiques, » la collection des « Essais impériaux, » les recueils de « Poëmes impériaux, » les « Édits sacrés, » outre un grand nombre d'autres ouvrages classiques publiés sous la dynastie régnante. Cela suffit pour établir que les conquérants tartares n'ont jamais eu en vue de détruire la langue, la littérature ou les inclinations littéraires de leurs sujets.

Le premier jour du mois de mai porte le nom distinctif de *Lih-hia*, « ouverture de l'été. » On le célèbre ordinairement par une fête de peu de durée, accompagnée, comme toutes les autres fêtes à la Chine, de réjouissances, de représentations théâtrales, etc.

Avant cette époque, on avait été privé de « pluies de grain, » et, comme les agriculteurs avaient vu leurs espérances d'une saison pluvieuse s'évanouir, on choisit la première semaine de mai pour demander au ciel de

---

[1] Le premier, le *Khang-hi-tseu-tien*, se compose de quarante deux volumes grand in-8°, et le second, le *Peï-wen-yun-fou*, de cent trente. Une quantité très-considérable d'autres ouvrages de philologie, d'histoire, et relatifs aux *King* ou anciens livres sacrés, a été publiée par les ordres et aux frais des empereurs de la dynastie mantchoue, actuellement régnante. G. P.

la pluie. On annonça un jeûne public. Dans cette conjoncture, lorsque tout le monde redoutait que la sécheresse vînt menacer l'article principal de la subsistance à la Chine, le peuple, les prêtres et les magistrats inondèrent les temples. On porta en procession les dieux de la terre et des grains, parés de leurs plus riches ornements, et les temples subirent un nettoyage général. On y voyait la population agenouillée supplier le ciel de ne plus retenir une pluie si nécessaire.

La proclamation officielle qui ordonnait le jeûne était si explicite et si rigoureuse, que, tant que la pénitence dura, mon cuisinier eut toutes les peines du monde à se procurer des provisions. Ce fut précisément dans cet intervalle que je reçus une invitation à dîner de la part d'un haut fonctionnaire. J'acceptai, curieux de voir comment mon hôte pourrait traiter un convive dans un moment où toute espèce de viande était interdite, et où l'on ne tolérait que des végétaux. A ma stupéfaction, la table était chargée de poissons, de volailles, de mouton, etc., et de toutes les délicatesses que le marché de Ningpo peut offrir dans ses plus beaux jours.

Les mauvaises récoltes, la famine, les épidémies, conséquences terribles des sécheresses prolongées, excitent à la Chine, dans le cœur de la population, des sentiments d'inquiétude bien naturels, lorsqu'il a été longtemps sans pleuvoir. Plus d'une fois les empereurs se sont imposé des pénitences pour que la pluie fût accordée au peuple. Un prêtre bouddhique s'est rendu célèbre en se plongeant jusqu'aux oreilles dans une grande jarre d'eau où il resta jusqu'à ce qu'il eût obtenu du ciel qu'il ouvrît ses trésors. Dans la ville de Changhaï, pendant le mois de juillet 1855, dans la crainte d'une sécheresse imminente, les autorités de la ville, non contentes de défendre le meurtre des moutons, des porcs, des bœufs et des volailles, firent promener dans les rues les principales idoles de la ville. Les suivants des idoles portaient des parapluies et avaient des sandales de paille, témoignant l'espoir que la pluie inonderait les rues. On portait dans la procession une immense jarre pleine d'eau, où les prêtres trempaient des branches de saule avec lesquelles ils arrosaient la terre desséchée. Deux jours après, comme les cieux continuaient à être de fer, le maire lui-même alla à pied prier dans le principal temple, et, comme témoignage d'humilité, parcourut les rues avec sa queue dénouée et les cheveux épars.

Le cabinet impérial prescrit de temps en temps des prières spéciales (*kiéou-yu*) pour obtenir de la pluie. Voici une formule abrégée, écrite par l'empereur Taokouang lui-même, pendant une sécheresse excessive. « Hélas! ciel impérial, si le monde n'était pas soumis à des afflictions extraordinaires, je n'oserais pas offrir un service spécial! Dans la présente année, la sécheresse a été excessive. L'été est passé, et la pluie n'est pas tombée. Les champs ont souffert aussi bien que les laboureurs. Même les animaux, les insectes, les herbes et les arbres cessent de vivre. Moi, l'humble serviteur du ciel, nommé pour tenir le monde en ordre et le peuple en abondance, je trouve impossible de dormir ou de manger. Je suis dévoré par l'anxiété. Cependant aucune pluie ne descend pour arroser la terre. Il y a quelques jours je me suis humilié, j'ai offert des sacrifices aux dieux de la terre et des grains ; j'ai été réjoui par quelques légères ondées ; mais elles n'ont pas suffi... Je suis contraint à m'examiner et à songer à mes erreurs, espérant que je puis obtenir mon pardon. Ai-je été irrévérent dans les services religieux? Y a-t-il eu dans mon cœur quelque orgueil que j'aie caché ou encouragé? En m'occupant des affaires du gouvernement ai-je commis quelque négligence? ai-je manqué de diligence ou d'énergie? ai-je été guidé par la justice et l'impartialité dans la distribution des récompenses ou l'application des châtiments? En élevant des monuments publics, des mausolées, des jardins, etc., ai-je opprimé le peuple ou gaspillé la fortune publique? En nommant des officiers ai-je fait un mauvais choix, et n'ai-je pas éliminé ceux qui tourmentent et oppriment mes sujets?... Humiliant ma tête devant toi, je te supplie, Ciel impérial, de hâter la précieuse faveur que j'implore de toi, en nous envoyant une pluie bienfaisante, qui sauve la vie de mon peuple! Puisse le Ciel tout puissant faire attention à ma prière et être miséricordieux au peuple! Car pour lui je suis inexprimablement affligé, alarmé et effrayé. Cette supplication est faite très-humblement. »

Avec le mois de mai étaient arrivées les chaleurs; et les Chinois eux-mêmes éprouvaient les avantages du « système de l'eau. » Un jour, au fond d'une allée, je lus en gros caractères sur un bâtiment de l'aspect le plus misérable cette inscription *Yuhtang*, « maison de bains. » Ayant témoigné le désir de la visiter, le portier m'admit et répondit à mes questions. Les Chinois ont horreur de l'*eau froide*, pour quelque emploi que ce soit, pour boire comme pour se laver. Aussi l'établissement se trouvait-il être une maison de bains chauds. On m'introduisit d'abord dans une pièce servant de lieu de toilette, régnant le long du mur, et disposée en garde-robes. C'est là que les baigneurs suspendent leurs vêtements, et pour cela chacun a une place marquée. De là, je passai dans la salle du bain ; chaque bain coûtait environ un liard. Lorsqu'on ouvrit la porte, une bouffée de vapeur en sortit et m'enveloppa. Étant étranger, je craignais que mon apparition subite n'effrayât les baigneurs ; mais telle était l'épaisseur de la vapeur, que je pouvais à peine distinguer s'il se trouvait quelqu'un dans la salle. Enfin, à travers une espèce de nuage, je découvris quatre hommes dans un état de nudité complète accroupis sur le sol et se décrassant à qui mieux mieux. A mon grand dégoût, l'eau me parut absolument sale ; le gardien lui-même me dit qu'il ne renouvelait l'eau qu'une fois par jour, le matin de bonne heure, et que la même servait pour tous les baigneurs quels qu'ils fussent. Imaginez-vous le même liquide nettoyant pendant toute une journée une multitude d'individus, sales ou malades, ou peut-être galeux ! L'odeur engendrée dans la pièce par les ablutions était suffocante ; ayant plus qu'assez de ma visite, je battis en retraite, et me précipitai vers la porte. En sortant on me fit voir sous la chambre de bain une grande étuve destinée à maintenir l'eau à un degré de chaleur exigé.

A mesure que l'été avançait, j'observai que les Chinois souffraient beaucoup de l'insalubrité de la saison augmentée par l'absence complète de règlements sanitaires. Les maladies les plus communes étaient la dyssenterie et la diarrhée, les fièvres continues ou intermittentes, ou la fièvre accompagnée d'une diarrhée intense. Tout cela provenait du manque de ventilation convenable dans les rues et les maisons, et des amas d'eau stagnante qu'on rencontrait à chaque pas, sous la forme d'étangs ou de fossés.

Ce fut vers ce temps que je m'occupai sérieusement de

savoir si le choléra asiatique régnait à la Chine. J'avais été engagé à prendre ces informations par plusieurs médecins militaires au service de Sa Majesté. Le résultat de mes recherches, faites tant à Tinghaï qu'à Ningpo, me conduisit à cette conclusion, que le choléra asiatique avait visité la Chine, non pas rarement et légèrement, mais sévèrement et à de fréquentes reprises. Voici l'analyse de mes principales observations.

Noms. — Il existe une maladie généralement connue parmi les Chinois sous le nom de *hoh-louan-tou-siaï*. Les deux premiers mots dénotent *soudaineté* et *confusion*, le troisième, *vomissement*, et le quatrième, *purgation*. La traduction de la phrase entière pourrait s'exprimer par « vomissement et purgation soudains et violents. » On donne à la maladie un autre nom qui correspond à la signification du premier, c'est *'ao-siaï-hoh-louan-tchi-tsih*, « violente attaque de vomissement et de purgation. » Mes questions répétées m'ont convaincu que les deux premiers mots servent à exprimer les violents efforts pour vomir, dont l'attaque est accompagnée. Ils ont classé à part un cas différent sous le nom *kan-hoh-louan*, ou « vomissement sec, » parce que le malade fait des efforts violents qui n'amènent point de résultat. Ce type de choléra est aussi accompagné de violentes douleurs dans les intestins, et d'alternatives de frissons et de fièvres. Peut-être n'est-ce rien qu'une simple colique à laquelle on donne le nom de « colique anglaise. »

Il y a cependant une espèce de choléra dont les habitants des provinces qu'il a visitées parlent en des termes qui témoignent de l'horreur qu'il leur inspire. Ils le considèrent comme entièrement *sui generis*, et absolument incurable. Ils donnent à ce choléra un grand nombre de noms. — *Tiao-kioh-cha*. Le caractère *tiao*, lorsqu'il a cette application, exprime l'idée de « tendre un arc. » Le second mot signifie « les pieds. » Le troisième, purement médical, veut dire « peines violentes et entrailles tordues. » La traduction de ce nom serait donc « action de tendre les pieds et de tordre les entrailles. » — *Kioh-kin-louan*. Les deux premiers caractères signifient « pieds et tendons, » le dernier, « contraction, » c'est-à-dire « contraction des pieds et des tendons. » On l'appelle quelquefois simplement : *kin-louan*, crampes des nerfs ; — *Kioh-kin-tiao*, nom qui signifie « courbure des pieds et des tendons. » — *Kioh-kin-tchao*, cinquième représentation de la maladie, exprimant une extension violente des pieds et des tendons. Le dernier nom est *Tchun-kiohoh-louan*, ou « renversement des pieds subit et convulsif. » Tous ces noms semblent concourir à dénoter le principal caractère du choléra asiatique, les crampes violentes dans tout le système.

Historique de la maladie à la Chine. — La première personne qui put me donner un récit satisfaisant de la maladie fut le docteur Tchang. Il professait lui-même depuis longtemps l'acupuncture, et avait beaucoup voyagé dans son pays. D'après ce qu'il me dit, la première invasion sérieuse du choléra eut lieu en 1820. Il avait été apporté par une jonque foukienne faisant le commerce entre Siam et Foukien. De cette province il gagna Canton, de là Kiangsi et Tchéhkiang ; prenant la direction du nord, il atteignit la province de Tchihli, où cependant il ne fit pas de grands ravages. Ce furent les deux provinces de Kiangsi et de Tchéhkiang qui, dit-on, souffrirent le plus de ses dévastations. Dans sa marche à travers ces deux dernières provinces, il atteignit le département et la ville de Ningpo, en mai 1820. On calcule que, dans ce seul département, deux mille individus furent victimes de sa rage pendant la première période. Il reparut les deux années suivantes, avec un redoublement de violence, et, dans ces deux étés (car il ne fit son apparition que pendant les chaleurs), il enleva mille personnes dans le département de Ningpo. Après une cessation de huit années, il éclata de nouveau en 1831, et ses ravages, quoique considérables, le furent moins que dans les années précédentes. En 1841, il parut encore dans la ville de Tchinhaï. Un marchand, M. Hou, me confirma le récit du vieux docteur, ajoutant qu'il s'était trouvé à Ningpo au fort de la maladie, et qu'en parcourant les rues pour ses affaires il voyait tous les jours des personnes tomber, attaquées du choléra. Mon maître, natif de Hangtcheou, me dit que l'intensité du fléau avait été sensible dans les mois de juin, juillet et d'août, 1821-1822, où les hommes mouraient « comme du bétail, » tombant dans les rues, sans se débattre. Il en avait péri de cette manière des myriades. Toutes les personnes à qui je parlai sur ce sujet me répondirent dans un langage qui indiquait la terreur la plus profonde, comme s'ils eussent eu encore sous les yeux les horreurs qu'ils avaient subies sans pouvoir y trouver un antidote. Quant aux classes sur lesquelles les ravages s'étaient particulièrement étendus, on me dit que les pauvres avaient surtout souffert, que toutes les victimes étaient au-dessous de soixante-dix ans, qu'elles n'affectaient aucun corps d'état particulier, et que les cas de mort étaient plus nombreux chez les hommes. Le docteur Tchang me dit que les prêtres et les prêtresses de Bouddha s'étaient vus épargner par la contagion, et il attribuait cette exemption à la protection des Dieux. S'ils furent épargnés en effet, sans doute ils le durent à la frugalité de leur régime. Mais, comme cet ordre religieux ne forme qu'une fraction très-faible de la population en général, eussent-ils souffert dans la proportion de leur petit nombre, l'idée se serait encore accréditée que les prêtres étaient spécialement favorisés. Les personnes qui me donnèrent ces renseignements me firent remarquer un trait particulier du progrès de la maladie dans le pays. C'est qu'elle « sauta » par-dessus quelques districts et même quelques départements. Comme on l'a vu plus haut, le fléau passa de la province de Kiangsi à celle de Tchéhkiang, après avoir sévi quelque temps dans la ville de Yuhchan, qui est sur les limites des deux provinces, mais appartient à la juridiction de la première; et se montra tout à coup à Hangtcheou, capitale de la seconde, ayant passé par dessus un espace d'environ deux cents milles de longueur, qui contient des villes, des villages et des hameaux innombrables.

Causes. — Sur ce point mes amis ne se permirent pas d'établir des conjectures, surtout par cette raison qu'ils avaient vu les personnes les plus robustes frappées subitement à la fleur de l'âge. Le docteur Tchang, interrogé sur la question de savoir s'il avait examiné des sujets morts, pour découvrir le caractère de la maladie, avoua que, loin de faire des observations sur les morts, il avait été si fort effrayé, qu'il avait même refusé d'aller voir les vivants, bien que l'on vînt de toutes parts réclamer ses services.

Les *symptômes* m'ont été décrits de la manière suivante par le respectable acupuncturiste, en réponse à cette simple question : « Quels étaient les symptômes distinctifs de la maladie? — Un tremblement soudain des membres, le vomissement, une diarrhée violente; un pouls fréquent, avant qu'on eût administré les purgatifs; abattement du pouls, après les purgatifs; aspect terne des yeux, après le commencement de la diarrhée; délire, puis insensibilité; teinte noire des ongles; boursoufflure et coloration des lèvres; couleur bleuâtre du nez; teint noir de la face; contraction générale du corps; douleurs d'entrailles; absence d'urine; enfin convulsions qui amenaient la mort. »

Durée de la maladie. — Généralement le malade était enlevé en quatre, cinq ou six heures. On citait nombre de morts subites dans les rues.

Remèdes. — Médecines internes, inutiles; l'acu-puncture et les cautères, appliqués aux extrémités, réussissaient quelquefois (deux cas sur dix).

Diagnostics favorables. — Temps d'arrêt dans le vomissement; retour de la sensibilité dans les membres; mouvement de l'œil.

Le lac de *Toung-tsien* est situé à vingt milles sud de Ningpo. Vers la fin de mai, accompagné du capitaine Kennedy, maintenant lieutenant-colonel, je m'aventurai à aller le visiter. Nous avions loué deux bateaux : un pour nous, l'autre pour nos domestiques. Nous nous embarquâmes, dès le point du jour, à un quai placé sur la rive orientale du principal bras de la rivière. Nous avions à remonter le grand canal. Pendant le premier mille, la rive gauche se montra couverte de maisons et de boutiques. Quoique Ningpo eût été occupé pendant plusieurs mois par les forces anglaises, et que, depuis, un grand nombre d'Européens de divers pays fussent venus visiter la ville, cependant la curiosité du peuple à voir des étrangers paraissait insatiable. Le canal était très-animé, à cause du grand nombre de bateaux qui montaient et remontaient, la plupart bateaux de passagers, remplis de gens de toutes tailles, de tous âges et de toute apparence. Ce fut au milieu de ce brouhaha que nous parcourûmes un ou deux milles ; mais enfin, après avoir dépassé la limite des faubourgs, nous vînmes en vue des hautes montagnes qui bornent la plaine immense que nous avions à traverser. Devant nous s'élevait la chaîne de T'aï-péh, dans la direction du lac de Toung-tsien.

Tandis que nous nous entretenions des scènes animées que nous venions de contempler, nous nous vîmes environnés de tous les épisodes de la vie champêtre. De chaque côté, de loin comme de près, notre œil parcourait des fermes et des champs cultivés. Les maisons rustiques s'élevaient du sein des buissons épais du rosier sauvage, ou de sapins à la brune verdure. A nos oreilles se répondaient le chant du merle, le cri de la pie et les gazouillements d'une foule d'oiseaux. Des paysans des deux sexes s'occupaient à vanner le grain qu'ils venaient de battre, et accompagnaient leur travail de rires et de chants joyeux. Plus loin, des travailleurs robustes nettoyaient le sol, enlevant les ronces et les pierres. Les champs de riz que nous apercevions portaient la deuxième récolte de l'année. La tige de riz se montrait couvrant de longs sillons parallèles, séparés par une petite ornière pour l'écoulement des eaux versées dans les champs par les machines à irrigation. Afin que le riz pût attirer à lui seul tous les sucs nécessaires à sa nourriture, on extirpait avec soin toutes les herbes parasites. Absorbés par cette opération, les cultivateurs avaient leurs manches et leurs pantalons retroussés. On les voyait ramper entre les différentes couches de riz en tiges, remuant avec les mains la terre humide autour des racines de la précieuse plante. Cette tâche est extrêmement laborieuse. Lorsque les pauvres gens se mettaient debout pour voir passer les étrangers, nous pouvions observer que leurs membres n'étaient que trop exposés au tranchant des cailloux, ainsi qu'aux attaques de nombreuses sangsues.

Détournant nos yeux du spectacle des fermes pour les porter le long des bords du canal que nos bateaux remontaient lentement, ils tombèrent sur les machines à irrigation. Elles étaient nombreuses sur la ligne que nous avions à parcourir ; et, à voir leur quantité extraordinaire, on pouvait apprécier l'extrême danger dont menaçait la sécheresse, et le besoin qu'éprouvaient les fermiers de se procurer un arrosage factice.

Dans les districts privés de canal ou de rivière, on creuse des puits. On remplit aussi des réservoirs où l'eau est amenée par des aqueducs des montagnes placées à quelque distance. A la margelle du puits, on dresse un levier, dont une extrémité supporte une pierre et l'autre un seau. Le seau est abaissé, rempli, puis remonté pour déverser son contenu, soit dans le champ, ou, lorsque l'endroit à arroser est placé sur une terrasse plus élevée, dans une gouttière pratiquée au niveau convenable. Sur le bord des canaux, des rivières ou des lacs, on se sert des machines hydrauliques suivantes : la « roue d'homme assis, » la « roue à pied, » la « roue à main, » la « roue à buffles. » On a encore une auge au bord de l'eau. On y place une pompe à chaîne, composée d'une série de planchettes superposées formant chapelet, au moyen de laquelle on élève l'eau jusque sur la rive. Le genre de moteur appliqué à chaque machine est indiqué par le nom qu'elle porte. Parfois on voit un homme travaillant, assis, avec ses jambes, d'où la machine est appelée « roue d'homme assis. » La « roue à pied » exige que le laboureur se tienne sur la machine, marchant en décrivant un cercle, et se soutenant sur une balustrade de bambou. La troisième machine est mue par la main. La quatrième est plus compliquée et exige l'emploi de buffles [1]. Toutes celles que nous apercevions appartenaient à la seconde et à la quatrième catégories. On paraissait employer pour l'irrigation toutes les forces disponibles du personnel, tant la nécessité s'en faisait sentir. Nous voyions jeunes et vieux foulant la même roue, appuyés sur la même balustrade, et mêlant leurs voix dans les mêmes chansons. Des enfants de six ans marquaient le pas avec des hommes de cinquante ; s'ils étaient trop petits pour monter sur la roue, on les chargeait du soin de faire aller les chapelets avec leurs petites mains. Les femmes même, que la petitesse de leurs pieds empêchait de marcher sur la plate-forme des roues, frappaient des mains pour mesurer le pas des hommes. La roue mue par les buffles offrait un travail moins pénible ; mais, pour celle-là comme pour les autres, l'activité était à l'ordre du jour. Par ce principe que quiconque ne travaille pas ne doit pas manger, on ne laissait pas au robuste animal un instant de repos inutile. Un homme ou

---

[1] L'Encyclopédie pittoresque chinoise, intitulée *San-tsaï-thou-hoeï*, publiée il y a plus de deux cents ans, donne les figures en action de ces différents systèmes hydrauliques (Voy. section *Khi-young*, K. 10.)

G. P.

une femme ou un marmot le suivait dans son mouvement circulaire, le pressant avec un bâton, ou le hâtant de temps en temps par des cris. Cependant, quel que fût leur désir d'entretenir le pas régulier du docile quadrupède, on n'oubliait pas ses besoins. On prenait soin d'alléger sa tâche par une nourriture abondante, par quelques instants de repos et par diverses précautions, comme de lui couvrir les yeux pour empêcher l'étourdissement que lui aurait causé le mouvement de rotation de la machine. Pères, mères, frères et sœurs, tous s'aidaient mutuellement en surveillant les mouvements lents, mais réguliers, de la lourde bête, ou pour la conduire dans de verts pâturages et près d'une eau limpide.

Personne n'était oisif, il n'y avait nulle part de temps d'arrêt. Pendant que tous ces hommes se démenaient à travers les ronces, ruisselants de sueur sous les rayons d'un soleil vertical, on n'entendait ni plainte ni murmure; rien que la chanson du laboureur s'élevant dans les airs. Lorsque nous étions dans notre patrie, à la vue d'une riante chaumière et des paysans joyeux, nous nous prenions à envier le bonheur de la vie champêtre. De même, dans notre excursion au lac, en contemplant l'aspect des fermes qui pourtant n'avaient rien de bien séduisant, mais que paraient en les cachant à demi les simples ornements de la nature; en entendant les notes cadencées des oiseaux du ciel, en voyant çà et là des bras activement occupés, et des figures riantes, nous allions jusqu'à nous imaginer que le paysan chinois était heureux et content.

Après avoir parcouru environ dix milles avec le vent de bout, nous entrâmes dans un autre canal qui se dirigeait au sud-ouest; et qui traversait une vallée fertile placée à la base du *Louhchan*, montagne couverte de jeunes sapins. Les champs étaient couverts de blé, dont une partie était encore verte, et l'autre bonne à moissonner.

A quatre heures de l'après-midi, nous atteignîmes les bords du lac Toung-tsien, et jetâmes l'ancre en dehors d'une écluse. En regardant par-dessus les portes, notre désappointement fut complet lorsque nous vîmes que la pièce d'eau, but de notre excursion, n'était plus qu'une grande place verdâtre, d'où, en raison de la longue sécheresse, on avait épuisé l'eau pour remplir le canal et arroser les champs d'alentour. A l'autre extrémité nous apercevions une chaussée connue sous le nom de rive des Cinq Li (longue d'un mille et demi). A chaque extrémité se trouve un superbe pont construit en bambou. Nous apercevions le plus élevé de l'endroit où nous étions, et nous supposâmes que le canal, venant d'un autre bassin plus élevé, devait passer sous ce pont. Nous montâmes sur une hauteur voisine pour examiner les lieux, et nos conjectures se trouvèrent confirmées. Nous découvrîmes une nappe d'eau s'étendant au sud-ouest aussi loin que pouvait porter la vue, et couverte de nombreux bateaux. Nous apprîmes que le lac se divisait en deux parties, la plus grande, appelée *Toung-hou*, « lac oriental, » et quelquefois *Toung-tsien-hou* (lac encaissé oriental). La plus petite, nommée *Meï-hou* « lac de niveau. » C'était ce dernier auquel nous étions arrivés, et nous employâmes le reste de la journée à remonter jusqu'à l'autre ; mais par malheur nos bateaux étaient trop larges et trop pesants pour franchir l'écluse et entrer dans le second canal ; et nous n'en avions pas d'autres à notre disposition. Le seul parti que nous eussions à prendre était de parcourir les bords du bassin et de chercher quelque autre moyen de transport parmi les nombreux hameaux qui l'avoisinent ; ou bien encore de rester dans notre bateau, et de chercher à gagner le lac supérieur en faisant un long circuit. Comme la journée avançait, nous prîmes le premier expédient. Nous marchâmes à la fraîcheur de l'après-midi jusqu'au moment où les ombres du soir s'étendirent sur le paysage qui nous environnait. La promenade était vraiment délicieuse pour des hommes qui avaient été enfermés dans des murailles de bois pendant de longues heures si brûlantes. Nous traversâmes plusieurs villages et plusieurs hameaux, qui portent le nom des propriétaires du sol, comme « la famille *Ling*, » la « famille *Wou*, » etc. On nous accueillait partout avec une politesse invariable, et les paysans semblaient délivrés de cette crainte que nous avions vue avec tant de peine à Ningpo. Les femmes accouraient autour de nous pour voir nos figures, toucher nos habits, et examiner nos mouvements. Au lieu de s'enfuir à notre approche comme des animaux sauvages, les habitants nous reconduisaient et s'entretenaient avec nous d'une manière affable. Les chiens même semblaient posséder des qualités sociales que nous n'avions pas encore rencontrées dans leur race. Ils venaient à notre appel, remuant la queue d'une façon amicale. Tout cela formait un contraste frappant avec tout ce que j'avais vu pendant le commencement de mon séjour à Ningpo. Je ne pouvais l'attribuer qu'à une circonstance, c'est que ces gens étaient éloignés du théâtre de la dernière guerre, et qu'ils n'avaient point été à même d'entendre tous les bruits défavorables aux intérêts comme à la réputation de la nation anglaise. Notre recherche n'ayant pas réussi, nous dûmes revenir à notre grand bateau pour y passer la nuit.

Nous étant levés de bonne heure le lendemain matin, nous traversâmes un marais de grande étendue pour nous rendre à une carrière d'un aspect singulier, que nous apercevions à gauche du lac Meï-hou ; nous l'atteignîmes un peu après le soleil levé. Au pied d'une éminence d'une certaine hauteur, nous passâmes devant un amas de pierres empilées, sans doute pour servir de demeure ou d'abri aux ouvriers. Plus loin nous rencontrâmes des carriers, roulant des brouettes grossièrement construites. Après une marche fatigante, nous parvînmes au haut, où nous trouvâmes des ouvriers nombreux, excavant, extrayant la piere, et la débrutissant. Les outils étaient de formes disgracieuses. Dans plusieurs endroits on faisait jouer la mine; mais pour détacher les blocs on se servait de coins. Les cubes et les colonnes se taillaient dans la carrière même. Pour les descendre jusqu'au bas de la colline, on avait pratiqué un plan incliné qui régnait dans toute sa hauteur ; et la rapidité avec laquelle se transportaient les pièces travaillées avait quelque chose d'effrayant. Les ouvriers nous traitèrent avec beaucoup de respect, nous donnant toutes les informations dont nous avions besoin, et nous guidant où nous désirions aller. Au centre de la carrière, s'élève un rocher perpendiculaire d'environ cent soixante pieds de hauteur, du haut duquel nous jouîmes d'une belle vue de Ningpo.

Nous revînmes à notre bateau et remîmes à la voile vers midi, avec une jolie brise, notre but étant de chercher la route la plus courte pour nous rendre au lac supérieur. En remontant le cours paisible de l'eau, nous aperçûmes un temple de belle apparence, s'élevant au-dessus d'une grotte. C'était le *Si-ting-miao*. Nous nous y fîmes débarquer; et, en nous y rendant, nous rencontrâmes des voisins et quelques prêtres qui nous reçurent cordialement. Ils acceptèrent quelques livres chrétiens, et nous nous entretînmes avec facilité. L'édifice est moderne, ayant été construit il n'y a pas plus de dix-sept ans. Il est bâti sur un rocher, au centre d'un bosquet de bambous. Il contenait peu d'objets qui méritassent l'attention, si ce n'est les lambris sculptés et les statues auxquelles on travaillait. Ces dernières composaient un groupe curieux de figures, les unes terminées, les autres à moitié finies, les unes brutes, les autres ornées; quelques-unes avaient un bandeau qui leur couvrait les yeux. En ayant demandé la cause, on nous dit que, si l'idole était déjà, par hasard, occupée par la divinité, cette précaution l'en faisait sortir et l'empêchait d'y rentrer. Il existe, parmi le peuple, une superstition qui lui fait redouter les punitions les plus sévères s'il venait à toucher, à troubler, ou à molester, de quelque manière que ce soit, une statue sans que les yeux de celle-ci soient bandés. Mais, lorsque l'image a les yeux couverts, il n'y a rien à craindre. Voilà pourquoi les fabricants d'idoles, en faisant ou en copiant les statues, ont soin de les garantir de toute molestation pendant le travail. L'idée généralement reçue est que, en touchant seulement à l'idole, on attire sur soi sa colère et sa vengeance. Lorsque les Anglais débarquèrent à Tchinhaï en 1841, les troupes, après le bombardement de la ville, entrèrent dans un vaste temple rempli d'idoles et se mirent à traiter sans façon les images dorées des dieux chinois. Les indigènes, témoins de cette conduite, étaient dans la stupéfaction et s'attendaient à voir tomber sur les insolents intrus une vengeance prompte et terrible. Ils voyaient les images des dragons détrônées les unes après les autres, et les barbares sacrilèges allaient tranquillement leur train. Les Chinois s'éloignèrent enfin de cette scène d'horreur en s'écriant : « Nous redoutons *Pousah*, mais *Pousah* redoute les Anglais! »

Quittant le site champêtre du temple de Si-ting, nous traversâmes une plaine bien arrosée, quelquefois glissant sur le canal à l'aide de notre voile, quelquefois suivant les bords à pied. La curiosité des paysans qui habitent le voisinage était excessive; mais en même temps leur conduite était convenable. Nulle part nous ne fûmes insultés, et nous parcourûmes librement les champs, accompagnés d'un groupe de jeunes gens questionneurs et obligeants. Enfin, nous atteignîmes le village de Mouh-tchi-yin, où nous trouvâmes l'écluse qui protége l'entrée nord-est dans le lac *Toung-tsien*. Le village lui-même paraissait propre, et les habitants se conduisirent de la manière la plus décente. Tandis que l'on prenait des arrangements pour faire remorquer nos bateaux par-dessus l'écluse, nous nous mêlâmes à la foule du peuple, qui nous suivit dans le village et les environs. La scène la plus intéressante fut le halage des bateaux. Il y avait deux plans inclinés sur le batardeau, l'un pour hisser les bateaux du lac d'en bas dans le lac d'en haut, l'autre pour les lancer du lac d'en haut dans le lac d'en bas. Ces plans étaient pavés de belles dalles. On fit monter le bateau à l'aide d'un gros câble qui l'embrassait par derrière, et était des deux côtés amarré à un cabestan. Les cabestans, de forme grossière, étaient mis en mouvement par un nombre d'hommes que payait l'éclusier. En se servant des deux cabestans placés, comme je l'ai dit, de chaque côté de l'écluse, on vint à bout de tirer le bateau jusqu'au haut, d'où il fut lancé dans le bassin. Pendant cette opération, nous fûmes obligés d'amarrer tous les objets composant notre bagage pour prévenir les accidents, et ces précautions exigèrent tous nos efforts et toute notre vigilance. Pour redescendre le bateau dans le lac inférieur, le procédé fut le même.

Une fois le travail terminé, nous nous remîmes en route. Le canal, ou ligne du passage des bateaux, était marqué par de jeunes arbres plantés pour désigner là où il y avait la profondeur d'eau voulue. Avant que les ombres du soir nous eussent enveloppés, nous jetâmes l'ancre au bout occidental du lac, près d'un village nommé Ying-kia-wan. Nous fûmes bientôt environnés de nombreux visiteurs. Mais l'obscurité ne tarda pas à nous en débarrasser. Dans la soirée, nous allâmes voir le vénérable chef du village, âgé de quatre-vingt-sept ans.

Le lendemain, de très-bonne heure, nous avions laissé cet ancrage, et, comme notre but était de traverser le lac, nous nous fîmes remonter par les bateliers à l'aide de perches. La plus grande difficulté venait des bas-fonds, l'eau n'ayant que deux pieds en beaucoup d'endroits à cause de la sécheresse. Le bateau touchait de temps en temps sur la boue; alors les bateliers étaient obligés de se mettre à l'eau, ce qui ne leur plaisait que médiocrement. A mesure que le lac prenait de la profondeur, nous avançâmes plus facilement. Enfin, le vent vint à notre aide; mais les bateliers voulaient amener la voile, en témoignant des craintes sur l'aspect menaçant des nuages. Ils pronostiquaient l'approche d'un orage : ce n'était qu'une petite bourrasque. Rien n'égalait la terreur de ces marins d'eau douce. L'un d'eux se jeta à genoux, en demandant aux dieux leur secours, et, en touchant le bord, il frappa la terre avec son front en signe de reconnaissance. A notre arrivée au village *Haïling*, nous fûmes reçus par une foule de spectateurs, dont un grand nombre se mettait dans l'eau jusqu'à la ceinture ou grimpait dans les arbres pour voir les étrangers. Le capitaine Kennedy et moi nous nous rendîmes au principal temple, où l'on nous traita avec des gâteaux, du thé et des confitures envoyés par les principaux habitants, sur des plateaux séparés. De là, nous entrâmes dans le village, qui nous parut considérable et animé. Le soir, avant de rentrer dans le bateau, nous montâmes sur une montagne « à thé » qui dominait la ville. Elle était entièrement tapissée d'arbrisseaux à thé, et divisée en terrasses s'élevant l'une au-dessus de l'autre.

Le lendemain matin, nous nous rendîmes au petit village de *Péhpou-chan*, placé à l'ouest du lac. Notre objet, en y allant, était de gravir le pic de Péhpou, ou « pic centipède, » qui ressemblait à une aiguille aiguë perçant les nuages. Le hameau était insignifiant, mais dans une situation agréable. A peine descendus, nous obtînmes du chef du village deux jeunes garçons pour nous servir de guides. Plusieurs sentiers s'offrirent bientôt à nous, conduisant au sommet de la montagne. A droite se montrait une bonne route, ombragée par des arbres; mais, comme elle paraissait faire un circuit, et que nous espérions en trouver une autre plus au centre de la montagne, nous prîmes un chemin qui nous devait moins écarter, et qui se trouva être très-romantique, quoique rude et peu fréquenté. La montée fut pénible. Arrivés au sommet, nous donnâmes à la montagne le nom de « pic de la découverte, » attendu que nous étions les premiers Anglais qui l'eussions visitée. Ce pic était étroit et nu; les flancs en étaient çà et là revêtus de sapins. Prise du point culminant, la vue était magnifique. Le département de Ningpo tout entier, avec les montagnes qui l'enceignent, de grandes villes, de nombreux villages, des plaines bien arrosées, s'étendaient à nos pieds. Les frontières de la province de Tchèh-kiang arrêtaient nos yeux au nord et au nord-ouest, tandis qu'ils plongeaient à l'est et au sud sur un lac salé et sur l'Océan, accidenté par des îles nombreuses.

Avant de descendre, nous voulûmes ériger un monument sur le pic, en commémoration de notre prouesse. Nous réunîmes un amas de pierres, et, à grande peine, nous élevâmes une pyramide, au centre de laquelle nous plaçâmes une bouteille contenant le récit de notre ascension avec nos noms, et datée du « pic de la découverte. » Notre descente fut rapide, et notre retour à travers le lac ne le fut pas moins. Nous avions pris des estimes à divers endroits de ce lac, et, les corroborant du témoignage des habitants, nous conclûmes que sa circonférence devait être de vingt-deux milles. Sa plus grande profondeur est, dit-on, de six pieds, et le fond est d'une argile bleuâtre. Le lac a six sorties, à chacune desquelles aboutit un beau canal qui conduit à Ningpo. Il est environné de soixante-douze villages, tous fertiles et populeux. A en juger par les nombreux bateaux de pêche et de commerce dont il était couvert, il se fait sur ses eaux un trafic considérable. On nous dit que par son ouverture nord-est il se fait un grand commerce entre Ningpo et un village sur le « Lac salé, » au sud de Haïling.

Lorsque le capitaine Kennedy m'eut quitté, je passai plusieurs jours à visiter deux temples renommés, placés dans le voisinage de Ningpo : l'un, le *Yoh-wang*, et l'autre, le *T'ien-toung*. Le premier se trouve à dix-sept ou dix-huit milles à l'est de la ville. Les environs de l'édifice offraient divers objets curieux. Mais le temple en lui même, avec son contenu, répond tellement aux diverses descriptions que j'ai déjà données, qu'il me paraît inutile d'entrer, à son égard, dans de nouveaux détails. Je remarquerai seulement, *en passant*, que le temple de Yoh-wang s'élève sur un des sites choisis pour construire les quatre-vingt-quatre mille pagodes dont Ayoh, roi bouddhiste[1], fut, dit-on, le fondateur; d'où l'on a donné au monument le nom de « temple du roi Yoh. » On montre avec beaucoup de solennité, sur la surface d'un rocher dans le voisinage, l'empreinte du pied de Bouddha. Je pris la peine de la mesurer. Elle avait sept pouces de large aux orteils et cinq au talon. Pour me prouver son authenticité, un prêtre cracha dessus, en me faisant ob-

---

[1] Ce personnage était roi de Magaddha ou Bahar, dans l'Inde centrale ; il porte les noms de Asoka, Ayeou, Azoki, Mokieto, Wouyuh et Ayoh. On fait remonter son règne de 1000 à 282 av. J. C. Rev. Milne.)

« Si ce fait est vrai, il serait en opposition formelle avec l'histoire chinoise, qui place l'introduction du Bouddhisme en Chine sous l'empereur Mingti, des *Han*, vers le milieu du premier siècle de notre ère. Voici comment s'exprime la grande Géographie impériale de la Chine, L. 178, f° 22 v°, à l'article *Monastères bouddhiques* du département de Ningpo : « Monastère du roi Ayoh. » Il est situé à l'Est du district de *Yin*, au milieu de la montagne du roi Ayoh. Il fut fondé au commencement des années *I-hi* des *Tçin* (405 de notre ère). Quelques-uns le nomment le temple « du vaste profit. » Ce fut l'empereur Wou-ti, des *Liang*, (502-550) qui le dota de son nom actuel. Le monastère de ce *Tha*, (ou petite pagode à plusieurs étages) renferme les vraies reliques du roi Ayoh (en sanskrit, Asoka, roi indien contemporain d'Alexandre) qui en est réputé le fondateur. » G. P.

server avec quelle rapidité l'humidité disparaissait. La salive du bonze se trouva sans doute trop épaisse, car l'évaporation ne fut pas rapide. Dans l'opinion des prêtres et des fidèles qui fréquentent le temple, rien n'est supérieur en sainteté à une des reliques de Bouddha déposées ici. C'est une vieille dent ou esquille d'os découverte, assure-t-on, dans une montagne voisine. Elle était enfermée dans une petite boîte en bois de quatorze pouces de hauteur sur sept de largeur à la base. Le prêtre qui me la montra eut soin de me faire observer qu'en me la présentant il m'accordait une faveur particulière. Il me décrivit les brillantes couleurs dont se parait la relique aux regards des personnes ayant véritablement la foi, couleurs qui variaient selon l'état du cœur des fidèles. Il m'invita à regarder le reliquaire par un petit trou pratiqué dans la boîte. Je le fis, mais les couleurs ne daignèrent pas briller à mes regards, et le prêtre referma la boîte [1].

Ma route pour aller au temple de *T'ien-toung* se fit, moitié par terre et moitié par eau. Pendant mon trajet sur terre, l'aspect du pays fut différent de ce que j'étais habitué à le voir. Le sol formait des ondulations fréquentes, et la route était remarquable par des montées et des descentes très-roides. Je traversai plusieurs villages dont les habitants n'avaient jamais vu un « étranger à visage blanc. » Cependant tous rivalisèrent envers moi d'attentions délicates. Partout mes livres religieux furent reçus avec reconnaissance.

---

[1] Dans un travail sur les pagodes en Chine, placé à la quatrième partie de cet ouvrage, je me suis étendu au long sur le *Chay-li* bouddhiste, et je ne répéterai pas ici mes remarques sur ce que l'on ne peut considérer autrement que comme un singulier vestige du passage primitif de la religion bouddhique de l'Inde en Chine.

En approchant du temple de *T'ien-toung*, l'aspect du pays prit des proportions si grandioses, que j'hésite à les décrire. Le site semblait avoir été choisi pour un lieu consacré. Aussi loin que le regard pouvait s'étendre, on voyait s'élever montagnes sur montagnes, couvertes d'arbres de toute espèce. Le temple était comme caché au centre d'un vaste amphithéâtre de collines élevées. L'avenue qui conduisait à l'édifice sacré avait un mille de longueur; elle était ombragée des deux côtés par une allée de sapins plantés à égales distances, et habités par des écureuils et des faisans. Au bout de l'avenue, le temple se présentait aux regards dans toute sa majesté, au pied d'une éminence, élevant degrés sur degrés, avec ses mille salles et ses mille corridors. Mais ma surprise fit bientôt place à un profond sentiment de chagrin, lorsque je réfléchis que je foulais un sol consacré par l'idolâtrie, occupé par un des sièges du paganisme, l'école d'une secte de prophètes, victimes eux-mêmes de l'erreur, et travaillant à la propager! Une réception amicale m'attendait. On me fit entrer dans la salle des visiteurs, où l'on plaça devant moi tous les rafraîchissements compatibles avec les règles diététiques de la religion bouddhique. Le reste du jour fut employé à visiter l'établissement depuis les caves et les magasins jusqu'au sanctuaire : *sanctum sanctorum*.

Bien que je fusse le premier Anglais qui eût pénétré dans leur enceinte, les prêtres, toutes les fois qu'ils eurent à me donner des explications ou à m'éclaircir des difficultés, le firent sans scrupule et de la manière la plus courtoise. Il serait fastidieux de conduire le lecteur de cloître en cloître par toute l'étendue des bâtiments; je ne mentionnerai pas non plus les incidents sans valeur qui marquèrent mon peu de séjour sous le toit de ce temple renommé.

Dans l'après-midi, de bonne heure, les prêtres, dont le nombre ne dépassait pas soixante, furent appelés pour le repas du soir. Non-seulement leurs lois canoniques règlent la qualité et la quantité de leur nourriture, mais le moment et la fréquence de leurs repas. Le riz et les autres provisions étaient mesurés aux cuisiniers sous la rigoureuse surveillance d'un contrôleur, nommé par l'ordre pour inspecter les détails matériels de la cuisine et des magasins. A une heure fixe, le repas doit être sur la table. Le signal du dîner se donne au moyen d'un certain nombre de coups frappés lentement sur une pierre sonore placée à la porte du réfectoire. Le bruit n'en eut pas plutôt retenti dans le labyrinthe des corridors, que je vis les prêtres de tout rang et de tout âge accourir pressés par la faim. On chanta une strophe ou deux, tandis qu'ils se tenaient debout, et le repas s'accomplit au milieu d'une taciturnité solennelle.

Plusieurs personnes m'avaient dit que, dans ce temple fameux, il se trouvait cinq à six fanatiques, qui étaient devenus complétement étrangers au monde extérieur. Ils ne paraissaient jamais, m'avait-on dit, que dans les postures de la dévotion la plus exagérée. Chacun d'eux, ajoutait-on, se tient dans sa niche, absorbé par une conversation intime avec Bouddha ; et il est tellement préoccupé de son service, qu'il n'a ni le temps ni le désir de jeter un coup d'œil sur ce qui l'environne. En approchant de l'ermitage où je devais les trouver, je les vis occupés de leurs prières. Ils me parurent passablement sales, et leur aspect était loin d'être agréable ; mais je ne vis rien en eux qui approchât de cet extérieur de sainteté que je leur avais entendu attribuer. Le jour où je les vis, ils accomplirent leur service avec précipitation et légèreté; et, dès qu'ils eurent fini, ils s'approchèrent de moi pour regarder et toucher mes vêtements. L'un d'eux, suivant une pratique fréquente dans l'ordre, s'était excisé un doigt pour accomplir un vœu fait à son idole protectrice.

On m'avait destiné pour la nuit un appartement confortable. On vint me réveiller à trois heures du matin, comme je l'avais demandé, pour entendre les matines de la communauté. Les prières furent annoncées par le « tambour tonnant » et la « cloche résonnante. » L'enceinte où l'on adorait me sembla le vaisseau le plus grand et le plus magnifique que j'eusse encore vu. La triade bouddhique était placée au centre, environnée d'une foule de demi-dieux et de génies, ses satellites ordinaires. Devant le maître autel se tenaient les prêtres rangés sur plusieurs files de huit ou de dix; leurs longues robes grises flottantes ajoutant à la majesté du lieu. Ils restèrent longtemps immobiles, s'inclinant légèrement, les mains jointes et les yeux baissés, murmurant un chant très-lent sur des notes peu élevées. Trois prêtres battaient la mesure : l'un, frappant sur un grand tambour; l'autre, sur un bassin de cuivre; et le troisième, sur une boule de bois de la forme d'un crâne. Chacun d'eux avait devant lui une natte sur laquelle il fléchissait le genou, et de temps en temps se frappait la tête sur la terre devant l'image massive de Bouddha. Ils se relevaient ensuite, se faisaient face, en chantant, etc. Le service dura une heure. Le son des cloches, les fréquentes salutations, le chant lent et mesuré, la fumée de l'encens, l'usage du chapelet, les tonsures, et le costume que les prêtres portaient ce matin-là, tout m'offrit un air frappant de ressemblance avec les cérémonies de l'Église romaine.

Après le service, je fus invité à déjeuner avec les prêtres, et, peu de temps après, je repartis pour Ningpo. En m'éloignant de ce temple magnifique, où règne l'idolâtrie dans toutes ses pompes, une espérance consolante vint se joindre aux idées qui m'avaient attristé : c'est qu'un jour, lorsque le glorieux Évangile se sera ouvert dans ces pays une route triomphante, les voûtes superbes de *T'ien-toung* seront consacrées au service du divin Sauveur, et serviront de collége aux ministres et aux évangélistes chrétiens, qui circuleront partout comme ambassadeurs du Christ.

Avant de quitter Ningpo pour une autre partie de la Chine, il ne me semble pas hors de place de donner dans un court paragraphe l'état progressif des rapports de cette ville avec les Européens depuis l'ouverture de son port, en vertu du traité de Nanking, conclu en 1842. Dès l'année 1552, les Portugais avaient fondé des relations commerciales avec la cité de Ningpo ; et, de nos jours, un étranger qui visite cette ville peut, en cherchant bien, découvrir la maison de la « Société des bons étrangers. » C'est un bâtiment placé près de la porte du pont, qui fut érigé en 1528, pour y recevoir les négociants étrangers. Au commencement de 1700, et plusieurs fois depuis, les Anglais essayèrent d'ouvrir des relations commerciales avec cette ville, mais ils n'y réussirent pas. Cet échec peut s'attribuer en partie au mépris et au dégoût pour les étrangers, que les Portugais avaient inspiré aux indigènes par leur violence et leur rapacité, poussées au point, qu'ils s'étaient fait exclure des ports de la Chine. Vers la fin de 1843, quatre ou cinq mois après mon départ, le gouvernement anglais, dans le but de traiter les négociations commencées en 1842, établit à Ningpo un consulat sous la gestion éclairée de feu M. Thom, dont les Chinois font encore l'éloge, et dont les étrangers regrettent l'habile intervention. Comme Ningpo tient un rang important parmi les villes de la côte, comme ses négociants sont distingués par leurs talents et leur industrie, et en raison de la facilité de ses rapports avec l'intérieur du pays, on avait pensé que son port serait un point d'attraction pour les négociants étrangers. Mais cette espérance ne s'est point réalisée. Bien que Ningpo se trouve à une distance très-rapprochée de plusieurs villes, telles que Hangtcheou et Chaohing, où se fait un commerce énorme, cependant les délais occasionnés par les canaux, les écluses, et les gués, ont présenté des obstacles à l'accroissement des affaires. C'est à ces causes qu'est dû le renversement des vues qu'on avait jetées sur Ningpo, comme port de premier ordre pour les vaisseaux européens. On y voit bien arriver quelques bâtiments de temps à autre. Toutefois les transactions n'éprouvent que des progrès insensibles. D'après la *Gazette de Hong-Kong*, de mars 1856, le commerce de Ningpo continue à être sans importance. L'importation de 1855, par les vaisseaux anglais, est estimée à trois cent quatre-vingt-dix-huit mille trois cent vingt-huit dollars, environ deux millions de francs; le principal article de cette importation, consistant en sucre pour une somme de soixante-dix-neuf mille quatre cent cinquante-quatre dollars. Les exportations sont estimées à deux cent cinq mille quatre cent neuf dollars, et le riz en représente la plus forte partie. Depuis 1850, les Français, les Américains et les Portugais ont nommé des consuls secondaires à ce port, mais il faut réduire à peu près à zéro les affaires qui s'y font sous pavillon étranger. Comme on a pu le conclure de ce que j'ai dit, les missionnaires protestants sont les premiers qui se soient établis à Ningpo, par suite de la ratification du traité de Nanking. Quelque temps après que j'eus quitté la ville, deux ou trois missionnaires américains se sont acheminés vers cette terre promise ; et j'ai entendu dire qu'ils s'y étaient maintenus avec honneur et encouragement. La Société des Missions de l'Église (*The Church Missionary Society*) est la seule congrégation anglaise qui ait obtenu ici des résultats. En 1835, la Société d'Évangélisation chinoise (*Chinese Evangelization Society*), commença sa mission avec des apparences de succès ; elle a un bel avenir, si elle est conduite avec prudence et sagacité. Les statistiques les plus récentes des missions protestantes à la Chine nous font connaître qu'il y avait en 1856 dans ce pays, dix-sept familles distinctes de missionnaires, ainsi réparties : — Société des missionnaires de l'Église, trois familles ; — Société d'Évangélisation chinoise, trois familles ; — Société presbytérienne américaine, sept ; — Baptistes américains, quatre. — Il convient encore de citer les efforts d'une dame anglaise, Miss Aldersey, qui, depuis le moment où elle a pu pénétrer à Ningpo, est venue s'y consacrer avec une énergie remarquable, en y consacrant sa vie et sa fortune, à l'éducation et à la conversion au christianisme des femmes de cette ville. Par son zèle il s'y est formé une pension de près de cinquante jeunes filles qui prospère depuis huit ans. Dans cette noble entreprise, malgré les efforts contre lesquels elle avait à lutter, elle, femme et isolée, ses succès ont été remarquables. Par ses soins, un grand nombre de jeunes personnes ont reçu une éducation chrétienne. Les disciples qu'elle a formées contribueront sans doute à répandre la vérité et la vie parmi une génération encore à naître. D'après ce que je connais personnellement du caractère, de la dévotion, des travaux de cette dame, ce serait une chose à désirer ardemment que les dames de la Grande-Bretagne lui prêtassent l'appui de leur patronage. Bien que, pour des raisons de prudence, Miss Aldersey eût depuis quelque temps jugé convenable de placer sa pension sous les soins d'une autre dame anglaise, son intention bien arrêtée est de consacrer le reste de ses jours à surveiller ses intérêts et son accroissement.

TROISIÈME PARTIE

COUP D'ŒIL SUR LA VIE INTÉRIEURE A LA CHINE

CHAPITRE PREMIER

Récit d'une excursion de Ningpo à Péh-kouan. — De Péh-kouan
à I-kiao.

Ayant fait mes préparatifs pour une excursion dans l'intérieur, je fixai mon départ au 7 juillet 1845, à neuf heures du soir.

Le bateau que j'avais choisi portait le nom du village auquel il appartenait, *Péh-kouan*. Il ressemblait beaucoup à nos gabares à charbon, réunissant un fort tonnage à la légèreté de construction. J'avais pris pour guide Wou, dont je connaissais la fidélité, et qui avait longtemps voyagé sur la ligne que j'allais parcourir. De plus, comme mesure accessoire pour éviter d'être découvert, je pris avec moi deux jeunes garçons qui avaient été quelque temps à mon service, et auxquels j'avais confié mon secret.

Après mon dîner, je fis venir un barbier qui me rasa le devant de la tête et me mit une queue postiche d'un mètre de long; après avoir subi cette opération préliminaire, je changeai mes habits anglais contre un habillement d'été chinois. Avant de sortir de chez moi, l'idée me vint que peut-être la « queue, » cet article d'où dépendait ma sûreté, pouvait être trop lâchement attachée; ma crainte n'était que trop fondée, car à la première épreuve que je fis, la queue me resta dans la main. Je fis rappeler le barbier qui fut tout ébahi de voir le peu de solidité de son œuvre. Il recommença donc ses manipulations, non sans me faire faire d'étranges grimaces.

Après cette première attaque contre la sensibilité de mon système nerveux, je quittai mon logement, accompagné de ma suite; je passai sous la porte de l'Est, devant la maison du portier, sans être reconnu; je m'acheminai par les faubourgs à la lueur d'un beau clair de lune; et à l'angle des murs de la ville, je m'insinuai dans le bateau où je voulais passer le reste de la nuit.

Le lendemain matin, dès cinq heures, nous profitâmes de la marée montante pour entrer dans la rivière *Tsziki*, en compagnie d'une flottille de petits bateaux, qui remontaient le courant à l'aide du vent et de la marée. Je comptai quarante-sept de ces bateaux du pays, la plupart portant comme le nôtre le nom de *Péh-kouan*, ayant un équipage de trois hommes au moins, chargés de marchandises ou de passagers pour Hangtcheou, capitale de la province, située à cent vingt-sept milles de Ningpo, ou pour les villes intermédiaires de Tsziki, Yuyao et Chaohing.

MONTAGNES REMARQUABLES. 253

Dans cette première journée, le premier endroit remarquable fut *Kao-kiuo*, pont construit à cinq milles de Ningpo, et qu'a rendu mémorable la défaite des Tartares, en 1130 de notre ère, par une troupe de paysans chinois, à la tête desquels se trouvait un héros nommé Tchangtsiun. Au milieu du seizième siècle, les Japonais parvinrent jusqu'à cette place, et exercèrent de grands ravages dans les environs.

Une jolie brise nous conduisit jusqu'au *Ta-ying-chan*, belle montagne ornée par la nature de beaux arbres touffus et décorée, par l'art, de temples construits d'espace en espace jusqu'au sommet, de tombes et de résidences de campagne. Comme partout ailleurs, des contes traditionnels, des légendes populaires, peuplent les bois épais qui ornent ce beau séjour. Au temps jadis, parmi ces sombres retraites si chères aux méditations abstraites, la montagne servait de demeure au docteur Siaï. Ce savant, renommé au loin par ses connaissances dans l'art d'Esculape, y composait une certaine médecine, qui garantissait de la vieillesse, des maladies et de la mort. Ce fut aussi dans ces solitudes heureuses, que Yu-hi, personnage célèbre au quatrième siècle, vint se réfugier pour converser avec la nature, loin du commerce et de la malignité des hommes. Quoique appelé à trois reprises par le monarque régnant pour recevoir de hautes dignités, il préféra l'isolement romantique et la simplicité de son ermitage à la pompe et aux richesses de la cour impériale. Il n'y a rien d'étonnant qu'on ait donné à ce lieu le nom de « montagne de la retraite profonde. » Cinq ou six milles plus loin, nous arrivâmes au bac qui tire son nom de la montagne sur la rive droite, à environ quatre milles au sud, nommée *Tché-kiéou*, « chariot et étable. »

Ce nom lui vient de ce que Kao-tsien, chef redoutable de l'état de Youeh, qui, avant l'ère chrétienne, possédait tout le territoire environnant, entretenait en cet endroit sa cavalerie. On peut encore trouver des vestiges de cette époque sous les ruines qui couvrent la montagne. Au commencement de la dynastie Ming, il se présenta un prétendant au trône, nommé Fang-koué-tchin. Désirant imiter le prince qui avait figuré sur la montagne, quinze cents ans auparavant, il campa au même endroit pour garder et défendre cette partie de l'empire; mais un général revêtu d'une commission impériale le surprit et lui enleva sa forteresse. La marée nous ayant abandonnés, nous jetâmes l'ancre et restâmes pendant quatre heures à ce bac. Au retour du flot, nous avançâmes jusqu'à Tchangting, position qui me parut parfaitement choisie pour les maisons de plaisance, qui s'y montrent en grand nombre. Comme pour les faire ressortir, il y avait sur la même rive une poterie importante, dans le voisinage de laquelle on voyait des huttes couvertes de paille, habitées par les ouvriers de l'établissement.

Avant de quitter l'ancrage, je dois faire mention de la *Sze-ming-chan*, chaîne de montagnes aux dessins irréguliers que nous eûmes en vue toute la journée et qui se trouve à dix-huit milles sud-ouest de Ningpo. De l'endroit où nous l'apercevions, elle offre aux regards du voyageur un ensemble admirable. On voit s'élever des rochers les uns au-dessus des autres; l'œil croit distinguer des promontoires à pic couronnés de châteaux forts et environnés de profonds précipices. Là, vous apercevez de sombres ravins et des cavernes béantes; plus loin de vastes solitudes et des vallées romantiques. « A mesure que vous changez de points de vue, dit un écrivain du pays, cette chaîne semble continuellement varier de formes. A l'est, des vagues amoncelées; à l'ouest, des troupeaux bondissants; au nord, des dragons qui se tordent; au sud, des monstres difformes. » Les habitants du pays disent sérieusement qu'une promenade de la base au sommet le plus élevé de ces montagnes compte cent trente mille pieds (entre trente et quarante milles), et que, si vous suivez tous les détours que décrit leur base, vous avez à parcourir huit cents *li* ou quatre-vingts lieues. Elles embrassent, dans leur étendue, un territoire appartenant aux districts de Ningpo, de Founghoa, de Tszeki, de Yuyao, de Changyu et de Ninghaï; et, si l'on peut s'en rapporter aux mêmes témoignages sous le rapport des informations géologiques, leurs racines s'étendent à plus de cinquante milles au sud-ouest, jusqu'aux montagnes *Thientaï*. La chaîne *Sze-ming-chan*, dans les livres taoïstes, est considérée comme la neuvième, par ordre, des trente-six hautes montagnes de la Chine. Le caractère hardi de ses solitudes, les contours majestueux ou effrayants de ses masses qui se perdent dans les nuages, ont répandu chez le peuple la croyance qu'elles ont été placées par le ciel comme une « forteresse gardienne » sur les frontières de Ningpo (ce district s'appelle aussi Szeming dans les titres officiels) pour en éloigner les calamités et la peste. Les retraites sombres et sauvages qui remplissent cette chaîne de montagnes sont, dit-on, si loin de ressembler aux autres parties habitables de la terre, qu'elles ne peuvent servir de séjour qu'à des fées et à des lutins. Les Chinois ne comptent pas moins de deux cent quatre-vingts pics dans la chaîne, et tous ont reçu un nom particulier. Le plus remarquable est un groupe de cinq, appelé tantôt *Wouyoung*, tantôt *Lienhoa* (ce sont les noms de deux fleurs), selon que l'imagination leur prête pour le moment de la ressemblance avec l'une ou avec l'autre. Ces cinq pointes, qui paraissent voisines, sont éloignées entre elles d'un mille et demi. Sur celle du milieu, on prétend qu'il y a un énorme rocher carré, marqué de quatre ouvertures semblables aux fenêtres d'une maison; et de chacune de ces fenêtres, on a une vue parfaite du soleil, de la lune et des étoiles. De là le nom qu'on a donné à la chaîne entière de *Sze-ming*, qui signifie « quatre ouvertures brillantes. » Sur le haut de ce rocher sont écrits en gros texte les quatre caractères suivants :

« *Sze-ming-chan-sin.* »

« Le cœur (ou centre) des montagnes Sze-ming. »

Mais je reviens à mon bateau. Je le retrouvai comme je l'avais laissé, à Tchangting, où la rivière change de nom, et, à partir de là jusqu'à sa source, s'appelle quelquefois le *Yao*, et d'autres fois le *Chun*. Elle est cependant connue en général sous le nom de rivière *Yuyao*, parce que, dans la plus grande partie de son cours, elle traverse le district ainsi appelé. Ayant fait allusion à deux illustres ancêtres de la nation chinoise, je puis observer qu'il y a plusieurs parties du pays consacrées à la mémoire du grand Chun. Sur le *Liechan*, non loin de Yuyao, on dit qu'il labourait ses champs avec un éléphant. On y montre aussi son puits et son « lit de pierre. » A ce sujet, la tradition rapporte « qu'il prit les pierres du pays, en fit un lit, et s'y mettait pour dormir. »

Une demi-heure après avoir quitté Tchangting, nous entrâmes dans le district de Yuyao [1], en traversant la

---

[1] Cette route est celle que suivirent le capitaine Mac-Intosh et une

ligne de démarcation entre les départements de Ningpo et de Chaohing, à Chuh-chan-tou, distant de vingt-trois milles de la première cité. Comme la rivière se trouve très-rétrécie à cet endroit, j'avais sous les yeux le papyrus *loutchuh*, qui croît en abondance sur les bords. Il a de douze à vingt pieds de longueur, et s'emploie dans le pays à une foule d'usages. Ses longues feuilles ondoyantes servent d'enveloppes à de petits gâteaux de riz. La racine offre un rafraîchissement agréable. Le roseau sert à fabriquer des voiles, des abris pour les bateaux, des toits de maisons, des cloisons de chambres, des nattes et des écrans pour les fenêtres, et le tout, bien desséché, est un excellent combustible. Le soleil se couchait; nous fûmes bientôt privés de la vue de ce qui nous entourait; au même instant, un orage violent vint fondre sur nous et nous obligea à nous réfugier à terre. Nous restâmes à l'ancre en cet endroit pendant toute la nuit.

Le 9, à deux heures du matin, la marée nous porta à Yuyao, capitale du district, ville de quelque importance, assise sur les deux bords de la rivière. La vieille ville est sur la rive du nord, et la nouvelle sur la rive du sud. Ce fut à la clarté de la lune que je pus distinguer ce qui nous environnait; et le seul objet que je fus à même de considérer parfaitement fut le pont de trois arches jeté sur la rivière, au centre de la ville. Il est à trente pas

---

partie de l'ambassade de lord Macartney, après s'être séparés de l'ambassade à Hangtcheou pour aller à Tchusan, où était en charge le vaisseau l'*Indostan*, de la compagnie des Indes orientales. C'est aussi la même que suivirent le père Lecomte et sa compagnie dans l'hiver de 1687, de Ningpo à Péking, où ils se rendaient par ordre de l'empereur.

de la porte Méridionale. Sa longueur totale est estimée à vingt-quatre *tchang*, ou deux cent quarante pieds anglais. Le nom de *Hoeï-kiang*, sous lequel la rivière est désignée en cet endroit, est supposé dérivé de *Hoeï*, « tulipe, » cette fleur poussant ici en profusion. Le pont lui-même est ordinairement appelé le « pont de la Rivière, » quoique l'inscription qu'on y lit porte : *Toung-tsi-kiao*, « pont du carrefour général. » Il date de trois cents ans. Avant sa construction, les Japonais, lors de leur invasion, éprouvèrent dans cet endroit un échec terrible; et, deux ans après (1556 de notre ère), on éleva ces trois arches sur la rivière pour joindre la vieille et la nouvelle ville, afin de les préserver de toute agression future. Dans l'année 1841, pendant la guerre avec la Chine, les steamers de Sa Majesté, *Némésis* et *Phlégéton*, remontèrent jusqu'à ce pont sans rencontrer d'opposition ni d'obstacle.

Au point du jour, nous avions quitté la rivière, nous acheminant vers le *Hoang-ho-pa* oriental. C'est une digue très-élevée, par-dessus laquelle on est obligé de haler les bateaux qui vont à Chaohing ou à Hangtcheou. Cette construction est faite en pierres massives, sous la forme d'un double glacis ayant peut-être une inclinaison de quarante-cinq degrés. Elle a deux pentes réunies au sommet par un angle aigu, sur lequel est placée, en travers, une poutre. L'objet de cette machine est de faire passer les bateaux d'un canal à l'autre, le premier se trouvant de près de quatorze pieds plus élevé que le second. On ne saurait trop admirer avec quelle patience les Chinois se soumettent à des incommodités publiques de cette espèce. Il est surprenant aussi qu'il ne résulte pas plus de risques, pour la vie et les biens des sujets, d'inventions aussi dangereuses. Bien que la quille des bateaux soit faite des matériaux les plus durs, cependant le fonds et les côtés doivent être sévèrement éprouvés par le frottement des pierres. Lorsque le bateau est parvenu au sommet de la digue triangulaire où il se balance sur l'arête aiguë et étroite, on a lieu d'être surpris qu'il ne se partage pas en deux. Le danger est grand surtout pour les bateaux chargés ; aussi prend-on souvent la précaution de les décharger avant de les haler. Ces barricades, placées sur une communication intérieure, ont encore d'autres inconvénients, que fera ressortir le récit de notre navigation de ce jour-là entre Yuyao et Pêhkouan, qui en est éloigné de quarante milles.

Ainsi que je l'ai dit, nous avions au point du jour atteint l'écluse de Hoangho, si je puis me servir du terme d'écluse. A l'entrée et juste au pied, nous trouvâmes vingt bateaux à l'ancre. Ils étaient arrivés pendant la nuit, et attendaient qu'on leur procurât des coulies pour les haler. Comme leurs bateliers étaient endormis, les nôtres poussèrent leurs bateaux droit au fond de l'écluse, de manière à se trouver les premiers. Mais à peine le soleil eut-il paru sur l'horizon, que notre position fut découverte, et l'on cria haro sur les intrus. Il s'ensuivit une guerre de mots, puis quelques démonstrations plus graves. Les autres bateliers, s'étant réunis, entreprirent de remettre notre bateau à la queue ; ce qui fut bientôt fait. Mon guide, Wou, était allé à terre acheter des provisions pour la journée ; mais, en revenant au bateau, il se montra très-mortifié de ce qu'il eût été relégué à la suite de plusieurs qui étaient arrivés après nous. Aussitôt, engageant nos hommes à reprendre leur première station, il lança un défi aux bateliers hostiles.

Cette provocation eut pour résultat de lui attirer une grêle de coups de bambou qui le renversèrent au fond du bateau. A cette vue, ne pouvant me contenir, je m'élançai de la cabine pour aller à son secours; mais j'entendis les vainqueurs s'écrier : « Ah! s'il y avait un étranger dans le bateau, son affaire serait bonne! » Ces exclamations calmèrent mon ardeur, et je restai dans la cabine. Enfin, après deux heures de délai, ce fut notre tour d'être halés, par un procédé semblable à celui que j'ai déjà décrit précédemment. A cet effet, on passa autour de l'arrière du bateau un câble, dont les extrémités furent attachées à deux cabestans grossiers placés sur chaque côté de l'écluse. Les deux cabestans furent mis en mouvement par vingt ou trente coulies qui accompagnaient leur travail de cris d'âmes en peine. Cette opération avait pour but de nous faire monter la pente; et, pendant ce temps, nous étions tous assez occupés à maintenir nos personnes et notre bagage. Après une demi-heure de halage et de criaillements, le bateau parvint à l'arête de la digue, d'où, par son propre poids, il redescendit dans le canal de l'autre côté. Là, on voulut encore nous imposer un droit qui fut considéré comme vexatoire et excita les réclamations de notre patron. Nous nous en tirâmes cependant en payant environ neuf centimes, — le droit pour le bateau, les passagers et les bagages étant ordinairement de 1 franc 27 centimes.

Enfin, sur les dix heures du matin, nous quittâmes l'écluse, nous félicitant de ce que nous n'avions pas été retenus deux ou trois jours, comme cela arrive quelquefois. La crainte d'une longue détention et celle d'être reconnu m'avaient retenu tout le temps dans ma cabine; mais, une fois que nous fûmes dans le canal supérieur, j'eus le temps de respirer et de regarder le beau paysage qui s'étendait à gauche et à droite. Les eaux qui remplissaient le canal venaient des lagunes de *Mao-chan*, éloignées d'un mille et demi. Des montagnes bleues bornaient l'horizon, tandis que, de ce côté, les champs étaient tapissés de riz encore vert. Les travailleurs couvraient la plaine. Des enfants s'ébattaient dans l'eau ; les femmes s'occupaient à diverses besognes ; et la plupart avaient le pied de dimensions ordinaires. Entre autres choses nouvelles, je voyais passer fréquemment près de nous des *kio-wa-tchouen*, « bateaux conduits avec le pied, » — sorte de canot léger sur l'arrière duquel est assis le batelier qui pagaye avec les pieds au lieu de ses mains.

Trois milles plus loin, nous arrivâmes à *Tchangpa*, seconde digue moins élevée que la première, mais entraînant aussi de nombreuses difficultés. On n'employa que l'épaule des coulies pour monter le bateau ; il n'y avait pas de cabestan. Mais, en récompense, on nous fit décharger le bateau en portant à terre tout ce qui s'y trouvait. Alors notre véhicule fut halé à la force réunie des mains, des bras et des épaules, toujours accompagnée d'un renfort de cris et de hurlements. Le calme encore une fois rétabli, je fus à même de contempler de nouvelles modes chez le beau sexe, surtout pour la coiffure. A Ningpo, les femmes portent ce qu'on appelle le « Casque de Ningpo. » Ici règne la mode de Chaohing ; et la coiffure dominante se nomme *youan-pao*, de sa ressemblance avec un lingot d'argent de Syci [1].

---

[1] Il y a d'autres genres de coiffure pour les dames. Chaque localité en a une qui lui est propre. Les femmes de la province de Canton adoptent une mode différente de celle des dames du Tchéhkiang. Il y en a une appelée « Casque de Kouanyin, » etc.

Un large canal nous conduisit à Yèh-ting; mais, passé cet endroit, le canal se resserre. Là pourtant une troisième barre nous réservait ses délais et ses ennuis. L'idée qui se présente naturellement à l'esprit est que, si Ningpo offre si peu d'encouragements au commerce étranger, c'est à cause des inconvénients nombreux que présente aux marchands le trajet de l'intérieur. Ils sont à chaque instant montés et descendus par ces digues, incommodités qui sont inconnues à Changhaï ou à Canton. Si l'on parvenait à enlever ces digues et à établir une communication directe entre la rivière de Ningpo et Pèhkouan ou Chaouhing, on ne saurait mettre en doute la question du succès commercial de Ningpo, cette ville ayant des rapports journaliers avec Hangtcheou, la grande capitale d'une vaste province, ainsi qu'avec les autres provinces centrales de l'empire.

Lorsque nous eûmes supporté une nouvelle série de vexations, nous nous trouvâmes lancés sur un large cours d'eau qui se dirige directement sur Pèhkouan dans un espace de six milles. En cet endroit, comme en plusieurs autres, nous aperçûmes de ces vastes amas d'eaux de pluie qu'on trouve à la Chine sur le bord des rivières et des canaux. Ils proviennent de ce que, les terres voisines étant plus basses que les bords, elles se trouvent inondées dans les grandes eaux. Quelquefois aussi, faute de drainage et d'écoulement, les eaux se réunissent et forment des marais stagnants. Ces réservoirs, tout malsains qu'ils puissent être, ont une immense utilité en temps de sécheresse pour faciliter les irrigations.

Comme je me tenais à la fenêtre du bateau, regardant ce qui m'environnait, quelques passants, en me montrant, témoignèrent leur admiration à la « blancheur de neige de ma peau; » mais ils en restèrent là, et ne se montrèrent pas impolis. Ils s'imaginaient, sans doute, que j'étais quelque visiteur venu des provinces du nord de l'empire et retournant dans son pays.

Cependant l'épreuve de mon déguisement chinois allait avoir lieu à Pêhkouan, où nous arrivâmes à trois heures du matin. On descendit d'abord mon bagage, pendant que je me revêtais, dans la cabine, du costume d'été du pays : chapeau de paille à larges bords, jaquette de drap léger, pantalon de calicot, ceinture flambante neuve, jarretières d'un bleu clair, souliers légers de paille, un éventail d'une main, et un parapluie de l'autre, avec un mouchoir sortant de ma manche. Ainsi accoutré, je descendis à terre; mais j'avais à peine mis le pied sur la rive, qu'une voix s'écria, près de moi, dans le patois de la localité : *Hie-ya!* « Voilà un Anglais! » Je vis aussitôt sortir des bateaux une douzaine de personnes qui se mirent à chercher des yeux où pouvait être l'intrus. Par bonheur j'eus assez de présence d'esprit pour paraître ne pas m'occuper d'eux. Je continuai à arranger mon bagage et à donner des ordres à mes coulies. Voyant cela, chacun rentra dans son bateau, en disant : « Quoiqu'il ait la figure plus blanche que la nôtre, ce n'est pas un Anglais. » Telle fut mon épreuve numéro un à Pêhkouan.

Je me fis précéder par mon bagage à l'auberge placée à l'autre bout du village, où les voyageurs font d'ordinaire leurs dispositions pour continuer leur voyage. Je suivis doucement mon guide à travers le village qui avait environ trois quarts de mille d'étendue; mais dans le trajet j'eus quelque peine à me tirer d'entre les paysans qui se tenaient en grand nombre à leur porte, s'éventant après les travaux de la journée. Bien que dans la démarche et les manières j'imitasse assez bien les façons chinoises, cependant plus d'un regard fut jeté sur moi. Sans doute on me trouvait quelque chose de drôle dans la tournure. Plus d'une fois je fus obligé de faire des excuses laconiques à ceux que je heurtais en passant. Elles furent toujours reçues avec une courtoisie remarquable.

Ces tribulations, que j'appellerai mon épreuve numéro deux, à Péhkouan, se terminèrent par mon entrée dans l'auberge de *Wang-mao-tché*, où m'attendaient mes domestiques. Je fus conduit dans une chambre, tandis que Wou allait prendre les arrangements nécessaires pour notre passage à Chao-hing. L'aubergiste m'offrit un siége, du thé, des pipes, etc. Il se trouvait dans le même appartement plusieurs voyageurs, dont un certain nombre dormaient sur les meubles. Mais au dehors le bruit était étourdissant. Les voyageurs allant çà et là, le maître de la maison vociférant, les domestiques répétant ses ordres, et une foule de flâneurs riant et criant à tue-tête, contribuaient à faire un vacarme diabolique; combien je me trouvais heureux d'avoir pris refuge dans cette chambre! Depuis une demi-heure j'étais l'objet de la curiosité publique. Peut-être j'avais fait naître des soupçons. Des espions pouvaient m'avoir suivi, mes domestiques pouvaient me trahir. L'esprit rempli d'appréhensions, je m'assis près de la fenêtre ouverte, espérant qu'un peu de repos calmerait la surexcitation où je me trouvais depuis mon débarquement. En entrant dans la chambre, j'avais gardé mon chapeau de paille sur ma tête. Dans le cas où quelqu'un concevrait des soupçons sur mon compte, j'attirai ma queue sur mon épaule droite, comme mesure de précaution. On va voir que je fis bien. J'étais à peine assis depuis quelques minutes, lorsque je vis entrer un homme, venant sans doute de la station de police placée vis-à-vis. Le nouvel arrivé me regarda fixement et demanda à voix basse aux domestiques : « Qu'est-ce que c'est que ça? » L'un d'eux répondit: « Je ne sais pas ! Il arrive de Ningpo ; ce doit être un marchand de l'intérieur. » Alors le butor s'avança, et, se plaçant devant moi, me dit brusquement : « Voulez-vous bien ôter votre chapeau? » N'ayant pas fait droit à son injonction, il me répéta les mêmes paroles. Je ne pouvais garder plus longtemps le silence, et je lui répondis : « Ne voyez-vous pas, mon ami, que j'ai très-chaud? j'ai un courant d'air au-dessus de la tête, et je ne puis ôter mon chapeau que je ne sois un peu rafraîchi. Si vous voulez vous asseoir là et attendre quelques instants, je me découvrirai tout à l'heure. » A ma grande surprise je vis mon homme s'asseoir sur le banc qui me faisait face. Alors il commença à me faire subir l'interrogatoire suivant: « Quel est votre nom? — votre surnom? — D'où venez-vous? — Qu'est-ce que vous faites ici? — Où allez-vous? » — Toutes ces questions étaient posées en termes passablement grossiers. M'en étant aperçu, j'appelai à mon aide le langage poli que les Chinois emploient d'ordinaire avec les étrangers, et, reprenant courage (car j'espérais le vaincre par la politesse et l'étiquette), je répondis à ses différentes demandes de la manière suivante : « Mon surnom vulgaire est ..... Mon nom insignifiant est ..... L'humble et modeste lieu d'où je viens est, etc. — Lorsqu'il eut épuisé sa liste d'interrogations, et qu'il vit que je lui répondais d'une manière si péremptoire, il commença à éprouver quelque malaise à l'idée de son indiscrétion. Voyant l'avantage que j'obtenais sur mon incivil interlocuteur, et comme, suivant l'usage, c'était mon tour de l'interroger, je commençai à le faire dans la phraséologie complimenteuse du pays : « Veuillez me dire, monsieur, quel peut être votre excellent surnom? — votre honorable nom? — le lieu fameux de votre naissance? » — Mon gaillard répondit à tout cela d'un ton de voix plus doux et dans un langage plus humble ; il ne semblait pas à son aise, et, voyant que je le regardais fixement, il se troubla. J'avais observé que depuis son entrée il regardait ma queue ; sans doute il soupçonnait qu'elle était postiche et attachée simplement à mon chapeau. C'est pour cela qu'il m'avait dit de me découvrir. Comme je lui avais promis de faire droit à sa requête dès que je serais rafraîchi, voyant que le moment de le confondre était arrivé, j'ôtai doucement mon chapeau de paille sans dire un mot, et avec un mouchoir j'essuyai la sueur de mon front. Mais, ô surprise ! la queue ne bougeait pas ! A cette vue, mon homme se reconnut vaincu. Il se leva, me salua humblement, et quitta la chambre. Voilà quelle fut mon épreuve numéro trois à Pèhkouan.

Une demi-heure après mon entrée dans l'auberge, tout était prêt pour le passage de la rivière *Tsao-ngo*, et nous descendîmes au bac. Deux ou trois hommes accoururent au bord de l'eau pour regarder le nouveau venu, au sujet duquel il était évident qu'il courait des bruits défavorables. Mais, comme les gens du bac n'étaient pas au courant de leurs soupçons, et qu'ils ne pouvaient s'arrêter pour contenter la curiosité de quelques oisifs, nous atteignîmes en quelques minutes, sains et saufs, l'autre bord, où je vais m'arrêter pour donner à mes lecteurs des détails sur la rivière que nous venions de traverser.

Le petit établissement du bac étant créé et soutenu par les riches propriétaires et les marchands des départements de Ningpo et de Chaohing, le passage est libre et exempt d'impôt. Cette exemption, me dit gravement mon cicerone, n'était pas considérée dans le pays comme indigne ou dégradante. De cette manière, les communications entre les deux départements se trouvaient facilitées, et il se transportait une grande variété de passagers et de marchandises. Aux yeux du gouvernement et du peuple, cet endroit est considéré comme un point d'une extrême importance. On peut en juger par les moyens employés par le public pour faciliter le passage de la rivière et par les noms que ce passage a reçus à diverses périodes. Sous la dynastie Youen, dans le quatorzième siècle, c'était le *Pèh-kouan-yèh*, « la ville postale de cent officiers. » Au commencement de la dynastie Ming, son nom éprouva un léger changement : *Tsao-ngo-yèh*, « relais du gouvernement sur la rivière Tsao-ngo. » Maintenant, il est généralement nommé *Pèh-kouan-tou*, « passage de cent officiers. » Ce nom signifie que c'est là l'endroit où ont lieu toutes les communications officielles entre la capitale et les parties nord et est de la province de Tchéhkiang.

La rivière se désigne aussi quelquefois sous le titre de *Chang-yu*; mais elle ne porte ce nom que jusqu'à l'endroit où elle forme la limite ouest du district de Chang-Yu. Même là, son nom populaire est le *Tsao-ngo*. Elle forme une des branches du *Pou-yang*, dont la source se trouve dans le département de Kinhoua, à cent cinquante milles au sud-ouest. La branche principale porte ce nom pendant cent milles, jusqu'à ce qu'elle arrive au nord-ouest du pays de Chaohing. Là, elle se partage en deux cours; l'un, nommé le *Tsientsing-kiang*, se jette dans la grande embouchure, à Hangtcheou; l'autre se dirige au nord-est de Chaohing, et prend une route sinueuse du nord-est au nord, arrosant dans son circuit les deux districts de Tching et de Changyu. Dans ce dernier, elle forme un coude au nord-ouest et se jette dans la mer Jaune, à vingt milles environ de l'endroit où nous étions. Depuis le moment où elle quitte l'artère principale, le *Pouyang*, la rivière reçoit différents noms. Dans son cours supérieur, on l'appelle le *Siao-chun* ou *Toung-siao*, et, dans son cours inférieur, le *Chang-yu*, ou *Tsao-ngo*.

Le nom *Tsao-ngo* vient de l'histoire suivante, dont le récit passe pour authentique parmi le peuple, et dont les détails sont consignés dans un ouvrage topographique. Dans la seconde année de Ngan-ti, de la famille Han, l'an 109 de notre ère, il demeurait là un prêtre de la religion taoiste, natif du district de Changyuï, qui s'était fait une grande réputation pour son habileté dans la magie. Le cinquième jour de la cinquième lune de cette année-là, à une fête connue des étrangers sous le nom de « fête des bateaux dragons, » ce prêtre alla prendre sa récréation sur la rivière en l'honneur des dieux (ce qui se pratique dans toutes les parties de l'empire), en nageant contre la marée, en faisant des culbutes ou en luttant contre les « bateaux dragons. » Le prêtre se noya; de quelle manière, on l'ignore; et son corps ne put être retrouvé. Sa fille respectueuse[1],

---

[1] Le père n'était pas un prêtre régulièrement ordonné. Il y a deux ordres dans la secte taoiste : l'un voué au célibat perpétuel, l'autre ne l'étant pas. Ce dernier, considéré seulement comme suppléant, habite des maisons particulières et porte le costume laïque.

Tsao-ngo, âgée de quatorze ans, éprouva une vive douleur de sa perte, et on la vit errer pendant dix-sept jours et dix-sept nuits sur les bords de la rivière. Au bout de ce temps, elle jeta dans l'eau un melon, en faisant cette prière : « Puisse ce melon s'enfoncer à l'endroit où gît le corps de mon père! » Elle suivit le fruit d'un œil attentif, jusqu'à un certain endroit où elle le vit disparaître. Aussitôt l'infortunée courut à cette place et s'y précipita dans la rivière, où elle périt elle-même. Mais, cinq jours après, son corps reparut à la surface; elle tenait embrassé le corps de son père. Tous deux furent enterrés près de là; et, en commémoration de cet incident, le nom de la fille du prêtre a été donné à la rivière, et un temple a été élevé en son honneur.

Après avoir assez longtemps retenu le lecteur sur les bords de la rivière, il faut qu'il continue avec moi son voyage vers la région de l'ouest. Sur la route, je rencontrai de nombreux voyageurs allant et venant; quelques-uns à pied comme moi, d'autres dans des chaises à porteur. Le bagage était porté à dos d'homme ou sur des brouettes. Sur les six heures, un peu avant le coucher du soleil, je rencontrai le hameau de *Péh-cha*, où mes porteurs avaient déjà remisé mes effets dans l'auberge *Tao-kiun-tchoung*. Je subis encore dans cet endroit une détention d'une demi-heure, jusqu'à ce qu'on eût disposé le bateau qui devait me porter jusqu'à *I-kiao*, à soixante milles dans l'intérieur. Je voyais bien, aux regards furtifs des villageois et à leurs communications à

On appelle les prêtres qui le composent *Ho-kiu-tao*. Ceux du premier ordre se nomment *Tao-sze*, habitent des temples et des monastères, et portent la mitre et les riches ornements de leur classe.

demi-voix, que là aussi j'excitais les soupçons, ou du moins la curiosité. Probablement j'y avais été précédé ou accompagné par des bruits fâcheux. Bien que je fusse tranquillement assis dans la boutique à thé, ayant devant moi une tasse et des gâteaux, que je dégustais en fumant une pipe et en m'entretenant avec mes domestiques, cependant, après ce qui m'était arrivé à Péhkouan, je n'étais pas tranquille. J'ignorais si je n'aurais pas à subir un quatrième examen, et, à l'heure avancée de l'après-midi, où nous étions, je n'avais pas de motif pour garder mon chapeau sur ma tête. Mes craintes étaient fondées. Quelques moments après, mon bateau était rangé et j'étais entré dans la cabine, lorsque deux hommes à la figure respectable se présentèrent à la porte et jetèrent un coup d'œil dans l'intérieur. Je me levai et les abordai d'une manière amicale. Aussitôt ils laissèrent tomber leurs bras perpendiculairement, prenant l'attitude qu'on nomme en Europe « position du soldat sans armes, » attitude que prennent à la Chine les domestiques recevant les ordres de leur maître (Taotaï). Alors, avec toute la politesse possible, je m'informai de leur nom, de leur demeure, de leur profession, de l'objet de leur visite. A tout cela, ils répondirent sur un ton bien différent de celui qu'on avait pris à mon égard une heure ou deux auparavant. Ces messieurs reconnurent mes civilités en s'informant « de mon honorable surnom, de ma demeure distinguée, etc. » Comme ils étaient toujours cloués à leur place, je les invitai à entrer et à s'asseoir. Ils me répondirent qu'ils ne devaient pas songer à une chose si inconvenante, et s'éloignèrent d'un pas de la porte. Là-dessus, je les priai de prendre une tasse de thé. Ils me répondirent, en faisant deux autres pas en arrière, qu'ils « ne pouvaient entendre parler de cela. » La politesse me paraissait être le seul moyen d'expulsion que je pusse employer. Je m'avançai donc vers mes deux amis, et leur dis que je voulais absolument qu'ils entrassent et prissent un siège dans mon humble cabine. Là-dessus ils me firent un profond salut, et, me souhaitant un vent favorable, ils disparurent. Cette rencontre termina le chapitre des épreuves de la journée.

A sept heures du soir, nous levâmes l'ancre. Le bateau où je me trouvais offrait un avantage marqué sur la lourde embarcation où je m'étais vu enfermé pendant trente-six heures. Ce nouveau bateau était de la classe de ceux employés à Chaohing, à l'usage des marchands qui voyagent par eau. Les bateliers calculent que ces bâtiments peuvent porter dix-huit tonnes de marchandises outre les passagers. On leur donne le nom de *wou-poung*, « bateaux à la couverture noire, » parce que le dessus, construit en bambou, est peint en noir. Les aménagements étaient bien entendus. J'avais à ma disposition trois cabines : je me réservai celle de devant ; je donnai celle du milieu à mon maître de langue, et mes domestiques occupèrent la troisième. Mon bagage fut déposé dans le fond, et tenu à ma portée.

Une brise fraîche s'étant élevée, nous descendîmes la rivière *Chaohing*. En passant devant plusieurs villages, j'eus un coup d'œil agréable, que du reste on a journellement à la Chine. Des paysans, avec leurs femmes et leurs enfants, assis à l'ombre d'un arbre, prenaient leur souper en famille sur le bord de l'eau. Un grand nombre de bateaux, dont plusieurs de grandes dimensions, montaient et descendaient. Ils étaient, pour la plupart, chargés de marchandises à la destination du *Toung-kouan*, « bureau de douane, » à cinq milles de Péh-cha, d'où nous étions partis. A dix heures du soir, par un beau clair de lune, nous atteignîmes la « barrière de l'Est » et jetâmes l'ancre pour la nuit.

Le 10 *juillet*, de très-bonne heure, le bateau avait levé l'ancre. Après avoir passé devant plusieurs villages sans importance, nous arrivâmes à huit heures du matin à Chaohing, par 30° 6' de latitude nord et 120° 29' de longitude est.

Il y a deux mille ans, Chaohing était la capitale de l'État de Youeh, lequel, à cette ère florissante, comprenait tout le territoire inclus entre les provinces de Canton et de Kiangnan. Maintenant cette ville est le chef-lieu d'un département s'étendant de l'est à l'ouest, à quatre-vingt-dix milles, et du nord au sud à cent trente milles, embrassant huit districts dans sa juridiction et ses limites. Ces huit districts sont : Chan-yin, Kouaï-ki, Siao-chan, Yu-yao, Chang-yu, Tching, Tchou-ki et Sin-tchang. La ville est située à quarante milles est de Hangtcheou, à douze au sud de la mer, et à quatre-vingt-sept à l'ouest de Ningpo. Duhalde dit « que la ville est placée dans une des plus belles plaines du monde ; que chaque rue est bordée d'un canal ; et qu'aucune ville n'a plus de ressemblance avec Venise, quoique Chaouhing soit bien préférable, attendu que ses canaux sont remplis d'eau courante. » Je ne puis adhérer à cette description que je trouve exagérée. Je n'ai jamais vu Venise ; mais, d'après ce que j'en ai entendu dire, je ne puis croire qu'on puisse établir de similitude entre ces deux villes.

Continuant notre route au sud-ouest, nous suivi-

LA VILLE DE CHAO-HING.

mes les bords de la rivière, ayant la ville et les faubourgs sur notre gauche. La porte du Nord offrait un concours de passants d'une animation extrême, tandis que sur la rivière tout était vie et activité. Elle était couverte de bateaux de toutes formes, dont quelques-uns avaient quarante, cinquante et jusqu'à soixante pieds de longueur. Presque tous servaient au transport des marchandises. Il paraissait y avoir une fête dans la ville. Des banderoles flottaient de toutes parts, sur terre comme sur l'eau, et nous vîmes défiler une procession pompeuse faite en l'honneur du dieu *Kouan-ti*. Une foule immense de spectateurs couvrait les bords de la rivière : hommes, femmes et enfants, tous confondus, se pressaient pour assister à ce spectacle idolâtre.

Comme le temps et la marée n'attendent pas, je ne pouvais rester à contempler cette scène. Nous avancions, et nous eûmes quelque temps en vue les murs de la ville. On me dit qu'ils ont quarante-cinq *li* (près de treize milles anglais) d'étendue ; mais cela me paraît exagéré. Ils ont dix-sept pieds et demi de hauteur, quinze d'épaisseur au sommet et vingt-sept à la base, avec un parapet que les habitants nomment « la promenade des femmes, » et qui est élevé de cinq pieds. La population de la ville et des faubourgs est de deux cent cinquante mille habitants ; mais l'enceinte de la ville, proprement dite, renferme une masse de soixante mille personnes au moins, dont le caractère (comme celui de tout le département) est indiqué dans le *Livre rouge* [1],

---

[1] Le *Livre rouge* est l'*Almanach impérial officiel*, publié tous les trois mois à *Péking*, par le gouvernement chinois, en 4 vol. in-8°, dans le genre de l'*Almanach impérial de France*, donnant, comme lui, le nom de tous les fonctionnaires de l'Empire, mais en ajoutant

tous les trois mois de l'année, comme étant « diligente, frugale, aimant les connaissances littéraires, n'ayant pas seulement le commerce pour unique ressource, » c'est-à-dire sachant manier avec la même habileté le marteau, la navette et la charrue. Il se trouve dans la ville beaucoup de gens distingués par leurs lumières; et l'on m'a dit que presque toutes les cours de mandarins avaient dans leur sein des originaires de Chaohing.

Parmi les édifices et les établissements nombreux de cette ville, il y a deux de ces derniers qui méritent une mention particulière, tant sous le rapport de leur forme exceptionnelle et de leur objet que parce que, placés dans une position dominante, ils attirent tout d'abord l'attention du voyageur étranger.

En approchant de la ville, comme tout le long de la ligne que nous avions parcourue dans la journée, nous avions rencontré des postes militaires à intervalles de trois milles en trois milles [1]; à côté de chaque poste se trouvait une butte ou un monticule, nommé dans le pays « butte à fumée. » Ce sont des cônes creux construits en brique en forme de pain de sucre, ayant six ou sept pieds de haut, blanchis par dehors, et peints en rouge au

---

à leurs noms celui de leur pays natal, le *grade littéraire*, et la *date* de l'obtention de ce grade par les titulaires, le *montant du traitement* des principaux d'entre eux; la *quotité des impôts et taxes* de chaque province, département, etc.; les *mœurs et usages* des habitants de chaque division territoriale, etc., etc., etc. G. P.

[1] Voici l'arrangement primitif qui a présidé à la répartition des postes militaires dans le pays. « Chaque cinq *li* (un *li* étant le tiers d'un mille), il doit y avoir une butte pour télégraphe; à chaque dix *li*, un corps de garde, et à chaque soixante *li*, une station militaire où on entretient des hommes et des chevaux pour le transport des dépêches. »

dedans. Ils sont destinés à faire des signaux télégraphiques à l'aide de la fumée pendant le jour, et du feu pendant la nuit, pour donner avis de l'arrivée ou de la retraite de l'ennemi. En temps de service actif, ils doivent être tenus remplis de bois, de paille et de chaume, prêts à être allumés au besoin. Au moment où nous les vîmes, ils paraissaient abandonnés, n'ayant pour gardiens que des vieilles femmes ou des mendiants. Placés dans une position élevée, comme sur une montagne, ils servent de phares pour annoncer des mouvements militaires. On les appelle aussi « fanaux à fumée de loup, » parce que, disent les indigènes, « pour faire des signaux, on mélange de la fiente de loup desséchée avec de la poudre à canon ; on en fait des boules qu'on jette dans le feu, il en résulte une fumée que rien ne peut dissiper ni agiter ! »

En voguant le long de la ville, il n'était pas nécessaire qu'on nous informât qu'il se trouvait des distilleries ou des caves dans les environs. Tout le monde, à la Chine, connaît le vin de Chaohing, son parfum et ses qualités enivrantes. Les tables des grands et des riches ne sauraient s'en passer ; et dans les repas de luxe, comme il est d'usage d'offrir les vins les plus exquis, c'est toujours celui de Chaohing que l'on met en avant. Cette denrée joue un grand rôle dans le commerce local, et c'est une des principales richesses du pays.

Je dois maintenant appeler l'attention sur les monuments élevés autour de Chaohing, particulièrement ceux au sud de la ville et sur les bords de la rivière. Beaucoup d'entre eux sont d'une architecture qui est loin d'être désagréable à l'œil. Ils sont en général composés de deux grands piliers carrés, élevés à une distance d'environ sept ou huit pieds l'un de l'autre, réunis par un entablement à leur fût, et ressemblant beaucoup à un immense portail sans portes. Les assises en sont couvertes de figures et d'inscriptions, et le haut présente assez fréquemment des ornementations colossales. Ces monuments ont été quelquefois appelés « arcs de triomphe, » mais ce sont les étrangers seulement qui leur ont donné ce titre (bien à tort, selon moi). Abel les nomme ainsi dans sa narration de l'ambassade à la Chine; or il ne pouvait connaître leur usage. La plus grande partie est élevée pour célébrer les vertus de *jeunes veuves* qui, ayant eu le malheur de perdre leur fiancé, ont, refusant l'offre d'un second mariage, persévéré dans le célibat; ou d'autres qui, après la mort de leur mari, ont nourri et soigné leur beau-père et leur belle-mère comme elles auraient fait pour leurs propres parents. Dans les provinces de l'ouest, beaucoup de personnes ne parlent qu'avec horreur d'une femme qui se remarie. Les moralistes chinois, de leur côté, réprouvent cette pratique, et portent plus loin encore leur rigidité. Ils condamnent au vœu de virginité perpétuelle la jeune fille qui a été fiancée à l'âge de l'enfance, et qui a perdu son fiancé avant que le mariage pût être consommé. Autrefois les Hindous avaient une telle prévention contre le mariage des veuves, que, lorsque la religion hindoue dominait, les veuves étaient dans l'obligation, et souvent ambitionnaient l'honneur de se sacrifier sur le bûcher élevé aux funérailles de leur mari. Quant aux Chinois, même en différant d'eux quant au point de vue sous lequel ils considèrent le second mariage des jeunes veuves, on doit dire que leur politique est sage et humaine, comparée aux préceptes diaboliques de la religion hindoue. Du moins ils réservent aux veuves des occupations consolantes et respectables. Les veuves âgées ont le soin d'élever leurs petits enfants; aux jeunes veuves, même à celles qui le sont devenues avant leur mariage, ils donnent la charge de servir les parents de leur mari. Les noms de ces héroïnes sont cités comme des exemples de fidélité conjugale et de respect filial; et, afin que de tels parangons de vertu obtiennent une place d'honneur éminente, leur nom, leur lignage et leurs qualités sont sculptés sur des tablettes de pierre placées sur des piliers élevés, comme ceux que j'ai décrits, que l'on pose le long des routes les plus fréquentées. Beaucoup de veuves reçoivent ces honneurs de leur vivant, mais beaucoup plus après leur mort; et alors on élève les tablettes commémoratives dans le voisinage de leur tombe. Les lois de l'Empire ordonnent que, lorsqu'une veuve s'est conduite de manière à se concilier l'estime et la confiance générales, il en soit fait un rapport aux magistrats de la province. Ceux-ci la recommandent à l'attention du Ministère des Rites, qui, après avoir pris les ordres de l'Empereur, est autorisé à donner une gratification de vingt-quatre *liang*, ou cent quatre-vingts francs, pour contribuer à l'érection du monument, sur lequel devra être inscrite la nomenclature des grâces et des vertus de la personne récompensée. On rencontre à chaque pas ces sortes de portails couverts d'ornements, mais jamais je n'en avais vu autant que dans le voisinage de Chaohing. On en donne pour raison, que les veuves de ce pays ont par-dessus toutes les autres la réputation de fuir un second mariage, de rester chez elles, et de cultiver les grâces qui font l'ornement du sexe féminin.

Bien que les environs de Chaohing soient très-agréables, nous eûmes à traverser pendant dix milles un pays fort plat, borné au loin par des montagnes rougeâtres, entrecoupées de flaques d'eau, et ne produisant que des arbres à suif. La marée avait été d'une élévation extraordinaire, de sorte qu'au passage des ponts on était obligé d'enlever les couvertures de bambou. La chaleur était tellement forte, que les meubles étaient brûlants, et il était impossible de se coucher sur les nattes. Nous voyions dans les villages les petits enfants courir complètement nus ; les hommes qui travaillaient dans les champs étaient eux-mêmes dans un état de nudité absolue, et les bateliers se mettaient à l'eau à chaque instant pour se rafraîchir. Entre Ho-kiao et Tsien-tsing, la chaleur à midi devint si intense et si intolérable, que nous fûmes obligés de jeter l'ancre pendant une heure ou deux. Dans l'après-midi, de bonne heure, nous atteignîmes la seconde de ces deux villes, d'où un affluent peu considérable se dirige au nord-ouest vers la capitale de Hangtcheou, à une distance de six *li* seulement, ou dix-huit milles. C'est une branche de la rivière *Pouyang*, dont j'ai déjà parlé.

En traversant cette ville, qui est une ville de marché, je crois devoir raconter l'histoire à laquelle se rattache l'origine de son nom, Tsien-tsing. Il y a environ dix-sept cents ans, lorsque Yen-hi occupait le trône de la dynastie orientale des Han, le magistrat du canton dans lequel est située la ville reçut une députation des anciens et des principaux habitants. Celle-ci venait le supplier d'accepter une grosse somme d'argent comme souvenir de la profonde estime que le pays avait vouée à son administration. Le magistrat crut devoir refuser le présent qu'on lui offrait ; mais, la députation ayant insisté, il finit par accepter seulement un *cash* [1]. De là vient le nom de la

[1] Le *cash*, dans le langage commercial européen en Chine, est une

ville Tsien-tsing, « *tsien* (ou *cash*) nom corrompu. » C'est un exemple rare à la Chine.

Au coucher du soleil, nous passâmes devant le monastère bouddhique *Lo-chan*, situé sur la pente d'une colline. Au moment où nous passions sous le pont qui est voisin du monastère, un frère de la communauté, placé en haut du pont, chantait la chanson des mendiants. Il nous tendit un panier à l'aide duquel il reçoit les aumônes des bateaux qui montent et descendent. Autour du monastère nous apercevions beaucoup de tombeaux et de pierres tumulaires. Ces monuments sont d'une forme spécialement permise pour cet ordre monastique. Les prêtres et les prêtresses bouddhiques sont enterrés dans une sorte de pagode en miniature. Il y a deux manières de les enterrer. Tout prêtre, cité pour sa dévotion et sa vertu, qui meurt à un âge avancé, est enterré assis; c'est-à-dire dans la posture où il se tenait en présence de ses idoles, récitant ses prières, les jambes repliées sous lui, les mains jointes et la tête penchée sur la poitrine. Le mort ainsi disposé est mis dans une grande jarre de terre, sur l'orifice de laquelle on place une autre jarre; puis on les entoure toutes deux, hermétiquement scellées, d'une clôture en maçonnerie de briques d'environ dix pieds de hauteur. Quelquefois on prend le corps d'un prêtre mort en odeur de sainteté, on le brûle, et on cherche dans les cendres une relique nommée *Chaili*; lorsqu'on l'a trou-

monnaie de cuivre qui se nomme, en chinois, *li*, et qui équivaut à peu près à soixante-quinze parties d'un centime, ou trois quarts. Il en faut dix pour former un *fen*, ou « candarin; » dix *fen* forment un *tsien*, ou « mace, » et dix *tsien* forment un *liang*, ou « taël, » ce dernier équivalant à environ sept francs cinquante centimes de notre monnaie. G. P.

vée, on la place dans une pagode pareille à celle que je viens de décrire. Mais on fait moins de cérémonie pour le commun des prêtres. Leurs ossements, ou, si on les a brûlés, leurs cendres, sont jetés dans une pagode creuse. Les tombeaux sont placés avec soin autour du monastère et de ses dépendances.

CHAPITRE II

Suite de l'excursion dans la province de Tchèh-kiang. — De I-kiao à Tchangchan. — De Tchangchan aux limites entre Tchèh-kiang et Kiangsi.

11 juillet. — Vers le point du jour, nous arrivâmes à I-kiao, ville située à environ cinquante milles sud-ouest de Chaohing, et qui n'a d'autre importance que d'offrir une communication directe pour les passagers et les marchandises entre elle et la branche centrale de la rivière de *Tchèhkiang*, en évitant ainsi de faire un circuit par Hangtcheou. On gagne par là dix-huit milles, et, ce qui est encore plus avantageux, on se soustrait à la douane de cette capitale, qui est connue dans tout l'Empire par sa sévère surveillance. On lit à ce sujet, dans un itinéraire chinois, que « c'est la seule douane dans le monde où les recherches soient aussi sévères et aussi rigoureuses. »

Notre bateau n'eut pas plutôt touché le quai, que nous fûmes visité par les agents de cinq ou six maisons d'expédition, qui venaient offrir leurs services aux nouveaux arrivants. Cette ville de poste contient environ quatorze cents familles, et possède au moins vingt « maisons d'expédition, » dont la principale affaire est de procurer des moyens de transport pour les voyageurs et de leur offrir un transit pour leurs marchandises. Nous choisîmes la compagnie Kia-wen-ching, qui nous loua sur-le-champ un de ses bateaux. A cet effet, ils nous envoyèrent des coulies pour enlever notre bagage et faire les arrangements nécessaires pour nous transporter jusqu'à Tchangchan, à cent quatre-vingt-six milles plus avant dans l'intérieur, par la grande rivière *Tchèhkiang*.

A huit heures du matin, le chef de la maison vint me présenter ses respects, et m'informa que notre bateau nous attendait. Après avoir débarqué, nous marchâmes à travers la petite ville, et, traversant la langue de terre qui sépare les deux criques, nous nous trouvâmes installés dans le nouveau bateau [1]. C'était une variété de la classe *Kien-téh*, bien supérieure, sous tous les rapports, à ce que j'avais vu jusque-là. Les aménagements étaient spacieux. Entre la proue, où se plaçaient les rameurs, et la poupe, où se tenaient le pilote et sa famille, il y avait trois grandes cabines, garnies de lits, d'armoires, de tables, de chaises, etc. La cale contenait six ou sept compartiments pour le fret et les bagages. L'équipage se composait de six hommes, plus une vieille femme et sa fille, d'une vingtaine d'années. Les hommes devaient haler la barque ou ramer, selon les circonstances, et, une fois arrivés, avaient droit, savoir : le pilote et ses camarades, à « l'argent du vin; » la vieille femme chargée de la cuisine, à « l'argent du thé, » et sa fille, qui était pour le service, à « l'argent de la toilette. »

[1] Pour ne pas parler des grands bateaux de cette station, les plus petits sont divisés en deux classes, nommés d'après les endroits où ils sont construits. Ce sont le *I-wou* et les *Kien-téh*, chaque espèce d'un modèle différent.

Avant de partir de cette ville, je mis à la poste une lettre pour M. Lockhart, missionnaire médical, qui habitait alors Tchousan. Je l'envoyais sous couvert à l'adresse d'un négociant *hong* à Ningpo. Depuis, j'appris avec satisfaction que ma lettre était arrivée heureusement au destinataire.

Vers neuf heures du matin, une légère brise s'éleva, et nous aida à descendre lentement la rivière *I-kiao*, qui s'élargit à mesure que nous avancions, jusqu'au moment où elle se jetait dans son vaste récipient, la partie inférieure de la grande *Tchèhkiang*, connue dans cette localité sous le nom de rivière *Tsientang*. A dix heures, nous flottions sur cette belle nappe d'eau, dont le lit, vis-à-vis le village de Yu-pou-kao, n'a pas moins d'un mille de largeur. A partir de ce point, la rivière, ou plutôt le fleuve, se dirige nord-nord-est vers Hangtcheou, capitale de la province, qui n'en est éloignée que de seize milles. Comme notre route était au sud-ouest, vers Tchangchan, nous nous mimes à remonter directement le cours de l'eau. Nous suivions alors la même voie qu'avait suivie lord Macartney en se rendant de Hangtcheou vers le midi de l'Empire.

Les deux rives du fleuve étaient bordées d'un sable d'une excessive finesse. Des digues, faites de pierres et de cailloux, mêlés de sable et de terre, s'étendaient à une grande distance le long des bords nord et sud. Ces encaissements artificiels, par malheur pour le pays environnant, sont facilement emportés par les débordements de la rivière et la rapidité des marées, et demandent des réparations continuelles. En tournant les yeux à droite du bateau, c'est-à-dire vers le nord, j'apercevais, dans un horizon très-éloigné, des montagnes de formes irrégulières, et la campagne était couverte de champs de riz. Mais, du côté du sud, les montagnes, plus rapprochées, offraient un aspect plus agréable. Plusieurs étaient très-élevées, et, en général, elles étaient riches de sol, et plantées d'une grande variété d'arbres et d'arbustes. Parmi ces montagnes, il y en avait une appelée *Houtchao*, « la patte de tigre, » présentant une masse de rochers arides, bien dignes de servir de retraites aux bandes de voleurs, par lesquels, dit-on, elles sont infestées. Cette montagne est étroitement unie aux autres du voisinage, et descend jusqu'au Tchèhkiang par une pente rapide. Les Chinois la considèrent comme un excellent moyen de défense, placée comme elle est au centre des quatre principautés de Hangtcheou, Chaohing, Yentcheou et Kinhoa.

Dans le voisinage, des deux côtés du fleuve, soit dans les plaines, soit sur les pentes des montagnes, on apercevait de vastes plantations de mûriers. On m'informa qu'on était au moment de faire la seconde récolte des feuilles. D'après le témoignage des gens du pays, l'arbre donne ici trois récoltes de feuilles par an; la première, pendant les troisième et quatrième mois, produisant, dit-on, la soie de la meilleure qualité; la seconde, pendant les cinquième et sixième mois, donnant une qualité secondaire; et la troisième, pendant la septième lune. Mais cette dernière récolte ne peut produire qu'une soie très-inférieure. En hiver, on emploie les feuilles tombées et sèches pour nourrir les chèvres. Parmi les Chinois, on ne cultive souvent le mûrier que comme ornement des maisons; mais l'usage de ses feuilles pour le ver à soie en rend la culture importante et lucrative, surtout dans cette province, qui, avec Kiangnan, Houpèh et

Szetchouen, donne la plus belle soie de tout l'Empire. Les produits bruts s'envoient du pays dans les grandes villes, où ils sont ouvrés et employés à toutes les espèces de fabrication imaginables. Les étoffes de Hang-tcheou surtout jouissent d'une grande réputation et sont très-recherchées. Le principal commerce de la province de Tchèhkiang consiste en étoffes de soie.

A midi, le temps se gâta et devint orageux. Il passait sur notre tête des bourrasques, emportant des nuages de sable des bords de la rivière. Les bateliers, alarmés, jetaient l'ancre à chaque instant, et ces interruptions répétées étaient cause que nous n'avancions pas vite. Comme nous désirions atteindre Fouyang avant la nuit, nos hommes redoublèrent d'efforts, et enfin nous arrivâmes à l'heure voulue.

A un mille environ avant cette ville murée, nous vîmes une montagne ayant à son sommet un pic solitaire, sur lequel, pendant le règne des « Trois Royaumes, » vers l'an 200 de notre ère, s'élevait un temple taoiste. De là on lui avait donné le nom de *Kouan-chan*, « montagne du temple. » Vers le sud, sur un tertre, s'élevait une pagode à sept étages, nommée *Houng-tchouan-t'ah*, « la pagode des bateaux dragons. » Doublant la base de la montagne, nous vînmes tout à coup en vue de la ville, qui nous avait été masquée jusque-là. Elle offre, d'un peu loin, une belle apparence, et le pays environnant séduit les yeux par la quantité de bosquets et de jardins dont il est orné. A sept heures, après avoir fait une journée de navigation à la voile de vingt milles seulement, nous jetâmes l'ancre du côté sud-est de la ville.

Fouyang est placée sur la rive nord de la rivière, et bâtie sur un fond de roche ; les murailles en sont ruinées. Elles ont un mille et un tiers de circuit, et leur partie sud se termine à Kouanchan, dont j'ai parlé plus haut. La population des faubourgs est clair-semée. Quoique cette ville soit la capitale du district du même nom, elle paraît bien calme ; on n'y entend un peu de bruit que le matin et au coucher du soleil. Elle fait partie du département de Hangtcheou, et sert de marché pour l'indigo, dont les montagnes voisines produisent une grande quantité.

La marée ne remonte que jusqu'à cette ville, située à cinquante milles de la mer. Il y a, lorsqu'on l'a passée, une fausse marée, qu'on observe jusqu'à une certaine distance. Elle est causée par l'élévation de l'eau de la rivière qui est refoulée par la mer montante; on peut dire qu'on a la marée jusque-là, quoique l'eau n'ait point d'amertume. Ce qu'on appelle le « raz-de-marée » est un phénomène fréquent sur cette rivière. Dans la grande baie où est située la ville de Hangtcheou, et où le *Tchèhkiang* a son embouchure, la marée monte quelquefois avec un bruit prodigieux, en forme d'un énorme flot qui s'élève à trente pieds au-dessus du niveau naturel, roulant et renversant tout ce qu'il rencontre, jusqu'à ce que, épuisé par la résistance, il se réduit à une faible ondulation. C'est le seul exemple de ce phénomène dont il soit fait mention à la Chine. Voici ce que dit une de ses topographies : « Le flot s'élève comme une montagne, ou comme une maison. Il mugit comme le tonnerre, et à mesure qu'il avance, on dirait qu'il va engloutir les cieux et baigner le soleil. » D'après les calculs des riverains, les saisons où a lieu ce phénomène sont particulièrement la seconde et la huitième lune. On l'observe aussi tous les mois à la pleine lune et aux grandes marées. Le flot alors est toujours fort. Il s'étend dans toute la largeur de la baie de Tsientang, laquelle, à dix milles de Tchapou, a d'un côté à l'autre une étendue de quinze milles. Toute la population maritime autour de la ville de Hangtcheou est continuellement en garde contre son retour. L'approche en est indiquée par un bruit qui s'entend de très-loin, et alarme toute la contrée. Les vaisseaux à la destination de l'intérieur attendent qu'il ait atteint sa hauteur; et alors, se laissant aller à la marée qui lui succède, ils n'éprouvent aucune avarie. Parmi les instructions nautiques publiées par le capitaine Collinson, de la marine royale anglaise, il y a une recommandation faite à tous les navigateurs qui parcourent la baie de Hangtcheou, de donner la plus grande attention à cette marée. Il insiste sur ce point, qu'on ne doit pas y naviguer la nuit. Dans une reconnaissance que plusieurs officiers de Sa Majesté firent des parages de Hangtcheou, en 1842, ils constatèrent que la vitesse des grandes marées est de cinq nœuds, et que leur élévation est de vingt-huit pieds. A sept milles au sud-ouest de Tchapou, du côté de Hangtcheou, pendant un espace de trois jours, la marée de nuit s'éleva de trente pieds, et sa vitesse fut de sept nœuds et demi; tandis qu'aux îles *Fog*, à dix milles au sud-ouest, l'élévation fut de dix-sept pieds, et la vitesse de quatre nœuds et demi. Il faut en conclure que l'élévation et la vitesse augmentent rapidement à mesure qu'on entre dans l'embouchure de la rivière de *Tsientang*, qui conduit à Hangtcheou. Lorsque le capitaine Collinson alla sur le steamer le *Phlégéton* reconnaître les approches de cette ville, avant la fin des hostilités avec la Chine, il y trouva une marée de onze nœuds et demi à l'heure, et, bien que le bâtiment fût mouillé sur une ancre et employât toute la force de sa vapeur, il fut entraîné par le courant. Ce fut sans doute la même cause qui occasionna la perte du transport le *Kite*, en 1840.

Pendant toute la journée du 12 juillet, nous marchâmes à la voile le long d'un canal large et profond, bordé des deux côtés par une couche épaisse de sable fin. Il se trouvait sur les rives un chemin de halage. Pendant les premiers douze milles, nous vîmes sur la droite des collines élevées dont les pentes escarpées venaient mourir au bord de l'eau. Nous rencontrions fréquemment des postes militaires avec des poteaux marquant les distances d'un lieu à l'autre. Sous l'influence d'un soleil brûlant, la nature semblait prendre un aspect de mort. Tous les objets paraissaient frappés d'inertie, et les éléments n'avaient plus d'action. Telle était l'ardeur du jour, que tous les êtres, hommes et animaux, ne pouvaient se soulager que par une absence complète de mouvement. Cependant telle était la beauté du paysage qui nous environnait, que je ne pouvais m'empêcher de me tenir en plein soleil, pour jouir le plus possible d'une vûe aussi délicieuse.

Sur le *Louhchan*, que nous avions complétement en vue, il n'y avait pas un seul point qui n'offrît des échappées admirables. Il est singulier que les Chinois lui aient donné deux noms contrastant l'un avec l'autre, le *Louh*, et le *Loung-chan* : le premier pour décrire sa forme générale, qu'on s'est plu à comparer à celle d'un « daim ; » le second, pour signifier qu'il sert d'habitation aux « dragons. » La légende populaire en cours ici veut que la montagne ait été fréquentée pendant longtemps par de nombreux dragons, qui, en épuisant les canaux et les sources du voisinage, amenèrent la sécheresse et la disette dans le pays. Heureusement un prêtre, plus habile que les autres, charma ces monstres en récitant des incantations sacrées, et mit fin aux désastres qui avaient affligé le peuple pendant de longues années.

Mais, quelle que soit l'origine de ces désignations, chacune d'elles peut être interprétée comme décrivant diverses vues sous lesquelles la montagne se présente aux yeux des spectateurs. Dans quelques endroits, elle élève ses rochers menaçants comme des tours dominant des précipices sans fond; plus loin, elle s'ouvre en abîmes effrayants, où le peuple ne manque pas de placer les antres des dragons. Ailleurs, l'imagination se figure en effet voir des lieux propres à servir de rendez-vous aux daims, à l'aspect de la fraîche verdure qui tapisse des pentes arrondies, parsemées de fragments de rochers. Partout l'arbre à suif déploie sa belle feuille d'un rouge d'automne, et le camphrier étale ses robustes rameaux, parés d'un brillant feuillage.

Dans le cours de l'après-midi, nous passâmes devant deux îles; la première, l'île des « cinq *Lis*; » la seconde appelée la « Grande île. » L'île des « cinq *Lis* » se trouve à dix-huit milles de Fouyang, d'où nous étions partis le matin. Elle a dix milles de circonférence, et sa surface est couverte de plantations de mûriers. L'autre île est à quatre milles plus loin, d'une circonférence de six milles seulement, et cultivée en riz. A six heures du soir je me fis descendre à terre pour marcher un peu, et je suivis le bateau pendant trois milles; l'heure du repas venue, je rentrai; l'exercice m'avait donné un appétit dévorant.

Au moment où je retournai au bateau, le *Toung-kiun-*

17

chan parut à notre vue sur la rive du nord. C'est une montagne placée d'une manière remarquable, élevant au-dessus de la rivière son front sourcilleux, qui, pour employer la description chinoise, « ressemble à une baleine prête à s'enfoncer dans l'eau. » A un mille environ de ses contre-forts est située la principale ville du district de Tounglou. Nous mouillâmes pour la nuit vis-à-vis de cette ville, qui, par exception aux autres du même ordre que j'avais traversées, n'était pas enceinte de murailles. Sa population était clair-semée, et les murs des maisons étaient blanchis.

Le lendemain, partis au point du jour de Tounglou, nous nous dirigeâmes vers la capitale du département de Yentcheou, qui est à une distance de vingt-quatre milles, ou à une demi-journée de navigation à la voile, par un vent favorable. Par malheur, nous eûmes contre nous le vent et les courants, et nous n'avancions que d'un mille et demi, souvent d'un mille et un quart par heure. Il fallut toute la journée pousser le bateau avec des perches ou le faire haler avec des cordes, ce qui fatigua considérablement les bateliers. Pour moi cependant, passager oisif, je trouvai une pleine compensation à ces contrariétés dans le spectacle magnifique qui s'offrait de toutes parts à ma vue. Un poëte du pays a dit avec justice : « Bien que ce département n'ait aucune importance à d'autres égards, il est *nonpareil* par l'aspect de ses eaux et de ses montagnes. »

Ayant remis à la voile, nous prîmes le côté droit de la rivière, c'est-à-dire que nous suivions la rive nord du *Tchéhkiang*. Les bords des deux côtés s'élevaient graduellement, et enfin, en plusieurs endroits, en vinrent à se toucher, surplombant sur nos têtes. A l'heure du dé-

jeûner, nous approchions des *rapides* de Lieoukiang. A
cet endroit, la rivière n'a qu'un tiers de mille de largeur,
et, comme la masse d'eau du canal supérieur se précipite dans ce lit rétréci, la vitesse devient effrayante. En
quelques endroits il se trouve des bas-fonds. Le lit de la
rivière est tapissé de cailloux arrondis. On recommença
à haler le bateau ; et comme les rapides n'ont pas une
grande étendue, nous arrivâmes en une demi-heure à un
endroit où nous attendait une vue de premier ordre.
Pendant trois milles, la rivière s'offrait à nous, large,
profonde, et reflétant la riche teinte d'un ciel bleu. Le
courant variait, parfois lent, parfois rapide, de temps
en temps troublé par des tournants. Des deux côtés se
dressaient des montagnes majestueuses, couvertes de la
base au sommet d'une riche végétation. Les bords de la
rivière étaient très-élevés, formant quelquefois des rochers abrupts, sillonnés par des ravins servant de lit à
des torrents impétueux. La plupart de ces torrents étaient
à sec, mais les bateliers me dirent que la moindre pluie
suffisait pour gonfler leurs eaux. Les hommes qui ha-
laient le bateau suivaient une corniche taillée dans le roc,
sur la rive nord. A quelques places, elle était si étroite,
que je tremblais en voyant ces gens suspendus sur une
espèce de précipice, les muscles tendus par leurs violents
efforts. Chacun d'eux avait sa corde de touage roulée
autour du corps, et je frissonnais à l'idée des conséquences qui pouvaient survenir si l'un d'eux faisait un faux
pas, ou seulement ne marchait pas en mesure. Par bonheur, dans un des moments les plus critiques, ils attei-
gnirent un garde-fou en pierre, placé là par quelque
philanthrope dont la prévoyance a voulu parer aux terribles accidents qui sans doute sont arrivés plus d'une

fois. La vue des montagnes dont je jouissais est du plus admirable effet sauvage et romantique, avec ses rochers élevés, ses cavernes profondes, ses rocs entassés les uns sur les autres comme des piliers massifs. Souvent il me semblait découvrir des chaumières isolées dont le toit pointait au-dessus d'une riante vallée; c'étaient en effet les huttes des bûcherons qui parcourent ces lieux sauvages pour faire des fagots, qu'ils vont vendre dans les villes voisines. Avant de quitter une scène qui avait eu pour moi tant de charmes, il me fut encore donné de contempler une belle cascade qui, dans une descente de plusieurs centaines de pieds, se précipite de rochers en rochers; puis, se brisant parmi les blocs énormes dont le précipice est hérissé, vient se perdre dans la rivière parmi des flots d'écume.

Le *Chuy-yu* se trouve dans ces eaux. C'est un poisson remarquable par son goût exquis. Il contribue avec d'autres poissons excellents à rendre la pêche, dans cette partie de la rivière, abondante et lucrative. Il paraît aussi qu'il s'y exerce une piraterie au petit pied sur les bateaux qui fréquentent ces parages. L'*itinéraire* chinois que j'avais pris pour mon usage dit « que les bateaux pêcheurs doivent être en garde contre des maraudeurs sans foi ni loi. »

A midi, nous étions vis-à-vis du *Tiao-taï*, montagne placée sur la rive droite, remarquable par trois espèces d'observatoires proéminents, perchés sur trois pics différents, élevés de plusieurs centaines de pieds l'un au-dessus de l'autre, construits en pierre, recouverts de plantes grimpantes, et ombragés par des bosquets de sapins. Ils semblent ne pouvoir servir de retraite qu'à des cénobites.

Dans les annales du pays, on raconte une histoire qui s'accorderait avec cette description. Au premier siècle de notre ère, lorsque la dynastie Han tenait les rênes du gouvernement, il florissait dans cet endroit un homme nommé Yenkouang, qui par son intimité avec l'empereur n'acquit pas peu de réputation au lieu de sa naissance, Yuyao (dont j'ai parlé page 256). Dans sa jeunesse, il avait été à l'école avec Kouangwou, l'héritier présomptif du trône, et, pendant cette confraternité d'études, la plus tendre amitié avait régné entre les deux jeunes gens. Enfin les condisciples furent séparés et se perdirent de vue. Cependant, lorsque Kouangwou fut monté sur le trône, il voulut élever aux honneurs son ancien camarade, et le fit chercher dans tout son Empire. Au bout de quelque temps, ses messagers vinrent lui dire que celui qu'il cherchait vivait en ermite dans cette thébaïde romantique, habillé de peaux de chèvres, et gagnant sa vie à pêcher dans la rivière. L'Empereur lui envoya de suite un char magnifique avec des présents d'étoffes de soie, mais ce ne fut qu'après trois invitations réitérées de Sa Majesté que Yenkouang consentit à quitter sa vie solitaire et à venir habiter la cour. L'Empereur, en le voyant, reconnut que son affection pour lui n'avait pas diminué, et, comme marque d'honneur, lui fit partager son lit. Telle est la légende du *Tiao-taï*, ou « plate-forme du pêcheur. »

Nous n'eûmes d'autre incident ce jour-là que la « remonte » du rapide nommé le *Wou-chih-t'an*, « rapide aux cailloux noirs, » qui se trouve à trois milles de notre ancrage précédent. Son nom dénote une de ses particularités : le lit en est rempli de pierres d'un noir de jais, de la grosseur d'un pain ordinaire, nommées « galets semblables aux pains. » Les bords de ce rapide étaient formés de sable blanc. Il était très-profond, mais sa largeur n'avait qu'un sixième de mille. Le lit formait une forte pente, coupée par de gros blocs ; la rapidité était effrayante, et devait surpasser trente milles à l'heure. Le travail pour remonter fut excessif, car souvent tout l'équipage, pilote, bateliers, domestiques, même la vieille femme, se mettait à l'eau jusqu'à la ceinture pour donner un coup de main, mais parfois c'était peine perdue. De désespoir, ils étaient obligés de se reposer quelques minutes pour reprendre leur haleine et leurs forces. Deux ou trois heures de travail et de halage nous sortirent de ce mauvais pas ; et, arrivés au haut de la pente, nous nous arrêtâmes à contempler quel travail prodigieux il avait fallu employer pour remonter un bateau comme le nôtre contre un courant dont la vélocité paraissait irrésistible, et sur une pente dont la chute perpendiculaire eût été au moins de huit à dix pieds.

A partir de là, nous n'eûmes plus à suivre que les détours nombreux de la rivière jusqu'au moment où nous jetâmes l'ancre à Toungkouan.

14 *juillet.* — Le lendemain, en me levant, je vis que le bateau avait quitté son ancrage, et traversait l'embouchure du Sin-ngan-kiang, l'un des principaux affluents du Tchèhkiang.

C'est ici le lieu de parler des principaux tributaires du Tchèhkiang, puisque c'est dans cet endroit qu'ils se réunissent en un seul canal. Ils sont au nombre de trois. L'un, auquel nous étions arrivés, est l'affluent d'ouest, venant des montagnes de la province de Nganhoeï, à quelque distance à l'ouest de la ville de Yentcheou. Le second, ou affluent du sud-est, est celui où nous devions entrer après avoir traversé l'embouchure du précédent. Il porte le nom de Toungyang, et vient des montagnes de Kinhoa. Le troisième est l'affluent du sud-ouest, dont les sources sont à une distance de cent cinquante milles. Comme je l'ai dit, la grande jonction d'où se forme le *Tchèhkiang*, proprement dit, se fait à Sin-ngan-kiang. Le nom de ce fleuve lui vient des détours nombreux qu'il parcourt à travers plusieurs départements, jusqu'à Hangtcheou, où il se jette dans la mer, environ à vingt milles au-dessous de cette ville.

Faisant le tour de Toungkouan, où nous avions ancré pendant la nuit, nous passâmes devant l'embouchure du tributaire ouest, et eûmes en vue Kientèh, ville principale du département de Yentcheou (latitude 29° 37' nord, longitude 110° 30' est). Cette ville est située sur le bord nord-est de la rivière dont elle est éloignée d'un peu plus d'un mille. Sur l'une et l'autre rive s'élevait une pagode de sept étages, toutes deux construites sur la pente d'une colline d'un aspect fort singulier. Le *Sin-ngan-kiang* étant une des principales communications entre le centre de la province de Tchèhkiang et les parties supérieures de Nganhoeï, un bateau peut remonter un espace de cent milles au nord-ouest de Kientèh, jusqu'à Hieouhing, ville de marché du pays de Hoeï-tcheou.

Laissant bientôt ce tributaire à notre droite, avec le pittoresque amphithéâtre de montagnes qui entoure la ville murée de Kientèh, nous entrâmes dans les eaux du tributaire du sud-est, la rivière *Toungyang*. Pendant le reste de la journée nous voguâmes à la voile sur un cours d'eau d'une belle largeur profondément encaissé. Nous eûmes plusieurs rapides à remonter. Le plus remarquable était celui placé à la ligne limitrophe des départements de Yentcheou et de Kinhoa. Les difficultés qu'on y rencontre sont extrêmes, du moins en remontant, à cause du fort courant qui se précipite comme un torrent à travers des blocs massifs, dont plusieurs ont la grandeur et la sonorité des monstrueuses jarres dont on se sert dans le pays.

Avant de franchir la limite de Yentcheou, nous rencontrâmes un convoi de mandarins. Ils conduisaient le trop célèbre Tartare Tahounga, qui était rappelé de Formose. Lorsqu'il y exerçait le commandement, il avait ordonné le massacre de l'équipage infortuné du *Nerboudda*, que, dans son rapport, il prétendait avoir été pris à la suite d'un combat. Le plénipotentiaire de Sa Majesté Britannique, sir H. Pottinger, avait fait de fortes remontrances au sujet d'une telle atrocité, et le monstre avait reçu ordre de se rendre à la métropole impériale pour y rendre compte de sa barbarie. Je l'aperçus assis à la porte de sa cabine, fumant son *houkah*. Que n'aurait-il pas donné pour savoir que, dans ce moment-là même, il y avait un « barbare » passant à sa portée!

Un instant après, nous étions dans le département de Kinhoa, et au pied du rapide *Toung-tsze-chan*. Dans cet endroit, sur la gauche, s'élève un rocher abrupt, appelé le *Tsiang-kiun*, ou « le rocher commandant en chef. » Il présente au voyageur un aspect sauvage, étrange et menaçant. J'eus l'occasion d'y voir deux hommes occupés à pêcher à l'aide d'un cormoran. Quelques étrangers ont prétendu qu'on ne se servait pas de ces oiseaux pendant l'*été;* mais je les ai vus, le 14 juillet, en plein exercice de leurs fonctions. Le bateau des pêcheurs était petit; il portait deux hommes et une vingtaine de cormorans. Cet oiseau n'a rien de remarquable dans son apparence. Il ressemble à un gros canard ou à un pélican; il est brun sur le dos, avec une teinte de blanc près du croupion; il a le bec jaune et recourbé, et les pattes palmées. Ce qu'il offre de singulier, c'est la docilité. Sous ce rapport, il surpasse les chiens et les faucons de l'Europe, et obéit au moindre signe de son maître. Plusieurs étaient perchés sur le bord du bateau, ayant l'air d'avoir déjà fait une bonne journée, mais tout disposés, en apparence, à se remettre dans l'eau à la voix bien connue de leur gardien. Il leur suffisait de plonger quelques minutes pour rapporter un poisson, gros ou petit, qu'ils portaient dans le bec à leur maître. Un ou deux, quoique aussi obéissants que les autres, semblaient inspirer moins de confiance. Le pêcheur, qui les surveillait d'un œil attentif, s'aperçut qu'ils avaient avalé le poisson au lieu de le rapporter. Un coup d'une longue baguette et un cri particulier eurent bientôt ramené les délinquants au bord du bateau. Alors le pêcheur les prit par le col, et leur fit dégorger le fruit de leur larcin. C'étaient des poissons d'une belle grosseur, encore tout entiers. Je ne distinguais point de corde passée, comme on l'a prétendu, autour du col des oiseaux pour les empêcher d'avaler le poisson. Quelque part qu'allât le bateau, ils le suivaient, interprétant chaque variation de la voix du pêcheur et chaque signe de sa baguette. On nourrit ces cormorans avec les rebuts du poisson, des anguilles, etc. Mais on ne les fait pêcher que lorsqu'ils sont à jeun et affamés.

Ainsi que je l'ai déjà dit, nous rencontrâmes ce jour-là plusieurs rapides importants. Ils causèrent beaucoup de travail aux bateliers, constamment obligés de se mettre à l'eau pour tirer ou pousser le bateau. L'approche d'un rapide est l'occasion infaillible d'une guerre de mots. Les hommes de l'équipage commencent à crier les uns après les autres, à s'injurier et à se railler réciproquement ; sans cela, ils pourraient accomplir leur tâche en une fois moins de temps. Cependant on ne peut se dissimuler que la besogne est rude, surtout en été et pendant une sécheresse. Par bonheur, nous passâmes là où nous avions vu sept bateaux ensablés, obligés de se décharger avant de pouvoir continuer leur route.

15 *juillet*. — Nous n'avions pu atteindre Lan-ki la veille au soir, comme nous l'avions espéré. Nous n'y arrivâmes qu'à huit heures du matin. Cette capitale d'un district qui porte son nom est située sur le bord est de la rivière, dans une belle vallée entourée de collines et de vallées couvertes d'arbres à suif et de camphriers. Ses hautes murailles blanchies lui donnaient une apparence plus respectable qu'à beaucoup d'autres villes que j'avais vues sur ma route. Une foule de bateaux de toute espèce couvraient la rivière, et il régnait partout une grande activité. Les jambons, le vin, les dattes et la soie de Lan-ki ont beaucoup de réputation : les dattes surtout sont délicieuses. Les rapports de Lan-ki avec Kinhoa, capitale du département, ont une certaine importance, et le trafic entre elles passe pour considérable.

A l'extrémité sud du faubourg, la rivière se partage en deux branches : l'une à gauche, au sud-est, conduisant directement à Kinhoa, et de là aux départements de T'aïtcheou et de Wentcheou, qui touchent à la province de Fohkien; l'autre se dirigeant à droite, c'est-à-dire au sud-ouest, vers Kiangsi. Ces deux branches sont le second et le troisième tributaires du *Tchèhkiang*, dont j'ai parlé. A ce point de séparation, nous dûmes prendre la branche sud-ouest, dans laquelle, après être restés quelques heures devant la ville, nous allâmes jeter l'ancre vers midi.

A trois heures après midi, une bourrasque venant du sud-ouest vint fondre sur nous, faisant voler devant elle des nuages de sable blanc. La terreur fut excessive parmi les bateliers de toutes les embarcations qui couvraient la rivière. Tous gagnèrent le bord, jetèrent l'ancre, et se tinrent cois jusqu'à ce que le danger fût passé. Sur la rive gauche, nous apercevions de grands amoncellements de sable blanc, et les traces de ravages considérables causés par des inondations n'étaient que trop visibles en beaucoup d'endroits. Un peu avant le coucher du soleil, nous passâmes devant trois ou quatre moulins à eau, mus par la rapidité du courant; ils servaient à moudre du blé et du riz.

16 *juillet*. — La veille, nous n'avions fait que dix-sept milles, et nous nous étions arrêtés de bonne heure à la limite des départements de Kinhoa et de Kiutcheou. Reposés par une bonne nuit, nos hommes se levèrent au point du jour. Après avoir dépassé de vastes amas de rochers entassés sur le bord de droite de la rivière, surtout à Houtchin; après avoir vu de loin plusieurs temples, non pas peints, comme d'ordinaire, en rouge ou en jaune, mais blanchis comme de simples maisons; après avoir admiré l'aspect propret des femmes qui lavaient leur linge au bord de l'eau, nous nous arrêtâmes à dix heures du matin pour nous rafraichir à la pagode de Ts'èhtou.

Au milieu de la rivière, le courant avait une rapidité effrayante. Je vis, non sans une anxiété assez grande, un petit bateau qui descendait le rapide sous la conduite de deux jeunes gens, sans le secours de rames. Tandis que je les regardais sans oser respirer, redoutant un malheur, l'un des deux jeunes gens, perdant l'équilibre, tomba au milieu de la rivière. Tout le monde se mit à crier au secours. Notre bateau était à l'ancre, et, par conséquent, immobile. Le seul qui fût disponible était celui d'un pauvre pêcheur, à quelque distance. En apercevant l'accident, le brave homme quitta ses filets, et, à l'aide de sa femme et d'un enfant de sept ans, se mit à ramer de toutes ses forces pour porter secours au jeune homme qui se noyait, lui criant pendant tout le temps : « N'ayez pas peur ! n'ayez pas peur ! prenez courage ! » Si le secours eût tardé d'une minute, il n'était plus temps. Mais le pauvre jeune homme fut sauvé. L'anxiété qui avait attristé toutes les figures se dissipa; tout le monde se sentait heureux et reconnaissant. J'appelai le pêcheur, et, à sa grande surprise, lui donnai un dollar pour sa peine. Le maître du jeune apprenti qui avait été garanti de la noyade, informé du don que je venais de faire, vint à mon bateau et me fit diverses protestations en signe de reconnaissance envers l'étranger (il ne pensait guère que c'était un Européen) pour sa bonté inattendue.

Vers midi, nous étions en vue de la ville principale du district de Loung-yeou, placée à la base d'une colline sur la rive droite. L'approche en est annoncée par une pagode qui s'élève au milieu d'une plaine sablonneuse, c'est *Tchang-youen-t'ah*. La ville, bien que murée, n'a rien de remarquable. Le nombre des habitants ne dépasse pas cinq mille. Son principal produit consiste en papier fabriqué de bambou. Notre trajet jusqu'à l'ancrage de nuit à Pofang-tan ne dépassa pas douze milles. La plus grande partie de la route s'était faite entre des plantations de grands arbres touffus, notamment d'arbres à suif et de camphriers. Jamais nous n'avions rencontré d'obstacles aussi multipliés, sous la forme de rapides, de canaux à moulins, de rochers, nécessitant des halages et des cris continuels. Vers la fin du jour, nous n'avions pas à employer moins de douze personnes pour nous remorquer, neuf tirant la corde, deux poussant avec des perches, et l'autre tenant le gouvernail; tout cela accompagné, comme d'ordinaire, d'un torrent d'injures et d'invectives.

Le 17 *juillet*, nous ne fîmes encore que vingt et un milles, le temps continuant à être d'une chaleur insupportable, et la rivière plus que jamais remplie de rapides, de bas-fonds, etc. La route, entre notre ancrage de la veille et la ville de Kiutcheou, où nous nous arrêtâmes un peu après midi, traverse un pays plat dont la monotonie était cependant rompue par quelques objets frappants : à droite, par des rochers gigantesques ; à gauche, par de singuliers monceaux de sable blanc, ou par quelque pagode solitaire s'élevant comme une tour de défense au milieu des plaines à perte de vue. Tandis que notre bateau se repose à Kiutcheou, je prie le lecteur de jeter un coup d'œil sur ma position actuelle au cœur de l'empire chinois. — Je viens de passer devant une pagode. — Le bateau lutte contre un courant rapide, n'ayant pour remonter que l'effort de quelques hommes qui le remorquent. Que ne donnerais-je pas pour jouir du bonheur de ces passants dont l'embarcation vole sur les eaux, la voile gonflée par un vent favorable, et suivant le cours qui les entraîne! Dans beaucoup de ces bateaux, je vois des passagers nonchalamment étendus. Quelques-uns sont des marchands qui retournent chez eux avec des marchandises achetées à Canton; au milieu de ces marchandises s'en trouvent que je reconnais pour venir d'Europe. La vue de ces objets, comme elle est faite pour émouvoir le cœur d'un Européen qui parcourt isolé l'intérieur de la Chine! quels pensers, quels sentiments s'élèvent dans son âme, inconnus à lui lorsqu'il était dans son pays, sans écho, sans sympathie au sein d'une foule étrangère ou hostile! Mais je suis tiré de ma rêverie par l'approche de plusieurs grandes barques de mandarins, portant des fonctionnaires publics d'un département à un autre. Elles sont ornées de grandes bannières, déployant les insignes et les titres des hauts personnages. J'aperçois Sa Seigneurie, s'éventant et fumant sa pipe. Elle est en train de m'envisager. Sans doute elle est frappée de quelque chose de *non chinois* sur ma physionomie; pourtant elle est loin de se douter que j'appartiens à cette nation détestée qui vient d'humilier l'orgueil de la Couronne impériale. Pourquoi d'ailleurs M. le préfet me soupçonnerait-il? Je suis dans un bateau presque aussi bon que le sien. Comme lui je m'évente, je prends du thé, je fais aller mes bâtons, je fume ma pipe, et, qui plus est, je porte sur mon dos la plus belle queue dont se soit jamais enorgueilli un fils de Han! C'en est fait, il ne voit rien en moi qui mérite son attention; car je suis de la tourbe commune... Il passe. — Mais qu'est-ce qui vient après lui? — Une île flottante portant des huttes et des créatures humaines! c'est un grand radeau de bois qu'on transporte de l'intérieur. Sa navigation demande bien du temps, bien des soins, bien de la peine! Portant ensuite mes regards en avant, du côté

de la ville de Kiutcheou, où nous devons prendre une
heure de repos, je suis frappé de voir comme le niveau
des plaines est au-dessous du cours de la rivière. J'admire en même temps les contours des montagnes qui
bordent l'amphithéâtre. Des pics se montrent de toutes
parts, aux limites de l'horizon, de toutes les hauteurs et
de toutes les formes. Sur la droite, à l'ouest, sont les
montagnes de *Nganhoeï*; vis-à-vis de nous, au sud,
celles de *Kiangsi*; mais celles dont la vue est la plus
frappante sont les montagnes de la chaîne du *Fohkien*,
visibles au sud-est.

Nous arrivâmes enfin à la capitale du département de
Kiutcheou, placée à quelques pas de la rivière, sur le
bord est, qui est très-élevé en cet endroit. La ville est
entourée d'une muraille de sept mètres de hauteur.
Nous ne pouvions apercevoir que sa partie ouest, qui
court directement, pendant trois milles, du nord au sud.
On distinguait à un des angles un objet curieux : c'était
une pagode en miniature, ayant sept étages, faite de fer
massif. Plus loin, par-dessus la muraille, on apercevait
une pagode de brique tombant en ruines. Cette ville,
avec une population de cinquante mille âmes, est surtout importante comme siège officiel d'un *taotaï*, « préfet » de trois départements ; ce qui explique le grand
nombre de bateaux officiels placés le long du rivage.

A la hauteur de la ville, nous fûmes arrêtés par un
pont flottant qui tenait toute la largeur de la rivière. Il
était composé de barques ancrées, attachées par des
chaînes, couvertes de planches pour le passage des piétons. Pour la somme modique de deux *cash* et demi,
ou moins de deux liards (deux *cash* et demi équivalent à
un centime quatre-vingt-sept millièmes), on livra pas-

sage à notre bateau, ce qui se fit en détachant une des barques du pont. Nous nous arrêtâmes bientôt après, à une heure après midi, pour donner à nos bateliers le temps de se reposer et de se rafraîchir après une demi-journée de travail sous un soleil ardent. Ils eurent un répit de trois heures; et, au bout de ce temps, ils levèrent l'ancre dans les meilleures dispositions du monde. Mais une nouvelle difficulté les attendait à l'extrémité sud de la ville, où un rapide dangereux exerça encore une fois leur patience.

Nous arrivâmes, un mille plus loin, à un endroit où la rivière forme une bifurcation. Dans le voisinage se trouve le *Toungtsien-ling*. C'est un endroit fameux dans les annales de la dynastie tartare, par le campement de trois années qu'y fit le reste des troupes enrôlées pour défendre les Ming, et par leur défaite totale en l'année 1676, époque depuis laquelle les conquérants ont joui d'un repos et d'une tranquillité continus. Au lieu que je viens de dire, la rivière se partage en deux branches : l'une, à gauche, est le principal cours d'eau qui vient de l'intérieur de la Chine à travers la province de Fohkien, prenant sa source dans les montagnes de Kiaochan; mais notre route suivait l'autre branche, qui se dirigeait vers le sud-ouest. Cette artère, qui porte encore le nom de Tchèhkiang, peut être considérée comme la grande communication entre Hangtcheou, Nanking et les parties sud et sud-ouest de l'Empire; car ses eaux traversent ou font communiquer le *Tchèhkiang* et les provinces de Nganhoeï, Kouangsi, Canton, Szetchouen, Koueïtcheou et Yunnan. Passé la bifurcation dont je viens de parler, la province est fameuse pour ses oranges. On voit des bosquets d'orangers sur les bords de la rivière.

Le soir, étant descendu à terre pour me promener, je m'égarai dans un de ces bosquets. Cet incident jeta la désolation parmi mes fidèles domestiques. Cependant j'eus bientôt retrouvé mon chemin, et je tirai mes gens de leur inquiétude.

Au coucher du soleil, nous ancrâmes pour la nuit à Ts'an-tszi-pou, où s'arrêtent les bateaux de passage.

18 juillet. — Nous espérions ce jour-là arriver à notre étape de Tchangchan au coucher du soleil; mais une bourrasque épouvantable que nous essuyâmes, jointe à de nombreux bas-fonds, fit que nous n'avançâmes que de dix-huit milles, et que nous dûmes nous arrêter, pour passer la nuit, à cinq milles en deçà. Ce fut une autre journée laborieuse. Il y eut surtout un bas-fond qui éprouva durement le système nerveux de nos hommes. Le lit de la rivière était presque à sec. Il n'y avait qu'un passage au milieu, mais laissant à peine assez de place pour qu'un bateau montât ou descendît. Descendre était facile; mais, par malheur, nous avions à monter, ouvrage épouvantable sous l'action d'un soleil dévorant et le feu croisé des injures. Il est incroyable qu'un pareil état de choses puisse être toléré à la Chine. Avec un commerce si important sur l'une de ses principales voies de communication, comment le gouvernement, comment les marchands, peuvent-ils supporter la continuation de telles difficultés? Pourquoi n'ouvrent-ils pas et n'entretiennent-ils pas des canaux larges et profonds là où se réunissent des obstacles si funestes à leurs intérêts?

Il me fut impossible d'obtenir des bateliers le moindre renseignement sur les endroits devant lesquels nous sommes passés aujourd'hui; et, sans mon « Itinéraire, » je ne connaîtrais pas même leurs noms. C'est là aussi tout ce que connaissent du pays qu'ils traversent la plupart des passagers qui fréquentent ce pays ; ils savent tout simplement de quel endroit ils sont partis et à quel endroit ils se rendent.

19 juillet. — Le bateau partit avant que le coq chantât ; et, à cinq heures du matin, nous côtoyions le débarcadère de la ville de Tchangchan, qui est éloignée du port d'environ un mille. Il se trouve là plusieurs compagnies qui se chargent de transporter marchandises et voyageurs dans la province de Kiangsi, ou, par un trajet par terre de vingt-quatre milles, à Yuhchan, le premier relais. Ces maisons ont sur le quai des agents chargés de faire des offres de services aux passagers. Ces messieurs interrompirent de bonne heure mon sommeil. Ce fut la maison Wang-louï-sien qui obtint la préférence. Elle s'engagea à me fournir deux chaises couvertes, l'une pour moi, l'autre pour mon guide, et deux autres découvertes pour le cuisinier et le jeune garçon qui me servait ; plus, cinq porteurs pour mon bagage.

Ayant disposé nos effets et nous étant pourvus de vivres et de vêtements pour un voyage par terre de huit heures, nous quittâmes le bateau sur lequel, pendant huit jours, nous avions parcouru un espace de deux cents milles. Ce fut alors que nous fûmes assaillis par les bateliers, qui cherchaient à obtenir quelque supplément aux gages stipulés à I-kiao. Chacun en particulier demandait quelque chose, l'un comme capitaine, l'autre comme pilote, le troisième comme chargé de surveiller les effets : c'était la répétition d'un hôtel à Londres. Enfin, nous nous débarrassâmes de ces solliciteurs, et, à neuf heures du matin, nous étions assis dans des chaises à porteur aux parois graisseuses et aux siéges mal rembourrés. Au bout d'une demi-heure, nous avions atteint les faubourgs près de la porte de Tchangchan.

Dans le trajet, je ne comptai pas moins de vingt « maisons de transit. » A chacune était attachée une auberge où l'on trouvait, si on désirait s'arrêter, la table et le logement. Nous prîmes quelque repos au bureau de *Wang-louï-sien*, et nous y complétâmes nos arrangements. Les bâtiments occupés par ce bureau sont vastes et commodes. D'après ce que j'appris, cette société est en bonne réputation, et je dois dire que, dans ses rapports avec moi, elle fit preuve de politesse et d'obligeance.

Entrés par la porte de l'Est, nous passâmes devant la résidence officielle du maire; nous suivîmes la principale rue qui servait de marché, longue et tumultueuse; nous vîmes les « dépôts de sel, » qui sont nombreux, et nous arrivâmes à la porte de l'Ouest, où nous trouvâmes la campagne et ses beautés.

A propos de dépôts de sel, je dois remarquer qu'ils sont affermés par le gouvernement à certains particuliers. A Tchangchan, ils sont nombreux, attendu que le sel employé par les habitants de Kiangsi vient principalement de la côte de Tchêhkiang et doit passer par Tchangchan. Le monopole du sel dans l'Empire est soumis au contrôle du gouvernement impérial, qui emploie pour ce service un grand nombre d'officiers et de commis. Le sel commun, employé par plusieurs millions d'habitants, vient des côtes maritimes sud et est de l'Empire. La manière de le manufacturer, ainsi que je l'ai vu plusieurs fois, est d'aplanir le sol le long des bords de la mer ou des rivières qui s'y jettent, et, à la marée haute, d'introduire l'eau au moyen d'écluses en quantité suffisante pour remplir le terrain aplani. Les portes de ces écluses sont ensuite fermées, et, au bout d'un certain temps, l'eau, évaporée par la chaleur du soleil, laisse sur la surface de la terre une croûte épaisse, que l'on ramasse après l'avoir brisée, et dont on remplit des sacs. Le sel est la propriété du gouvernement. Il l'afferme, ainsi que je l'ai dit, à des particuliers qui en ont le monopole et y font d'immenses profits. En conséquence, pour sortir le sel des provinces maritimes, il faut un permis spécial. Toutefois cette denrée est l'objet d'une active contrebande.

En peu de temps je me trouvai sur la route de Yuhchan, les coulies portant ma chaise sans secousses et marchant d'un pas ferme et égal. De hautes montagnes en perspective, des collines à une distance plus rapprochée; en beaucoup d'endroits, des tombeaux couverts de larges pierres d'ardoise. Ces tombeaux sont d'une construction différente de ceux que j'avais vus à Canton. Ils sont construits dans la forme de petites maisons, avec des fenêtres ouvertes, et peuvent tenir trois, quatre ou cinq cercueils. Pendant tout le trajet de Tchangchan à Yuhchan, qui est d'une distance de vingt-quatre milles, il y avait un bon chemin battu, de quatorze pieds de largeur, pavé d'une sorte de pierre siliceuse et ombragé d'arbres magnifiques. Il y avait des deux côtés une file non interrompue, allant et venant, de porteurs de chaise, de passagers, de marchandises et d'hommes chargés de fardeaux. D'espace en espace, on voyait des poteaux portant des inscriptions informant les voyageurs que ce chemin conduisait à huit provinces, à savoir : Kiangsi, Hounan, Houpèh, Kouangsi, Kouangtoung, Yunnan,

Szetchouen et Koueïtcheou. Comme, dans ce pays, on voyage de nuit et de jour, il y a des fanaux allumés le long de la route de distance en distance. A chaque trois milles on rencontre un caravansérail, la plupart du temps tenu par une vieille femme, où les porteurs de chaise fument leur pipe, boivent du thé (et quel thé!) et font un somme. Il y a, à moitié chemin, une sorte d'auberge où nous entrâmes à une heure après-midi. Là, j'eus une querelle avec les coulies, qui voulaient me conduire à une autre auberge à laquelle ils donnaient leur protection.

Le service du portage par cette classe d'hommes est assez bien organisé sur cette route. Les prix varient fort peu pendant toute l'année, excepté pendant l'espace compris entre les cinquième et huitième lunes, époque où la population est presque tout entière occupée aux travaux des champs. Alors les prix augmentent momentanément. Par exemple, pendant huit mois de l'année, une chaise à porteur, de Tchangchan à Yuhchan, ne coûte qu'un demi-dollar (2 fr. 50 c.), compris les coulies; mais, dans la saison exceptionnelle que j'ai dite, il en coûte un dollar. Ainsi le prix maximum ne dépasse pas cinq à six francs pour vingt-quatre milles! Les porteurs de chaise comptent toujours sur un supplément de paye à la fin du voyage, sous la qualification de « argent de vin » (comme en France le *pourboire*). Les porteurs de bagages se divisent en quatre classes. Les meilleurs et les plus actifs n'ont le droit de porter que cent livres par voyage, et prennent l'engagement de remettre leur fardeau à Yuhchan, en huit ou dix heures, pour le prix de sept *cash*, ou cinq centimes par livre. Je puis donner ces détails par expérience. Les porteurs de bagages sont accompagnés d'un surveillant qui répond des objets, et qui est au service de la compagnie de transit.

A une certaine distance, nous arrivâmes à un passage célèbre qui traverse la route. Nous en avions déjà traversé un à quelque distance de Tchangchan. Celui dont je parle était à sept milles plus loin, et appelé le *Ping-foung-kouan*, ou le « Passage du Paravent. » Il est formé d'une paroi de rochers placée diagonalement sur le chemin, comme une cloison qui séparerait un appartement en deux parties : c'est de là qu'il tire son nom. En outre, il est considéré comme la limite de deux provinces, Tchèhkiang, que nous étions sur le point de laisser derrière nous, et Kiangsi, où nous allions entrer. On a toujours considéré ce passage comme un poste important pour garantir la province de Kiangsi de toutes les incursions du côté du nord-est. Lors du renversement de la dynastie Ming, les Tartares trouvèrent dans ce passage un des principaux obstacles qu'ils eurent à surmonter pour achever leur conquête. Jusqu'à ce jour, afin d'écarter les bandes de voleurs de la route qui conduit de Tchèhkiang à Kiangsi, on a toujours maintenu ici un poste militaire. Un ouvrage chinois que j'ai lu contient un paragraphe au sujet des dangers qu'on rencontre sur les chemins de Tchèhkiang : « Il y a, dit l'auteur, trois routes : la première par mer, en suivant les côtes ; la seconde, par les rivières et les lacs ; la troisième, en traversant les montagnes. Sur la première, on court le danger d'être attaqué par les pirates ; la seconde fourmille de contrebandiers qui ne se font pas faute d'attaquer les passants ; la troisième est infestée de voleurs. » L'ouvrage range le passage de Tchangchan dans la troisième catégorie. Il termine en disant : « Hélas ! quel fardeau d'anxiété doit peser sur l'esprit du vice-roi de Tchèhkiang. Il faut qu'il maintienne des gardes-côtes chargés de protéger le commerce contre les pirates ; qu'il ait une police vigilante pour surveiller la contrebande et détruire les bandits qui pullulent sur les frontières de la province ! Je ne voudrais pas être à la place de Son Excellence! Si l'on nous dit qu'il n'y a pas besoin, pour remplir ce poste, d'un homme d'un grand tact et d'une grande intelligence, nous assurons le contraire. »

Tandis que je suis arrêté au passage du « Paravent, » abandonnant avec regret la province de Tchèhkiang, où, dans les onze derniers jours, j'ai parcouru trois cent soixante milles, dont j'ai visité six départements, treize bourgs et neuf villes murées, le lecteur me permettra de jeter un dernier regard sur la riche et populeuse région que je vais quitter, l'une des plus belles des dix-huit provinces de la Chine.

La province de Tchèhkiang, telle que la décrivent les cartes tracées par les Européens, comprend quatre degrés de latitude et près de quatre de longitude. Elle s'étend de 27° 30' à 31° 15' en latitude, et en longitude de 118° à 121° 50' à l'est de Greenwich. Sa plus grande largeur est, selon les Chinois, de deux cent soixante milles anglais de l'est à l'ouest, et son extrême longueur d'environ trois cent quatre-vingts du nord au sud. Dans sa position géographique, elle est bornée au nord par le Kiangsou, la principale province de l'Empire, la plus riche par ses produits; au sud par la province de Fohkien, peuplée d'une race ambitieuse; à l'est par des côtes dangereuses, et à l'ouest par les provinces de Nganhoeï et de Kiangsi, dont les habitants sont, en général, pauvres et simples. La surface du Tchèhkiang, que je viens d'esquisser à grands traits, contiendrait au moins quatre îles comme l'Écosse; ou, pour me servir d'une autre comparaison, son territoire est égal à celui du Portugal, et deux fois aussi grand que le royaume de Danemark. En un mot, elle renferme assez de terre pour en donner un arpent à chacun de ses habitants, dont le nombre, lors du dernier recensement, s'est élevé à vingt-six millions [1].

Examinée à vol d'oiseau, c'est un royaume d'une étendue honnête, partagé en soixante-dix-sept cantons ou districts, qui sont eux-mêmes distribués en onze départements, arrosés en grande partie par la rivière sur laquelle j'ai voyagé, ou par ses tributaires. Chaque division a son propre corps d'officiers municipaux, sous la suprématie d'un gouverneur, qui, avec sa suite composée des bureaux financiers, judiciaires et militaires, habite Hangtcheou, capitale de la province. Le climat jouissant d'une température douce et le sol d'une grande fertilité, les produits de la province sont riches et abondants, surtout la soie, qui rivalise avec celle de la province voisine, Kiangnan; l'art de la fabriquer y est porté à un degré éminent, et ses damas, ainsi que ses *sinchaws* [2], ne sont surpassés nulle part. Le commerce maritime est limité, mais celui de l'intérieur est très-considérable.

Tout ce que je puis dire sur le caractère de la population, c'est que les départements du nord, se trouvant voisins de Soutcheou, centre de la littérature, de la mode

---

[1] Dans le document officiel que nous avons traduit du chinois et publié en 1842, la population totale de la province de *Tchèhkiang* est portée à 26,256,784.   G. P.

[2] Ce sont des étoffes légères que nous nommons en France *crêpes*.   G. P.

et de la dissipation à la Chine, peuvent, pour la richesse, les connaissances et les raffinements du luxe, rivaliser avec toutes les autres parties de l'Empire. Peut-être est-il possible de se former une idée correcte du peuple de Tchèhkiang, d'après le *Livre rouge* officiel qui se publie quatre fois par an[1]. Prenons, par exemple, les six départements que nous avons traversés depuis onze jours, en commençant par notre point de départ, Ningpo, et en nous dirigeant vers le sud, point où nous nous trouvons en ce moment, et voyons ce que dit ce document officiel : « Les habitants du département de Ningpo sont adonnés à la culture de la terre et des lettres. Leurs occupations les plus lucratives consistent dans la pêche et les salines. La population de Chaou-hing-fou est diligente, frugale, avide de connaissances, et le travail n'est pas sa seule ressource. Le département voisin, Hang-tcheou, est fameux pour renfermer les plus grandes comme les plus précieuses curiosités du monde. C'est le point de réunion des marchands de tous les pays. Les manières du peuple y sont polies, et son éducation perfectionnée. On y trouve beaucoup de lettrés. » Si nous avançons vers le sud, nous lisons, au sujet du département de Yentcheou, que « ses savants sont passionnés pour leurs livres, tandis que la classe commune s'adonne à l'agriculture. » Les habitants de Kinhou sont représentés comme formant deux ordres distincts : « la classe instruite, qui est honnête et sincère, et les gens du commun, très-habiles aux travaux des champs. » La population de Kintcheou, le dernier des six départements que j'ai visités, est dépeinte comme « sûre et fidèle,

---

[1] Voir la note ci-devant, page 275. G. P.

bien qu'un peu rude et primitive dans ses manières. »

La province de Tchèhkiang a, de temps immémorial, servi de théâtre aux principaux faits de l'histoire chinoise. Par exemple, le voyageur moderne, à son passage par la ville de Chaohing, est informé qu'à peu de distance il se trouve un lieu que la tradition a rendu fameux, et qui est l'objet des munificences annuelles de la cour impériale; c'est la tombe du patriarche Roi Yao, qui dessécha les eaux du déluge. Lorsque l'Empire était divisé en trois royaumes, l'État de Wou occupait toute la province, et des combats sanglants se livrèrent sur son territoire. Il y a peu de temps, ce fut encore dans cette province que la plus puissante des nations occidentales[2], l'Angleterre, transporta les péripéties de la lutte; circonstance qui fit tomber ses îles et ses plus fortes positions au pouvoir de l'étranger. Par le traité de 1842, l'un de ses ports principaux, Ningpo, fut ouvert aux Européens. N'avons-nous pas le droit d'espérer qu'une alliance amicale avec les puissances de l'Occident sera perpétuée, que les relations les plus larges s'ouvriront graduellement avec les diverses parties de cette vaste province, y donnant ainsi entrée au christianisme et à ses ministres?

[1] *The greatest power of the West.* Cette prétention orgueilleuse, que l'on rencontre dans presque tous les écrivains anglais, ne peut être acceptée ici sans contestation. Les événements des cinquante dernières années n'ont prouvé sa supériorité que sur les mers; encore cette supériorité n'était réelle que par le nombre. G. P.

CHAPITRE III

Excursions à travers les provinces de Kiangsi et de Canton. — De la limite entre celles de Tchèhkiang et de Kiangsi à Yuhchan. — De Yuhchan, la capitale de Kiangsi, à la ville de Nant'chang. — De la ville de Nantchang à Nank'ang. — Route par terre à travers le passage de Mieling. — Du passage de Mieling à Nanhioung. — De Nanhioung à Canton et à Hong-Kong.

19 juillet. — Je reprends la suite de mon voyage. A cinq heures de l'après-midi, j'eus en vue la ville de Yuhchan, placée sur une éminence, preuve positive que je me trouvais bien entré dans la province de Kiangsi. Je n'étais pas fâché d'être à la fin de mon étape. La chaise à porteurs de bambou dans laquelle je me trouvais peut être commode pour ceux qui portent, mais elle ne l'est pas pour celui qui est porté pendant huit heures de suite, surtout après avoir reçu un orage dont la violence avait enlevé le dessus de la chaise.

Yuhchan est entourée de murailles qui ont une étendue de un mille un quart. Leur construction remonte à trois cents ans. La ville est construite en grès rouge, et ornée d'arbres magnifiques qui répandent sur les maisons une ombre délicieuse. Dans l'espace d'une heure, nous étions au centre du faubourg. Nous traversâmes le pont de *Toung-tsin*. Il y avait là autrefois un pont flottant; mais il avait été enlevé si souvent par les inondations, que les autorités jugèrent plus économique de jeter un pont de pierre. C'est le plus beau monument de ce genre que j'eusse encore vu en Chine. Les arches en sont larges et élevées, bâties en belle pierre, et de construction récente. Nous prîmes la porte de l'Est, par laquelle nous entrâmes dans une jolie petite ville. Yuhchan était peut-être l'endroit le plus propre que j'eusse rencontré dans mon voyage. Elle sert d'*entrepôt* immédiat entre les provinces sud et sud-ouest de l'Empire et celles du nord et du nord-est. Sa population, qui est considérable, était en mouvement depuis le lever jusqu'au coucher du soleil. Après avoir passé devant le bureau du maire, nous suivîmes la principale rue pendant plus d'un demi-mille. Nous arrivâmes le soir à la porte de l'Ouest, en dehors de laquelle se trouve l'établissement *Lo-ming-wang*, où nous avions arrêté notre logement pour la nuit. C'est, je crois, l'hôtel le plus respectable de la ville, et il s'y fait des affaires de transit considérables. Nous y soupâmes; mais, comme nous avions retenu un bateau pour nous porter six ou sept cents milles plus loin à *Nan-ngan-fou*, nous nous embarquâmes immédiatement; nous préférions dormir à bord.

20 *juillet*. — A mon réveil, je trouvai encore le bateau amarré à la porte de derrière de l'hôtel. Comme tous ceux qui font le service dans cet endroit, il n'offrait ni l'apparence ni les commodités de la jonque que nous venions de quitter. Son toit de nattes était léger, frêle et poreux, promettant un abri très-précaire contre la pluie et le soleil. Cependant il fallait nous en contenter, bien que nous eussions devant nous près de sept cents milles,

SÉCHERESSE. ARROSAGES DES TERRES EN TERRASSES. 317

ou vingt-huit étapes successives, jusqu'à la province de Canton. Au moment de partir, vers midi, je fus excessivement contrarié de voir que le cours d'eau tributaire qui part de Yuhchan était presque à sec. Nous fûmes donc obligés d'enlever notre bagage du bateau pour le transporter dans un plus petit, qui nous conduirait jusqu'à Ho-khéou, à environ cinquante milles.

Enfin, nous vînmes à bout de partir sur les onze heures. Pendant les trois premiers milles, le bateau toucha sur trois bancs de sable qui ne laissaient qu'un passage large de trois mètres. Il était pénible de voir des malheureux complétement nus traîner et pousser sous un soleil vertical, sans avoir un lambeau d'étoffe pour couvrir leur nudité. La sécheresse de la saison étant extrême, les cultivateurs étaient activement occupés à arroser leurs champs au moyen de la rivière ; c'est ce qui contribuait à la mettre à sec. Les bords étaient couverts de roues à eau, mues, soit avec le pied, soit avec la main ; seulement les travailleurs avaient soin de placer une banne sur leur tête. Lorsque les champs formaient des terrasses l'une au-dessus de l'autre, celles du dessus étaient arrosées en faisant monter l'eau de l'une à l'autre. De cette manière une propriété offrant trois, quatre ou cinq terrasses de hauteur, se trouvait arrosée au moyen d'une demi-douzaine de roues placées à quelque élévation l'une au-dessus de l'autre. Ce qu'il y avait de plus curieux était de voir des roues monstrueuses de vingt pieds de diamètre, mises en mouvement par la rivière. Aux palles de ces machines étaient fixés de petits seaux qui, à mesure que les roues tournaient, se remplissaient d'eau ; puis remontant jusqu'au haut, vidaient leur contenu dans une auge, ou dans un aqueduc conduisant à un

18.

champ plus ou moins éloigné, quelquefois à trois cents pieds de distance.

21 juillet. — Ayant à suivre la rivière *Yuhchan* appelée le *Chang-yao-kiang*, nous fîmes plus de chemin qu'à l'ordinaire, et jetâmes l'ancre à la nuit, à l'endroit bien connu nommé Ho-khéou.

Je résume mes notes de la journée. — Partis de bonne heure, nous nous dirigeâmes au sud-ouest vers Changyao, principale ville du département de Kouang-sin-fou.

Nous suivîmes d'abord le *Cha-ki* « ruisseau de sable, » qui descend d'une montagne, à quinze milles au nord, fameuse pour produire cette belle pierre tendre dont on fait les encriers. Comme je me tenais sur la proue du bateau, regardant la campagne, mes yeux s'égaraient sur un pays plat et peu intéressant, borné à l'horizon par quelques pics et quelques montagnes. La description qu'en donne un écrivain du pays est assez exacte. « Les montagnes sont élevées, l'eau est claire, et, vers l'est et le sud, il y a des positions qui commandent le pays. » De ces montagnes, deux surtout fixaient mon attention. L'une, le *Ling-chan*, au nord-ouest de la ville de Changyao; l'autre, derrière nous, le *Nan-ping*, formant une suite irrégulière de sommités bizarres. Dans cette dernière chaîne se trouve un pic remarquable, appelé la « Dent du loup. » On le considère comme l'une des citadelles de la province de Kiangsi, et, dans le Catalogue des merveilles de la Chine, les prêtres taoistes lui donnent le numéro trente-trois. Ces montagnes ont soixante-douze pics, dont le plus élevé a une base qui mesure en circonférence soixante-dix mille pieds; et l'entière étendue de la chaîne est d'environ trente milles. On dit qu'il se trouve sur la plus élevée un lac fameux pour les bois.

PONT FLOTTANT. PAGODE A CLOCHETTES. 319

pour les herbes et les cristaux qu'on y rencontre. On faisait, dit-on, tous les ans avec ces derniers dix vases qu'on envoyait en tribut à la cour, du temps de la dynastie des Soung. (Années 900 à 1200 de notre ère.)

Chang-yao est une ville bâtie sur le bord septentrional de la rivière. — Elle est grande et de belle apparence. Ses murailles ont trente pieds de hauteur et paraissaient avoir été nouvellement réparées. Elles sont formées de deux rangs de matériaux, le premier de pierre rougeâtre, celui de dessus, de brique bleue. Les annales de la localité disent que la ville a été détruite plusieurs fois par des inondations. Il n'y a pas grande activité dans la population, qui me parut n'en prendre qu'à son aise. Les femmes avaient presque toutes un grand pied ; et les dames âgées se promenaient dans des voitures tirées par des jeunes gens Vis-à-vis la ville, la rivière a quatre cents pieds de large. On la traverse sur un pont flottant, composé de quarante barques attachées ensemble; à la sortie de la ville, nous passâmes devant un grand bateau, amarré vers le milieu du courant, couvert en chaume, et ayant une roue de chaque côté, comme un bateau à vapeur. C'était un moulin à farine.

Un peu plus loin, à trois milles de Chang-yao, du même côté de la rivière, est une pagode de sept étages ; aux angles de chaque étage sont suspendues des clochettes que le vent fait sonner en les agitant.

Toutes les montagnes que nous aperçûmes dans le cours de la journée étaient formées de grès, d'une couleur rougeâtre. Les alluvions sur les deux bords de la rivière étaient remarquables ; c'étaient partout des amoncellements de poussière ténue. Les rochers avaient une forme singulière : composés de substance très-tendre, ils avaient été creusés par les inondations, et modelés en contours bizarres. Les indigènes les nomment « rochers brûlés. » Les collines que nous apercevions étaient tantôt rocheuses, tantôt couvertes de bois ou de bruyères; mais presque toujours percées de caves ou de cavernes, où se réfugient les vagabonds et les bohémiens.

22 juillet. — Ho-khéou, ainsi nommée parce qu'elle est le point de jonction de plusieurs rivières, s'est acquis une grande réputation par sa position locale. Elle est située à 28° 27' de latitude nord, et 118° 6' de longitude est. Au sud-est, il en part une route par terre, d'une étendue de cent vingt milles, conduisant aux districts de thé noir de Fohkien ; aussi la ville est-elle devenue un grand dépôt pour les thés noirs destinés à Canton ou aux villes du Nord. Il s'y fait un grand commerce de poterie. Ces différentes raisons m'expliquèrent le concours des milliers de bateaux qui encombraient les quais. Ils étaient de toutes formes et de toutes grandeurs, venus évidemment de diverses parties du pays, avec une foule de marchands, réunis des quatre points cardinaux. Tout donnait l'idée d'un commerce florissant. Tandis que d'immenses cargaisons de thé s'embarquaient pour Canton, d'autres bateaux non moins nombreux retournaient à l'intérieur chargés de marchandises étrangères.

La plupart des magasins étaient vieux, vastes et élevés, quelques-uns ayant cinq étages. Les productions du pays qui se vendent en grande quantité, consistent en chanvre, canne, tabac, thé et papier, en graine de lis blanc, en farine tirée de la racine de la même plante, en bourgeons de bambou, mets très-estimé à la Chine, et en farines de diverses natures. Le *Livre rouge* dit au sujet de la population : « Les gens instruits sont remarquables pour leur tempérance et leur charité. La basse classe est fidèle et mérite confiance. » Je fis à Ho-khéou des emplettes de provisions pour le reste du voyage, les prix des objets y étant très-raisonnables. J'achetai quatre cents pièces de belle porcelaine, coupes, saucières, assiettes, vases, etc., pour trente-six dollars seulement (cent quatre-vingts francs). Je me fis raser la tête par un des barbiers de la ville, qui ressentit pour moi une vive compassion lorsqu'il vit que ma queue ne tenait pas ! On dit que les rebelles Taïping se sont emparés dernièrement de cette ville et des environs.

Désirant arriver à Canton vers le milieu du mois d'août, je fis mes conditions avec les bateliers; et, au moyen d'une augmentation de prix de vingt dollars, je louai cinq hommes de plus, qui devaient travailler, soit de jour, soit de nuit. Nous mîmes à la voile à midi.

A quelque distance de Ho-khéou, on voit sur la rive opposée neuf rochers d'une forme extraordinaire, qu'il est impossible de ne pas remarquer. Ils sont détachés les uns des autres, d'une grosseur énorme, et de l'apparence d'une tasse gigantesque renversée sur ses bords. Les Chinois prétendent que, vus à une certaine distance, ils ressemblent aux figures des lions en pierre placés à la porte des hauts fonctionnaires; aussi donnent-ils au groupe, le nom des « neuf lions traversant la rivière. » La rivière elle-même a reçu le nom de « rivière des Lions. »

Avant d'aller plus loin, je dois dire deux mots de Kingtèh-tchin, grande ville de marché qui communique directement avec Ho-khéou, et contribue beaucoup à l'importance de son commerce. C'est un des quatre grands marchés intérieurs de l'Empire; elle est placée à trente-cinq milles nord-est de Ho-khéou, et possède des fabriques de porcelaine renommées. Elle est située à 29° 16' de latitude nord et à 117° 14' de longitude est, et fait partie du département de Jaotcheou (que nous allions traverser), dans la juridiction du district de Feouliang. Ceux qui ont visité cette ville la décrivent comme un immense village, ou plutôt comme une ville sans murailles, s'étendant pendant trois milles sur les bords d'une belle rivière, et entourée d'un amphithéâtre de belles montagnes, d'où l'on tire la terre employée à la fabrication de la porcelaine. Un écrivain chinois dit que la terre des environs et l'eau de la rivière sont excellents pour cet usage. Le même auteur entre dans de nombreux détails sur ce grand marché, et dit qu'il commença à être connu, il y a huit cent cinquante ans[1], lorsque la dynastie Soung occupait le trône, sous le règne de Kingtèh, qui en fit un établissement de porcelaine, et lui donna son propre nom, le « marché de Kingtèh. » Il y a lieu de penser que la réputation de la ville, pour fabriquer et vendre la porcelaine, était déjà répandue, lorsque Sa Majesté daigna lui accorder sa faveur avec des lettres-patentes. Dans les quatre siècles suivants, le crédit et la renommée de Kingtèh s'accrurent par degrés jusque vers l'année de notre ère 1510, où le onzième empereur de la dynastie Ming établit une manufacture particulière de vaisselle pour le service impérial. Ce fut l'apogée de la gloire du pays. A partir de cette époque, on établit diverses fabriques, tant pour l'usage de la cour que pour celui du public. S'il faut en croire la commune renommée, il n'y a pas moins de

---

[1] Les Annales de Feouliang disent depuis le sixième siècle de notre ère.

cinq cents fours constamment employés, « où les ouvriers, dit-on, veillent sur le feu aussi attentivement qu'on veille pour guetter la pluie en temps de sécheresse. » On consomme par jour, à Kingtèh, dix mille picouls[1] de riz et mille porcs. Les produits de cette ville sont remarquables par leur pureté et leur transparence. Ils s'emploient généralement dans l'intérieur de la Chine. Il ne s'en exporte guère sur les marchés européens, attendu que ceux-ci se fournissent à Canton et à Fohkien, provinces qui ont leurs propres manufactures. Toutefois les porcelaines de Canton et de Fohkien ne peuvent se comparer à celles de Kingtèh, quoiqu'on soit obligé de tirer les ouvriers de cette dernière ville. On trouve une description minutieuse des matériaux et des procédés employés pour ce genre d'industrie dans un ouvrage chinois en quatre volumes, dont Duhalde donne de nombreux extraits (vol. II, pag. 511 à 554) et dont plusieurs écrivains modernes, entre autres Grosier et Abel, ont publié un abrégé.

J'ai dit plus haut que Kingtèh est une des principales foires de la Chine. J'excepte de cette désignation les ports de mer dont le commerce se borne aux importations et exportations extérieures, ainsi que les petites foires locales qui n'intéressent que leur voisinage immédiat. Mais les quatre marchés dont je veux parler sont considérés par les Chinois eux-mêmes comme les plus forts qui se tiennent dans l'intérieur de l'Empire, ayant des communications et des moyens de transit avec les dix-huit provinces de la Chine, tant dans l'enceinte de

---

[1] En chinois *tan*. Employé à peser le grain, il doit être du poids d'environ 100 kilogrammes; à peser le coton, etc., environ 66 kilogr.

G. P.

la grande muraille que dans les colonies répandues au dehors.

Puisque je suis entré dans quelques particularités au sujet de Kingtèh, l'un de ces marchés intérieurs, il me reste à parler des trois autres. Le premier est Tchou-sien, de la province de Honan, à vingt milles sud de sa capitale, K'aïfoung, latitude 34° 10′, longitude 114° 25′. Les écrivains du pays disent : « C'est ici le point où passent les voyageurs et les marchands en allant à toutes les parties de l'Empire, soit par terre ou par eau. C'est ici que les vaisseaux venant du Nord et les chars venant du Midi se réunissent pour diverger vers leurs destinations respectives. » Le second est Fouh-chan, à douze milles de Canton, que nous verrons dans notre route vers cette ville. Le troisième est Hankheou, dans la province de Houpèh, en latitude 30° 34′ nord, et en longitude 114° 10′ est, sur la rive sud du « Fils de l'Océan, » à deux cent cinquante milles de Nanking, et à cinq cents milles de l'embouchure du *Yangtsze-kiang*. Cette ville, quoique située un peu au-dessous de celle de Hanyang, au département de laquelle elle appartient, lui est contiguë et s'étend sur la rive opposée à Woutchang, capitale du Houpèh, les deux bords de la rivière étant séparés par une largeur de trois milles. A en juger par les rapports du pays, il y a dans ce lieu un concours et un commerce énorme, que contribue à augmenter un certain nombre d'étrangers qui s'y rendent sous des déguisements. Il est bien regrettable que ces quatre marchés aient été visités, et peut-être dévastés récemment par les bandes de maraudeurs enrôlés sous la bannière de Taïping.

J'ai terminé ma longue digression. — Avant le coucher du soleil, nous arrivâmes à une autre ville de district, Yéh-yang ; mais, contrairement à ce que j'avais vu jusque-là, les murailles étaient écroulées, la ville était laide, et la population pauvre. En approchant, j'observai un roc massif qui se dressait sur le bord de l'eau, à la hauteur d'environ dix mètres, sous la forme d'une maison : on le nomme *Tsientsang*, « magasin de *tsien* ou monnaies de cuivre, *cash.* » Il doit son titre à une tradition qui date du cinquième siècle. Un pauvre pêcheur, en allant de bonne heure le matin à son ouvrage, regarda dans une fissure du rocher, et, à sa grande joie, y trouva un sac de monnaies.

Et, quoique l'on ne puisse voir la « maison de pierre » (comme une autre curiosité du voisinage est ainsi nommée), cependant, d'après l'aspect des lieux, on peut ajouter foi à l'histoire racontée d'un habitant de la ville, qui, pour fuir la société (dans le genre du philosophe cynique de Sinope, qui vivait dans un tonneau), se creusa une cavité dans un grand rocher, en fit une sorte de grenier circulaire dans lequel il s'enferma, en s'interdisant toute relation avec ses semblables et repoussant toute offre de promotion officielle.

25 juillet. — La journée fut d'une beauté remarquable, mais dénuée d'incidents. Sous le rapport de la vue, à peine s'étendait-elle à quelques pas, et rien ne faisait contraste avec la monotonie des bords de la rivière. Je reconnus combien était vraie la topographie du pays, lorsqu'elle dit que « les plaines y sont vastes et les rivières larges. » Mais je ne puis tomber d'accord avec la même autorité lorsqu'elle ajoute : « C'est une sorte de bonnet, ou d'ornement riche et élégant sur les frontières sud de Kiangnan et de Houpèh ! » Nous n'eûmes que trois moments de distraction : le premier en passant devant la ville murée de Koueïki. Nous y cherchâmes vainement des yeux la montagne *Koueïkoh*, célèbre surtout par une immense caverne, ayant un mille ou deux d'étendue, capable de tenir plusieurs milliers de personnes, mais où il faut pénétrer avec des torches. Le second consista dans la vue d'une pêche aux cormorans, qui ressemblait beaucoup à celle que j'ai décrite plus haut. Le troisième eut pour cause un dépôt de sel, devant lequel nous passâmes à Chèhkang, trois milles au-dessus de la ville de Nganjin. On voyait de loin flotter au-dessus l'étendard jaune, portant ces trois caractères : *Foung-tchi-sze*. « Ordres impériaux d'empêcher la contrebande. » Le but de cette démonstration est de prévenir le transport prohibé du sel des côtes de Tchèhkiang, dans le Kiangsi. Lorsque notre bateau arriva vis-à-vis le poste du dépôt, nous fûmes visités par un préposé qui bouscula tous nos bagages, mais, comme de raison, s'en retourna les mains vides.

Nous entrions dans un nouveau pays, connu jadis sous différents noms, mais qui depuis peu en a adopté un plus approprié à sa fertilité et à son abondance, celui de « Jao. » Voici ce que dit le Livre rouge : « La population est remarquable par sa droiture et sa franchise, comme le sol par sa fertilité. Les hautes classes sont élégantes et bien élevées. » Vers midi, nous dépassâmes Nganjin, bourg qui, dans l'origine, n'était pas enceint de murailles. Il y a environ trois cents ans, un célèbre bandit, Yaoyouen, ayant ravagé les environs, les habitants jugèrent convenable d'élever des murs pour se protéger; ils en construisirent, mais en terre seulement, avec un couronnement en pierre et en brique. Toutefois, à juger de cette localité par l'aspect des maisons, elle doit être misérable à l'extrême. Aujourd'hui, mon maître de langue et mes domestiques ont eu de la peine à se faire entendre des bateliers, dont la plus grande partie parlait un patois mêlé de ceux des provinces de Canton et de Kiangsi.

Le 24 *juillet*, nous fûmes assaillis par un orage qui éclata dans la nuit, et dont nous eûmes une répétition le matin. Lorsqu'il eut cessé, les bateliers levèrent l'ancre. Par bonheur, le vent et le courant favorisant notre marche, nous sortîmes bientôt d'un district, qui, j'en demande pardon au « Livre rouge, » est le plus plat et le plus monotone que j'eusse encore traversé. Pendant la première partie de la journée, dans une étendue de trente milles que nous parcourûmes, les rives étaient basses, le pays de niveau, couvert de champs de millet ou de riz; les montagnes étaient à peine visibles dans l'éloignement; les villages clair-semés, les habitants rares, de même que les animaux et les volatiles. Les produits du pays paraissaient se composer de poteries, de thé, d'un poisson particulier appelé « poisson d'argent, » et d'une singulière étoffe appelée « drap de plomb. » Un peu après midi, nous atteignîmes un petit port sur la rive nord-est du lac *Poyang*, sur lequel nous étions venus depuis Ho-k'éou, où il commence. Mais il nous fut impossible d'acheter des provisions en cet endroit. Le point où nous étions entrés dans le lac se trouvait à Kouantang, sur la branche est du Poyang, à six milles de la dernière station. Ici l'eau ne nous manquait pas; nous avions quinze pieds près des bords. Nous prîmes notre direction à l'ouest, désirant traverser à la voile une douzaine de milles pour entrer dans le cours d'eau qui de la rive sud-ouest conduit à Nantch'ang, capitale de la province. Cependant une petite brise nous porta au nord, vers une haute montagne qui s'élevait au centre du lac. Sur la rive ouest, d'autres montagnes se faisaient voir dans l'éloignement. Le lac contenait diverses petites îles, dont plusieurs montueuses. C'était pour moi un coup d'œil intéressant que de voir une foule de bateaux, et çà et là quelques jonques de grandes dimensions, voguer sur les eaux paisibles de cette mer intérieure. Les habitants du pays donnent au lac Poyang cent quarante milles de circonférence. Sa plus grande largeur, de l'est à l'ouest est de douze milles, et sa longueur, du nord au sud, de quatre-vingt-dix milles. Il forme le point central de quatre départements, et les eaux de trois provinces se déversent dans son bassin : les rivières de Kiutcheoufou, dans le Tchéhkiang ; de Jaotcheou, dans le Kiangsi ; et de Hoeitcheou, dans le Ngankoeï. A son extrémité supérieure, au nord, le lac lui-même dégorge son contenu dans le grand *Yang-tsze-kiang*.

Comme l'obscurité gagnait rapidement sur nous, nous fûmes arrêtés dans nos observations. Des bandes de canards nageaient autour de nous sur la surface du lac. On trouve sur les bords une sorte de terre couleur de chocolat foncé ; on s'en sert pour fabriquer une poterie qui s'exporte en grande quantité. Le voisinage du lac abonde encore en rocs de granit, dont on fabrique certains objets faisant partie du *matériel* dans les manufactures de porcelaine.

25 juillet. — La journée commença triste et pluvieuse. Pendant toute sa durée, nous voguâmes à travers le département de Nantchang, que les descriptions du pays citent pour l'importance de ses rivières. Le lac du grand *Poyang* forme sa limite nord-est, et les frontières est de la province de Houpèh le bornent à l'ouest. Il a pour capitale la cité de Nantchang, qui est aussi la capitale sud-est de l'empire. Cette ville, suivant les observations les plus récentes, est au 28° 37′ 12″ de latitude nord ; et au 115° 48′ 17″ de longitude sud-ouest de Péking. A neuf heures du matin, nous aperçûmes à de fréquents indices que nous approchions de Nantchang, qui se trouvait à six cents milles de notre point de départ, et par conséquent à moitié chemin de Canton. A Kiang-keou, éloigné de quelques milles de Nantchang, nous vîmes, *en passant*, deux curiosités. La première était un homme voguant dans un tonneau, à travers la rivière, qui avait un mille de largeur ; la seconde consistait en deux bandes de bêtes à cornes, chaque bande composée de cinquante têtes.

A trois heures de l'après-midi, nous étions à la hauteur de l'un des principaux *Mattoes* de Nantchang. Il s'y trouvait des jonques de première grandeur, destinées principalement à porter les grains et les tributs à Péking. Il y avait aussi des bateaux de plaisance à vendre et à louer.

Les faubourgs de cette capitale d'une province sont étendus. Cependant ils ne répondirent pas aux idées qu'on m'avait faites au sujet de leurs merveilles. Je voyais partout sur mon passage des bâtiments complètement en ruines, des traces récentes de dégâts causés par les inondations, des magasins publics tombant de vétusté, etc. La ville forme un polygone irrégulier, et le circuit des murailles est de cinq milles et demi.

Notre premier soin fut d'acheter des provisions ; et,

pouvant disposer de quelques instants, je louai deux chaises à porteurs couvertes, pour visiter un peu la ville, en compagnie de mon vieux guide. Cette ville est située sur le bord est de la rivière *Tchang*. Entrés par la porte de l'ouest, qui portait une inscription assez gracieuse : « porte *Tchang-kiang*, » c'est-à-dire « sur le bord de la rivière *Tchang*, » nous traversâmes les principaux quartiers. Les rues étaient plus larges qu'elles ne le sont ordinairement à la Chine ; les boutiques paraissaient vastes et belles. Comme il pleuvait, les bazards étaient peu remplis, mais ils me semblèrent bien fournis de toutes sortes de marchandises. Les habitants étaient proprement habillés, et le peu de femmes qui osassent sortir avaient un air agréable. Nous prîmes la direction de la porte de l'Est, en passant devant les bureaux du maire de la ville, du juge principal et du vice-roi de la province, dont chacun s'annonce par un beau portail. Les principaux officiers, ici, sont le lieutenant gouverneur, le chancelier littéraire, un colonel, un trésorier, un juge et un commissaire pour les grains et pour le sel. Nantchang est le siège principal de l'administration civile, des cours de justice et de divers départements d'administration publique qui régissent une population égale en nombre à celle de la Grande-Bretagne. La capitale, bien qu'elle soit une ville plutôt d'entrepôt que de production, est le centre de l'éducation, des modes et du luxe, qui de là se répandent dans soixante-seize villes de province et quatorze départements.

Nous aurions désiré faire un tour dans le *Pèh-hoa-tcheou*, « l'île des fleurs variées ; » vaste jardin près de la porte Est ; mais la pluie, et aussi l'heure du départ qui approchait, nous y firent renoncer. On y montre à tous les visiteurs une tablette sur laquelle est inscrit un mot du général Tchangtching, de la dynastie Soung (onzième siècle), qui fit creuser dans ces jardins un lac destiné aux courses nautiques. Ce mot, que je trouve passablement singulier, est celui-ci : « Que mes concitoyens soient bien convaincus que tout homme qui veut parler de tactique militaire doit, auparavant, s'être instruit sur la tactique navale. » En revenant par la porte Sud, nous vîmes une petite pagode avec une pointe en forme de clocher qui brillait d'une manière remarquable. Non loin de là est le fameux pilier de fer fondu par un certain habitant, à une époque très-reculée, et placé sur l'ouverture d'un puits, dans le but tout philanthropique de détruire les influences fâcheuses qui en sortaient, venant de la « Caverne des dragons. » Ce pilier est enfermé maintenant dans l'enceinte d'un temple.

Au coucher du soleil, nous nous retrouvions à la porte de l'Ouest. Nous passâmes devant le palais de Tangwang, l'un des plus anciens et des plus célèbres édifices de Nantchang. Il fut élevé vers le milieu du septième siècle par Kaotsoung, de la dynastie Tang, en mémoire de l'élévation d'un de ses fils au gouvernement de la principauté. La base du palais est ornée d'arbres et de fleurs disposés avec goût. Outre un grand nombre de tablettes fixées en différents endroits, les murs intérieurs offrent encore des effusions poétiques et des inscriptions originales. Dans le nombre, il s'en trouve une dont l'historique est dans toutes les bouches. Il y a quelque temps, un gouverneur, qui avait réparé l'édifice, voulut en faire la réouverture avec pompe, et annonça une fête qui devait durer neuf jours. Désirant saisir cette occasion pour faire valoir les talents littéraires de son gendre, il fit faire, en secret, un morceau poétique en l'honneur de l'inauguration du temple, destinant ce chef-d'œuvre à être prononcé par ledit gendre au milieu du repas, comme un impromptu. Parmi les lettrés invités à la fête se trouvait un jeune homme né de parents pauvres, qui, plusieurs jours auparavant, s'était vu obligé d'aller visiter son père, à deux cents milles de la capitale. Il était arrivé au domicile de ses parents, lorsqu'un génie des eaux se présenta à lui en songe dans la nuit qui précédait la grande fête, et lui dit que, s'il voulait partir immédiatement, lui, génie, s'engageait à le faire arriver à Nantchang le lendemain matin. Le jeune homme suivit l'avis du génie, et arriva à temps pour se joindre aux convives. Après les avoir régalés, l'hôte invita nominativement chacun d'eux à improviser un morceau en l'honneur de la fête pour laquelle ils étaient réunis. Intimidé par la pompe de la cérémonie, le nombre des lettrés réunis et le rang du gouverneur, chacun des assistants refusa. Mais, lorsque vint le tour du jeune homme, celui-ci, à la grande surprise du gouverneur, répondit à son invitation, et se mit à improviser comme on le lui demandait. L'hôte, tremblant pour la réputation de son gendre, avait ordonné à un de ses domestiques de se tenir derrière l'improvisateur, et de télégraphier chaque parole qu'il écrivait. Lorsqu'il en vint à la moitié de sa composition, Son Excellence ne put s'empêcher de s'écrier : « Ah ! voilà un talent céleste ! » Ladessus, le gendre renonça à concourir, et se retira plein de confusion. Telle est l'histoire de l'inscription principale placée sur le mur le plus apparent du palais de *Tangwang*.

26 *juillet*. — Nous quittâmes Nantchang à sept heures

du soir. A neuf heures, nous passions devant un lieu consacré par une légende. A une époque très-reculée, un pauvre pêcheur, livré à son travail journalier, jeta une poignée de riz dans sa cosse comme tribut à la gent « qui fend les eaux; » puis lui-même plongea pour aller chercher sa proie. Il se trouva aussitôt devant la porte d'une caverne, et vit venir à lui un génie à la barbe blanche, qui lui dit d'un ton un peu brusque : « Vous venez dans un lieu où vous n'avez que faire. » A ces paroles, le pauvre homme, effrayé, regagna le bord le plus promptement qu'il put, et déclara à sa famille qu'il lui semblait être resté sous l'eau pendant trois jours et trois nuits. Cette stupide histoire a fait donner au lieu où elle s'est passée le nom de « trou du riz non mondé. » Pendant la nuit, nous fîmes près de vingt-quatre milles, et, à cinq heures du matin, nous arrivâmes à Chitchah. Nous traversâmes, pendant la matinée, de grandes plantations d'indigo, dont la culture est plus lucrative que celle du grain.

Dans le voisinage de Foungtching, la rivière s'élargit considérablement, à cause de trois ou quatre tributaires qu'elle reçoit. Nous vîmes plusieurs digues destinées à contenir les eaux dans leur lit. L'une d'elles, en particulier, à *Hoang-feou-hioung*, est composée de masses de granit énormes, et s'étend à un mille ou deux le long de la rivière.

Dans le cours de la journée, d'énormes radeaux nous croisèrent. Ils portaient des cabanes dans lesquelles un grand nombre de bûcherons écorçaient des arbres. L'un de ces radeaux, en particulier, fixa mon attention. Il avait près d'un mille de longueur sur neuf pieds de large, et s'élevait de quatre pieds au-dessus de l'eau. L'ensemble du train se composait de la réunion d'une quantité de radeaux plus petits, dont chacun était de la même longueur (quinze ou vingt pieds) comme ils étaient de la même hauteur et de la même largeur. Les bûches et les troncs étaient liés ensemble par des branches de saule et des rotins, et les radeaux séparés étaient attachés à la suite les uns des autres. Au moyen de cette espèce d'articulations, le convoi suivait sans peine les sinuosités de la rivière. Plusieurs hommes étaient placés en tête avec des avirons; d'autres, de distance en distance, empêchaient tout abordage périlleux. Des mâts portant de petites voiles facilitaient la navigation. Il y avait des huttes pour le logement des hommes, des cabines pour la cuisine, et des resserres pour contenir certains objets recueillis sur la route par spéculation, comme des herbes médicinales, des oiseaux, des écureuils, des singes, etc. Çà et là, de petits jardins montraient dans leur verdure l'espoir des dîners de l'équipage. Je vis aussi, à ne pouvoir en douter, que la masse flottante portait des nourrices avec leurs nourrissons. Les bois dont les trains étaient composés avaient été coupés bien loin dans l'intérieur, peut-être dans les montagnes du Hounan; ils étaient destinés aux provinces du Nord.

27 juillet. — À minuit, nous entrâmes dans le département de Linkiang, et passâmes devant Tchangchou. Il se tient là un grand « marché de médecine, » où l'on trouve toutes les herbes dont fait usage la pharmacie chinoise. Ici la rivière s'élargit, le sable prend une teinte blanche, et le pays environnant offre les signes de la richesse. La topographie chinoise, à laquelle j'ai fait souvent allusion, décrit le pays d'une manière assez exacte : « Les rochers paraissent bleus, l'eau claire et le sol fertile. » Les herbes médicinales et le charbon sont les produits spéciaux des alentours. La gazette officielle, en vantant la fertilité du sol, représente les lettrés comme possédant un profond savoir, et le peuple en général comme doux et humain.

Dans le Kiangsi, l'espèce bovine est plus abondante que dans le Tchéhkiang. Il se consomme peu de porcs dans la province. On y brûle beaucoup de chandelles de suif, mais on n'en fait pas usage devant les idoles. Pour ce dernier service, comme on ne peut employer que des substances végétales, on se sert d'huile de thé contenue dans des moules.

28 *juillet*. — A cinq heures du matin, on m'appela pour me faire voir la ville de Kiah-kiang, située sur les bords de la rivière à droite. Cette ville, murée, offre un aspect singulier. Elle contient dans son enceinte la moitié d'une montagne, dont le mur de la ville suit pendant un quart de mille le sommet élevé.

Le lendemain matin, au lever du soleil, nous nous trouvâmes devant la capitale du département de Kièh-ngan. Elle paraissait fortifiée avec une belle muraille blanche. Son enceinte a trois milles de circonférence; les remparts ont sept mètres de hauteur; elle a neuf portes[1]. La vue de cette ville me surprit, après le grand nombre de bicoques dont ma route avait été bordée depuis quelque temps. La population était nombreuse, et semblait activement occupée. Le côté ouest de la ville suit le bord de la rivière pendant un bon mille, et l'angle à l'est est remarquable par une pagode d'un blanc de neige qui brillait au soleil. Le centre de la ville présente plusieurs édifices qui paraissent d'une vaste étendue :

---

[1] Le texte porte : « On lit dans les livres qu'à une certaine époque cette muraille d'enceinte avait eu neuf portes et originairement six. »

dans le nombre en est un qui jouit d'une grande célébrité, le *Tsinsze-té-yéh-tang*, « le principal temple des savants de Tsinsze. » Il a été élevé en mémoire d'un illustre lettré, né dans la ville, qui florissait dans le onzième siècle. Lors de sa promotion, il écrivit en gros caractères le mot *kouéï*, qui signifie « chef, le premier en rang, » terme consacré à désigner le haut grade littéraire qu'il avait obtenu. Ce qu'il y a de singulier dans ce fait, c'est que, après l'avoir écrit de sa main, le caractère couvrait un espace de dix pieds carrés. Pour conserver la mémoire de ce prodige calligraphique, on en fit graver une copie sur une pierre de dimensions appropriées au sujet, et cette copie fut déposée dans le temple où on la voit encore. La rivière, à l'endroit où elle coule devant la ville, est large, profonde et rapide. Nous nous trouvions en ce moment poussés par un vent favorable, et nous nous éloignâmes, laissant à droite la capitale de Kiéh-ngan, que nous regrettions de ne pouvoir visiter.

La journée du 30 fut tout à fait nulle en incidents, si ce n'est que, trompés dans nos calculs pour obtenir des provisions, nous vécûmes de riz et d'œufs bouillis. Nos végétaux et notre viande se trouvaient consommés, et, partout où nous touchâmes pour renouveler notre garde-manger, nous éprouvâmes des refus. Dans un village, cependant, on nous offrit une chose que nous refusâmes à notre tour, de la chair de chien. Autant que je pus en juger d'après une excursion aussi rapide que la mienne, la population rurale du Kiangsi doit être d'une extrême pauvreté. Les paysans sont généralement vêtus des toiles les plus grossières, et leur nourriture consiste en pain de fèves et en riz. Ce que je vis le lendemain confirma mon impression. Nous traversâmes, dans la matinée, le pays le plus maussade, occupé maigrement par la population la plus chétive, digne accessoire des lieux qu'elle habite Çà et là, des pagodes de plusieurs rangs d'étages variaient un peu la triste monotonie du sol. Si ces sortes d'édifices possèdent, comme le peuple en est persuadé, un charme qui opère un effet favorable sur les objets qui les environnent, il faut espérer, à voir le nombre de pagodes qui se dressent dans ce pays, qu'avec le temps le sol s'amendera, et que l'on verra disparaître les symptômes de misère présentés par cette contrée malheureuse.

Dans l'après-midi, nous arrivâmes à la ville de Wen-ngan, dont l'aspect ne nous séduisit pas, mais où nous trouvâmes cependant à faire provision de vivres et de bois à brûler pour quelques jours. En quittant cette station, notre course se dirigea au sud. Bientôt nous vîmes commencer une chaîne de montagnes. Avant la nuit, nous étions entre deux rives boisées, au milieu de rochers abrupts. Nous mouillâmes l'ancre au sein de cette retraite, qui nous semblait ravissante après l'effrayante monotonie de la semaine que nous venions de passer.

1ᵉʳ *août*. — Les bateliers avaient une raison en s'arrêtant, la veille au soir, un peu au-dessus de la ville de Wen-ngan ; ils désiraient se fortifier d'avance, par une nuit pleine, contre les fatigues des dix-huit rapides qui les attendaient dans le cours des deux premières étapes que nous avions à faire. Entre autres mesures préparatoires, je vis qu'ils prenaient soin de se rendre propices les esprits qui, selon eux, président aux rivières et hantent les montagnes du voisinage. Au point du jour nous nous mîmes en route, et, au coucher du soleil, nous avions franchi onze rapides. C'étaient des bagatelles au prix de ceux que nous avions franchis.

Les vues majestueuses et la sublimité des montagnes dont nous jouîmes pendant cette journée me récompensèrent de l'ennui que j'avais éprouvé pendant les dix derniers jours en traversant les plaines fastidieuses du Kiangsi. Partout des montagnes, de loin, de près, offrant un sol rougeâtre parfois tapissé de verdure, mais plus souvent aride et parsemé de blocs de granit. Les bords de la rivière s'élevaient à pic de chaque côté, fréquemment échancrés par les torrents qui se précipitaient des montagnes. La rivière elle-même, capricieuse dans sa marche, ressemblait à un véritable torrent; quelquefois large et profonde, roulant ses eaux sans rencontrer d'obstacles, mais plus souvent interrompue par des rochers anfractueux contre lesquels ses vagues se brisaient avec furie. Parfois les rapides étaient remarquables par leurs bas-fonds, mais toujours par les blocs énormes semés dans leur lit, et qui se dressaient au milieu comme des aiguilles gigantesques. Souvent le canal de la rivière n'avait tout au plus que six pieds de largeur, et c'était par cet étroit passage que le volume des eaux se précipitait en bouillonnant, semblable à une cataracte magnifique. Nous eûmes sous les yeux, en traversant ces rapides, des exemples nombreux de rochers rongés par les eaux, adoptant les formes les plus étranges et les plus bizarres.

2 *août*. — Toute la journée, de belles montagnes en perspective, couvertes de troupeaux de chèvres; de nombreuses tombes en forme de fer à cheval, dans le style de celles de Canton; de vastes champs de cannes à sucre; des bouquets d'arbres élevés; un plus grand nombre de travailleurs que de coutume; beaucoup de femmes avec de grands tabliers, les pieds sans ligatures, portant des

chapeaux de paille, travaillant dans les champs, portant des fardeaux, etc. A quatre heures, nos hommes demandèrent un *cumshaw* pour l'habileté avec laquelle ils avaient remonté le dernier des dix-huit rapides. En cet endroit nous fûmes abordés par un bateau de police appartenant à la douane. L'objet des visiteurs était d'inspecter les bâtiments qui vont vers le sud, et de donner connaissance de leur contenu au chef de la station. Ces précautions tendent à prévenir l'introduction par fraude, dans le Sud, des denrées et des marchandises au moyen des innombrables petites branches que forme la rivière un mille ou deux plus haut. Avant le coucher du soleil, nous atteignîmes K'an-tcheou. Depuis notre départ du lac *Poyang*, notre route avait suivi ce qu'on appelle la rivière *K'an*, qui, du reste, reçoit dans son cours une grande variété de noms. De la ville de K'an-tcheou au lac *Poyang*, où elle se jette, la rivière K'an a près de trois cents milles de parcours; elle reçoit deux principaux tributaires, le *Tchang* et le *Koung*. La grande rivière se partage à K'an-tcheou en deux branches. L'une se dirige à l'est, et sa source se trouve à cent dix milles de là, dans les montgnes *Sienlou*, sur la frontière ouest de la province de Fohkien; l'autre court à l'ouest, et, si on la remonte jusqu'à sa source, on pénètre dans la chaîne *Wangking*, sur la limite sud du Hounan, à cent quatre-vingt-six milles de distance. Ces deux tributaires se réunissent à la ville de K'an-tcheou; leurs eaux confondues passent à Nanchang, et vont se jeter dans le lac *Poyang*, ayant parcouru, depuis leurs sources, un espace de cent quatre-vingt-six milles. A K'an-tcheou, nous trouvâmes un grand nombre de bateaux à l'ancre. Leur tonnage étant trop fort pour le peu d'eau en certains endroits de la rivière, ils étaient obligés d'envoyer leurs cargaisons à Canton, sur des bâtiments plus légers. Le nôtre étant assez petit pour naviguer en sûreté, nous étions à l'ancre à sept heures du matin. Il y a ici deux bureaux de douanes : celui à l'est pour les bateaux fohkiénois; l'autre à l'ouest, pour les provenances de Canton. La ville est grande et solidement bâtie.

5 *août*. — Au lever du soleil, nous nous procurâmes des passe-ports à la douane, nous achetâmes des provisions pour les cent milles restant à parcourir (trajet à travers le Kiangsi jusqu'à Canton); et, après déjeuner, nous remîmes à la voile. Pendant une partie de la journée (vingt-cinq milles seulement), nous nous tînmes sous l'escarpement des bords de la rivière, pour laisser passer des radeaux de bois de construction qui se rendaient dans le nord de l'empire.

Le bambou acquiert dans ce département une croissance et une valeur extraordinaires, surtout le moucheté. On en voit partout des espèces de forêts. On voit aussi de grandes plantations de cannes à sucre, dont on fait en quantité ce qu'on appelle le « sucre de sable. » C'est un des principaux produits de la province. Quelquefois on coupe la canne crue en morceaux pour les mâcher; c'est une pratique très-usitée parmi les gens du commun dans leurs heures de loisir. Les procédés pour la fabrication du sucre sont les mêmes que dans les colonies. Autrefois le sucre brut s'exportait beaucoup dans l'Inde. Le sucre candi est toujours un article très en faveur auprès des étrangers.

Dans le reste de la journée, je ne vis plus rien d'intéressant que d'énormes roues à eau; on en apercevait partout sur le rivage, mues par le courant, et faisant monter l'eau jusque sur les hauteurs pour l'irrigation des champs. Quelques-unes de ces roues avaient quarante pieds de diamètre. Les pales consistaient en seaux de bambou ou de rotin, placés à la circonférence. Pour empêcher l'arbre de s'enflammer par la friction, on avait adopté un procédé au moyen duquel le point le plus échauffé se trouvait rafraîchi par un filet d'eau qui tombait d'en haut.

Les produits du département de K'an-tcheou sont, outre ceux que j'ai nommés, la toile, le thé, l'huile, les olives et le chanvre. C'est dans le voisinage qu'on obtient le plus beau vernis de la Chine; il distille d'un arbre nommé *ts'ihchou* (arbre *ts'ih*). La toile se fait de chanvre, qui est très-abondant en ce pays. On en fabrique des gilets qui se portent sur la peau. De toutes les variétés de chanvre, la plus commune, dans la province de Kiangsi, est le *Tchou-ma*, qui, mal prononcé par les étrangers, est devenu *tchuh-ma*, comme si elle était fabriquée avec du bambou; or nulle part, dans la Chine, le bambou ne sert à faire de la toile. Le « *Livre rouge* » dit, au sujet des habitants du département de K'an-tcheou, que nous allons quitter : « Ils sont d'un aspect agréable. Les savants sont d'un bon caractère, et le peuple juste et honnête. »

Pendant les journées des 4 et 5 *août*, nous fîmes une route lente et pénible vers la ville de Nan-ngan, capitale du département de ce nom, le plus voisin de la province de Canton. Dans cette partie ennuyeuse de l'excursion, mes yeux reçurent quelque soulagement par l'aspect nouveau que prirent les bords de la rivière. Ils formaient des talus d'ardoise noirâtre, ornés à diverses places de bouquets de bambous et de camphriers. Il y avait parmi les travailleurs répandus dans les champs autant de femmes que d'hommes; du moins elles ne semblaient pas être les moins actives, à en juger par leur bruit et par leurs chants. Elles se reconnaissaient facilement à leur courte jaquette, à leur long pantalon, à leur bonnet, de forme circulaire, fait en paille, bordé d'un galon bleu et percé par le haut pour laisser passer la natte de cheveux. Les villages étaient peu nombreux; et nulle part de bourg un peu important; une seule ville murée, Nank'ang, placée sur la rive ouest. Sans être vaste ni populeuse, elle possède grand nombre de maisons propres et bien bâties. L'attention du voyageur ne peut manquer de se porter sur le grand temple de Confucius, qui s'élève dans une position dominante, avec ces quatre caractères au-dessus de la porte principale: *Teh-p'ie-t'ienti*, signifiant: « La vertu rivalise avec le ciel et la terre. »

6 août. — Jusqu'à midi, nous travaillâmes à accomplir le terme de notre séjour dans le Kiangsi. Nos progrès étaient d'une lenteur désespérante. De l'aube du jour jusqu'à une heure après-midi, nous ne fîmes que neuf milles. Le temps était beau, les vues étaient agréables. Toute la nature semblait pittoresque et riante; et des scènes variées se succédaient, traversées par une rivière sinueuse, encaissée dans des rives qui devenaient des montagnes dont les flancs étaient sillonnés par de nombreux ruisseaux, couronnés par des arbres immenses, ou ornés de riantes et fraîches vallées.

Entre autres, un de ces aspects captiva mon attention: à quelques milles au-dessus de Nan-ngan, sur notre droite, une cascade admirable, se précipitant de la montagne, tombait droit dans la rivière en décrivant un arc argenté...

VILLE DE NAN-NGAN. FIN DU VOYAGE DANS LE KIANGSI. 345

Enfin, après avoir tourné la base d'une colline, nous eûmes la vue bien heureuse de la ville de Nan-ngan, tant désirée! Et, à une heure, nous mouillâmes vis-à-vis de son marché, remarquable surtout pour être l'intermédiaire entre Canton et les provinces du Nord.

La ville avait une belle apparence, avec les nombreuses jonques rangées en bel ordre des deux côtés de la rivière, ses grands hôtels, ses caravansérails. Dès que nous eûmes touché le quai, nous nous abouchâmes avec les *Tchou*, agents *hong*, qui s'engagèrent à nous convoyer par terre, pendant plusieurs milles, à travers le célèbre passage de Mieling.

. . . .

Avant d'aller plus loin, qu'on me permette de jeter un coup d'œil rétrospectif sur la province de Kiangsi, dans laquelle j'ai passé vingt jours sans presque sortir de mon bateau. J'ai parcouru en circuit près de sept cents milles ; j'ai traversé sept départements des quatorze dont se compose la province ; j'ai touché à quinze villes murées, dont la grande capitale de Nantchang. Le vaste amphithéâtre qui s'est déployé à mes regards présente une surface plate, parfois accidentée ; trois parties de son cercle sont bornées au sud, à l'est et à l'ouest, par des chaînes de montagnes qui séparent le Kiangsi de Nganhoeï, Tchèhkiang, Fohkien, Canton et Hounan. Sa limite nord est formée en grande partie par la province de Houpèh et par la rivière de *Yangtsze*, qui suit cette frontière pendant quatre-vingts milles. Le sol est extrêmement variable, riche en certains endroits, en d'autres parfaitement stérile. Dans ses vingt-trois millions d'habitants, la classe commune est en général pauvre, souvent misérable, quoique industrieuse et activement employée aux fabriques de poterie, au tissage de la toile, aux travaux des champs et au transport des marchandises. Sous le rapport des connaissances littéraires, les savants ne peuvent y rivaliser ni en nombre ni en lumières avec ceux des provinces voisines. Elle domine les relations entre les parties nord et sud de l'intérieur, au moyen d'une ligne de communication par terre et par eau qui a plus de sept cents milles de longueur. En d'autres termes, elle est la clef entre Canton et les provinces du centre. Un administrateur chinois a dit : « Kiangsi possède cinq portes qui conduisent à différentes parties de l'empire. Supposez qu'il y ait une rébellion à Houpèh, vous pouvez entrer du Kiangsi dans cette province par le département de Kieoukiang, qui est au nord du Kiangsi ; s'il survient des troubles dans le Tchèhkian et le Fohkien, il y a au nord-est Kouangsinfou, par lequel vous pouvez arriver aux districts agités. Qu'il y ait une commotion à Canton, vous avez K'antcheofuou à votre disposition ; ou imaginez que la même chose arrive à Hounan, vous pouvez y remédier de suite en traversant le département de Nan-ngan. »

. . . .

J'arrive à la narration de mon voyage à travers la montagne de Mieling, — A une heure nous avions transporté nos effets à terre, et les avions confiés aux soins des porteurs employés par le *Tchou*. Je louai quatre chaises pour moi et ma suite. La mienne était grande et lourde, et il fallait quatre hommes pour la porter. Nous montâmes sans délai dans nos véhicules ; et commençâmes par traverser un isthme qui a, dit-on, trente milles de largeur. Ce transit se fait ordinairement en dix-huit heures.

En suivant le faubourg de Nan-ngan, nous évitâmes

de traverser les rues sales et étroites de la ville, par une après-midi chaude et sèche. Nous fûmes bientôt en pleine campagne. Alors, prenant notre direction au sud-ouest, nous arrivâmes en pleine vue du passage de *Mieling*, dont la base était éloignée de cinq milles : nous avions pour y arriver une route bien pavée, ou pour mieux dire bien cailloutée. Sur ce grand chemin il y avait deux files non interrompues de porteurs de fardeaux, allant et venant. Ces porteurs étaient généralement par couples, ayant sur les épaules un bâton auquel étaient suspendus le bagage des voyageurs ou des ballots de marchandises. La plupart des porteurs que je voyais avaient probablement sous leur responsabilité le transit des produits de Canton à l'intérieur. On dit que cinquante mille personnes gagnent leur vie sur cette grande route à transporter des marchandises ou des voyageurs à travers le passage. Ils m'offraient un spectacle curieux. Ils marchaient d'un pas rapide et mesuré, chantant et se répondant les uns aux autres, mais d'une manière et dans un style tout à fait nouveau pour moi, tout à fait différent du vacarme et des cris qui annoncent l'approche des coulies dans les « cinq ports de la Chine. » Ce qui ajoutait à la singularité de la scène, était la vue de femmes transformées en porteurs, associées ordinairement ensemble, mais quelquefois avec un homme ; plus souvent en groupes de dix ou douze, et toujours portant des fardeaux aussi lourds que ceux confiés aux porteurs.

Les Chinois qui ont écrit sur ce passage le nomment « le gosier du nord et du midi de la Chine. » *Mieling*, est la plus orientale de cinq chaînes de montagnes, dans la province de Canton. Elle a reçu divers noms : dans les livres elle s'appelle *Taï-yu;* dans le langage ordinaire,

Mieling. Ce dernier nom vient d'un fruit sauvage qui y croît en abondance. On a remarqué de ce fruit, que celui qui vient sur le côté du nord commence à fleurir lorsque les fleurs tombent de l'autre côté de la montagne. On a essayé plusieurs fois d'ouvrir à son sommet une route praticable pour les troupes et les voyageurs. Des ingénieurs publics et des entrepreneurs particuliers ont réuni leurs talents et leur énergie pour l'achèvement de cette grande tentative. Il y a un millier d'années, sous le règne de Youentsing, de la dynastie Tang, les autorités locales se mirent à l'œuvre pour dégager les flancs de la montagne, et y pratiquer un sentier. Quatre siècles après, on consolida cette modeste voie au moyen de briques faites avec de la terre de la montagne. Quelques améliorations successives ont mis le chemin dans l'état où il est maintenant. Un document officiel qui traite « des réparations des routes, » dit, qu'il n'y a pas plus de quatre cents ans, sous la domination de la famille Ming, que la route fut améliorée de la manière suivante : « D'immenses rochers, sur lesquels on avait allumé des feux, furent brisés à coups de massues. On détourna des torrents en leur ouvrant un autre lit ; on amoncela des terres et des pierres ; et c'est ainsi qu'avec le temps on forma l'escalier en spirale qui existe de nos jours. » Telle est l'origine de la route assez bonne sur laquelle je voyageais.

La rampe nord du passage offrait une perspective plus belle que je ne puis le dire. Les vastes flancs de la montagne, depuis la base jusqu'au sommet, n'étaient qu'un tapis de verdure, diversifié par des masses de rochers et des bouquets de pins. A perte de vue, au fond d'un paysage pittoresque, qui pour moi, pauvre reclus pendant si longtemps, semblait un jardin suspendu, je pouvais apercevoir un chemin battu, large de douze pieds, tracé par la main des hommes à travers des rochers monstrueux et des jongles épaisses, formant quelquefois une espèce d'escalier, et montant en zigzags jusqu'au sommet de la chaîne.

Assis dans ma chaise, tandis qu'elle faisait l'ascension de cette voie remarquable, j'étais fort bien placé pour regarder en haut et en bas. Des vallées les plus profondes jusqu'aux pics les plus élevés, j'étais frappé de la fertilité du sol. De quelque côté que je portasse mes regards, il ne se trouvait que de la verdure. Continuant à monter au milieu de la végétation la plus riche, je parvins à une élévation d'où ma vue planait sur l'accord le plus admirable de montagnes et de plaines que j'eusse jamais admiré à la Chine. Au-dessous, derrière moi, s'ouvrait le fertile pays de Kiangsi ; dépouillée de ses récoltes à cette saison de l'année, cette province s'offrait à moi comme une vaste mer, bornée à l'horizon par quelques montagnes bleuâtres. Si de la plaine j'élevais mes yeux vers les régions supérieures, à mille pieds au-dessus de ma tête, je n'apercevais que rochers menaçants, ravins aux noires profondeurs, se succédant et se dominant dans un désordre sauvage. Dans le vide que laissaient entre elles les chaines les plus rapprochées, j'apercevais encore, aussi loin que ma vue pouvait s'étendre, la répétition des scènes grandioses qui m'environnaient ; des montagnes entassées, élevant leur cime jusque dans les nuages. Tel était le passage de Mieling, dont cette description ne peut donner qu'une imparfaite idée.

Arrivés au sommet du passage, les porteurs posèrent ma chaise à terre pour reprendre haleine. De là je tournai encore une fois mes regards sur cet immense panorama, renfermant plusieurs provinces et d'anciens royaumes, tout cela réuni dans un rayon que ma vue pouvait atteindre. Une foule de pensées inondait mon esprit; je me reportais à l'histoire si ancienne de ce pays, à ses changements, à ses convulsions, à ses calamités; je considérais ensuite son état actuel, sa population, son agriculture, mais surtout son ignorance et son idolâtrie. De là mon imagination présageait ses futures destinées, ses perfectionnements dans la civilisation, les arts et les sciences; l'introduction, les luttes et les triomphes de la religion du Christ. La grandeur merveilleuse des beautés de la nature, jointe aux méditations profondes où m'avaient jeté ces tableaux sublimes, plongea mon esprit dans une sainte extase. Je m'écriai : « O Seigneur! quand donneras-tu ce peuple à ton Fils comme son héritage, et cette partie de la terre comme sa possession! »

Lorsque nous atteignîmes le *Miekouan*, point culminant d'où commence la descente, le soleil allait se coucher. La distance de notre point de départ à cet endroit n'était que de six milles et demi. Nous avions encore dix-huit milles à parcourir avant d'atteindre Nanhioung, notre première étape dans la province de Canton. Les distances étaient indiquées sur la route par des pierres et des poteaux placés de quatre en quatre milles. Le col était une coupure faite dans la montagne à la profondeur de vingt ou trente pieds, large de vingt, longue de cinquante, fortifiée de chaque côté par des arcs-boutants en pierre de taille. Par un contraste risible, il se trouvait là un poste de soldats chinois pour garder le passage.

Dans l'histoire des provinces sud de la Chine, le *Mieling* est considéré comme un point stratégique de la plus haute importance. Une description, tracée de la main d'un Chinois, dit : « C'est là que toutes les luttes de l'univers se sont toujours décidées. » Il est certain qu'on pourrait le regarder comme les Thermopyles de l'Empire. Quant à moi, il me semblait, en franchissant ces défilés, qu'une clef mystérieuse m'avait ouvert des portes gigantesques. C'est là, en effet, que se trouve la limite territoriale entre les provinces de Kiangsi et de Canton.

Du haut de la déclivité sud du *Mieling*, on découvre une vue superbe sur une contrée couverte de champs cultivés et de collines boisées. Tandis que mes yeux et mon imagination s'égarent sur la province de Canton, disons quelques mots de sa position et de ses rapports géographiques. Elle est située entre 18° et 25° de latitude nord, et s'étend de 107° à 120° de longitude est. D'après les calculs chinois, elle a sept cent cinquante milles d'étendue de l'est à l'ouest, et cinq cent quarante milles du nord au sud. La capitale est à deux mille quatre cents milles de Péking. La province est bornée, au sud-sud-est et au sud-ouest, par l'Océan ; au nord et au nord-ouest, par le Kouangsi ; au nord, par le Hounan ; au nord-est, par le Kiangsi, et, à l'est, par le Fohkien. Elle est divisée en quinze *fou* ou départements, et possède ou du moins se vante de posséder une population de dix-neuf millions d'âmes [1]. Le sol y est fertile ; l'aspect du pays, où s'alternent de belles collines et de charmantes vallées, réunit les traits principaux des deux provinces que j'ai esquissées dans la première partie de ce voyage. Le fameux *Livre rouge*, en dépeignant sa population, la représente comme « active dans le commerce, adroite en affaires,

---

[1] Le recensement général officiel de 1812, publié par le gouvernement chinois et que nous avons traduit intégralement dans le temps, porte la population à 19,174,050 habitants.   G. P.

et propre à quoi que ce soit. (Les étrangers sont à même de reconnaître la fidélité de ce tableau.) Les *lettrés* y sont éminents par leur savoir, et le peuple a un goût extravagant pour l'ostentation. »

Au pied de la montagne, du côté de Canton, je trouvai l'état-major du colonel, dont un détachement garde le passage. Il se trouvait en cet endroit un gros village, rempli d'auberges pour les voyageurs et les porteurs de chaises, dont il y a toujours là un bon nombre, ces derniers faisant un grand tapage. A la brune, nous nous remîmes en route jusqu'à minuit, où nous nous arrêtâmes pour souper à ce qu'on appelle la « Station centrale. » Depuis le col jusqu'à cet endroit, la route avait été bien entretenue. Elle passait à travers de nombreux villages, dont plusieurs étaient ombragés par de beaux arbres. L'aspect de la campagne avait des charmes, par cette belle nuit d'été. Une foule d'insectes faisaient entendre leurs cris variés en se jouant dans les branches, et des légions de mouches luisantes illuminaient les profondeurs du feuillage. Horriblement fatigué de ma journée, j'étais bien aise de faire une petite halte dans cet endroit. On nous servit un repas chaud. Les porteurs avaient pour moi mille attentions. Ils ne se doutaient guère que tous leurs soins s'adressaient à un « diable aux cheveux rouges. »

Après quelques moments de repos, nous songeâmes à repartir; mais ce fut bien autre chose pour faire remuer les porteurs. Ils alléguaient l'obscurité de la nuit, n'ayant pas, disaient-ils, de lanternes avec eux (pas de lanternes à la Chine!). Il fut cependant stipulé que, comme nous avions encore la lune, ils continueraient à marcher jusqu'à ce qu'elle se couchât, et qu'alors ils s'arrêteraient s'il y avait lieu. Nos hommes, rassurés par cet espoir, marchèrent jusqu'à une distance de cinq milles de la ville de Nanhioung (latitude 25° 11' nord, longitude 115° 55' est), qui devait être le but de notre étape. Mais alors, fidèles exécuteurs de notre convention, ils posèrent ma chaise à terre, refusant de faire un pas de plus. Le lendemain, 7 août, s'étant réveillés à la pointe du jour, ils se remirent en marche, et nous arrivâmes bientôt à la ville dont on venait d'ouvrir les portes. Le faubourg était très-grand; nous nous dirigeâmes vers la porte de l'Est, d'où nous entrâmes dans la place du marché (alors vide et déserte). Nous passâmes ensuite devant deux ou trois bureaux publics; puis, sortant par la porte du Sud, nous traversâmes le pont de *Taïping*, élevé sur sept arches, et nous nous arrêtâmes enfin au magnifique *Hong* de *Yang-san-ho*.

7 août. Après déjeuner, je louai un bateau de passage pour le prix fort élevé de cinquante dollars, ou environ deux cent cinquante francs, à condition cependant que je serais rendu à Canton au plus tard en six jours, la distance étant de mille trois cent quinze *li* ou trois cent quatre-vingt-dix milles anglais. La rivière à laquelle nous allions nous confier est d'une navigation facile jusqu'à Canton. Il y avait cependant quelques interruptions causées par les bas-fonds; mais malgré cela le mouvement de progression était rapide, comparé à notre marche de tortue des trois semaines précédentes; et quant aux points de vue, ils étaient décidément supérieurs à ceux du Kiangsi.

Le soir du 8 août, nous arrivâmes à Chaotcheou, ville importante, à en juger par la masse de bateaux amarrés à ses quais et à l'établissement d'un bureau de douanes, près lequel nous nous arrêtâmes pendant la nuit. Un cadeau de quelques dollars nous eût procuré de suite un *laissez-passer*; mais, comme mes finances baissaient, force me fut de rester la nuit avec le reste de la flottille. Il y avait encore là un pont de bateaux servant de communication aux piétons pour aller d'une rive à l'autre. Comme cela se pratique ordinairement, il y avait un seul passage pour les bâtiments, que l'on fermait le soir au moyen d'une grosse chaîne de fer. Au point du jour, on tira trois coups de canon au bureau de la douane, et les portes des bureaux s'ouvrirent. On détacha la chaîne, et les officiers vinrent faire la visite du bateau et demander les passe-ports.

De bonne heure dans la matinée, nous passâmes au pied d'une montagne curieuse, qui s'élevait à notre droite au milieu de la rivière, à une hauteur évaluée par sir G. Staunton à six cents pieds, bien que dans mon estime elle n'en dépassât pas quatre-vingts. Dans la paroi de la montagne qui surplombait sur les eaux on avait creusé une suite de chambres dédiées au culte de *Kouan-yin*, la déesse de la pitié. Ce temple, ou plutôt ce simulacre de temple, a été décrit au long dans les mémoires des ambassades de Macartney, d'Amherst, etc. Les prêtres jouissent ici d'une grande popularité, et exercent beaucoup d'influence sur les voyageurs et les marchands qui montent et descendent. Du moins, je sais qu'ils prélèvent sur eux des tributs assez considérables, sous la forme de donations, pour l'entretien de l'établissement du « temple du Rocher. »

Le seul objet curieux qui anima un peu la journée du 10 août fut la ville de Yingtèh, où nous arrivâmes le soir. Bien qu'elle n'ait rien d'important par elle-même, elle offre un aspect intéressant ; on voit deux pagodes, une de chaque côté de la rivière ; et plusieurs montagnes affectant des formes extraordinaires.

La rivière que nous suivions prend sa source dans les montagnes de *Mieling*. A Yingtèh, elle reçoit le tribut assez considérable des eaux de la province de Hounan ; et à partir de là elle coule au sud, sous le nom de « rivière du Nord. » A Tsing-youen, à environ cinquante-cinq milles de Canton, et à quarante de Fohchan, nous arrivâmes le jour suivant à la jonction de la « rivière du Nord » avec l'artère appelée « rivière de l'Ouest, » qui prend sa source à l'ouest, dans la province de Yunnan, et traverse le Kouangsi. Ces deux rivières, alors réunies, se rendent à la ville de Canton, puis confondent leurs eaux près de Wangpoa, avec celles de la partie orientale de la province, descendant des montagnes de Kiangsi et de Fohkien. Ainsi se trouve formé, par la réunion des rivières du nord, de l'est et de l'ouest, le grand cours d'eau que les Chinois, et maintenant les Européens, connaissent sous le nom de « rivière des Perles, » et qui, à l'est de Canton, se jette dans la mer, après un parcours de soixante milles.

Le nom de « rivière des Perles, » donné à ce grand confluent de trois rivières, est dérivé, s'il faut en croire le topographe chinois, d'un malheur qui arriva à un marchand qui remontait dans une jonque, ayant sous son bras un paquet de perles d'Orient. Dans un faux mouvement qu'il fit, le paquet lui échappa et tomba dans l'eau. Il n'en faut pas tant pour créer une étymologie à la Chine. Près de l'endroit où survint cet accident s'élève, dit-on, un rocher sur lequel on a érigé un temple nommé *Haï-tchou-sze*, « temple des Perles de la mer. » Ce même lieu fut, il y a six cents ans, le théâtre d'un combat entre les Tartares et les Chinois. Plus récemment, placé parmi les forts du Bogue, et décoré du nom de « Folie hollandaise, » il a été pris par les Anglais.

A mesure que nous avancions à la voile sur la « branche de l'Ouest, » le pays devenait de plus en plus riche. Nous en avions la preuve dans la variété de produits qu'il offre aux yeux des voyageurs; nankin, coton, mûriers, plantations de cannes à sucre, etc. Le trafic opéré sur ses bords est immense, surtout par les bateaux qui remontent à l'intérieur. La population paraissait très-active, surtout en ce qui regarde la portion féminine, qui travaillait à remonter les bateaux côte à côte avec les hommes.

Mais de toutes les villes que j'ai rencontrées dans ce voyage intérieur, ce fut Fohchan (Fatsan, en dialecte de Canton), où je passai le 12 août, qui m'offrit le tableau le plus intéressant par le déploiement d'énergie que j'observai dans toutes les transactions. Cette ville peut être, à juste titre, nommée le « Birmingham » de la Chine. Elle est située à douze milles sud-ouest de la cité de Canton. Toute grande qu'elle est, elle n'a pas de murailles. Elle passe pour contenir un million d'habitants. Le canal et la rivière qui la traversent étaient encombrés de bateaux; sur les deux bords s'élevaient sans interruption une foule de maisons, de boutiques, de factoreries et de *Hongs*. Mon bateau glissait légèrement à travers des magasins de bois du Kiangsi, des chantiers de construction, des fonderies de fer, des fours à chaux et des fabriques; et avant que je m'en fusse aperçu, j'étais à Hoati; là, rencontrant une forte marée, nous fûmes obligés de jeter l'ancre.

Là, à ma grande surprise, je me trouvai seulement à neuf milles de Canton, ayant fait trois cent trente milles pendant les six derniers jours de navigation, et traversé trois grands départements : Nan-hioung, Chao-tcheou et Kouan-tcheou, dans le dernier desquels la capitale de la province est située. A six heures de l'après-midi, la marée commença à descendre; et dans une heure ou deux, notre bateau se trouva en face des factoreries étrangères. Comme je ne jugeai pas à propos de débarquer à cet endroit, je louai un bateau pour me transporter immédiatement à Hong-koung. A neuf heures du soir je quittai l'ancrage des factoreries étrangères.

Il me reste à ajouter que deux jours après j'arrivai à Hong-Kong ; là je me retrouvai, à ma grande joie, sain et sauf au milieu de mes concitoyens. Conservant encore mon costume chinois, je me joignis à une réunion nombreuse d'Européens qui s'étaient rendus sur la colline nommée « colline Morrison. » Là, nous adressâmes en commun nos prières au souverain maître du ciel. Je lui rendis en particulier des actions de grâces, pour m'avoir accordé sa gracieuse protection pendant un voyage de trente huit jours, dans lequel j'avais traversé trois provinces de la Chine proprement dite, seize départements, deux capitales, vingt-huit villes murées, et d'innombrables villages, répandus sur un trajet de treize cents milles d'étendue.

QUATRIÈME PARTIE

CHANGHAÏ

CHAPITRE PREMIER

Changhaï. — Augmentation de son importance. — Sa position géographique. — Promenades dans la ville et les faubourgs. — Marées. — Puits bouillonnants. — Éclosement des œufs. — Maisons des morts. — Fruits de la terre. — Théories locales sur les phénomènes de la nature. — Pluie de poussière. — Caractère de la population.

Il y a douze ou quatorze ans, combien y avait-il de personnes instruites qui eussent entendu parler de Changhaï? Combien, parmi les signataires du traité de Nanking s'est-il trouvé de prophètes qui pussent annoncer les destinées où devait arriver le port qu'on venait d'ouvrir?

Dans le cours de 1844, première année de l'installation du commerce européen, les statistiques de Changhaï ne signalent que quarante-quatre vaisseaux étrangers, vingt-trois résidents étrangers avec leurs familles, une maison consulaire, onze maisons de commerce et deux missionnaires protestants. Mais si nous ouvrons le « *Changhaï Directory* » de 1856, nous y voyons qu'au commencement de ladite année on y trouvait plus de trois cent trente résidents étrangers (outre leurs familles), huit agents consulaires, soixante-dix comptoirs et trente-six missionnaires protestants. Peut-être la preuve la plus évidente de l'importance croissante de ce port est-elle dans l'exposé du mouvement maritime de Changhaï, du 1er juillet au 31 décembre de 1855, publié par le Bureau des douanes maritimes de cette ville. — Nombre de vaisseaux : anglais, 249 ; américains, 57 ; danois, 7 ; hambourgeois, 11 ; hollandais, 11 ; suédois, 9 ; espagnols, 6 ; portugais, 5 ; péruviens, 5 ; siamois, 4 ; brémois, 2 ; total des vaisseaux [1], 364. Le relevé du thé exporté de Changhaï, dans une période de six mois de la même année, s'élève à plus de 38 millions de livres ; celui de la soie, à 30,207 balles. Le relevé de l'année entière de 1855 donne l'arrivée de 434 vaisseaux de toutes les nations, faisant ensemble 154,000 tonneaux ; le départ de 437 ; l'exportation de thé s'élève à 76,711,659 livres ; celle de la soie à 55,557 balles.

Enfin, combien nous sommes devenus familiers avec

[1] On voit avec peine que toutes les nations commerçantes du globe y sont représentées, excepté la France ; Brême l'emporte de deux vaisseaux sur elle ! Ce n'était pas la peine de dépenser tant d'argent en 1844 pour envoyer un ambassadeur en Chine, afin de négocier et de signer un *Traité de commerce* entre l'*Empereur du grand empire de France* (c'est ainsi que le roi Louis-Philippe est qualifié dans le texte chinois dudit Traité) et l'*Empereur du grand empire de Chine*. G. P.

le nom de Changhaï ! Tels sont l'intérêt et l'importance de cette ville, qu'un négociant ou un voyageur rougirait de quitter la Chine sans avoir fait une visite à ce grand centre commercial des côtes orientales. Maintenant, un mot en commençant au sujet du nom de la ville, dont la prononciation a été si souvent altérée. On l'a écrit de différentes manières ; Çanhay, Changhaï, Xanghay, Zonghae, Shanhae, Shanghay, Shanghae, Shanghai. De toutes les manières de représenter ce nom en caractères romains, la dernière est la meilleure [1]. Mais en prononçant la dernière syllabe, il faut donner à l'*i* le son de *aïe*, et non de *ai*.

En naviguant vers le nord de la Chine, à une distance de cinquante à soixante milles des côtes, lorsque le vaisseau entre dans la trentième parallèle, un étranger est frappé un beau matin de se trouver sur ce que l'on peut

---

[1] (Pour un anglais, le *sh* devant se prononcer comme *ch* dans le mot français *champ*); c'est pourquoi nous avons partout rétabli dans la traduction, l'orthographe de la prononciation française. A ce sujet, nous ne pouvons que déplorer ici l'usage qui s'introduit partout, dans les journaux, dans les revues, dans les livres, de représenter les noms des pays et des peuples étrangers, non avec leur *orthographe indigène*, mais avec une orthographe anglaise ou allemande, surtout *anglaise*, qui est celle qui dénature le plus les noms originaux, puisqu'on pourrait établir comme *règle générale* de cette langue, que, pour approcher le plus de sa *vraie prononciation*, il faut *lire les mots tout autrement* qu'ils ne s'écrivent. Dans les deux derniers siècles, notre langue était la langue universelle, celle qui donnait le ton aux autres, celle dans laquelle s'honoraient d'écrire le grand Frédérick, Liebniz, etc., etc. Maintenant, nous nous mettons, en écrivant, à la suite de toutes les autres nations ; notre belle langue est envahie journellement par une foule bizarre de mots étrangers qui *hurlent* de se rencontrer avec ceux de la langue de Bossuet, de Buffon, de Racine et de Molière. Nous croyons de bon ton de n'être pas Français en écrivant ou en parlant français. Nous nageons en pleine décadence.   G. P.

croire être un bas-fond, peut-être un banc de sable, un écueil, une chose inexplicable enfin. C'est un espace d'eau d'une couleur particulière, s'étendant aussi loin que peut porter la vue à l'est, au nord et à l'ouest, couleur tout à fait distincte du bleu foncé de la mer, sur laquelle le vaisseau a jusque-là dirigé sa course. L'observateur a bientôt deviné que c'est la « mer Jaune, » mer dont les eaux sont si jaunes, si troubles, si épaisses, qu'on la prendrait pour une vaste citerne où l'on a déversé toutes les soupes aux pois qui se sont faites depuis la création, et bien d'autres encore.

Entre le trentième degré de latitude nord où commence le groupe Tchousan de et le promontoire de *Chantoung*, placé sous le trente-septième degré, cette mer étend ses flots bourbeux. Trois grandes rivières déversent leurs eaux brunâtres dans ce singulier réservoir: ce sont le *Tsien-tang*, le *Yangtsze-kiang* et le *Hoang-ho*. Ces cours d'eau prennent leur source dans des contrées éloignées, placées au nord et au sud de l'empire, et traversent en tout ou partie dix-huit de ses provinces. La plus considérable de ces trois rivières est le Yangtsze: placée à égale distance entre les deux autres, c'est elle qui donne accès au port de Changhaï.

Au delà des îles les plus septentrionales du groupe de Tchousan, en inclinant un peu au nord-ouest, se trouve l'embouchure du Yangtsze-kiang. En y entrant, vous observez que la terre forme à la rivière un encaissement très-peu élevé, du nord-ouest au sud-est. A quarante-cinq milles plus haut, coupant cette ligne de côté à angle droit, un tributaire se jette dans le cours d'eau principal. En entrant dans celui-ci et tournant au sud, vous atteignez l'ancrage de *Wousoung*, 31° 25' de latiteud nord et 121° 1' 30" de longitude est. Remontez ce canal rapide et coloré; passez devant le village de Wousoung, devenu considérable depuis qu'il sert de point d'arrêt aux vaisseaux qui apportent l'opium; examinez d'un coup d'œil rapide, par-dessus les bords de la rivière, les hameaux, les fermes et les champs placés bien au-dessous du niveau de l'eau; et vous vous trouvez tout à coup devant Changhaï, placée à droite, c'est-à-dire sur la rive ouest. En ligne directe sud, par les chemins de traverse, Changhaï n'est qu'à sept milles de Wousoung; mais par la rivière, qui fait un grand détour, la distance est de douze ou quatorze milles.

À environ deux kilomètres des murs de la ville, la rivière qui vous y a conduit se partage en deux branches : celle de l'ouest, nommée « rivière de Wousoung, » passe devant Soutcheou, à soixante-treize milles dans l'intérieur; l'autre branche, le Hoangpou, passe devant la partie est de Changhaï, remplissant un lit profond, large de six cent cinquante mètres, et encaissé de treize, qui reçoit les eaux venant des départements de Hangtcheou et de Kiahing, dans la province voisine de Tchèhkiang.

C'est à cette jonction des deux rivières que s'élève le consulat anglais avec sa vaste enceinte, ses bâtiments spacieux et son noble drapeau. Le terrain cédé aux Anglais s'étend l'espace d'un demi-mille, à partir de cet endroit jusqu'à un large fossé, le *Yang-king-pang*, qui forme la démarcation du territoire anglais. La limite de l'est est la rive de Hoangpou, où s'arrêtent les vaisseaux étrangers. La limite de l'ouest est à un mille ou deux dans les terres. Dans l'espace contenu entre ces divers points, les résidents étrangers ont érigé des dépôts, des habitations, des églises, etc. Ils y vivent dans l'aisance,

21

le comfort, et même le luxe; et font avec les marchands chinois un commerce étendu et lucratif.

Quittons maintenant l'établissement européen pour la ville chinoise qui figure sur le même plan. En commençant, je dois faire une remarque : c'est qu'à coup sûr, il n'y a pas sous le soleil un pays où les faits soient enregistrés avec plus de détails, de clarté, et plus d'utilité pour le bien public qu'à la Chine [1]. Par exemple, elle possède un état général du pays, fait par l'ordre de la dynastie régnante, remplissant deux ou trois cents volumes [2]. Cet ouvrage contient la description minutieuse de l'étendue, des divisions et de la population de l'Empire; des rivières, des montagnes, des produits, des revenus; il énumère les fortifications, les murailles, les villes, les temples, les colléges, les salles d'examen et autres bâtiments publics ou particuliers; il tient note des circon-

---

[1] Nous avons nous-même, à plusieurs reprises et dans plusieurs ouvrages, affirmé les mêmes faits. On nous a accusé d'une partialité outrée pour les Chinois, pour cette nation *pétrifiée* (style général), *stupide, barbare*, etc., etc., qui devait être régénérée, et à laquelle nous devions aller porter notre *civilisation*. Elle aurait sans doute beaucoup à gagner, nous le reconnaissons volontiers, à s'approprier quelques-unes des découvertes récentes que la science a faites en Europe; mais, dans les conditions de son existence, avec sa population colossale de plus de quatre cents millions d'âmes, nous doutons fort que la Chine ait jamais à se féliciter de l'établissement chez elle de ces grands engins mécaniques qui, en même temps qu'ils *suppriment* le *travail de l'homme*, suppriment aussi, dans des conditions données, *sa nourriture et sa vie*. Que les cyclopéennes fabriques de Manchester, etc., se voient ouvrir le *vaste marché* de la Chine, comme c'est le projet, et aussitôt une immense *population ouvrière* de la Chine se verra retirer par elles son faible et modique salaire, et des centaines de millions d'individus mourront de faim pour enrichir le commerce étranger. G. P.

[2] Nous possédons cet ouvrage que nous avons analysé dans notre *Description de la Chine* : partie moderne. G. P.

stances remarquables, des légendes merveilleuses, des prodiges de toute espèce, et des hommes ou femmes qui méritent cette distinction. Ensuite, comme complément à cette revue générale du pays, il existe des topographies séparées de chaque province, de chaque département, de chaque district; tous ces ouvrages traitent au long l'histoire de cette province, de ce département, de ce district. Ainsi, dans la description des dix-huit provinces, nous avons un aperçu général de celle de Kiangsou. Dans les divisions de cette même province, nous avons des détails complets et exacts sur la préfecture de Soungkiang; et, entre autres subdivisions de cette préfecture (dont chacune a sa topographie particulière), nous avons la description de Changhaï, qui, à elle seule, compose vingt gros volumes. Beaucoup de choses renfermées dans cette description n'auraient aucun intérêt pour nous autres Européens; cependant un lecteur patient et attentif trouve dans ces produits spéciaux de la littérature chinoise des matériaux précieux pour les travaux de l'archéologie. Dans les statistiques, faites par l'ordre du gouvernement, se trouvent un grand nombre de cartes et de gravures où sont représentés les limites de chaque pays, le cours des rivières, les ponts, les monuments publics, les rues et une multitude d'objets curieux.

Dans les temps anciens, ainsi qu'on le voit dans les actes de la ville, Changhaï portait le nom de Hou. On explique ainsi l'origine de ce nom : on employait autrefois, et on emploie souvent encore, le moyen suivant pour prendre le poisson : on enfonçait dans le lit de la rivière des pieux de bambous attachés ensemble par des cordes, et composant deux rangées. Ces bambous formaient deux ailes du côté du rivage. Lorsque la marée montait, elle couvrait les pieux, qui redevenaient visibles lors du reflux. Les poissons que le flot avait apportés demeuraient embarrassés dans les pieux, et ne pouvaient s'échapper. Ce genre de pêche s'appelait *hou*. Pendant longtemps le voisinage de Changhaï fut célèbre par ses pieux, d'où la ville prit le nom de « ville de Hou. » Dans les neuf cents dernières années, elle a reçu diverses désignations qu'il serait inutile d'énumérer. Son nom actuel est Changhaï ; et ce nom est un dérivatif de « mer supérieure, » pour la distinguer d'une autre région maritime connue sous la dénomination de « mer intérieure. »

Il y a deux cents ans que la ville a été construite dans la forme circulaire qu'elle a encore, et entourée d'une muraille, qui, d'après des mesures prises par les Anglais, a trois milles trois quarts de circonférence, quinze pieds d'épaisseur et vingt-quatre de hauteur. Les gens riches de la ville paraissent avoir contribué largement à la construction de cette muraille. L'objet qu'on s'était proposé en l'élevant était la défense des habitants, exposés jusque-là aux déprédations des pirates qui infestaient le pays. Ce type des constructions militaires du pays présente une surabondance de meurtrières, de terrasses, d'observatoires, etc. On y voit six portes qui ne s'ouvrent et ne se ferment que d'après des règlements établis. Elles ont reçu des noms sonores, mais qui, pour la plupart, se trouvent ridiculement appliqués. Par exemple, la porte du nord s'appelle « porte de la Mer calme » (quel calme !) La porte de l'est, « porte du respect à rendre aux hommes honorables ; » la petite porte à l'est, « porte précieuse de la Ceinture ; » la grande porte du sud, « porte pour monter le dragon ; » la petite porte du Sud, « porte qui regarde le sud » (celle-là du moins est bien nommée) ; enfin la porte de l'ouest est le « Phénix modèle. »

Après la manière dont j'ai décrit les monuments, etc., de Ningpo, il serait superflu de donner même un aperçu de ceux de Changhaï. En général ils ont beaucoup de rapports avec les premiers, quoiqu'ils leur soient inférieurs à beaucoup d'égards. Indépendamment de cela, Changhaï s'étant vu ravager tour à tour depuis peu par les rebelles et par les impérialistes, il faut espérer qu'un grand nombre de ses vieux bâtiments, déjà préalablement en ruines, auront été complétement détruits ; et qu'en les reconstruisant, on aura égard aux améliorations introduites dans le style de l'architecture. Mais on est bien stationnaire à la Chine. Toutefois, *nil desperandum !*

Ce qui fixe l'attention d'un observateur, même ordinaire, à Changhaï, c'est la particularité de ses marées, qui sont extraordinaires pour leur hauteur, leur régularité et leur rapidité, surtout les grandes et basses marées, à la nouvelle et à la pleine lune, chaque printemps et chaque automne. Le flot arrive devant la ville trois quarts d'heure plus tard qu'à l'ancrage de Wousoung ; il monte plus tôt ou plus tard, selon que le vent du nord-est ou celui du côté opposé domine. Il se fait sentir jusqu'à trente milles au-dessus de Changhaï. Les Chinois ont des tables de marées sur l'exactitude desquelles on peut compter. Les inondations causées par les grandes marées d'automne sont quelquefois désastreuses : les champs, les jardins et les rez-de-chaussée des maisons restent couverts de dépôts limoneux [1].

[1] La théorie chinoise sur les marées de l'Océan est très-singulière,

Pour donner une idée de l'eau de la rivière de Changhaï, que l'on boit ici après l'avoir filtrée, je ne puis mieux faire que de citer ce que lady S. Wortley a écrit de l'eau du Mississipi : « Je n'ai rien de bien avantageux

on peut en juger par l'extrait suivant du « *Chinese miscellany* » (n° IV, p. 83). Un auteur du pays écrit : « Quand la lune est pleine, les vagues de l'Océan ont leur direction à l'ouest ; quand la lune est à son déclin, elles se dirigent à l'est. » Un autre dit : « Le flux et le reflux de la mer correspondent à la croissance et à la décroissance de la lune. La marée du matin vient au commencement et la marée du soir, à la fin du jour. Les astrologues disent que la lune produit l'eau ; de là vient que lorsque la lune est pleine, les marées sont hautes, parce qu'elles suivent ce qui leur ressemble. Le jour de la première décade de chaque mois et la nuit suivante, le soleil et la lune sont un peu éloignés l'un de l'autre ; la lune différant d'un peu plus de treize degrés, et le soleil se trouvant à peu près à la même distance derrière la lune. C'est pour cela que la marche des marées ne correspond pas aux révolutions des saisons. Tous les soirs et tous les matins, il y a des marées de bonne heure et tard ; chaque nouvelle lune et chaque pleine lune, il y a des basses et des grandes marées. Car les choses sublunaires correspondent au mouvement des corps célestes, qui conservent encore la différence de treize degrés. La chaleur et le froid dépendent des révolutions des saisons : c'est pour cela que la période exacte de l'arrivée du soleil au point extrême est fixée à midi et à minuit ; tandis que les extrêmes de la chaleur et du froid n'ont lieu que deux heures après. La lune, dans ses phases, arrive aux extrêmes lorsqu'elle est nouvelle et pleine ; tandis que les marées du matin et du soir ne viennent qu'aux quarts. Quant aux marées du matin et du soir, on peut observer que leurs périodes chaque jour peuvent se calculer par le temps où le soleil est dans le centre, lequel, pendant l'obscurité, a lieu lorsque le soleil avance vers minuit ; et pendant la clarté, lorsque le soleil avance vers midi. Quant à ce qui est des marées à la nouvelle et à la pleine lune, on peut observer que leurs périodes pendant chaque mois doivent être calculées d'après le temps où la lune est à ses deux extrêmes ; ce qui, durant la clarté, a lieu lorsqu'elle commence à grandir, et durant l'obscurité, a lieu lorsqu'elle commence à décroître. Pour se rendre compte du motif pour lequel les grandes et les basses marées reviennent annuellement, on doit observer que leurs périodes pendant à dire sur la couleur de cette eau trouble, épaisse et jaunâtre. On la prétend cependant bonne pour la santé, quelque dégoûtante qu'elle paraisse ; et il y a du moins une raison plausible pour cela. Elle ressemble merveilleusement à une médecine gigantesque, à une décoction d'écorces médicinales, mêlée d'une certaine quantité de vin de Porto pour lui donner du ton. C'est une rivière au teint de mulâtre. Cela ne fait pas le moindre doute. Elle porte la livrée du brun soleil de ce pays. »

Dans l'enceinte des murs comme au-dehors, la ville est coupée par une quantité innombrable de fossés. Ces canaux, s'ils étaient entretenus d'eau courante par la rivière et par la marée, pourraient contribuer à l'agrément et à la santé des habitants. Mais, par la négligence et l'incurie des préposés aux travaux publics, ils deviennent des réceptacles d'immondices, et, surtout pendant les chaleurs de la canicule, ajoutent aux vapeurs pestilentielles engendrées par les marais des environs. Je me souviens que dans une circonstance les magistrats entreprirent de nettoyer les canaux ; les ouvriers commis à cet effet en retirèrent bien les abominations dont ils étaient remplis ; mais, au lieu de transporter hors de la ville cet horrible contenu, et de le jeter dans les champs auxquels il aurait servi d'engrais, ils l'amoncelèrent sur le bord des fossés, et l'y laissèrent s'évaporer et corrompre l'air respiré par des créatures humaines.

Dans nos promenades journalières à Changhaï, ce qui nous révoltait le plus, c'était de rencontrer des récepta-

chaque année peuvent se calculer d'après la position de la Voie lactée. Durant l'approche de la chaleur elles partent du moment où la branche de la Voie lactée s'approche du zénith, et à l'approche du froid, du temps où le corps de la Voie lactée avance vers l'ascendant. »

cles d'excréments sous toutes les qualifications et sous toutes les formes. Ce qu'il y avait de plus dégoûtant, c'était la vue des « cabinets d'aisance. » Parmi ces utiles établissements, les uns consistaient simplement en une grande jarre entourée d'un treillage garni de convolvulus ou de chèvrefeuille ; il y en avait d'autres dans les ruelles ou même dans les rues, ayant l'apparence de guérites, construits en terre ou en brique ; un certain nombre avaient leurs murailles blanchies ornées de peintures, de fleurs et étaient aérés par une fenêtre de forme gracieuse. Quant aux autres dépôts dont j'ai parlé, sous la forme de baquets, de charriots à engrais, etc., on n'avait pas pris la moindre peine pour les déguiser, et rien n'égale l'horreur qu'ils inspiraient. Dans toutes les parties de la Chine, les excréments humains se recueillent précieusement : « comme des joyaux rares, » a dit un écrivain du pays. On les emploie pour l'agriculture avec l'économie la plus attentive. Ils sont considérés comme le meilleur engrais. Peut-être (sauf quelques précautions indiquées par la propreté) les Chinois pourraient-ils sous ce rapport donner une leçon aux autres peuples.

Parmi les curiosités peu nombreuses des environs de Changhaï, que l'on s'empresse de citer aux étrangers, il y en a une, peu intéressante d'ailleurs ; c'est un puits « bouillonnant. » Il se trouve à trois milles dans la direction de l'ouest. Il est voisin du *Tsing-yen*, temple bouddhique. On dit qu'on s'y baignait autrefois et que l'eau en est d'une chaleur douce. Bien que le gaz qu'il produit s'enflamme, il est assez surprenant que, dans un numéro du *Chinese miscellany*, on l'ait représenté comme du *gaz acide carbonique*. Le docteur Lockhart, dans un de ses articles médicaux, donne la description suivante de ce puits : « A environ trois milles à l'ouest de l'hôpital, près d'un village nommé Tsing-yen, il y a, vis-à-vis d'un temple, un puits d'environ huit pieds carrés sur dix à douze de profondeur. Il est revêtu de blocs de pierre et entouré d'une forte palissade. Il contient environ trois pieds d'eau ; il se dégage du fond une grande quantité de gaz, de sorte qu'il semblerait que l'eau est en ébullition. Le peuple appelle ce puits *Haï-yen*, ou « Œil de la mer. » Il dit que l'eau ne croit et ne diminue jamais. Le fait est que l'eau de ce puits provient de filtrations, et qu'elle est traversée par des gaz. En descendant au moyen d'une échelle jusqu'au fond, et en approchant une lumière de la surface agitée, on voit les globules faire explosion en émettant une petite flamme bleue, qui dure tout le temps qu'on y applique la lumière. Il est facile de recueillir le gaz au moyen d'une cloche et d'une vessie : l'eau a une saveur légèrement saumâtre; cependant elle nourrit une certaine quantité de petits poissons. Le gaz est de l'hydrogène carburé, et provient sans doute d'une veine de tourbe ou de charbon de terre qui se trouve dans les environs. Les villageois ne se servent de cette eau pour aucun usage. Ils éprouvèrent une grande surprise lorsqu'ils virent enflammer le gaz ; et ils n'avaient pas la moindre idée de sa nature.

L'un des objets qui m'intéressa le plus dans les environs de Changhaï fut un établissement pour « faire éclore les œufs. » Il est possible que, par suite du nouveau régime adopté depuis les troubles de Changhaï, ce siège d'une industrie utile ait disparu. Pour donner une idée lucide de l'éclosion factice des œufs, opération très-populaire à la Chine, je réunis les notes que j'ai prises sur les lieux mêmes. Ordinairement l'établissement n'était en activité que pendant cinq mois de l'année, à partir de la division *Tsingming*, qui répond à la fin de mars. On ramassait des œufs de canard, d'oie et de divers volatiles. Les œufs de poule coûtaient un demi-farthing (un peu plus d'*un centime*) à faire éclore, lorsque c'était pour des pratiques ; mais ils revenaient à un farthing, lorsque c'était pour l'établissement. Les œufs de canard ne s'achetaient que pour ce dernier objet, et coûtaient soixante centimes la pièce. Les œufs d'oie n'étaient mis à l'éclosion que pour les clients, et coûtaient vingt-cinq centimes. Dès qu'on apportait les œufs, ils étaient examinés, marqués à l'encre du signe du propriétaire. On pouvait ainsi reconnaître à qui appartenaient les œufs vides et ceux qui étaient réussis. Pour savoir si les coquilles étaient brisées, j'ai vu les examinateurs prendre les œufs un par un, les frapper doucement : au son qu'ils rendaient, ils reconnaissaient si la coquille était ou n'était pas intacte. Lorsque l'œuf était fêlé ou même brisé, il était placé dans du papier ou dans une autre coquille vide. Après ces préliminaires, le premier procédé était d'exposer les œufs dans un four à une chaleur d'environ cent degrés Fahrenheit. Je comptai dans cet établissement vingt-six fours, grands à l'extérieur, petits à l'intérieur, construits en terre mélangée avec de la paille, et recouverts d'une natte très-épaisse. Les fours étaient chauffés au charbon de terre, et, lorsqu'ils étaient allumés, on les fermait pour éviter le tirage. Sur le haut de chaque four on plaçait un panier couvert au fond duquel on étalait les œufs. Pour distribuer également la chaleur, on les retournait cinq fois par jour. On les laissait sur le four un certain nombre de jours afin de les éprouver. Pour reconnaître ceux qui étaient fécondés, il fallait six jours lorsque c'étaient des œufs d'oie, et deux seulement lorsque c'étaient des œufs de canard. Voici comment on obtenait cette certitude. Lorsqu'ils étaient restés sur le four pendant l'espace de temps nécessaire, on les enlevait avec soin et on les exposait à une vive lumière : ceux dans lesquels on n'apercevait pas un point noir à l'intérieur étaient déclarés stériles et rendus à leur propriétaire. Pour se procurer à ce dessein une lumière intense, on employait le moyen suivant. Comme nécessairement l'intérieur du local de l'éclosion était sombre, puisque autrement il n'aurait pu répondre à son but, on perçait dans la muraille un trou de grandeur telle, qu'un œuf pût le fermer complétement; et c'était par cet orifice qu'on l'examinait à la clarté du soleil. Les chefs de la maison m'ont dit que, dans les œufs de poule, il n'en éclosait que quatre sur dix, par la méthode artificielle, et on en faisait éclore tous les ans sept cent mille de cette espèce. Les œufs qui étaient reconnus bons étaient replacés dans des paniers sur le four, et, au bout d'un autre nombre de jours, on les transférait sur des tablettes rembourrées avec soin de soie, de coton, etc. Les ouvriers les arrangeaient avec une grande régularité, et il était extrêmement curieux de voir avec quelle adresse ils les maniaient sans les briser. On les recouvrait avec des coussins de coton. On ne mettait point de feu dessous; mais la température chaude de cette espèce de caverne était entretenue à un certain degré au moyen des fours dont j'ai parlé. Les œufs s'ouvraient à un temps donné, je dirai même à une heure donnée. Le temps nécessaire pour les faire éclore était ainsi fixé : pour les œufs d'oie, trente-deux jours et demi, ou seize jours sur le four et seize jours et demi sur les lits; pour les œufs de canard, vingt-huit jours, ou quatorze sur le four et quatorze sur les lits ; pour les œufs de poules, vingt-deux jours, ou douze jours sur le four et dix jours sur les lits. Toutes les fois que je visitais cette fabrique de volailles, je m'amusais à entendre de tous côtés les piaulements des petites créatures dans leur coquille, ou à les voir becqueter avec colère les murs de leur prison. C'était une chose curieuse de voir le nouvel éclos allonger sa petite tête d'un air de curiosité à la vue du monde nouveau dans lequel il venait d'entrer; un autre, presque sans plumes, prendre en sautant possession de sa liberté; et un troisième, manger son ancien domicile pour satisfaire le premier instinct de la faim. Dès qu'elles sont écloses, les petites volatiles sont emportées par leurs propriétaires, ou vendues aux marchands de volailles. On me dit que les poulets éclos sous l'aile de leur mère étaient préférés aux autres ; on ajouta que ceux éclos artificiellement ne peuvent boire d'eau froide, et qu'elle les fait mourir. On m'apprit encore qu'on fait éclore par le même procédé des œufs de pigeon et de perdrix, mais cela a lieu dans d'autres établissements. L'éclosion artificielle se fait sur une grande échelle dans la province de Canton, qui abonde en canards. Les petits canards ainsi obtenus s'élevaient sur les bords marécageux de la « rivière des Perles. »

Il y a sur ce sujet une notice intéressante dans une ancienne encyclopédie chinoise. J'en extrais le passage suivant : « Il y a un dicton populaire, c'est que dans le midi on a des poulets éclos par le feu ; et que dans le nord on a des agneaux en semant des os de moutons. Je puis rendre témoignage du premier de ces deux faits; car j'en ai été le témoin oculaire. Grâce à ce procédé, on n'a pas besoin de tourmenter les poules. Il n'y a qu'à mettre les œufs dans un panier sous lequel on fait du feu ; et à un jour fixe ils sont éclos. Quant aux agneaux provenus d'os semés, je n'en ai entendu parler que comme d'un jeu de la nature. J'ai lu dans un ancien livre quelque chose à ce sujet : Prenez, dit l'auteur, des os de mouton, et pilez-les. Au commencement de l'hiver, enfouissez dans la terre les os pilés ; et au printemps vous verrez sortir de la terre des agneaux. Mais (ajoute l'encyclopédiste), quoique j'aie pris à ce sujet un grand nombre d'informations, je n'ai rien pu découvrir; et je suis certain que c'est impossible. Ce n'est rien autre chose qu'un conte à plaisir fait pour tromper le peuple. »

Cette croyance est en effet répandue à la Chine dans les classes communes, mais elle vient d'une cause qu'il est possible d'expliquer. Il y a des moutons petits de taille qui ont les os très-forts et très-pesants. En parlant de ces moutons, on dit : ils ont les os pesants. Mais les caractères chinois qui expriment cette idée peuvent avec une très-légère altération, signifier aussi « os semés; » de là vient l'acception populaire de « moutons d'os semés. »

Il y a autour de Changhaï plusieurs maisons de réunion, *Hoeï-kouan*, « maison d'assemblée, » semblables à celles que j'ai décrites dans une des parties précédentes. Elles sont construites et soutenues par des marchands et des visiteurs, dans le but de faciliter les relations entre personnes de la même province. Quelques uns de ces établissements sont étendus et possèdent des temples, des plates-formes pour des représentations théâtrales, des appartements pour les voyageurs, etc. Je n'entrerai à ce sujet dans aucun nouveau détail.

Il y avait à Changhaï ce qu'on appelait la « maison de réunion » de Ningpo, qui offrait une particularité remarquable : une *resserre* pour les morts. Comme le nom l'indique, cette sorte de cercle appartenait à des marchands des six districts de Ningpo. Son objet général était de procurer toutes les commodités possibles aux habitants de ces districts qui venaient visiter Changhaï, pour affaires de commerce ou autres. Mais une autre intention spéciale des fondateurs était que leurs morts ne fussent pas négligés. Afin de leur assurer les égards convenables, on leur avait destiné deux portions de terrain. La première, incluse dans l'établissement, servait seulement de resserre pour recevoir les morts non enterrés ; la seconde formait un cimetière placé hors des murailles.

La création de cette « maison mortuaire » avait deux buts, dont voici le premier. Les amis qui désiraient emporter les restes d'un ami mort pour les enterrer dans son propre pays, mais qui ne pouvaient le faire dans le moment même, avaient une place toute prête pour déposer le cercueil sans craindre de violation. Les cercueils étaient fournis par les parents, si le défunt ne s'en était pas fait faire un lui-même de son vivant. En général, ces cercueils sont bien faits et solides, souvent même richement décorés. Il y a dans cette resserre un compartiment pour les riches ; le droit d'admission y est de cinq francs. Mais d'ordinaire le prix est d'environ deux cents *cash*, ou sept deniers par cercueil. Un jour que je sortais de visiter la maison mortuaire, je rencontrai un habitant de Ningpo, qui appartenait à la classe moyenne, portant sous son bras un cercueil où était déposé le corps d'un enfant. Je le vis déposer son précieux fardeau après avoir acquitté le droit modeste que je viens de dire.

Un autre but de cette funèbre institution était que les corps des natifs de Ningpo qui viendraient à mourir à Changhaï, pauvres, sans amis ou sans être reconnus, pussent être recueillis et conservés jusqu'à ce qu'ils fussent réclamés et enlevés par leurs familles respectives. Dans cette vue, l'établissement fournissait des cercueils, tous d'un même modèle et très-simples. Le nom du défunt, s'il était connu, ou son nom supposé, s'inscrivait soigneusement sur le couvercle ; ce qui aidait à reconnaître le corps. Telles étaient les prévisions de cette resserre. Étant retourné la voir, je découvris qu'elle était partagée en deux compartiments, l'un pour les hommes, l'autre pour les femmes. Ces dernières, quel que soit le lieu de leur naissance, appartiennent de droit à celui de leur mari. Dans le premier compartiment, je comptai un jour neuf cents cercueils, et dans le second, quatre cents. Les deux terrains contenaient une série de loges rangées parallèlement, ayant chacune un toit isolé. De cette manière, les cercueils n'étaient ni exposés ni dissimulés à la vue. Chaque toit était soutenu sur des piliers, et le sol formé d'une maçonnerie de brique. Les cercueils d'ailleurs étaient déposés sur des bancs. Le reste de cet enclos était dallé : et, comme tous les toits étaient isolés les uns des autres, il se trouvait entre eux des gouttières par où s'écoulait la pluie. Malgré le grand nombre de morts réunis en ce lieu, je ne pus découvrir aucune odeur désagréable. Cela venait sans doute de ce que les corps avaient été couverts d'une couche de chaux, et que d'ailleurs les cercueils étaient hermétiquement fermés. Les règlements fixent la durée du dépôt à trois ans, pour les riches comme pour les pauvres. Dans cet intervalle, les amis peuvent enlever leurs morts; mais, si à l'expiration du délai voulu ceux-ci ne sont point reconnus et enlevés, on les enterre dans le cimetière dont j'ai parlé. Là, on descend le cercueil dans une excavation qu'on recouvre après l'avoir comblée, d'un petit monticule de terre et d'une pierre. Cela n'empêche pas plus tard les parents d'enlever les morts et de les transporter ailleurs, mais à leurs frais. A cette fin, on reporte sur la pierre le nom qui se trouve sur le cercueil.

Dans ce dépôt de morts, je vis divers emblèmes funéraires qui avaient été placés là par des parents inconsolables, ou de leur propre main, ou envoyés de distances plus ou moins éloignées. C'étaient des bonnets de toile pour deuil, des bouchons de paille, des paquets de papier d'argent et des tablettes consacrées à l'âme du défunt. A en juger par ce que je vis, les maris témoignaient un grand zèle dans l'accomplissement de ces devoirs envers leurs femmes.

Je demandai au directeur de la maison s'il pouvait me montrer son registre. Il eut cette complaisance. J'y vis que l'entrée des hommes pendant vingt-trois ans (de 1830 à 1853) avait été de trois mille quatre-vingt-trois; et que celui des femmes, en quatre ans seulement (de 1849 à 1853) avait été de onze cent dix-huit, disproportion qui me parut si étrange, que j'en pris note de suite. Voici comment elle peut s'expliquer. Les habitants de Ningpo qui ont épousé des femmes de Changhaï étaient peut-être des marchands voyageurs, et n'ont pu revenir à temps pour enlever leurs femmes décédées; peut-être eux-mêmes sont-ils morts dans une partie éloignée de l'Empire. Mais, comme les femmes, bien que nées à Changhaï, appartiennent par le mariage au lieu de naissance de leur mari, leur cercueil a été placé ici pour attendre son enlèvement et son transport ultérieur à Ningpo.

En ce qui concerne les fruits de la terre à Changhaï, on y cultive en abondance diverses espèces de grains, le riz, le blé et le millet. Mais cette ville est surtout renommée pour son coton. On en voit des champs d'une grande étendue. On alterne le riz, et le coton : à savoir, deux années le riz et le coton la troisième année. Les toiles fabriquées de cette substance par les familles du pays sont abondantes sur les marchés ; et la manipulation comme le travail du coton, soit aux champs, à la boutique ou au métier, donne de l'occupation à beaucoup de personnes, surtout aux femmes et aux enfants. Les végétaux culinaires sont en grande abondance et en grande variété. On y voit des légumes verts, des épinards, des oignons, des radis, du persil, des champignons, des ignames, des concombres, des melons d'eau, etc. La pomme de terre anglaise est indigène ici, et peut-être la société horticole qui s'est formée à Changhaï pourra-t-elle être utile à l'Angleterre et surtout à l'Irlande.

En produits d'arbres fruitiers, nous avons en abondance des cerises, des prunes, des oranges, des citrons, des grenades, des figues, et enfin et surtout des pêches délicieuses : aussi une personne vouée au régime végétal qui visiterait ce pays s'y trouverait à merveille ; mais les amateurs du régime animal n'ont pas moins de quoi satisfaire leur goût. On y rencontre du bœuf, du mouton, du porc, du poisson, de la volaille, du gibier, des chevrettes et des grenouilles. Il n'y a donc pas à craindre pour un Européen de mourir de faim à Changhaï, car il y trouvera à peu de frais tout ce qu'il trouvait dans son propre pays.

Mais ce qui l'éprouvera d'une manière plus désagréable et peut-être plus dangereuse, c'est l'élévation de la température pendant toute l'année; c'est la transition rapide d'un temps à l'autre dans l'automne et le printemps; c'est le danger des exhalaisons produites par les marais.

Dans les deux premières années de l'établissement des étrangers ici, le maximum de la chaleur fut de 100° Fahrenheit, et le minimum de 15° au-dessus de 0. Dans l'été, le terme moyen de la chaleur est entre 80° et 95° le jour, et entre 60° et 75° la nuit. En hiver, le thermomètre varie entre 45° et 60° le jour, et 24° la nuit, bien entendu au-dessus de 0. Le tableau suivant peut donner une idée de la température à Changhaï[1]. Il a été dressé avec soin par le docteur Lockhart, d'après des observations journalières faites en 1855, et, comme c'est lui-même qui l'a publié, on peut compter sur son exactitude.

---

[1] Les Chinois savent beaucoup mieux que nous se préserver des inconvénients de l'extrême chaleur et du froid extrême, et du passage rapide de l'une à l'autre. Les hommes et les femmes portent des vêtements de soie larges, souples, légers, qu'ils varient à volonté, et des coiffures qui sont appropriées à leur destination. G. P.

TABLEAU

DES OBSERVATIONS FAITES AU THERMOMÈTRE, EN PLEIN AIR, A L'OMBRE ET A UNE EXPOSITION DU MIDI ; LE MAXIMUM DANS LE JOUR ET LE MINIMUM DANS LA NUIT, MARQUÉS PAR UN THERMOMÈTRE SE RÉGLANT LUI-MÊME.

1855	MAXIMUM LE JOUR.	MINIMUM LE JOUR.	MAXIMUM LA NUIT.	MINIMUM LA NUIT.	TERME MOYEN LE JOUR.	TERME MOYEN LA NUIT.	JOURS PLUVIEUX.	TABLE DES PLUIES.
Janvier.....	52	33	40	18	44	25	4	1 pouce 1/2
Février.....	68	35	45	18	54	30	5	1/2
Mars.......	72	36	57	30	55	41	11	5 1/4
Avril.......	82	52	67	37	65	51	15	11 1/2
Mai........	90	60	73	50	74	65	18	8 1/4
Juin........	90	75	79	56	79	70	7	5
Juillet......	94	82	82	75	89	78	8	5
Août.......	99	83	81	75	87	78	12	7 1/2
Septembre..	88	70	78	58	81	70	8	4 1/4
Octobre....	80	65	69	45	73	58	5	1 5/4
Novembre..	78	55	62	35	62	49	11	4
Décembre...	73	40	45	22	60	36	0	0

Dans un pareil climat (je ne porte point en compte les nuées de moustiques, les insectes de tous genres, etc.), les saisons pluvieuses sont fréquentes. Elles ont lieu principalement en mars, avril et mai. On voit par le tableau ci-dessus que, dans le mois de mai seul, il y a eu dix-huit jours de pluie ; qu'il est tombé de l'eau cent deux jours en 1855 ; et qu'elle s'est élevée pendant l'année entière à une hauteur de quatre pieds sept pouces. Les moussons, quoique régulières, sont parfois extrêmement lentes et capricieuses. D'un autre côté, les sécheresses ne manquent pas. Les orages et le tonnerre y éclatent d'une manière effrayante ; mais on ne pourrait s'en passer. Changhaï ressent aussi des tremblements de terre qui, sans être fréquents ni périodiques, produisent des secousses brèves et tranchées qui effrayent l'Européen nouvellement arrivé et agissent singulièrement sur les nerfs du plus résolu. Dans ces circonstances, le mouvement instinctif (lorsqu'on n'est pas complétement paralysé pour le moment) est de chercher à gagner la porte.

Au sujet des tremblements de terre, on sera peut-être bien aise de connaître certaines théories et explications que m'ont données les indigènes sur divers phénomènes naturels, tels que les tremblements de terre, la foudre et les éclipses.

Les tremblements de terre dont j'ai été témoin, pendant mon séjour dans le pays, s'annonçaient par la surabondance de l'électricité dans l'atmosphère, une longue sécheresse, une chaleur excessive et une stagnation apparente de toute la nature. Au moment critique de la commotion, la terre commençait à vaciller, les poutres et les murailles craquaient comme les bois d'un vaisseau à la voile, et on se sentait pris d'une nausée, d'un mal de mer affreux. Quelquefois, une seconde ou deux avant la vibration, on entendait un grondement souterrain, un bruit comme d'un vent terrible mugissant au-dessous du sol. Comme on doit le penser, le phénomène répandait une alarme excessive parmi les indigènes, surtout s'il arrivait la nuit. Aussitôt nous entendions s'élever du sein de la ville chinoise une masse de sons confus. — *Zah-tsze, zah-tsze! — Kieou-ming, Kieou-ming!* « au voleur! au voleur! sauvez-vous! sauvez-vous! » Les chiens mêlaient leurs aboiements à ce tapage; et le bruit des gongs et des tam-tams venait bientôt s'y joindre. Le lendemain matin, les commérages chinois avaient beau jeu. On entendait parler d'une profusion de cheveux que le tremblement de terre avait semés partout, de terrains qui étaient enfoncés, de trous remplis d'eau, de flammes sorties des montagnes, de cendres répandues sur le pays, etc., etc.

D'après les investigations auxquelles je me suis livré, il est constant que les Chinois ont sur l'origine de ce phénomène des idées ignorantes, obscures et ultra-superstitieuses. Quelques-uns disent que la terre, étant trop chaude, a besoin de se soulager et de regagner son équilibre en s'agitant; ou qu'elle quitte sa place pour aller en prendre une autre ailleurs; ou que, d'après les bouleversements et les changements que nous avons fait subir depuis peu au sol de Changhaï, il n'est pas étonnant qu'il soit agité; ou que le Tout-Puissant, pour ramener les coupables à leur devoir, les effraye par une convulsion de la terre; ou que, lorsque les hommes en sont venus à gaspiller les grains de riz et à faire un usage profane du papier écrit, la terre s'en indigne et s'ébranle pour les effrayer, etc. Mais l'idée la plus généralement répandue parmi le vulgaire est que la terre est supportée par six grands monstres marins; et que, si l'un d'eux vient à remuer, la terre est agitée. Dans le dictionnaire impérial de Kanghi, il est affirmé gravement qu'un certain roi, qui vivait avant le déluge, coupa les pieds d'un de ces monstres, et en forma les piliers de la terre : c'est pour cela que la terre a toujours été depuis mal affermie. Mais c'est principalement au relâchement des prêtres dans leurs devoirs que le peuple attribue les tremblements de terre. Il y a dans tous les temples un *mouh-yu*, « poisson en bois, » figure caractéristique des monstres que je viens de dire. Ce poisson est suspendu près de l'autel principal ; et, au nombre des devoirs des prêtres, un des principaux consiste à frapper ce poisson sans relâche et sans cesse. Il est certain que, s'ils venaient à mettre le plus léger temps d'arrêt dans cette flagellation, les poissons *ngao*, sur lesquels repose la terre, frétilleraient et se remueraient pour réveiller les paresseux de prêtres et les rappeler à leurs fonctions.

Voici encore une explication du *ti-tchin* ou tremblement de terre, telle qu'elle m'a été donnée par un savant du pays, après une commotion, en décembre 1852. — « Sous la croûte de la terre, il y a une immense cavité remplie d'une sorte d'éther, souffle des principes *yang* et *yin*. Ce souffle est capable d'expansion et de contraction. Ce vaste volume d'air, en se précipitant sous la surface de la terre pour trouver une issue, frappe la croûte susdite, et produit ses agitations. »

Mais n'est-il pas étonnant de voir que les Chinois, bien qu'ils aient reçu de la part des Européens des notions exactes sur l'astronomie, etc., semblent adhérer à des superstitions comme celles que je viens de citer, en opposition à toutes les preuves raisonnables, et ne cherchent pas à se mettre au-dessus d'idées aussi puériles ?

THÉORIE CHINOISE DES ÉCLIPSES. 383

Il en est de même pour les éclipses. Ils savent les calculer avec assez de précision. Cependant les hommes qui sont au courant de cette partie de la science astronomique ne paraissent pas avoir répandu les fruits de leurs connaissances même parmi les classes élevées et intelligentes.

Pendant les éclipses solaires et lunaires qui furent visibles à Changhaï, le peuple éprouvait une curiosité remarquable. Quelquefois ils regardaient l'astre au moyen d'un verre noirci, comme ils le voyaient faire aux Européens; ou ils se servaient d'un procédé qui leur était propre, d'une carte percée avec une épingle. D'autres fois ils suivaient les progrès de l'ombre dans un étang, une citerne ou une jarre pleine d'eau.

L'idée la plus générale parmi eux est que l'éclipse a pour cause un **dragon monstrueux** qui cherche à avaler le soleil ou la lune. En conséquence, une éclipse est appelée non pas seulement par le peuple, mais dans tous les rangs de la société, dans les livres et les proclamations : « Soleil mangé, Lune mangée. » Les deux signes écrits qui représentent l'éclipse se composent du verbe « manger, » et d'un « ver ou insecte, » comme si l'astre était mangé ou rongé. Le résultat de cette absurdité est que pendant une éclipse on entend un bruit continuel de gongs, de tambours, de cornets, de cymbales, de flûtes, de fifres, etc., accompagné d'explosions de pétards et de petits canons; tout cela dans le but d'effrayer l'animal. Ils lancent aussi des flèches vers le soleil ou la lune. Aux temples, on sort les idoles et on les assied sur de grandes chaises ; on met devant elles des tables avec des chandelles rouges et des bâtons d'encens allumés. On dresse des buffets devant lesquels les idoles sont supposées s'agenouiller et supplier le monstre de ne pas manger davantage le soleil. Les prêtres se distinguent dans ces occasions, et se confondent en génuflexions, en cantiques, etc. Dans les maisons, on joue les mêmes farces, on conjure le dragon d'épargner les grandes et les petites lumières. Lorsque l'éclipse est terminée, ils se persuadent que leurs supplications ont été entendues. Les fonctionnaires du gouvernement, de leur côté, viennent en aide à toutes ces sottises. Plusieurs jours à l'avance, ils publient des proclamations pour donner avis au public d'une note reçue du bureau astronomique, portant que tel jour, à telle heure, à telle minute, il y aura un « Soleil mangé; » la proclamation ajoute que tous les employés subalternes devront se réunir dans les bureaux pour protéger le soleil et la lune.

Une autre extravagance consiste à croire que, lorsque la foudre frappe une maison, cette maison doit être infestée de serpents et d'autres reptiles. Dans le mois d'avril 1853, la foudre tomba sur une maison européenne, près de celle où je demeurais. Les Chinois furent frappés de cette circonstance, attendu que la maison était presque neuve, et qu'ils ne pouvaient concevoir qu'il s'y trouvât déjà de ces créatures abhorrées. Je demandai à un indigène sur quoi se fondait une fable si répandue parmi ses compatriotes, et il me donna l'explication que voici: « Lorsque la foudre frappe le haut d'une maison, vous pouvez être sûr que dans l'intérieur il se trouve des serpents venimeux. Dans l'ancien temps, le tonnerre tomba sur une maison sans y faire de dégât qui fût visible. Cependant, au bout d'un mois, le toit commença à faire eau sans interruption. On découvrit enfin sous les tuiles un monstre énorme dont le corps était moitié celui d'un crapaud, moitié celui d'un enfant. En 1802, le Dieu du tonnerre parcourut la Chine pour détruire tous les reptiles et toutes les créatures dangereuses. Il en résulta que, lorsque l'ange destructeur arriva à la pagode de Nanking, la pointe de la pagode tomba, frappée par la foudre. La cause en fut qu'il s'y trouvait quelque part un nid d'insectes et de serpents. »

Laissant de côté ces fables saugrenues, venons-en à un fait météorologique qui a lieu fréquemment à Changhaï : *la pluie de poussière*. Cela arrive une ou deux fois par an, à l'intervalle de deux ou trois ans. En 1852, elle tomba dans le mois de décembre. Mais plus fréquemment on l'éprouve dans le mois de mars, ce qui correspond à l'observation chinoise : « pendant la seconde lune. » Cette pluie survient tandis que le vent varie entre le nord-est et le nord-ouest, continue un jour ou deux et varie d'intensité. Elle est formée d'une poussière infiniment ténue, quelquefois noire, ordinairement jaune. Bien qu'alors aucun nuage ne couvre le soleil ou la lune, ils sont à peine visibles tant que la pluie dure ; ou ils ne paraissent que comme à travers un verre noirci. Après une pluie de un ou deux jours, cette poussière couvre le sol à une épaisseur d'un quart de pouce. Elle pénètre à travers les jalousies les plus serrées. Elle se répand sur les meubles ; aucun objet ne peut en être garanti. Lorsqu'on sort, on en a ses habits couverts. On a la figure salie, la bouche et le gosier desséchés ; les dents sont rudes, les yeux deviennent irritables, les oreilles tintent, les narines démangent. Il est à craindre que ces pluies de poussière ne soient pernicieuses aux ophthalmies et aux affections pulmonaires. Ce phénomène s'étend jusqu'à Ningpo et à deux cents milles en mer.

On l'éprouve dans l'intérieur, dans le Honan et le Kiangsi.

Pour s'en rendre compte, les Chinois eux-mêmes disent que cette pluie vient des provinces nord de Chantoung et de Tchihli. En supposant que ce soit réellement là sa source, on peut conjecturer que la poussière dont elle est formée est portée par les vents aux plaines de la Chine des steppes élevées de la Mongolie, après y avoir été soulevée par les typhons, comme cela arrive dans les déserts du Sahara en Afrique, où les sables sont transportés à douze cents milles de leurs lits originaires.

En 1850, j'envoyai en Angleterre un paquet de cette poussière dont j'ai conservé un échantillon. Elle fut soumise à un naturaliste qui m'écrivit : « Ses particules se dissolvent lentement dans l'eau. Elles sont si légères, qu'elles peuvent être entraînées dans l'atmosphère ou par le vent ou même par évaporation ; car l'évaporation enlève une grande quantité de matières terreuses, à l'état de pulvérisation ténue. Elle peut aussi provenir d'un volcan. Cependant je ne crois pas que la poussière soit volcanique ; je ne crois pas non plus qu'elle soit de provenance aérolithique, ou qu'elle soit émanée d'un corps céleste. Qu'elle soit tombée de l'atmosphère, c'est un fait qui paraît bien établi ; mais, pour se former une idée correcte sur la source d'où elle provient, il faudrait être au courant d'autres particularités. »

Plusieurs autorités ont prétendu que la pluie de poussière est d'origine volcanique ; qu'elle provient sans doute des volcans du Japon, qui sont sujets à des éruptions fréquentes. Dans les rapports de l'hôpital de Changhaï pour 1852, après avoir fait remarquer que le 16 du mois de décembre il y avait eu deux fortes secousses de tremblement de terre, on ajoute : « Le surlendemain du tremblement de terre, l'atmosphère fut remplie pendant deux ou trois jours d'une poussière ou d'un sable impalpable, qui donna à la lumière du soleil une couleur sinistre, et couvrit le sol dans toutes les directions. Le vent était nord-ouest. Il est impossible d'assigner une cause et une provenance à cette pluie de sable. Ne serait-elle pas volcanique, enlevée dans les airs de quelque volcan en éruption, et transportée par les vents jusqu'à ce qu'elle tombe sur la terre ? »

Je puis citer sur ce sujet l'opinion de M. Piddington, président de la société d'économie géologique de l'Inde, qui, ayant examiné la poussière en question, en fit le rapport officiel suivant : « Nous nous sommes assuré qu'elle n'est pas le moins du monde volcanique ; sa nature animale ne laisse pas le moindre doute à cet égard. Toutes les poussières volcaniques sont fusibles et pulvérulentes (comme la pierre ponce); tandis que le résidu de la nôtre est parfaitement infusible ; car les petits globules sont proprement les seules parties fusibles, étant des concrétions alcalines, etc. Nous avons la certitude que notre poussière a dû venir de la terre. Nous le reconnaissons à ses constituants de nature semi-animale ; elle doit avoir été apportée originairement de quelque contrée à l'ouest du méridien de Ningpo et de Changhaï ; car à l'est il n'y a que l'Océan, et comme elle a été transmise par un courant nord-est, c'est du nord-est qu'elle doit être venue. On peut considérer le nord-ouest comme le rumb d'où elle était partie primitivement ; et il est improbable qu'elle provienne du Japon ou de la Corée. » Ceci semble encourager l'hypothèse qui la ferait arriver des hautes terres au nord de la Chine.

Au moment où je vais dire adieu à la ville de Changhaï, encore un mot au sujet de sa population. Un calcul brut des habitants de la ville et des faubourgs en porterait le nombre à trois ou quatre cent mille. Mais il n'existe aucune statistique qui établisse un recensement exact. La masse du peuple s'y compose d'émigrants, de marchands, etc., venus de toutes les parties de l'Empire dans l'espoir du lucre. La foule entraîne la foule ; car, à la Chine comme ailleurs, il y a toujours des vautours qu'attire l'odeur d'un cadavre. Mais on a bientôt reconnu que cette tourbe mélangée est au fond chinoise, physiquement, intellectuellement, moralement. En ce qui regarde la portion indigène de la population, il est certain qu'elle n'est pas au niveau des hommes de Soutcheou, de Chantoung, de Ningpo, d'Amoy et de Canton, pour l'indépendance, l'énergie et la vivacité ; mais, sous le rapport de l'industrie, elle ne le cède à aucune autre. Elle les surpasse en douceur et en docilité. Le *Chinese Miscellany*, auquel j'ai fait de nombreux emprunts, donne des notions exactes sur les indigènes de Changhaï, tels qu'ils étaient au moment où l'auteur écrivait, c'est-à-dire au commencement du siècle actuel. — « Généralement parlant, les lettrés du district sont polis, peut-être superficiels ; les cultivateurs sont sincères mais un peu brutaux. Les gens du peuple sont pauvres, et les marchands peu riches ; mais souvent, tandis que chez eux ils manquent du nécessaire, ils affichent l'abondance au dehors. Les habitants de Changhaï cherchent à imiter les manières des habitants de Soutcheou et de Yangtcheou ; mais cela ne va pas au manque de ressources de leur pays. Ils se parent bien d'un extérieur élégant, mais ils n'ont pas les moyens nécessaires pour le soutenir. Car, pour pouvoir transmettre la grandeur à des générations à venir, il faut que cette grandeur provienne des générations passées. »

Cette description fait supposer qu'autrefois du moins le peuple de Changhaï était pauvre ; et, par malheur, cet état de choses n'a guère changé. A la vérité, l'ouverture du port a apporté quelques modifications heureuses à toutes les classes. Les rapports avec les étrangers de tous pays doivent les aiguillonner ; le contact de leurs compatriotes intelligents et actifs qui accourent de toutes parts doit exciter leur émulation. Les hommes et les femmes font d'excellents domestiques. On a lieu d'espérer que, dans un temps donné, les natifs de Changhaï se montreront aussi actifs, aussi habiles et aussi heureux que les autres habitants du céleste Empire.

Le caractère des habitants, non-seulement de Changhaï, mais de toute la Chine, a été, je le sais, déprécié d'une manière exagérée par quelques écrivains qui, s'ils eussent moins laissé courir leur plume, auraient donné plus de poids à leurs récits, et se seraient fait à eux-mêmes une réputation mieux établie de justice et de modération. Certain Américain, du nom de Bayard Taylor, après une visite rapide à Changhaï (où je lui servis de cicérone pendant une journée) et après avoir peut-être visité un ou deux autres ports de la Chine, résume ainsi son opinion sur la moralité chinoise : « Ma conviction intime est que les Chinois sont le peuple le plus vil qui existe sur la face de la terre. Certains vices, que dans d'autres pays on ose à peine nommer, sont tellement communs à la Chine, qu'on y fait à peine attention. Ils forment ici le plancher commun ; et, au-dessous, il y a des profondeurs de dépravation si honteuses et si horribles, qu'on ne peut pas même y faire allusion. Il y a dans la nature humaine des ombres que, par instinct, nous évitons de pénétrer! et, sous ce rapport, je me suis abstenu de toutes informations intempestives. Mais j'ai recueilli assez de ce que je n'ai pu m'empêcher de voir et d'entendre, même au sein des habitations européennes, et sous les yeux de nos compatriotes, pour m'inspirer une aversion profonde à l'endroit de la race chinoise! Son contact suffit pour polluer ; et, quelque rigoureuse que puisse paraître cette opinion, la justice que nous devons à notre propre race demande que les Chinois ne soient point admis à s'établir sur le sol américain. La politique exclusive qui régit la Chine depuis tant de siècles a pu faire perdre quelque chose à la science, mais elle a été un bienfait pour le genre humain en général. » Je n'ignore pas que cet observateur superficiel de la nature humaine a ainsi effleuré presque toutes les parties du globe [1]; mais, quant au pays qui nous occupe, « ma conviction intime et bien établie est que moralement les Chinois *ne sont pas* le peuple le plus vil de la terre. »

[1] Ce sont presque toujours malheureusement ces observateurs superficiels, ces écrivains à la vapeur, dont les jugements et les opinions téméraires sont le plus facilement et le plus communément admis. Et cependant fiez-vous donc aux dires d'un écrivain qui débarque vingt-quatre heures dans l'un des ports d'un empire dont la population s'élève à quatre cents millions d'habitants, et qui, après avoir vu passer sous ses yeux quelques indigènes, avoir causé quelques instants avec quelques Européens, et avoir peut-être été visiter un mauvais lieu, ose porter un jugement dogmatique sur ces quatre cents millions d'âmes! Quelle fatuité ! G. P.

CHAPITRE II

Colonie d'Hébreux à la Chine. — Mahométisme à la Chine. — Influence du Bouddhisme et ses rapports frappants avec la religion catholique romaine.

Pendant la durée de mon séjour à Changhaï, j'ai été à même de m'instruire de bien des choses qu'il serait superflu de rapporter ici. Il me suffira d'assurer, au lecteur curieux d'investigations intéressantes, que, dans les pages qui vont suivre, j'aurai pour objet de renfermer dans des limites convenables, de la manière la plus agréable qu'il me sera possible, le résultat de mes recherches faites sur les lieux même relativement à des sujets tels que ceux-ci : l'existence d'une colonie d'Hébreux et d'une colonie de Mahométans à la Chine ; le Bouddhisme et ses effets ; la nature et l'histoire des Pagodes ; et enfin les progrès, dans ce pays, des Missionnaires catholiques et protestants.

Après ces remarques préliminaires, j'appelerai l'attention du lecteur sur le sujet suivant :

NARRATION CONCISE DE LA DÉCOUVERTE D'UNE COLONIE D'HÉBREUX
A LA CHINE.

Les renseignements les plus récents que l'on possède sur l'existence à la Chine de l'un des débris de la race israélite, ont été publiés, en 1851, par la presse de la

Mission de Londres à Changhaï, dans un article intitulé : *Récit d'une mission de découverte à la synagogue juive de Kaïfoung*. Cette Mission de découverte avait été organisée l'année précédente à la sollicitation de la *Société de Londres pour christianiser les Hébreux*, laquelle société a reçu d'une dame fort riche une somme considérable destinée à constater « l'existence des juifs à la Chine. » Le docteur Smith, évêque de Hong-kong, en quittant Londres pour se rendre à son diocèse, avait promis son assistance pour cette recherche ; et, à son arrivée à Hong-kong, en 1850, comme la *mission de la Société des Missionnaires de l'Église anglicane* était encore à son enfance, Sa Seigneurie se mit en rapport avec la *Société des Missionnaires* de Changhaï, pour demander notre aide et nos conseils, qui lui furent immédiatement accordés. Comme nous avions, parmi nos convertis, deux Chinois intelligents, qu'on pouvait charger avec confiance d'un tel service, nous les expédiâmes le 25 octobre 1850.

Après une absence de plusieurs mois (Kaïfoung est à une distance de six cents milles de Changhaï), nos messagers revinrent. Ils ramenaient avec eux deux juifs chinois, avec lesquels j'eus de fréquentes entrevues, puisqu'ils résidèrent à notre mission pendant leur séjour à Changhaï. Ils ne portaient point un nom hébreu. L'un avait quarante ans, et l'autre quarante-cinq. Ils avaient été soumis à la circoncision dans leur enfance. L'un d'eux avait une figure qui pouvait passer pour le type hébreu. Du reste, ils n'avaient rien qui les distinguât du reste de la population que leur croyance religieuse. Ils parlaient chinois, portaient le costume chinois, et pratiquaient les usages chinois.

Mais au nombre d'autres preuves intéressantes que nous rapportèrent nos messagers se trouvaient huit manuscrits contenant des passages de l'Ancien Testament en *hébreu*. Ces passages étaient : l'Exode I,-VI ; XXXIII,-XL : Lev. XIX, XX ; les Nomb. XII,-XV ; le Deut. XI,-XVI, XXXII. Les deux autres manuscrits contenaient des extraits du Pentateuque, des Psaumes et de la Hagiographie. Ces manuscrits étaient écrits sur de grands rouleaux, quelques-uns dans un volume de plus petit format, sur papier épais, et d'autres sur parchemin. Un ou deux étaient d'une haute antiquité. L'écriture était claire et distincte, avec des points-voyelles. En comparant le manuscrit de l'Exode avec les éditions ordinaires, je trouvai une coïncidence qui me fit plaisir.

Ces manuscrits qui sont restés enfouis à la Chine pendant des siècles seraient d'un grand prix pour les collecteurs des anciennes écritures hébraïques.

Le récit de cette mission de découverte est rempli de détails importants. D'après ce que m'ont communiqué les Chinois qui en étaient chargés, ainsi que les deux juifs qui les accompagnaient, je vais donner sommairement l'état actuel de la colonie juive et de sa synagogue à Kaifungfoo.

Selon toutes les probabilités, cette secte se réfugia à la Chine vers le troisième siècle de notre ère, mais pas plus tard. Elle venait de l'Inde à travers les frontières nord-ouest de la Chine. Elle comptait d'abord soixante-dix familles, mais il n'en reste plus qu'un dixième composé de deux cents individus à peine. Ils sont principalement établis dans le centre de la ville de Kaïfoung et dans le voisinage de leur synagogue. Quelques-uns sont marchands, d'autres cultivateurs ; mais le plus grand nombre végète dans la misère, sans vêtements et sans abri; au point que les rabbins ont été obligés de vendre les matériaux de la synagogue pour subvenir aux besoins de leurs coreligionnaires. Ils restent pourtant distincts de la population qui les environne, païens ou mahométans, par le seul prestige du nom de leur religion. Dans le principe, ils s'intitulaient « suivants de la religion *Tientchuh*, » c'est-à-dire de la religion indienne (*Tientchuh* signifiant en chinois l'Inde, point de départ de cette secte). Mais, au lieu de ce nom distinctif, ils portent maintenant celui de *T'iao-kin-kiao* « secte coupant les nerfs, » parce qu'ils doivent enlever les nerfs de tous les animaux dont ils se nourrissent, mouton, bœuf ou volailles. Le rite de la circoncision se pratique encore sur les enfants mâles, mais seulement un mois après leur naissance. Ils observent la fête de « marcher autour des écritures, » qui a lieu le 24 de chaque mois. Leur sabbat répond au samedi européen. Ils ne se marient qu'entre eux, mais jamais avec des païens ni des mahométans, et il leur est interdit d'avoir deux femmes; ils ne peuvent manger du porc. Par obéissance au service divin, ils sont obligés de se laver le corps en entrant dans la synagogue; et pour cela ils pratiquent un bain de chaque côté de l'entrée. Pendant le service, ils font face à l'occident, c'est-à-dire à la direction de Jérusalem, autant du moins qu'ils peuvent se figurer cette direction. Dans la célébration de ce service, le rabbin porte un bonnet bleu et des souliers bleus, ce qui leur a fait donner le nom de « mahométans bleus. » Ils ne peuvent entrer dans la synagogue les pieds chaussés, ni les femmes ayant une serviette sur la tête, coiffure ordinaire des femmes chinoises de la province de Honan. Cependant ils ont perdu la tradition du Messie qui doit venir. Le plus âgé des deux juifs nous informa qu'il avait entendu parler à Kaïfoung d'instituteurs hébreux qui étaient morts un peu avant sa naissance, c'est-à-dire il y avait cinquante ans environ. Ils appelaient le rabbin *mouanlah*, c'est-à-dire *mullah* ; après lui, ils ont deux officiers, l'un, « l'extracteur de nerfs, » l'autre le « prêcheur de doctrines. » Il paraît qu'il n'y avait plus parmi eux personne capable de déchiffrer les écritures saintes. De fait, ils ont commencé à s'amalgamer avec l'immense population païenne et mahométane de Kaïfoung, qui s'élève au moins à un million d'âmes.

Bien que les Juifs soient entrés en Chine au commencement de l'ère chrétienne, il paraît que leur synagogue ne fut élevée qu'à la fin du douzième siècle, ou près de mille ans après leur entrée. Les professeurs juifs appelaient ce temple *Yèh-sze-lo-hi-nieh*, qui présente peut-être euphoniquement quelques rapports avec *Israël* ; mais aujourd'hui leur temple porte cette inscription : « Le temple vrai et pur. » D'après le récit de nos envoyés chinois, la synagogue est entourée d'une triple enceinte. Le temple est vaste, de quatre-vingts pieds de hauteur, et couvert en tuiles vertes. Il y a un siège, appelé « siège de Moïse, » élevé d'un pied au-dessus d'un parquet de bois. C'est là que dans les solennités le rabbin s'assied sous un grand parasol de satin rouge que l'on conserve dans le temple. Il s'y trouve encore une armoire où se renferment les « douze tubes contenant les saintes écritures. »

Pendant leurs recherches, nos messagers copièrent plusieurs inscriptions placées sur les piliers de la synagogue, quelques-unes en chinois, d'autres en hébreu. Je transcris une des dernières sur leur journal, tels qu'ils l'avaient copiée, sans répondre de leur exactitude ni y faire aucune correction. Au-dessus d'une tablette en chinois, comme on en trouve dans tous les temples bouddhiques et mahométans, portant la formule usitée:

שמע ישראל יהוה אלהינו יהוה אחד

« Que Sa Majesté impériale vive à jamais, etc., »

se trouve cette inscription hébreue.

ברוך שם כבוד מלכותו לעולם ועד

« Écoute, ô Israël! Jehova, notre Dieu, est le seul Jehova! Béni soit le nom de son glorieux royaume dans l'éternité. »

Ces phrases sont répétées dans un autre endroit. Près de l'armoire renfermant les Écritures se trouve cette autre inscription :

כיכי שמו כיהוה אלהי האלאים

« Ineffable est son nom, car Jehova est le Dieu des dieux. »

Entre autres inscriptions chinoises qui sont en grand nombre, en voici une qui m'a paru assez curieuse.

« Les saintes Écritures se composent de quarante-cinq sections. Nous les récitons de bouche, et les méditons, priant que le pouvoir impérial soit fermement établi.

« Les lettres du saint Alphabet sont au nombre de vingt-sept. Elles sont enseignées dans nos maisons, dans l'espoir que les intérêts du pays seront florissants. »

Dans les bibles hébraïques de notre pays, le Pantateuque est divisé en cinquante-quatre sections ; mais il paraît que, parmi les Juifs persans et indiens, il n'y en a que cinquante-trois. Quant au nombre de lettres hébraïques, en faisant des formes finales *kaph, mem, nun, pi,* et *tsaddi*, des lettres distinctes, — les mêmes juifs comptaient vingt-sept lettres au lieu de vingt-deux, nombre généralement adopté.

J'ai extrait les passages suivants de deux longues tablettes chinoises placées au dehors de la porte de la synagogue. Je terminerai par là ces détails sur le « peuple choisi » qui pendant quinze cents ans a vécu au centre de la Chine, témoin, sans le savoir, d'une gloire passée, et, gardant sans le connaître le trésor des oracles de Dieu.

« Depuis le commencement du monde, notre premier père Adam transmit la doctrine à Abraham ; Abraham la transmit à Isaac ; Isaac la transmit à Jacob ; Jacob la transmit aux douze patriarches ; les douze patriarches la transmirent à Moïse ; Moïse la transmit à Aaron ; Aaron la transmit à Josué ; et Josué la transmit à Ezra, par lequel les doctrines de la sainte religion furent d'abord répandues, et les lettres de la religion juive expliquées.

« Le fondateur de cette religion est Abraham, qui est considéré comme le premier qui l'ait enseignée. Ensuite vint Moïse, qui établit la loi, et remit les Écritures saintes. Après son temps, sous la dynastie Han, cette religion pénétra en Chine. (La dynastie Han commença deux siècles auparavant, et dura deux siècles après l'ouverture de l'ère chrétienne, de sorte que, d'après ce qui précède, l'introduction du judaïsme à la Chine aurait eu lieu entre les années 200 avant Jésus-Christ et 200 après.)

« Moïse fut intelligent depuis sa naissance, pur et désintéressé, doué de bienveillance et de justice, de sagesse et de vertu. Il chercha et obtint les saintes Écritures sur le sommet du mont Sinaï, où il jeûna quarante jours et quarante nuits, réprimant ses désirs charnels, se privant même de sommeil, et employant son temps en dévotions sincères. Les saintes Écritures (le Pentateuque) furent ainsi obtenues. Elles sont partagées en cinquante-trois sections. Leur contenu est profond et mystérieux. Leurs promesses faites pour influencer les hommes de bons sentimens ; leurs menaces, pour effrayer les imaginations corrompues. Les doctrines furent ensuite transmises jusqu'au fondateur de notre religion, Ezra, dont les descendants sont regardés comme ceux du fondateur de notre religion.

« Ainsi notre religion a été transmise de l'un à l'autre. Elle vint d'abord de l'Inde. Ceux qui l'introduisirent en obéissance aux commandements de Dieu étaient soixante-dix familles (suivent les noms de ces familles). Vers 1166, Yen-tou-lah bâtit la synagogue dans la capitale Kaïfoung; mais, comme ce temple exigeait quelqu'un qui prît soin de ses intérêts, on a nommé certains hommes (on cite leurs noms), eux-mêmes probes, intelligents et capables d'instruire les autres, Ils avaient le titre de Mouan-lah (Mullah). De sorte que, jusqu'à présent (époque où la tablette fut écrite), les vêtements sacrés, les cérémonies et la musique sont maintenus conformément aux modèles prescrits.... Yen-tou-lah fixa la fondation et commença l'ouvrage à la terminaison duquel toutes les familles juives contribuèrent. De cette manière on se procura les costumes et les meubles avec les armoires pour déposer les saintes Écritures. »

Tout ce qui précède est le résumé des informations précieuses apportées par des messagers chinois, qui avaient été envoyés de Changhaï pour aller à la recherche des Israélites de Kaïfoung. Leur narration, traduite par le docteur Medhurst, avec une préface par l'évêque de Victoria, a été publiée, mais elle est, j'ai regret de le dire, peu connue dans ce pays. Elle mérite d'être republiée; car elle contient une masse de renseignements qui augmentent et corroborent ceux qu'on trouve dans le volume in-12, publié, il y a douze ans, par M. Finn, ayant pour titre : *Les Juifs en Chine*.

Un autre sujet d'investigations nouvelles et importantes était la marche progressive de *la religion du Prophète* parmi les disciples fervents de Confucius.

Le nom sous lequel le mahométisme est connu à la Chine est *Hoeï-hoeï*. Le judaïsme s'appelle aussi *Hoeï-hoeï kou-kiao*, ou « L'ancienne religion *Hoeï-hoeï*. Les caractères *Hoeï-hoeï* n'ont pas de signification propre, n'exprimant qu'une tentative pour rendre en chinois un mot étranger. Je n'ai pu trouver nulle part une explication convenable de l'origine de ce nom. La seule manière de résoudre cette difficulté est de supposer qu'une grande partie des troupes soudoyées au service de l'Empereur de la Chine, en 750, étaient des mahométans des tribus de *Ouigor*; les Chinois les ont désignés depuis sous le nom de *Ouï*, *Hoeï*, et *Hoeï-hoeï*.

Quelques écrivains prétendent que les Mahométans pénétrèrent d'abord en Chine par terre. Mais une encyclopédie chinoise que j'ai sous les yeux observe, sur la question de savoir quand, et comment, les peuples *Hoeï* visitèrent la Chine : « Les nations *Hoeï* habitent une contrée à mille milles au delà des frontières nord de la Tartarie, appelées *Yuhmen*, dans le 55° de latitude nord. Ces peuples ont pour habitude d'adorer le ciel seul. Au commencement de la dynastie T'ang, l'an 750 de Jésus-Christ, ils vinrent sur des vaisseaux, de l'Inde, de la Perse, ou de l'Arabie, débarquer dans la province de Canton, où ils élevèrent un temple. Lorsque Koublaï monta sur le trône impérial, cette secte se répandit dans tout l'Empire. Partout où ils allaient, ils formaient entre eux d'étroites alliances, et se fixèrent. » Un autre auteur chinois fixe l'introduction des musulmans dans la Chine l'année 653 de notre ère. Mais cet événement n'a pu avoir lieu au plus tard que vers l'année 130 de l'Hégire.

Beaucoup d'habitants européens ont été frappés des rapports de ressemblance qui existent entre certains habitants de Changhaï et les Arabes. En nous informant de l'origine de ceux que nous avions remarqués, nous apprîmes que leurs ancêtres s'étaient établis à Canton il y a plusieurs siècles, et qu'eux-mêmes appartenaient à la religion mahométane. Ceci corroborerait ce qu'on dit de la première apparition de ces étrangers à Canton.

Dès les premiers temps, le seul but des sectateurs du prophète, en entrant dans le royaume du milieu, fut le commerce. Il ne paraît pas qu'ils aient jamais songé à y faire du prosélytisme. S'ils se sont multipliés, c'est par les mariages et leurs conséquences naturelles.

Excepté en ce qui concerne le soin de conserver leur individualité religieuse, ils ne diffèrent en rien des millions d'êtres qui les environnent, sous le rapport du costume, du langage et des habitudes. Des exemples prouvent que la superstition règne parmi eux à un degré remarquable. En voici une preuve dans un fait arrivé à Canton en 1855. — Un soir, un sectateur du prophète mangea du porc, malgré la défense de sa loi, et fut ensuite se coucher. Un homme lui apparut en songe, lui reprocha d'avoir enfreint la défense du prophète, et se mit à l'entraîner. Dans sa frayeur, le musulman s'éveilla en poussant des cris, et, après avoir raconté à sa famille ce qui lui était arrivé, il expira. Ses voisins regardèrent son histoire comme véritable, et sa mort comme un juste châtiment qui lui était infligé pour avoir violé la loi que lui imposait sa croyance.

Maintenant on rencontre des musulmans dans toutes les parties de l'Empire, mais moins dans le sud que dans le nord-ouest. Il n'est pas en mon pouvoir d'en donner un recensement même approximatif. Au commencement du dix-huitième siècle, on évaluait leur nombre à un demi-million. Cette partie de la petite Boukharie soumise au gouvernement de la Chine, située à l'ouest de la Chine proprement dite, est nommée dans nos géographies « Turkestan oriental ; » mais les Chinois eux-mêmes la nomment : « Le territoire des huit villes mahométanes. » Là, les sectateurs de Mahomet sont divisés en trois classes, qui diffèrent par la couleur de leur turban, le rouge, le blanc, et le turban arabe ordinaire.

Par ignorance, les Juifs de la Chine sont aussi, comme je l'ai dit plus haut, désignés sous le nom de Mahométans, sans doute à cause des rapports qui se trouvent dans les deux croyances ; mais ils sont distingués, non-seulement par le titre « anciens ; » mais par le nom de « Mahométans au bonnet bleu, » à cause de la couleur de leur coiffure.

Je me suis souvent rencontré avec des personnes pratiquant le mahométisme. C'étaient des officiers qui avaient passé leurs examens préalablement à leur promotion. Dans une ancienne description de la Chine, écrite par deux voyageurs mahométans qui avaient visité cet empire au neuvième siècle, il est dit (je n'ai pu m'assurer si cela existe encore) « qu'il y a un juge mahométan, nommé par l'Empereur, pour examiner les différends entre tous ceux de sa religion. Dans les fêtes publiques, il célèbre les mystères et prononce le sermon ou *kotbat*, qu'il termine, dans sa forme ordinaire, par des prières pour le Sultan. Les marchands de l'Irak qui voyagent en Chine ne sont mécontents ni de sa conduite ni de son administration, dans le poste qu'il remplit, parce que ses actions sont justes et équitables, conformes aux préceptes du Koran et à la jurisprudence mahométane. »

Lorsque les forces impériales arrivèrent à Changhaï, dans l'automne de 1853, pour chasser les pirates qui s'étaient rendus maîtres de cette ville, je visitai leur camp, et je trouvai beaucoup de soldats venus des provinces de Kansou et de Chensi, qui professaient la religion de Mahomet. Ils étaient désignés par leurs compagnons d'armes comme des « hommes qui n'ont point d'idoles, et qui ne mangent point de viande de porc. » Ils faisaient profession d'adorer « Allah, » de suivre la croyance de Mahomet, et de ne pas boire de vin.

Un auteur chinois, en parlant de leurs principes religieux, dit : « Quoique le territoire mahométan touche aux frontière de l'Inde, les coutumes de ce peuple en diffèrent beaucoup. Il n'adore point Bouddha ; il n'adresse point de prières aux morts ; il ne sacrifie point aux esprits. Ce qu'il adore principalement est l'Être que nous représentons par le signe *T'ien*, ou « Ciel. » Les messagers chinois, qui allèrent à la recherche des Juifs à Kaïfoung, nous informèrent à leur retour que les mahométans y sont nombreux ; et qu'au-dessus d'une jarre à vin peinte sur l'enseigne de quelques boutiques ils avaient écrit ces trois mots : « pure et vraie ; » voulant exprimer ainsi la sincérité de leur abstinence en ce qui concerne les liquides enivrants. Dans plusieurs parties du pays ils ont érigé des mosquées, surtout dans les grandes villes. On lit souvent cette inscription au-dessus de la porte : « Temple pour les mahométans qui désirent consulter le Koran. » Dans la ville de Canton, on trouve la *Kouang-t'ah*, ou « pagode brillante, » laquelle est d'une grande élévation, qui a été érigée il y a environ mille ans par des habitants ; et au pied de cette pagode ils ont leur mosquée. Hors des murs de la ville, on voit un cimetière mahométan, connu parmi les Chinois sous le nom de *Hiang-fen*, « cimetière aux Échos, » parce que, disent-ils, « lorsqu'on y entre, les paroles et les pas ont de l'écho, se prolongeant quelque temps et cessant ensuite. »

Le prêtre mahométan dont j'ai parlé (page 95), m'avait fait présent d'un almanach pour l'année 1843, à l'usage des mahométans. Le titre portait que l'almanach avait été publié à Hangtchcou, siége principal du mahométisme en Chine, avec la sanction du cabinet impérial. Cet ouvrage renfermait des instructions aux vrais croyants pour l'observance des jours de repos, des jeûnes et autres fêtes. Le frontispice représentait le fronton d'un temple avec ces deux maximes en gros caractères : « En recevant des instructions, soyez grave et révérencieux, » et « Observez soigneusement les jeûnes et les jours de fêtes. » Quelques annotations très-brèves sont placées sur les marges ; ainsi : « Lorque la nouvelle lune arrive le premier jour de la semaine, il ne faut pas s'occuper d'affaires ce jour-là ; avancez vos affaires d'un jour. Si la nouvelle lune a lieu le troisième jour, remettez vos affaires au lendemain. » La Table contient une liste des jours de sabbat et des « jours purs et vrais de fêtes [1]. » L'année de la publication est donnée comme « le vingt-troisième de Tao-kouang, » et aussi « la 1249ᵉ année de l'exaltation et de la sortie du

---

[1] Les Mahométans appliquent la qualification *de pur et vrai* à leurs mosquées, à leurs services religieux ainsi qu'à leurs enseignes, termes identiques à ceux que les Juifs donnent à leurs synagogues et à leurs propres services religieux.

monde (la mort) de Mouhamméteh (Mohammed, ou Mahomet) de l'Occident. »

Chaque mois a le nom arabe donné avec la prononciation chinoise, comme on peut le voir ci-après :

PRONONCIATION CHINOISE DES NOMS ARABES.

Mois.
- 1er — *Mei-hoh-lan*. . . . . Moharram [1].
- 2e — *Sêh-fei-lèh*. . . . . Safar [2].
- 3e — *Lih-ngan-weï-lêh*. . . . . Robouland [3].
- 4e — *Lih-pé-ao lih hah-lih*. . . . . Robousanny.
- 5e — *Tche-ma-tuh-lih o-wah-lih*. . . . . Djoumadelavil [4].
- 6e — *The-ma tuh-lih-o hah-lih*. . . . . Djoumdiassany [5].
- 7e — *Lih-tchih puh*. . . . . Radjeb.
- 8e — *Shay-ur-pa-nah*. . . . . Shabaun [6].
- 9e — *Lih mah shah nah*. . . . . Ramyan [7].
- 10e — *Shau wah lih*. . . . . Shawal [8].
- 11e — *Tsuh lih kah ur tih*. . . . . Dhoulkaada.
- 12e — *Tsuh lih hau tchih*. . . . . Dhoulhoudjdja [9].
- 13e — *Mei-hoh-lan*. . . . . Moharram [10].

JOURS SPÉCIAUX A FÊTER DANS CHAQUE MOIS.

[1] Douzième jour de *Atchouholeh* (Atchourry), jour destiné aux libéralités envers les pauvres.

[2] Pendant tout ce mois, toutes les affaires doivent être suivies avec beaucoup de soin et de circonspection.

[3] Le troisième jour est l'anniversaire de la maladie du Prophète; le quatorzième est le jour de sa mort; tous les deux doivent être fériés.

[4] Le second jour est le jour natal du grand sage *Our-li-ali*.

[5] Le cinquième jour est le premier de la commémoration de la mort de la sainte femme *Fatime*.

[6] Ce mois est un mois intercalaire.

[7] Observez pendant tout ce mois le jeûne et la prière.

[8] Le mois tout entier est un mois de fêtes et de congratulations.

[9] Le douzième jour doit être observé comme étant la fête *Kourpourh*.

[10] Un jour de libéralité pour les pauvres comme dans le premier mois.

J'ai entendu dire qu'il y a tous les ans une réunion de pèlerins chinois pour la Mecque; mais j'en doute beaucoup. Je me souviens seulement avoir lu, dans le *Chinese Repository* de 1834, qu'un homme de la province de Tchihli, Chinois de naissance, et mahométan de religion, venait d'arriver à Canton de retour d'un pèlerinage. « Ce pauvre ignorant, dit l'auteur, passa par Canton il y a trois ans. Il obtint un passage à bord d'un bâtiment chargé pour Bombay, d'où il trouva son chemin vers la tombe du Prophète. Il a opéré son retour de la même manière, rapportant avec lui bon nombre de livres arabes. » Bien que ne pouvant se faire entendre des Lascars qui manœuvraient le bâtiment, il en fut traité avec égards à cause de sa croyance. A Canton, il trouva le moyen de retourner dans sa province natale.

LE BOUDDHISME EN CHINE.

Lorsque vous êtes parvenu au sommet de quelqu'une de ces tours idolâtres, appelées pagodes, et que de là vous apercevez la campagne, aussi loin que votre vue peut s'étendre, couverte d'édifices du même genre, de temples, de monastères et d'autres monuments, vous vous faites une demande dont la solution mérite le plus haut intérêt : « Quel service le bouddhisme a-t-il rendu aux Chinois? Qu'a-t-il fait pour leur éducation, pour leur moralité, pour leur religion? »

Abandonnant, vers le commencement de l'ère chrétienne, l'Inde où il avait pris naissance, il vint, comme un réfugié, chercher protection dans « l'Empire du milieu. » Avec ses dieux et ses missionnaires indiens, ses dogmes et son langage indiens, il trouva faveur chez un peuple déjà dégoûté de son système religieux, et disposé à adopter toute forme nouvelle qui ferait vibrer les fibres d'âmes prédisposées à la superstition. Établissant sa station au cœur de l'Empire, avec une poignée de prêtres, avec des monceaux de livres (silencieux et efficaces propagateurs de toutes les religions), le Bouddhisme poussa ses racines dans toutes les directions, se glissa dans toutes les parties de l'Empire, érigeant des monuments, gages de sa domination : les pagodes et les temples. D'abord modeste et sans prétentions apparentes, il s'établit dans la faveur publique; mais il obtint peu à peu les propriétés les plus belles et les plus riches pour y fonder ses monastères. Dès lors il ne lui restait plus qu'à s'engraisser du produit des terres qu'il avait envahies.

Quoique les leçons spéculatives et intellectuelles de l'école de Confucius fussent plus simples et plus pures que celles des Bouddhistes, sans être entachées des farces et des absurdités de ces dernières; quoique plusieurs des préceptes du Bouddhisme soient en opposition avec les idées des Chinois (le vœu de célibat, par exemple, funeste au respect des fils pour leurs parents), cependant cette religion a compté au nombre de ses adhérents des empereurs, des ministres d'État, des lettrés, et la majorité de la classe moyenne et de la classe commune, surtout chez cette partie sensible et impressionnable de la population, les femmes. On peut facilement s'en rendre raison. Le Taoisme, la religion indigène de la Chine, avait prédisposé les esprits au mystérieux et au merveilleux, à l'aide de la magie, de l'alchimie et de la sorcellerie. Le Bouddhisme, fondé sur des superstitions de toutes sortes, s'adapta bientôt aux tendances du peuple et devint la religion favorite de l'Empire. Il en résulte, comme l'a dit le docteur Morrison, « que le Bouddhisme est décrié par les savants, bafoué par les débauchés, et suivi par tout le monde. »

Ce que les Chinois connaissent des règles pour la conduite humaine existait longtemps auparavant dans les écrits de Confucius et de ses disciples. Le Bouddhisme n'a point de préceptes moraux qu'il n'ait empruntés à l'école de Confucius [1]. Il est à la vérité une religion, mais ce n'est point une religion qui convienne à la vie commune. Il tend à séparer l'homme de ses semblables, mais non à le rendre propre à vivre avec ses semblables. Il exige qu'on « se retire du monde. » Il émousse les sentiments de la nature, et ne fait rien pour cultiver les nobles instincts du cœur. Il n'a rien imaginé pour préparer les Chinois à l'adoration du vrai Dieu, du Dieu vivant. Mais en ajoutant à leur Panthéon un catalogue interminable d'idoles, en plaçant dans leur calendrier une armée de génies, en adoptant en un mot et en décuplant les superstitions du pays, c'est-à-dire l'adora-

---

[1] Nous pouvons ajouter que toutes les fois qu'on l'a vu *prévaloir* dans le gouvernement chinois, au lieu des immortelles et saines doctrines de Confucius, la *décadence* de ce gouvernement a été imminente. Le Bouddhisme par ses principes de monachisme, etc., est l'*antithèse* de la vie active et politique d'un peuple, qui seule fait sa grandeur et sa force. On peut en voir un exemple récent et frappant dans le vice-roi de Canton, Yeh. Cet homme, très-fervent *bouddhiste*, fils d'un lettré auteur d'une encyclopédie chinoise, publiée à Péking, passait ses journées à prier *Bouddha* d'exterminer les barbares qui menaçaient Canton, et attendait sincèrement de son Dieu qu'il allait faire droit à ses sollicitations, quand les canons français et anglais lui apprirent trop tard que la *prière* est bonne sans doute, mais que les *canons* sont encore meilleurs pour défendre sa liberté. G. P.

tion des mânes des morts, l'hommage à des pouvoirs mystiques, etc., il a rendu les Chinois plus idolâtres que jamais. Dans ses dogmes religieux, il n'a point d'allusions à la chute de l'homme dans le péché; il n'a de plaintes que pour sa chute dans la misère. S'il prohibe le vice, s'il prêche la vertu, c'est uniquement pour diminuer la détresse du genre humain et lui procurer la plus grande somme de bonheur possible. Au lieu d'humilier l'ambitieux trop ardent à découvrir les grandes vérités, au lieu de disposer l'âme opprimée à se soumettre aux décisions de la merci divine, il nourrit l'orgueil inné de l'homme, constitue en lui un tribunal intérieur de ses actions, et va jusqu'à lui vouloir donner des règles pour se sauver lui-même. Pour tranquilliser la curiosité de l'esprit sur les conséquences d'un état futur, il lui suffit d'évoquer fables sur fables; d'un côté, il fait entrevoir aux bons l'espérance de passer après la mort dans des formes extraordinaires, dans les corps d'autres hommes, de devenir des dieux, ou (ce qui est le *summum bonum*, le comble de la félicité à leurs yeux) de retourner dans le *néant*; de l'autre, il offre aux yeux des méchants la perspective d'être changés après leur mort en bêtes impures et en reptiles.

Dans un système insipide comme celui-là, qu'y a-t-il pour élever l'âme des Chinois, pour en faire des hommes véritablement honnêtes, aimables et vertueux? Il a, je le répète, décuplé leurs erreurs. Il a creusé et élargi le courant de l'idolâtrie où ils étaient plongés. Son influence a détruit ces principes de raison qu'y avaient semés les écrits des grands hommes. Il a introduit dans le pays une masse d'absurdités grossières et infinies. Il a épaissi le brouillard sur les pas de l'immortel pèlerin, et l'a abandonné dans les affreuses incertitudes du voyage. Il a conduit les Chinois plus loin de la fontaine de la vie qu'ils ne l'avaient été jamais.

Dans une paraphrase sur l'une des célèbres maximes[1] de l'empereur Kanghi, il existe un paragraphe dû à la plume d'un savant chinois qui florissait il y a environ cent ans. Il décrit parfaitement le caractère et l'influence du Bouddhisme. Le texte sur lequel roule le commentaire est la septième maxime : « N'ayez rien à faire avec les notions étrangères ; mais attachez l'importance convenable aux doctrines orthodoxes. » Je cite textuellement : « Tout le verbiage des Bouddhistes roule sur la faculté de devenir demi-dieux, tels que Bouddha, leur fondateur. Lorsqu'un fils quitte sa famille pour devenir prêtre, ils prétendent que tous les membres de cette famille sont assurés de monter au ciel... Il est certain que les supérieurs des prêtres de cette secte, qui résident dans les riches monastères des fameuses montagnes et qui savent de quelle manière faire accepter leurs doctrines, concentrent tout dans un seul mot, *le cœur!* Cependant, se dérober à ses proches pour s'enfermer dans les retraites solitaires, d'où l'on n'aperçoit pas même la fumée des habitations humaines ; rester assis les jambes croisées dans un profond silence, c'est déraciner et détruire les obligations de la vie relative. Observez seulement ces austères prêtres de Bouhha, qui, sans aucun avantage pour qui que ce soit, rompent toutes les relations de l'humanité ; ils n'ont pas pour la société la valeur de la plume la plus légère !... De

---

[1] Elles sont au nombre de seize. Elles ont été traduites en anglais avec la paraphrase, sous le titre de : *The Sacred Edict*, par le Révér. William Milne, publié à Londres en 1817. — Voy. p. 134-147.

leur sein est sortie une classe d'hommes qui, ne possédant aucune source d'indépendance, n'ayant pas une place assurée où ils puissent gagner leur pain, se sont rejetés sur les monastères, et ont pris leur retraite dans les temples. Ils empruntent le nom de Bouddha et d'esprits immortels ; ils inventent une multitude de contes en l'air sur des temples célestes, des prisons souterraines, des transmigrations, des rétributions. Selon eux, la plus honorable de toutes les pratiques est de nourrir les prêtres et d'être libéral envers leurs dieux: « C'est là, disent-ils, semer le champ du bonheur. » Ils disent encore : « Donnez toujours, et vous aurez tou« jours ! » Et, afin que le peuple ne leur refuse pas sa croyance, ils ajoutent : « Essayez seulement de mépriser
« les prêtres, de ridiculiser Bouddha, de discréditer ses
« rites. En présence des dieux, refusez d'adorer ; ayant
« des richesses, refusez d'en donner une partie, et vous
« pouvez être sûrs de vous voir précipiter dans l'enfer.
« Ou la foudre vous frappera, ou les feux vous consu« meront. » Ils ont à leur disposition une foule de contes merveilleux pour effrayer le peuple et l'amener à croire et à contribuer. Ils commencent par lui prendre son argent afin de se l'approprier. Par degrés ils arrivent aux derniers excès de l'irrégularité. Ils imaginent des assemblées pour adorer les dragons, des assemblées de vases de fleurs, des assemblées pour pardonner aux orphelins, que sais-je encore ! Là, ils battent le tambour, ils sonnent des cloches, ils expliquent leurs doctrines, ils font des lois, ils entretiennent des réunions mêlées d'hommes et de femmes, qui durent le jour et la nuit. C'est, disent-ils, dans un bon motif que tous ces gens se rendent là ; mais nous, nous savons bien qu'en y allant,

ils vont à leur perdition. Simples que vous êtes ! Vous ne savez pas distinguer le bien du mal ! En admettant même ce que disent les livres de Bouddha, ce prétendu demi-dieu était le fils premier-né du roi *Fan*. Se retirant du monde, il s'enfuit seul sur le sommet des montagnes Neigeuses, afin de cultiver la vertu. Mais, s'il ne fut point arrêté par amour pour son père, sa mère, sa femme et ses enfants, êtes-vous assez fous pour supposer qu'il eût de l'affection pour les hommes, et qu'il pût consentir à leur délivrer ses doctrines ! S'il a abandonné la résidence impériale, le palais des reines, etc., n'est-il pas ridicule de supposer qu'il se plaise dans les monastères d'hommes et de femmes que vous avez la bonté de construire de votre argent ! Tous ces contes absurdes de jeûnes, de réunions et d'images ne sont que des simagrées mises en jeu par ces indignes prêtres, dans le but de vous tromper. Cependant vous les croyez ! Non-seulement vous allez vous-mêmes adorer et brûler de l'encens dans les temples; mais vous permettez à vos femmes et à vos filles de s'y rendre les cheveux huilés, la figure fardée ! Elles vont, en habits d'écarlate, brodés de vert, brûler aussi de l'encens dans les temples. Elles vont se mêler avec les prêtres de Bouhha, touchant des épaules, coudoyant des bras, pressées au sein d'une foule mouvante ! Je ne vois pas là où est le bien dont ils parlent ! Au contraire, j'y vois beaucoup de choses honteuses qui créent des résultats funestes, ou du moins exposent au ridicule et au scandale. Je vais plus loin. Il y a des personnes qui, redoutant une mort prématurée pour leurs enfants, filles et garçons, les livrent aux temples pour en faire des prêtres et des prêtresses ; croyant, lorsquelles les ont bannis de leur propre famille, pour les placer aux pieds de l'idole de Bouddha, leur avoir donné la certitude d'une longue vie! Il y a encore d'autres personnes plus stupides qui, dès que leurs parents sont malades, font vœu devant les prêtres que, si ces parents recouvrent la santé, elles iront adorer et brûler de l'encens sur les montagnes ; se prosternant à chaque pas jusqu'à ce qu'elles arrivent au sommet, d'où ensuite elles redescendront à la course! Si elles ne perdent la vie dans ce pèlerinage, elles sont sûres de s'y casser un bras ou une jambe! Ces personnes disent : Sacrifier notre vie pour sauver celle de nos parents, c'est la plus haute preuve de la piété filiale. Et les gens irréfléchis de les approuver et de vanter leur dévouement! Mais ils ne considèrent pas que ces fanatiques, en faisant si bon marché de leur propre corps, de ce corps qu'ils ont reçu de leurs parents, se montrent étrangers à tout sentiment de piété filiale! Vous dites encore que votre culte à Bouddha vous doit être très-profitable Qu'en brûlant du papier, en faisant des offrandes, en jeûnant, vous dissipez des calamités, vous effacez vos péchés, vous augmentez votre bonheur, vous prolongez vos années: mais réfléchissez un peu. Il y a longtemps que l'on a dit pour la première fois: « Les dieux sont intelligents et justes. » Si votre dieu Bouddha possède ces qualités, comment pouvez-vous supposer qu'il convoite avaricieusement votre papier doré et vos offrandes, et qu'il en fasse une condition à ses bontés! Si vous ne brûlez pas de papier doré devant lui, si vous ne couvrez pas d'offrandes ses autels, le dieu Bouddha sera irrité contre vous! Alors votre dieu Bouddha est un misérable! Prenons pour exemple l'officier de votre district. Je suppose que vous négligiez de lui faire visite et de le flatter ; cependant si vous vous conduisez bien, et que vous remplissiez vos devoirs, vous serez bien considérés de lui. Mais si vous transgressez la loi, que vous commettiez quelque acte de violence, que vous usurpiez les droits des autres, dussiez-vous employer mille flatteries envers lui, il sera offensé contre vous, et trouvera moyen de vous punir... Quant aux *charmes* des livres de Bouddha, ce que je sais, c'est qu'ils sont tous composés dans le style du pays de Bouddha. Bien des prêtres prennent ce style de Bouddha, et ils disent qu'il contient les charmes de Bouddha leur auteur. En les lisant, ils se livrent à des postures grotesques, qu'ils croient magiques, et à des mouvements symboliques avec les doigts... Le résumé est ceci : Ces prêtres licencieux sont indolents, ils n'auraient jamais le courage d'aller dans les champs, ni vendre ou acheter dans les marchés ; alors, manquant d'habits et de nourriture, ils n'ont d'autre ressource que de tromper le peuple [1]. »

Mais le prestige du Bouddisme à la Chine est détruit. Son heure est passée. Souvent, à l'aspect de ses nombreuses pagodes tombées en ruines, je n'ai pu m'empêcher d'appliquer au système de Bouddha ce beau passage : « Dieu t'a pesé dans sa balance, et tu as été trouvé léger. » En fait, on peut dire qu'il n'y a pas de religion à la Chine, si l'on met de côté ce qui n'est qu'un instrument entre les mains du pouvoir; et, d'une autre part, ce qui peut être considéré comme passé en usage dans la vie domestique. Les siècles sont bien loin où l'âme, le sentiment et la passion animaient la religion de

---

[1] La *Paraphrase* que l'on vient de lire *par fragments* est un développement officiel de la *Maxime* de l'empereur *Khang-hi*, et de l'*Explication* de son fils l'empereur *Young-Tching*.   G. P.

la Chine. La religion à la Chine, telle qu'elle est de nos jours, est aussi absurdement parée et aussi complètement morte qu'une momie d'Égypte. Elle n'est propre qu'à rester renfermée là où elle végète depuis deux mille ans. Touchez-la, elle tombera en poussière. Que les institutions de la Chine soient changées, et l'on cherchera en vain où était cette religion.

Un trait nous a frappé dans le sensualisme du Bouddhisme; c'est l'analogie frappante de son caractère avec celui de la religion catholique romaine. Dans son panthéon se trouve l'image d'une femme portant un enfant dans ses bras (la déesse de la pitié). Il possède une légion de personnages canonisés, dont il prodigue les images. « Ses temples, ses monastères, dit Huc, qui était catholique lui-même, sont, à beaucoup d'égards, semblables aux nôtres. Les ermites et les prêtres peuvent y fuir le monde et les devoirs de la société. Il y a des couvents de femmes, consacrés à la vie ascétique, où la professe se voue au célibat et à l'exercice de la charité. Chez les *prêtres*, vous voyez la tonsure, les robes flottantes et à couleurs tranchées, le vœu du célibat, la réclusion, les jeûnes fréquents, les longs pèlerinages, les pénitences sévères, l'abstention de toute nourriture trop délicate, des plaisirs et des récréations innocentes de la vie. Les *ornements des temples* sont les mêmes. Ils ont l'autel, les chandeliers, l'encens, l'eau lustrale, les cloches, les reliques et les offrandes. Dans le *service religieux*, ils ont le rosaire, le chant, les offrandes pour le repos des morts, l'usage d'une langue étrangère, des répétitions nombreuses, les salutations et les génuflexions. » Dans le même ouvrage de Huc, je vois que le Père catholique insiste avec satisfaction sur « les nombreuses et frappantes analogies qui existent entre les rites Lamanesques (religion Bouddhique) et le culte catholique. » Il dit : « Sur le plus léger examen de la réforme et des innovations apportées au culte de Lama dans la Tartarie et le Thibet, on est frappé de sa ressemblance avec le catholicisme. La mitre, la crosse, la dalmatique et la chape que porte le grand Lama dans les cérémonies, l'office à deux chœurs, la psalmodie, les exorcismes, l'encensoir suspendu à cinq chaines, qui s'ouvre et se ferme à volonté, la bénédiction que donne le Lama en étendant la main droite sur la tête des fidèles; le chapelet, le célibat des prêtres, les retraites spirituelles, le culte des saints, les jeûnes, les processions, les litanies, l'eau bénite : voilà autant de rapports que les bouddhistes ont avec nous... Il existe à Lha-sa une coutume très-touchante que nous éprouvons une sorte de jalousie à trouver chez des infidèles. Le soir, lorsque le jour touche à son déclin, tous les Thibétains suspendent leurs occupations, et se réunissent, hommes, femmes et enfants, selon le sexe et l'âge, dans les principales parties de la ville et sur les places publiques. Dès que les groupes sont formés, tout le monde s'agenouille, et on commence à chanter des prières à voix basse, sur un rhythme lent et mesuré. » (*Voyage dans la Tartarie et le Thibet*. T. II, ch. III.)

Ayant des points de similitude aussi marqués avec la religion de la Chine, il est vraisemblable, — s'il n'est pas certain, — que l'Église romaine en tirera avantage pour établir ses droits sur l'esprit des habitants de ce pays. Telle a toujours été, nous le savons, la politique des missionnaires catholiques; telle est encore la pratique de l'Église de Rome.

CHAPITRE III

Des pagodes à la Chine. — Description générale de ces édifices. — Discussion pour prouver que dans l'origne les pagodes furent élevées à la Chine par des sectaires de l'Inde.

Le sujet que je traite dans ce chapitre a été présenté, il y a trois ans, à la classe chinoise de la Société royale asiatique, et publié à Hong-Kong, dans les Mémoires de cette société. Je l'offre aujourd'hui au public sous une nouvelle forme, dans l'espoir qu'il donnera quelques informations utiles aux personnes qui s'occupent de l'archéologie asiatique. Pour plus de clarté, je divise cet essai en deux sections [1].

[1] Voici la liste des ouvrages que j'ai consultés dans mes recherches — Ouvrages chinois : le « Lexique impérial de Kanghi ; » le « Peïwenyun-fou ; » trois « Encyclopédies chinoises ; » un « Traité complet du bouddhisme, de ses rites, de ses édifices, etc., » par un prêtre de cette religion qui vivait au huitième siècle de notre ère. — Ouvrages européens : « Histoire de la vie de Hiouen-Tsang et de ses voyages dans l'Inde, depuis l'an 629 jusqu'en 645 (publié par Julien, 1853) ; » une « Révision et continuation, par Klaproth et Landresse, de la traduction avec commentaires de l'ouvrage chinois *Foh-kouë-ki*, ou Relation des royaumes bouddhiques par Fahhien, (trad. par Abel Rémusat) ; » les « Notes sur l'état moral et politique de l'Inde avant l'invasion mahométane, » tirées des « Voyages du prêtre bouddhique Fahhien, en l'an de J. C. 399, tels que les a publiées le *Journal de la Société asiatique de Londres*, art. xiv, n° 12. »

PREMIÈRE SECTION

DESCRIPTION GÉNÉRALE DES PAGODES A LA CHINE

Le mot « Pagode » a été introduit dans la littérature européenne en l'empruntant aux langues hindostanie et persane. La première le prononce *boutkuda*, la seconde *poutkhoda*, et ces deux mots sont eux-mêmes une corruption de sanskrit, *bhagavati*. L'interprétation des trois étymologies (persanne, hindoue et sanskrite) est absolument la même. Elles signifient « maison des idoles, maison de Dieu, ou maison sacrée [1]. »

D'après l'usage auquel ce mot est appliqué dans l'Inde, c'est un nom donné aux différents édifices dans lesquels on adore les idoles. Quelques auteurs, qui ont écrit sur la Chine, se sont servis de ce terme indistinctement pour tous les genres d'édifices religieux, quelquefois distinguant les plus élevés en les appelant « Tours, » comme la « Tour de porcelaine de Nanking. » La majorité des descriptions modernes de la Chine a plus rationnellement limité l'application du mot « Pagode » à une classe particulière d'édifices qui s'élèvent à la hauteur de plusieurs étages, sous la forme d'un obélisque étroit et à

---

[1] Voyez le « Dictionnaire de Webster, » au mot PAGODE. Voyez aussi « l'Encyclopédie britannique » et le *Chinese Repository*, vol. XIX, p. 535. Il est peut-être bien de donner l'extrait suivant du glossaire qui se trouve à la fin de l'*East India Gazetteer*, par Hamilton : « PAGODE. C'est un nom appliqué par les Européens aux temples indous, mais il n'est pas employé par les Indous eux-mêmes, qui ne le connaissent pas. C'est encore le nom d'une monnaie qui a cours principalement dans le sud de l'Inde : elle est appelée *varaha* par les Indous, et *houn* par les Mahométans.

plusieurs pans. C'est dans ce sens restreint que le mot est employé dans ce chapitre, comme traduction de *T'ah*, désignation généralement donnée, à la Chine, à tous les monuments de cette espèce [1].

Ainsi que je le démontrerai dans la seconde section, la « pagode » à la Chine est d'un style d'architecture emprunté de l'Inde après le commencement de l'ère chrétienne. Depuis cette date, cependant, la forme ou la figure de cette construction est devenue tout à fait populaire et appropriée au goût des Chinois.

Il n'est pas exagéré de dire qu'il y a peu d'endroits à la Chine où le paysage soit complet sans une pagode, ou de grande taille, ou en miniature. On peut juger du degré de faveur où ce genre d'édifice est arrivé parmi les Chinois, par le soin qu'ils ont invariablement d'en introduire dans leurs tableaux, de le dessiner sur leurs porcelaines, de le sculpter sur le bois ou la pierre. Le pâtissier figure une pagode sur ses gâteaux ; l'artiste la met sur ses éventails et ses écrans ; le tisserand en pare ses étoffes de toile ou de soie, le brodeur la reproduit sur les oreillers, les coussins et les rideaux. Les pagodes joujoux se voient partout, sur l'étalage des boutiques comme sur le meuble du salon ; dans le jardin d'un riche, vous pouvez être sûr de voir une pagode de pierre s'élever d'un labyrinthe. Il n'y a pas jusqu'au jardinet du pauvre où l'on ne voie quelque petit arbre taillé en pagode, qu'il appelle le *Pêh-chou t'ah*, ou le *Hoang-yang t'ah*, « la pagode de cyprès ou de buis. » En voyageant dans la Chine, on aperçoit quelquefois sur les murs de la

[1] Voici divers synonymes employés quelquefois par les Chinois : *Pao-t'ah*, « pagode de pierre précieuse ; » *Fan-t'ah*, « pagode étrangère ; » *Feou-t'ou* et *Ts'ah*.

ville, une petite pagode, haute de vingt ou trente pieds tout au plus, faites de brique, de pierre ou de fer coulé. On ne tarde pas à reconnaître qu'il n'y a pas une ville importante qui ne possède une, et quelquefois deux ou trois de ces constructions [1] ; souvent même on trouvera une grande pagode sur une éminence loin de toute habitation. Dans son voyage à l'intérieur, l'auteur a parcouru, de Ningpo à Canton, une ligne de plus de treize cents milles, surtout par eau. Dans ce trajet il a passé devant vingt-cinq pagodes, placées sur le bord des rivières [2]. On dit que les pagodes les plus nombreuses et les plus belles, se trouvent dans les provinces du milieu de la Chine, surtout dans les deux provinces de Kiang. Cela est probable, attendu que la pagode la plus ancienne est celle de Nanking. Lorsque le célèbre voyageur Fah-hien revint de l'Inde à son pays natal, en l'an 414 de notre ère, il déposa dans cette ville les reliques et les écritures bouddhiques, et, à l'aide d'autres prêtres, il y propagea cette religion. Il ne peut être douteux que les pagodes de Nanking et de Soutcheou soient les plus fameuses de l'Empire [3]. L'architecture des pagodes est considérée à la Chine comme le style le plus noble. De là vient la phrase : *Tan-ta-t'un-fan-t'ah*. — « Votre audace est si grande, que vous avaleriez une pagode étrangère. »

De celles qui existent de nos jours, la plupart sont de construction très-ancienne, ou établies sur d'anciennes

---

[1] Canton en a deux dans l'enceinte des murs. Soutcheou en a cinq ou six, tant dans l'intérieur que hors des murs.

[2] Dans cette énumération, je ne compte pas celles qui étaient dans es murs des villes ou éloignées de ma route, quoique visibles.

[3] On peut dire de la pagode de Nanking : « Elle n'est plus. » En 1856, les rebelles Taïping l'ont fait sauter.

fondations, et il en est peu qui aient reçu des réparations récentes. La pagode de Nanking fut probablement fondée au milieu du troisième siècle de notre ère. La *Hoa-t'ah*, « pagode des fleurs, » à Canton, date de plus de treize cents ans. La pagode *T'ien-foung*, de Ningpo, est debout depuis plus de mille ans. La plus grande partie des pagodes tombe en ruines, ainsi que je l'ai dit.

Dans le cours de ce siècle, plusieurs habitants riches de Soutcheou et de Canton ont essayé de restaurer les *T'ah* qui menacent ruine dans leurs environs, par la persuasion où ils sont que la présence ou la perpétuité de ces monuments importe aux destinées de leur localité. Mais, bien que, pendant mon séjour à Changhaï, j'aie cherché à savoir de plusieurs Chinois instruits, s'il s'était élevé de nouvelles pagodes dans cette partie de l'Empire ou dans toute autre, pendant les cinquante dernières années, d'après ce qu'ils avaient pu apprendre dans leurs voyages et leurs rapports avec les autres provinces, je n'ai jamais pu là-dessus savoir autre chose que ce qui me fut répondu par un voyageur expérimenté. « Si on a bâti de nouvelles pagodes ailleurs, elles doivent être bien peu élevées et bien rares. » Une des plus récemment construites est la *Wen-cheou t'ah*, dans un faubourg de la ville murée de *Tsing-pou*, à vingt-huit milles ouest de Changhaï, élevée du produit d'une souscription dans la huitième année du règne de Kien-loung, il y a environ cent dix ans. En 1821, on fit une tentative, à Macao, pour ériger une pagode ; mais, bien que les autorités portugaises eussent prêté la main à cette démonstration, en contribuant pour cent dollars, ou cinq cents francs, l'entreprise échoua.

Du temps de la dynastie Soung, ou sous le règne de

T'aï-tsang, en 980 de notre ère, il y avait à ce qu'il paraît des pagodes quadrangulaires. On dépose quelquefois les restes des prêtres bouddhiques dans de petites pagodes de forme carrée (j'en ai parlé page 279). De là, l'auteur d'un livre bouddhiste dit : « Les *T'ah* s'appellent aussi quelquefois *T'ah-po*, ce qui signifie « mausolée. » Lorsque M. Fortune revint de l'île Pou-tou (en août 1853), il eut l'obligeance de me montrer un dessin, pris sur les lieux, d'un bâtiment en ruines, sous la forme de pagode, et quadrangulaire. Sur les quatre faces de chaque étage était représentée une figure de Bouddha assez proprement sculptée. En me référant à la description officielle de Pou-tou, publiée au commencement du règne de Kien-loung, je trouve la description d'une pagode carrée, probablement celle dont M. Fortune avait pris une esquisse. « La pagode de *T'aï-tsze* est au sud du monastère de Pou-tou. Vers le milieu du règne de Chun, dernier empereur de la dynastie Youen, un de ses petits-fils, nommé Siouen-Jang, fit don de mille pièces d'argent pour l'ériger, en témoignage de sa haute estime pour un éminent docteur bouddhiste, Feou-Tchoung. Elle a quatre-vingt-seize pieds de hauteur, et est entièrement bâtie d'un beau marbre tiré du lac T'aï-hou. Elle est massive, et les sculptures sont soignées. Elle est élevée de cinq étages ; chaque étage a quatre faces (c'est-à-dire qu'elle est carrée) : et chaque face porte gravée la figure de Bouddha. Les formes de ces figures sont très-belles. Les sourcils, les yeux, sont ceux d'une personne vivante. Les balustrades sont droites, les divers ornements, génies, lions, lis d'eau, etc., sont d'une grande délicatesse de travail ; jusqu'à présent (1740), on n'a pas souffert qu'elle fût couverte de mousse ou de mauvaises herbes. »

Mais en général la forme des grandes pagodes est hexagone ou octogone à l'extérieur, quelle que soit celle de l'intérieur. Dans la tour de Nanking, à partir du premier ou du second étage, tous les autres étaient quadrangulaires à l'intérieur au lieu de se conformer à la forme octogone de l'extérieur.

Le Dictionnaire impérial de Kanghi observe que la pagode a dans son élévation « de sept à neuf étages, » mais pas plus. Les petites pagodes qu'on rencontre souvent, et dans lesquelles sont déposés les restes des prêtres et des prêtresses bouddhiques, ont deux étages. Il y a aussi des bâtiments peu élevés de forme semblable, à trois étages, nommés *Koh*, « pavillons, » ou *Wan-t'ah*, littéralement « tour, » qui servent à plusieurs usages, littéraire, théâtral, ou d'ornement. Le dictionnaire de Kanghi ajoute : « Ceux de cinq étages sont ordinairement appelés *Tch'ouï-tsze* « alène. » Mais, ceux de cette dernière catégorie sont très-rares. Il y en a un dans le village de Fou-li, à environ douze milles sud-ouest de Soutcheou, et un sur la muraille nord [1] de la ville de Canton. Les pagodes de onze étages sont rares. De Guignes, dans ses voyages, en visita une de cette hauteur à *Kan-tang-tcheou*, dans la province de *Chan-tung* [2]. Les descriptions chinoises de Soutcheou, en parlant d'une belle pagode de la ville, nommée *Pèh-chi-t'ah*, disent qu'elle avait autrefois onze étages. On n'a que bien peu de renseignements sur celles à treize étages. Kanghi, dans son dictionnaire,

---

[1] Les géomanciens disent : « Canton ressemble à une jonque; les deux grandes pagodes de la porte de l'Ouest sont ses mâts; et celle à cinq étages sur la tour du nord est sa voile de derrière. »

[2] Cette ville est au 36° 32' lat. nord, et 116° 17' long. est.

FORMES DES PAGODES. 423

dit qu'il n'y en a pas au-dessus de cette dimension ¹. Un Chinois natif de Chen-si, du district de Si-ngan-fou, assura à l'auteur que la célèbre pagode de Yen-t'ah, dans cette capitale, a treize étages, et que ce nom désigne sa hauteur et sa renommée. Une autre pagode à Soutcheou passe pour avoir eu primitivement cette élévation ². Cependant on doit remarquer que les plus fameuses pagodes sont, dans le langage ordinaire, nommées « pagodes à treize étages, » bien que réellement elles n'en aient que sept ou neuf. Par exemple, celle de Nanking n'en comptait que neuf, mais elle était généralement appelée par les gens des pays environnants: « La pagode aux treize étages. »

L'élévation la plus ordinaire d'une pagode est soit sept, soit neuf étages. Un écrivain sur la Chine (Davis) a conjecturé que le choix de l'une ou de l'autre de ces dimensions tient à deux causes : la première, pour « faire une allusion mystique aux sept Bouddhas qui, dit-on, ont existé à diverses périodes ; » la seconde, pour représenter « la neuvième incarnation de Vichnou. » Il y a lieu de croire cependant que le Bouddhisme fut introduit en Chine avant que Vichnou fût adoré dans l'Inde ³! En outre, le

---

[1] Klaproth dit, au mot *t'ah* : « C'est une construction de sept, neuf, onze et même *treize* étages. »

[2] C'est une pagode contiguë au monastère *Choui-kouang*, dans l'intérieur de la ville. Ce monastère renfermait autrefois une célèbre relique de Bouddha, ou un *Chay-li*.

[3] Le bouddhisme fut officiellement introduit à la Chine dans le premier siècle de notre ère, et les pagodes datent probablement du troisième. Mais le colonel Sykes, dans ses « Notes sur la religion de l'Inde ancienne, » (*Journal de la Société royale asiatique*, n° 12, p. 271) dit : « Il y a un fait particulièrement remarquable : c'est que, dans les détails minutieux donnés par les deux voyageurs chinois

Lexique impérial ne spécifie pas les pagodes de sept et de neuf étages comme les seules qui existent. Il pose en fait que la hauteur de ces édifices varie de sept à treize, et il parle aussi de pagodes « à cinq étages. » On doit encore se souvenir que De Guignes en a visité une de onze étages, construite à Soutcheou. On est suffisamment fondé à croire qu'il y en a eu de treize. Bien que les plans primitifs aient été changés, on a lieu de penser que les fondateurs des plus hautes pagodes avaient l'intention de leur donner une hauteur à laquelle le manque de fonds n'a pas permis d'atteindre. Ayant demandé à un Chinois instruit pourquoi, avec les ressources que devaient posséder les constructeurs des célèbres pagodes de Nanking et de Soutcheou, ils ne les ont pas faites plus élevées? il me répondit : « Des édifices de cette élévation interrompraient la marche des nuages, ou pourraient être renversés par un ouragan, ou frappés de la foudre. » L'intention primitive, en construisant la tour de Nanking, était de lui donner treize étages; ce qui lui a fait donner ce nom. Mais, pour les raisons que j'ai déduites, on a jugé prudent de s'arrêter au neuvième. D'après ces considérations, il ne me semble pas y avoir lieu de s'arrêter aux conjectures de sir John Davis, sur la préférence que les Chinois auraient eue pour les pagodes de neuf ou sept étages, par cela seul que ces nombres feraient une allusion mystique

---

Fah-Hien et Hiouen-tsang, au sujet de l'hérésie des sectateurs de Bouddha ou de Brahma, on ne fait point mention, directement ou indirectement, de culte du Linga. » Le professeur Wilson dit : « Il est « très-probable que, de toutes les formes populaires de la religion in-« doue, aucune n'a pris sa forme actuelle plus tôt que le huitième ou « le neuvième siècle de notre ère. » (*Preface to Wishnu Purana.*)

aux manifestations de Bouddha. On observera qu'il n'y a pas une seule grande pagode qui ait un nombre *pair* d'étages [1]. La raison de cela est que les Bouddhistes considèrent le nombre impair comme religieux et propice.

Il y a à la Chine deux classes de pagodes qui tirent leur nom de ce que l'intérieur est accessible ou non : ce sont les pagodes *solides* et les pagodes *creuses*, ou en chinois *Chih* pour le premier cas, et *Hiu* pour le second. Les premières ne sont qu'une masse de brique impénétrables jusqu'au haut. On les appelle aussi *Tsang*, comme qui dirait : « Réceptacle de choses précieuses. » Celles nommées « creuses » sont ouvertes à l'intérieur, et contiennent un escalier en spirale ou en zigzag, qui monte jusqu'au haut. L'escalier de la tour de Nanking avait cent quatre-vingt-dix marches. Il n'y en a point qui aient un escalier extérieur. Dans les pagodes munies d'escalier, il y a généralement à chaque étage un pallier, avec deux ou trois ouvertures ou fenêtres qui permettent de regarder la campagne. Quelquefois ces ouvertures conduisent à un petit balcon garni d'une balustrade qui entoure le bâtiment. Cette galerie est couverte d'un petit toit qui, s'il était entretenu, ajouterait à la beauté de l'ensemble. Dans quelques-unes des pagodes les plus fréquentées, comme le *Loung-koua*, près Changhaï, et le *Pèh-chi-t'ah*, à Soutcheou, on peut, sans danger, s'aventurer hors des balcons, parce qu'ils sont protégés par un treillis extérieur. Les étrangers qui vont visiter la pagode de Loung-koua, à Changhaï, ne manquent jamais de monter sur la galerie de l'étage

---

[1] Le Lexique impérial mentionne cinq, sept, neuf, onze et treize étages. Toujours des nombres impairs.

supérieur. Voici ce que dit M. Taylor au sujet de la pagode de Nanking, qu'il visita en 1852 : « Sur chaque face (des paliers), il y a une ouverture cintrée dans laquelle on peut se tenir pour jeter un coup d'œil sur la campagne; mais un treillage en bois vous empêche de sortir et de monter sur la galerie, qui n'a pas de balustrades. » En dehors et au-dessus de chaque étage se trouve inscrit quelque texte proverbial, extrait en général des ouvrages bouddhiques.

Quant aux dimensions des pagodes, généralement parlant, l'épaisseur des murailles est grande, surtout à la base du bâtiment. Celle de Hangtcheou, examinée par De Guignes, avait dix-huit pieds d'épaisseur. Lecomte évaluait la pagode de Nanking à douze pieds d'épaisseur à la base et à huit et demi au sommet. Le *Pêh-chi-t'ah*, à Soutcheou, a de huit à dix pieds d'épaisseur. La hauteur commune des pagodes les plus élevées est de cent soixante-dix pieds. Celle de Nanking, sur le plan original, devait avoir trois cent vingt-neuf pieds; mais les étrangers qui l'ont visitée ne lui ont trouvé que deux cent soixante et un pieds anglais. Elles décroissent toutes proportionnellement depuis la base jusqu'au haut; mais les étages sont presque tous d'une élévation égale. Le plus fameux monument de ce genre, auquel j'ai souvent fait allusion, celui de Soutcheou, le *Pêh-chi-t'ah*, a près de trois cents pieds de circonférence au bas, ou à peu près cent pieds de diamètre; et son neuvième ou dernier étage n'a qu'un tiers de ces dimensions. M. Taylor a calculé que la pagode de Nanking avait trois cents pieds autour de la base, chaque côté ayant environ quarante pieds, et son diamètre était de quatre-vingt-seize pieds dix pouces; ces mesures ont été prises par le lieutenant Fitz-James, qui la visita, dans l'expédition anglaise, en 1842.

Quelques pagodes ont à leur centre un mât énorme et de la même hauteur que l'édifice auquel il sert comme de tige.

Les couronnements des pagodes varient beaucoup maintenant selon l'état de réparation ou de ruine où elle se trouvent. Plusieurs, que l'auteur aperçut dans son voyage à travers les provinces de Tchèh'kiang et de Kiangsi, n'avaient plus de tête et étaient tronquées. Celles en bon état paraissent, à une certaine distance, comme si elles portaient un vaste bonnet chinois avec un bouton, ou, comme disent les indigènes, une grosse « gourde-bouteille. » La pointe de la pagode de Nanking, formant clocher, dépassait de trente pieds le toit du plus haut étage, et portait une boule dorée. Dans la description bouddhique de cette pagode, que je me suis procurée sur les lieux, il est dit que l'on plaça sur son sommet neuf cercles de fer, le plus grand ayant soixante-trois pieds de circonférence et le plus petit vingt-quatre pieds; pesant ensemble trois mille six cents *catties,* ou quatre mille huit cents livres anglaises. Pour éloigner les influences nuisibles, on y avait déposé une « pierre précieuse illuminant la nuit [1]; une autre, pour « écarter les dommages occasionnés par les pluies; une

---

[1] Quelque chose de semblable à ce qu'on vient de lire existe sur e faîte d'une pagode indienne décrite par Hiouen-Tsang dans son « Voyage aux Indes » dans le septième siècle. Voici en quels termes Julien rapporte ce fait : « A deux cents lieues au sud de *Sin-halà,* toutes les nuits, quand le ciel est pur et sans nuages, le diamant précieux placé au haut du stoupa de la dent de Bouddha projette une lumière éclatante qu'on aperçoit de loin. et, par sa forme radieuse, ressemble à une planète suspendue au haut des airs. »

« troisième, comme une perle pour empêcher l'incendie;
« une quatrième, pour protéger contre le vent; et une
« cinquième pierre précieuse pour préserver de la pous-
« sière. » Outre cela, on y avait placé, dans le même but,
une barre d'or qui pesait plus de cinquante-trois livres;
une caisse de thé dépassant cent trente-trois livres, et un
lingot d'argent de plus de cent trente-trois livres, avec
un morceau d'orpiment, de cent trente-trois livres et
demi; une perle précieuse, mille enfilades de *cash* avec
l'empreinte de l'Empereur *Young-lo* (chaque enfilade de
mille *cash*[1]); deux pièces de satin jaune, et quatre
exemplaires des classiques bouddhiques[2].

Dans le quartier sud-est de Soutcheou, un spectacle
curieux s'offre aux regards de l'étranger : je veux parler
des pagodes jumelles, appelées *Chwang-chi-t'ah*. Elles
furent élevées à vingt pieds l'une de l'autre, il y a environ
neuf cents ans, du temps de T'aï-tsoung, second empereur de la dynastie des Soung.

En général, les pagodes ont à leur base un temple ou
un monastère bouddhique, ou, si les étrangers leur rendent de fréquentes visites, le soin en est remis à des
prêtres du voisinage, qui reçoivent un droit d'entrée. La
pagode de Nanking s'élevait au centre des dépendances

---

[1] Le *cash*, comme nous l'avons déjà dit, en chinois *li*, est une pièce de monnaie chinoise en cuivre, non frappée, mais fondue, portant le nom de l'empereur régnant, et ayant un trou carré au milieu, destiné à réunir par une corde un nombre déterminé de cette monnaie, valant trois quarts de centime; pour équivaloir, par exemple, à un *liang* ou *taël*, étalon argent (sept francs cinquante centimes) on formera une enfilade de mille *cash*. G. P.

[2] Selon une description indigène, ce sont : une série des Écritures *Ti-tsang;* une série des livres d'*Omito-Foh;* une série de ceux de *Che-kia-foh;* et une série de ceux de *Tsieh-yin-foh.*

du monastère, qui avaient trois milles de circuit. Quelquefois, cependant, elles sont éloignées de tout bâtiment, et n'ont point de prêtres pour les garder : alors les taupes et les chauves-souris s'en emparent. En général, elles ne sont point habitées par des êtres humains, n'étant point destinées à cet usage. Les plus populaires ont des idoles placées dans des niches à l'intérieur, ou sur les paliers des différents étages, ainsi que des figures de génies, peintes sur les murailles. M. Taylor, dans ses notes sur la pagode de Nanking, observe : « Les murs intérieurs de chaque étage sont couverts de tuiles polies, d'un pied carré, sur chacune desquelles une image de Bouddha est modelée en bas-relief et richement dorée. Il y a au moins plus de deux cents de ces images à chaque palier, donnant un total de près de deux milles. On a calculé que dans le *Pèh-chi-t'ah*, à Soutcheou, le nombre des idoles doit approcher de cinq cents.

Ainsi qu'on peut le présumer, d'après ce qui a été dit ci-dessus, le but primitif dans lequel on a érigé ces pagodes à la Chine était entièrement religieux. Dans quelques endroits, elles sont encore réparées avec soin, sans doute aussi dans des vues religieuses. Dans les villes grandes, populeuses et riches comme Soutcheou, où l'on peut obtenir des fonds pour leur entretien, ces structures gigantesques deviennent des lieux de rendez-vous pour les oisifs, par l'agrément qu'elles leur procurent de jouir de vues étendues par les ouvertures des divers étages. A quelques pagodes, il y a des réunions annuelles pour célébrer le jour de naissance de quelque divinité, ou toute autre fête. La journée se passe en réjouissances. Une foule immense de peuple s'y rassemble. Au village de Loung-koua, à cinq milles de Changhaï, où se trouve une pagode, il se célèbre une fête annuelle le quinzième jour de la troisième lune. Lors d'une de ces occasions, l'auteur, y étant allé, fut témoin de scènes très-animées. Des milliers de spectateurs entouraient la base de la pagode, et un grand nombre en visitaient toutes les parties. A l'intérêt causé par ce spectacle se joignait une certaine anxiété, à la vue de la foule qui encombrait les galeries de chaque étage et se penchait sur les balustrades, qui ne paraissaient rien moins que solides.

Beaucoup de pagodes ont, comme je l'ai dit dans une autre partie, des clochettes suspendues aux angles des toits qui s'avancent sur les balcons. Elles font entendre un tintement continuel lorsque le vent les agite. Écoutons la description chinoise : « Du sommet pendaient huit chaînes de fer, avec soixante-douze clochettes. En outre, il y avait quatre-vingts autres clochettes suspendues aux angles de chaque toit isolé. De sorte qu'en tout il y avait cent cinquante clochettes à l'édifice. » Souvent aussi ces monuments sont ornés de lampes ou de lanternes à chaque fenêtre des divers étages. La pagode de Nanking avait cent quarante lampes en tout. « En dehors des neuf étages, il y avait cent vingt-huit lanternes, et à l'étage inférieur douze lampes de verre qui, dans une nuit, consumaient quatre-vingt-cinq livres et demie d'huile. » Quelquefois un homme riche, vivant dans le voisinage, se trouve pris de l'idée de faire une bonne œuvre. Il donne une certaine somme pour faire allumer les lampes telle ou telle nuit. Dans le département de Chao-king, de la province de Canton, il y a une pagode située sur la montagne *Ting-hou*, où se rend un grand concours de fidèles. Ils réunissent quelquefois une somme considérable pour l'illuminer. Ces sortes de largesses sont regardées comme ayant un grand mérite [1]. Au sujet des lampes et des lanternes de la tour de Nanking, l'auteur que j'ai déjà cité dit : « Lorsqu'elles sont allumées, elles éclairent les trente-trois cieux, découvrent le bien et le mal parmi les hommes, et précautionnent contre les misères humaines. » Un étranger, à ce spectacle, songe de suite aux « Pharoi » de l'antiquité et aux phares modernes.

Quant au but de l'illumination, je ne puis mieux faire que d'extraire le passage suivant du récit fait par un indigène de l'illumination de la pagode de Soutcheou : « C'est une tradition transmise de temps immémorial, que, lorsque les lanternes sur la pagode *Chouï-kouang-chin* sont illuminées, leur éclat est projeté sur le lac *Taïhou*. Alors les pêcheurs ne peuvent rien prendre. Le lac est à trente *li* (dix milles) de là. » Un professeur chinois qui ne connaissait pas cette citation, mais qui connaissait les superstitions de ses concitoyens, interrogé sur l'objet qu'on se propose dans l'illumination des pagodes, répondit que « c'était pour sauver la vie des poissons, » et pour répandre les injonctions de Bouddha, défendant de détruire la vie animale. » Lorsque les lanternes des pagodes sont allumées, ajouta-t-il, les poissons d'eau douce qui viennent à la surface replongent de suite jusqu'au fond, et les pêcheurs qui travaillent la nuit ne peuvent rien prendre. » C'est là, je l'espère, une *idée protectrice de la vie des animaux*.

Il y a une cérémonie appelée *Chao-fan-tah*, « brûlement des pagodes étrangères, » qui s'observe le 30 du

---

[1] Voy. le Dictionnaire de Morrison, part. I, vol I, sous le caractère *T'ah*.

septième mois [1]; elle est destinée à célébrer la naissance du Bouddha *Ti-tsang*. Les enfants se cotisent pour construire une petite pagode en briques : ils remplissent l'intérieur de bois, de paille, d'huile, de résine, de poudre, etc. Quand tout est prêt, ils y mettent le feu en riant, chantant et battant des mains.

Les pagodes, si elles sont ornées, comme elles le sont souvent, de briques de diverses couleurs, de drapeaux, de clochettes et de lanternes, présentent une scène pittoresque, surtout lorsqu'elles sont sur une éminence entourée d'une plaine, ou qu'elles sont éclairées dans une nuit bien sombre. Pour cette raison, quelques Chinois m'ont assuré que le terme *Feou-tou*, qu'on donne souvent à ces édifices, dénote que ce sont des espèces de « peintures flottantes ou aériennes. » Mais, comme on le verra plus loin, leur titre est tout simplement un nom indien transporté dans la langue chinoise et appliqué à la pagode.

La dépense de ces constructions doit avoir été considérable. « Celle de Nanking coûta au Trésor impérial plus de quinze millions de francs. » Les réparations seules de la grande pagode *Pêh-chi*, à Soutcheou, au commencement du règne de Taokouang, ou depuis 1821, se sont élevées à plus de cent trente mille francs.

La consommation de temps nécessaire à édifier quelques-unes de ces pagodes a été énorme. On prétend que celle de Soutcheou, que je viens de nommer, exigea plus de soixante ans [2]. La reconstruction de la pagode de

---

[1] Non, comme Morrison le dit dans son Dictionnaire : « le quinze de la huitième lune, » qui est simplement l'illumination des pagodes et le brûlement de l'encens, et, par cela même, proprement nommée « la fête dans laquelle on brûle l'encens du ciel. »

[2] La tradition prétend que trois indivïdus différents se transmirent

MODE DE CONSTRUCTION DES PAGODES. 433

Nanking, au commencement du quinzième siècle, occupa dix-neuf ans. En 1801, trois de ses neuf étages furent démolis par un ouragan, et il fallut quatre mois pour les réparer.

Les matériaux employés pour ces constructions sont généralement les briques et la pierre. Outre la méthode ordinaire de jeter les fondations, un habitant du pays m'a assuré qu'on y déposait des milliers de centaines de livres de charbon de terre pour les consolider, dans la crainte que le poids du monument ne fît enfoncer le sol : « du moins, ajoutait-il, c'est une tradition de l'ancien temps, et non un jeu de mon imagination. » La pagode de Nanking s'élevait sur une plate-forme de briques de dix pieds de hauteur, et un escalier de dix degrés qui entourait la base menait à l'intérieur. Le nom de « Tour de porcelaine de Nanking (c'est le nom qu'elle portait sur la liste des merveilles du monde) a sans doute donné à la génération européenne actuelle l'idée que cette tour avait la blancheur de la porcelaine qu'on sert sur nos tables. Son nom réel, *Lieou-li pao-t'ah*, « la pagode de pierre précieuse vitrifiée, » en d'autres termes, le « palais de cristal, » représente d'une manière figurée les matériaux dont elle était construite, ou plutôt l'idée qu'on se faisait de ces matériaux à la première vue. Le Rév. M. Taylor, le dernier Européen qui ait visité la pagode, en parle ainsi : « Il n'y en a qu'une très-petite portion qui soit blanche. Le vert est sa couleur dominante, par le fait que toutes les tuiles qui recouvrent les

---

la construction de ce monument. — L'un était un vice-roi, l'autre un riche particulier, qui y employa toute sa fortune et fut réduit à la mendicité ; le troisième, qui termina l'ouvrage, était un prince des *Lou-tchou*.

toits sont de cette nuance, tandis que les pièces de bois qui supportent ces toits sont massives, et, selon le style particulier de l'architecture chinoise, sont curieusement travaillées et peintes de brillantes couleurs. Le corps de l'édifice est construit en briques très-cuites, qui, sur la surface extérieure, sont jaunes, rouges ou blanches. Les tuiles et les briques sont d'une argile très-fine et ont un beau vernis, de sorte que la tour offre un aspect de la plus grande beauté, qui s'accroît encore aux rayons d'un brillant soleil. »

On trouve à la Chine des pagodes en fer fondu. En l'année 1843, lorsque l'auteur passa devant la ville murée de Kiu-tcheou, dans la province de Tchèhkiang, il vit sur les murailles une petite structure de cette espèce. Dans le voisinage de Tchèhkiang, il y a une montagne sur laquelle s'élève aussi une pagode de fer. M. Taylor en donne la description suivante : « Elle a neuf étages formant ensemble quarante à cinquante pieds d'élévation. Elle est en fer fondu. Les pièces octogones qui forment les murailles sont chacune d'un seul jet. Il en est de même des planchers qui séparent chaque étage. L'ensemble de cet ouvrage curieux a été fondu en vingt-huit pièces. Perpendiculaire dans le principe, il a dévié de deux ou trois degrés vers le sud. Il a environ huit pieds de diamètre à sa base, et chaque face de l'octogone a près de trois pieds. L'intérieur est rempli de maçonnerie de briques, de sorte qu'il est impossible d'y monter. Cette pagode est évidemment d'une haute antiquité, mais il ne s'y trouve aucune inscription qui puisse indiquer son âge. »

J'ai déjà dit que le but qu'on s'était proposé en élevant les pagodes à la Chine était religieux. Elles étaient destinées à renfermer des reliques ou à conserver des livres rares et des documents appartenant à la secte bouddhique. Celles qui sont réparées ne le sont qu'à cause de l'usage auquel elles sont employées.

J'ai eu souvent occasion de dire que les prêtres et les prêtresses de Bouddha sont souvent enterrés dans des pagodes en miniature. Ces petits monuments sont appelés *Koh-t'ah* « pagode pour les os, » ou *Kien-koh-t'ah* « pagode pour des os choisis. » On leur donne aussi le nom de *Ts'ah*, qui est décrit dans *Kanghi*, comme le terme donné aux piliers placés sur les tombes des bouddhistes, dans lesquels sont conservées des reliques précieuses. Ces petites pagodes sont quelquefois carrées et se nomment alors *Fang-fen* « tombes carrées. » On en voit aussi d'hexagones, de deux étages ou plus. Il y en avait une de forme hexagone dans la ville de Changhaï, qui, avant les troubles de la ville, s'élevait en dehors de la porte nord, derrière un monastère appelé *Kouéï-hiang-yen*. Selon une tablette qui y était incrustée, une des religieuses du couvent mourut dans la dix-neuvième année de Taokouang (1839 de notre ère), laissant après elle une grande réputation de sainteté. Elle fut enterrée ici (voyez la description page 279), dans deux grandes jarres, l'une sur l'autre. La pagode n'a que dix pieds de haut et deux étages. Dans l'histoire officielle de Pou-tou (publiée il y a un siècle), on mentionne trente-cinq pagodes semblables, contenant les ossements de prêtres ou de prêtresses de renom [1].

[1] Dans la section suivante, il est dit quelque chose de la ressemblance qui existe entre ces constructions, désignées pour contenir les restes des prêtres de Bouddha en Chine, et les vieux *Tchaytias*, dans l'Inde ancienne, destinés à contenir aussi les reliques des patriarches bouddhiques. (Voy. les pages 279-443.)

Je dirai encore un mot de quelques idées généralement reçues à la Chine sur les usages, l'influence et l'objet des pagodes, idées indépendantes de celles dont je viens de parler. Des annales de la dynastie Tang (840 de notre ère), il résulte que les vues sérieuses des premiers constructeurs de pagodes avaient, dès cette époque, été dénaturées par des gens de rien, qui s'en servirent dans le but de s'agrandir, en agissant sur l'esprit du peuple. Un mandat impérial publié par Hien-tsoung, au commencement du troisième siècle, « défend aux prêtres de Bouddha et autres d'élever des pagodes dans ses États, parce que, en employant le mensonge et en mendiant, ils dépouillent et volent le pauvre peuple. »

Quelques Chinois ont supposé qu'elles étaient d'abord destinées à servir de tours pour y placer des sentinelles en temps de guerre ; et que, pour ce motif, on les avait distribuées sur la surface du pays pour faire des signaux télégraphiques. Quoiqu'elles pussent en effet servir à cet usage, il ne paraît pas que tel ait été le projet primitif qui présida à leur érection sous la religion bouddhique. Cependant la conjecture que je viens de présenter n'est pas absolument dénuée de fondements, si on en juge par le fait suivant, mentionné dans les annales chinoises : « Pendant le règne de Tchin-tsoung, de la dynastie Soung, l'an 1020 de notre ère, un officier du nom de Li-yun-tsèh, qui occupait un poste dans le district de Hioung, de la province de Tchihli, avait employé les fonds impériaux à l'érection d'une pagode ; un des inspecteurs généraux ayant fait à l'Empereur des observations à ce sujet, Sa Majesté envoya un messager avec des instructions secrètes à l'inspecteur. Mais Li-yun-tsèh répondit : « Ce n'est point par égard pour la religion bouddhique que j'ai entrepris cette construction, mais pour élever un observatoire destiné à surveiller le pays. »

Une opinion généralement répandue aussi est que la pagode est un monument érigé en témoignage d'estime pour le caractère d'un grand homme [1], ou pour perpétuer le souvenir des vertus d'un père ou d'une mère. Cette idée vient probablement du motif qui, dit-on, engagea Young-loh, le troisième empereur de la dynastie Ming, à faire relever la pagode de Nanking, il y a quatre cents ans. En transportant la cour de cette capitale vers le nord, dans l'année 1410 de notre ère, Sa Majesté Impériale, par respect pour son auguste mère, commença à réédifier ce monument qui avait été détruit par le feu, un siècle auparavant. C'était un magnifique tribut de piété filiale. Cette cause, du reste, se trouva pleinement démontrée par le nom qui fut donné au monument, *Pao-ngan-chi-t'ah* « pagode du temple de la vertu récompensée, » ou, comme on le lit plus au long dans la description chinoise de la pagode, *Pao-ngan-chi-lieou-li-t'ah*, « pagode de cristal du temple de la faveur récompensant [2]. »

En examinant les idées des Chinois touchant l'usage et l'objet de ces pagodes, quelque singulières et subordonnées que puissent être quelques-unes de leurs opinions, celle qu'on peut regarder comme universelle et prédominante dans tous les rangs de la société est

---

[1] J'ai déjà parlé d'une pagode de cinq étages construite à Pou-tou par un membre de la famille Yuen, vers la fin du quatorzième siècle, comme gage de la haute estime qu'il éprouvait pour un célèbre Bouddhiste, le docteur Feou-tchoung. Voy. page 421.)

[2] La tour de Nanking a eu (pendant une durée d'au moins seize cents ans, dont ses annales font mention) une variété de noms dont voici quelques-uns : pagode de *Oyuh* et pagode de *Tchang-kan*. Dans le langage ordinaire; on l'appelle *Pao-ngan-t'ah*, ou *Lieou-li-t'ah*.

que ces édifices ont des rapports sérieux et intimes avec les destinées de la localité où ils se trouvent. Leur présence en un lieu est considérée par le peuple comme exerçant une influence bonne ou mauvaise sur le sort du voisinage [1]. La construction d'un pareil monument est supposée assurer à la contrée environnante la protection et la bienveillance du ciel, contrecarrer les mauvaises influences auxquelles elle aurait été soumise jusque-là, et agir comme un conducteur électrique pour attirer les présages favorables, de sorte que « les cinq éléments (le feu, l'eau, le bois, la terre et les métaux) sont au service du peuple ; le sol devient fertile, le commerce prospère, et tout le monde heureux. » Cette bénigne influence s'étend même à des pays assez éloignés qui ne jouissent pas du même protecteur. Dans le plan proposé en 1821 pour la construction d'une pagode à Macao (auquel j'ai fait allusion page 420), on faisait valoir les considérations suivantes : « Les Chinois et les marchands étrangers ont jusqu'à ce jour été heureux, leurs richesses abondantes, et en général les destinées du pays ont été prospères. Cependant, depuis peu, on remarque un relâchement dans cet état de choses. L'influence de l'atmosphère est moins avantageuse, de sorte que l'acquisition des richesses est devenue moins certaine. Une proposition est donc faite pour ériger une pagode, afin de renouveler et d'améliorer la fortune commerciale de l'île sur laquelle Macao est situé. »

Après avoir fait allusion à l'architecte proposé, le mémoire ajoute :

---

[1] Lorsqu'on éleva la chapelle Baptiste à Changhaï, la populace forma sur cette construction mille conjectures quant aux conséquences qu'elle pouvait avoir sur les destinées du voisinage.

« Il (l'architecte) déclare qu'une pagode très-haute doit être élevée sur le bras est de l'île des Singes, et il affirme que la prospérité et les richesses en seront le résultat, et que ce résultat sera partagé par les Chinois et les étrangers de Macao. » La même croyance à la géomancie et à ses charmes se trouve dans une autre souscription qui circula parmi les lettrés, les propriétaires et les marchands de Canton, au commencement de l'année 1837, pour réunir les fonds destinés à restaurer des pagodes du district. On en jugera par l'extrait suivant : « Concitoyens, la région sud-est de la ville provinciale de Canton a une influence importante sur les fortunes de ses habitants. Les pagodes qui s'y trouvent ont eu une influence salutaire sur tout ce qui les entoure. Ce sont elles qui sont cause que les lettrés sont nombreux, et les productions du sol abondantes. Mais aujourd'hui ces monuments présentent une triste apparence. En conséquence, pour obtenir le retour des temps prospères, il convient de réparer vos pagodes. »

SECONDE SECTION

LES PAGODES CHINOISES SONT DES MONUMENTS INDIENS;

En d'autres termes, le style de la pagode a été introduit de l'Inde en Chine entre les troisième et neuvième siècles de l'ère présente par les bouddhistes pour servir aux fins de leur religion.

Il n'est peut-être pas hors de propos, en commençant, de remarquer comment, dès les temps les plus anciens, il a existé dans le monde un genre de structure en forme de tour, avec une flèche, ayant l'ensemble de ce qu'on appelle aujourd'hui une pagode, et consacré aux desseins de la religion. Le style d'architecture dont nous parlons est une tour carrée, ronde, ou polygone, s'élevant à une hauteur plus ou moins grande, diminuant à proportion qu'elle s'élève, creuse ou solide à l'intérieur, tantôt divisée en plusieurs étages, tantôt ayant un escalier droit, en spirale ou en zigzag, à l'intérieur ou à l'extérieur, et conduisant au faîte ; cette tour ayant un sommet rond, tronqué ou en pointe ; offrant le moyen d'y déposer les objets sacrés, c'est-à-dire les images, les écritures sacrées, les saintes reliques ; et d'y accomplir l'adoration des idoles, l'offrande des sacrifices, celle des remercîments, la formation des vœux, la commémoration des ères importantes, etc. Cette espèce de structure est placée au nombre des curiosités archéologiques dans toutes les parties du globe. Ainsi, le temple de Bélus, à Babylone ; les Éminences pyramidales à Mexico, et probablement les « Tours rondes » d'Irlande.

Mais, comme le titre de ce chapitre a trait particulièrement aux tours religieuses de l'Inde, cherchons dans ce pays les constructions en style de pagode.

Dans l'Inde centrale, il existe deux formes qu'affectent ces constructions, c'est-à-dire les Tours ayant pour destination un service religieux. Ce sont les styles ancien et moderne.

Je ferai le sommaire suivant de l'architecture pagodale moderne dans l'Inde, en citant différents auteurs. Cette architecture se rattache principalement à la foi indoue ou brahmanique qui prit naissance dans l'Inde, vers le septième siècle, et remplaça le Bouddhisme. Il y a des spécimens de cette structure dans diverses parties de l'Inde, surtout dans la division sud. A Tanjore et Madoura, il y en a deux d'une grande beauté. Celui de Tanjore est très-célèbre. Il forme douze étages successifs, et on le considère comme le type de ce genre d'architecture dans l'Inde.

A Orissa on voit trois structures éminentes de cet ordre, qui ont été minutieusement décrites par Andrew Sterling[1]. Au sujet de la grande pagode de Bhobanaser, il remarque que « la tradition locale s'accorde avec les annales du pays pour fixer la date de son achèvement à l'an 1198 de notre ère ; » quant à la « Pagode noire, » près du vieux village de Canarah, on sait qu'elle a été bâtie en 1241 de notre ère. A Condjiviran, on voit « une célèbre pagode indoue dédiée à Mahadéva, comme étant le Linga (*membrum virile*), laquelle n'existait pas au milieu du septième siècle, lorsque ce lieu fut visité par le voyageur chinois Hiouen-Tsang. Un voyageur européen la décrit ainsi : « Elle consiste en quinze étages. Le plancher le plus bas est couvert de planches pour la plupart pourries. Elle a environ vingt pieds carrés et présente l'aspect de la tour d'une église de campagne en Angleterre. Une échelle de quinze échelons nous conduisit au premier étage, et ainsi d'étage en étage jusqu'à ce que nous atteignissions le haut, chacun d'eux allant toujours en diminuant. Notre peine fut bien récompensée : car jamais je n'avais contemplé une vue si magnifique. Elle surpassait l'idée que je m'étais faite de sa grandeur : et je me trouvai perdu dans la contemplation. J'oubliais le monde entier, et je crois que j'y serais demeuré jusqu'à la fin de mes jours[2]. »

---

[1] Voy. *Mission d'Orissa*, de Pegg, ch. IV. La première partie de l'ouvrage contient un aperçu d'*Orissa*, de sa géographie, de sa statistique, de son histoire et de ses antiquités, par M. Sterling, dernièrement secrétaire pour le persan du gouvernement du Bengale.

[2] Nathen, *Voyage à Madras*.

Cependant, dans l'Inde centrale, il existe un monument encore plus ancien du style pagode. Il date des beaux jours de la religion bouddhique dans l'Inde, c'est-à-dire de 600 ans avant Jésus-Christ à 700 ans de notre ère. Ainsi que le remarque le colonel Sykes, dans ses notes sur l'état religieux de l'Inde ancienne [1] : « Du temps de l'invasion d'Alexandre, le Bouddhisme devait être à l'apogée de sa puissance, à en juger par les obélisques et autres ouvrages d'art, dont la plupart doivent être attribués à la période entre le premier et le sixième siècles avant Jésus-Christ, et plus particulièrement à la période où régnait Asoco, ou de 319 jusqu'à l'année 282 avant notre ère. » Dès cette époque, on parle de monuments qui doivent être des piliers, des *tumulus*, ou, dans la langue de cette partie de l'Inde, des « sthûpas, » nom donné dans le vocabulaire bouddhique aux pagodes qui se trouvent en Chine.

En comparant attentivement les notes du colonel Sykes avec les commentaires de Klaproth sur le *Foh-koué-ki*, et l'histoire de Hiouen-Thsang, traduite par M. Julien, je me suis fixé sur les particularités suivantes au sujet de ces constructions religieuses dans l'Inde, appelées Sthoûpas. Elles doivent avoir existé dès l'an 600 avant l'ère chrétienne. Toute la surface de l'Inde était couverte d'éminences de cette espèce. Asoco, roi de l'Inde centrale, qui vivait en 319-282 avant Jésus-Christ, était un bouddhiste fervent, fameux pour réparer les vieux monuments, et en ériger de nouveaux. Quelques auteurs prétendent qu'il éleva huit mille de ces pagodes,

---

[1] Sykes, p. 334, où, dans une note, il est dit que la religion bouddhique prédomina « du onzième siècle avant J. C., selon les Chinois, les Japonais et les bouddhistes de l'Asie centrale. »

d'autres vont jusqu'à quatre-vingt-quatre mille. En général elles étaient isolées, mais parfois elles attenaient à des temples ou des monastères. Leur objet se rapportait à la religion, surtout comme souvenirs d'époques de l'histoire de Bouddha, ou pour conserver ses dents, ses os et ses cheveux, ou ceux de ses disciples les plus éminents. Ainsi, lorsque Fahhien, fameux voyageur chinois, visita l'Inde pendant le quatrième siècle de notre ère, il trouva à Pichawer un obélisque, le plus beau (à une exception près) de toute l'Inde ; il contenait le vase dans lequel Bouddha demandait l'aumône. Cet obélisque avait quatre cents pieds de haut. Le même voyageur décrit une grande tour à Oude, qui contenait tous les os du troisième Bouddha ; puis enfin le lieu même où Bouddha accomplit la loi.

Je dois mentionner ici un style inférieur de pagode, d'un modèle plus petit, pratiqué sous l'ancien Bouddhisme. On l'appelle dans la langue Pali *Tchaitya* ; on en voit l'effigie sur les anciennes monnaies bouddhiques. Il ressemble, quoique en forme de pagode, aux monuments qui servaient à la sépulture des Bouddhistes. Il est étonnant que nous trouvions le nom de cette espèce de structure transporté à la Chine, sous les noms de *Tchi-ti* (pages 435 et 444).

Pour démontrer la provenance indienne et bouddhiste de la pagode chinoise, il me reste à fournir deux ou trois preuves illustratives. Une seule suffirait. Mais, comme dans le courant de mes recherches des traits de bouddhisme nombreux et intéressants ont surgi à la Chine, je ne puis me décider à abréger aucune partie de mes investigations.

I. — Examen des noms donnés par les Chinois à la pagode.

1° Le nom sous lequel la pagode est désignée à la Chine est *t'ah* Quelques savants ont prétendu que ce mot est seulement la dernière syllabe du mot indien Poutkho*da*, rendue en sons chinois. Mais, comme rien ne nous prouve que cette espèce d'édifice se soit appelée *poutkhoda*, dans l'Inde, pendant les premiers temps du Bouddhisme ou à l'époque où le Bouddhisme pénétra en Chine, une telle hypothèse est insoutenable.

Le signe ou caractère chinois *t'ah*, qui représente une pagode, n'existe pas dans l'ancienne écriture chinoise. Après le milieu du troisième siècle, il s'établit une dynastie sous laquelle on créa un grand nombre de mots qui nécessitèrent l'addition au lexique de nouveaux caractères. Et comme c'est à cette époque que les Bouddhistes commencèrent à élever des bâtiments de cet ordre, les juges compétents regardent comme probable que le mot *t'ah* fut introduit alors. Le Lexique de Kanghi lui donne pour signification : « éminence de terre, monceau, etc. » Ce qui donnait sans doute une idée exacte de cette forme de construction lorsqu'elle fut introduite dans le pays. A la suite, le savant lexique que je viens de citer ajoute : « Le mot indien *Souhtoupo* (sthoûpa) veut dire en chinois *t'ah*. »

2° Les Chinois eux-mêmes parlent de ces éminences sous le nom de *fan-t'ah*, « monceaux étrangers. » Ils emploient encore des termes équivalents à « pagodes étrangères brûlantes, pagodes étrangères absorbantes, » et ils veulent parler de ces structures sacrées si communes chez eux.

3° Il y a diverses manières dans l'Inde pour exprimer le style de construction; et ces expressions se sont glissées dans le vocabulaire chinois. Les étudiants du pays eux-mêmes ont besoin qu'on les leur explique. Par exemple, *t'alipo*, qui est une éminence ou tombe carrée; *tanseoupo*, qui est un monument pour perpétuer les louanges; *feoutou*, qui est le nom de la religion de *Foh* (les temples et les hauts édifices qui lui sont dédiés portent son nom). Mais l'application la plus distincte des noms indiens à l'orthographe chinoise pour exprimer la pagode consiste dans les mots *tchi-ti* et *souh-tou-po*. *Tchi-ti*, d'après l'explication donnée par un ouvrage chinois sur le Bouddhisme, est un lieu où l'on se débarrasse du mal et où l'on cultive le bien. C'est sans doute un équivalent au *Tchaitya* de l'Inde, que Sykes traduit par « tour, » et que Klaproth prétend avoir existé autrefois dans l'Inde, comme dépôt des reliques de Bouddha et des patriarches de sa secte. On pourrait encore découvrir ce mot dans les débris du Bouddhisme indien, et on en trouve des représentations sur les anciennes monnaies bouddhistes. Sykes, dans ses « Notes, » donne l'esquisse des différentes formes du *Tchaitya* bouddhique, ou temple des reliques.

Venons au mot *Souh-tou-po*: les écrivains chinois disent qu'un « bâtiment pour conserver le souvenir de l'occasion d'un chagrin » est exprimé dans la langue bouddhique par le mot *Souh-tou-po*, c'est-à-dire *stoupa* ou *sthupa*, qui signifie : « temple d'une forme élégante. » Sur la dérivation de ce mot en chinois, je ferai la citation suivante : Julien, en parlant du mot *Souh-tou-po*, dit : « Constructions bouddhiques, connues dans l'Inde supérieure sous le nom de *stoupas*, les *topes* des modernes. »

Klaproth remarque que le mot chinois *t'ah* répond au terme sanskrit *stoupa*, qui signifie : tumulus, monceau de terre, chapelle, couvent. Sykes, en parlant de la visite de Fa-hien à Khotan, dit : « Toute la population élève des tours, ou piliers, ou tumuli, c'est-à-dire des *Sthoupas*. Le Lexique impérial chinois de Kanghi, au mot *t'ah*, employé pour pagode, ajoute : « Le mot indien « *Souh-tou-po* signifie en chinois *t'ah*. »

Il y a dans le Chensi une pagode dont le nom est « pagode des oies sauvages. » L'explication de ce nom est ainsi donnée dans le dictionnaire de Kanghi : « Le « mot indien *tsangpo* signifie en chinois *yen*, ou oie « sauvage. » Voici l'origine de ce nom : — Les Bouddhistes primitifs de l'Inde, qui ne s'astreignaient pas aux rigueurs de l'ordre, pouvaient manger de trois sortes de viande non immondes, du veau, de la venaison et de l'oie sauvage. Il arriva qu'un certain jour une société de prêtres était assise en plein air, lorsqu'une volée d'oies sauvages vint à passer ; les prêtres s'écrièrent alors : « Notre désir serait que ces oiseaux fissent *moko-sa-to*. » Cette phrase *moko-sa-to*, signifie « faire quelque chose d'agréable. » Au même instant une oie tomba à l'endroit où les prêtres se trouvaient. A cette vue, cependant, ceux-ci s'écrièrent : « Cette oie nous apporte la défense de nous abstenir de manger de la viande : nous devons garder le souvenir de cet acte méritoire ! » Ils érigèrent alors un monument sur les restes de l'oie dévouée, et lui donnèrent le nom de pagode *tsangpo*. Le mot chinois *yen-t'ah* est la traduction du mot indien.

II. — Autre preuve de l'origine indienne de la pagode chinoise, tirée de ses anciens rapports avec le Bouddhisme.

Le berceau et le siége de cette religion ont été placés dans l'Inde. Elle y a fleuri depuis l'année 950 avant Jésus-Christ jusqu'à l'année 800 de notre ère, bien que son renversement ne date que du douzième ou quatorzième siècle. Parlant de l'introduction du Bouddhisme à la Chine, un écrivain dit : « Il arriva des régions de l'ouest un prêtre de cet ordre. L'Empereur Mouh, qui régnait de 956 à 928 avant Jésus-Christ, résidait alors sur la montagne *Tchoung-nan*, dans la province du Chensi. Sa Majesté éleva une très-haute plate-forme, et lui rendit hommage. Mais, sept cents ans après, un autre prêtre bouddhique étant venu visiter l'Empire, l'Empereur supposant que c'était une espèce de monstre, l'emprisonna. Alors, vers la nuit, une personne de bonne mine ouvrit la porte de la prison et le délivra ; sur quoi l'Empereur, reconnaissant ses torts, lui rendit toutes sortes de respects. » Il ne paraît pas toutefois que le Bouddhisme ait obtenu un établissement solide dans l'Empire avant le milieu du premier siècle de l'ère chrétienne ; et, autant que j'ai pu m'en informer, l'architecture pagodale ne fut connue en Chine qu'après cette date. Ce qui suit ne laissera aucun doute sur ses rapports avec le Bouddhisme. — Il y a à la Chine cette croyance proverbiale : « On conserve dans les pagodes la famille de Bouddha. » Ordinairement les prêtres de cet ordre sont chargés du soin de la pagode et se tiennent assis à l'entrée pour recevoir les générosités des étrangers. Ces monuments sont souvent placés sur des terres appartenant aux monastères bouddhiques, et il existe dans leur voisinage ou autour de leur base des temples ou des monastères de l'ordre. Dans les pagodes bien entretenues, on dépose des idoles, des reliques, des peintures et des livres. En un mot, l'histoire de ces édifices, dans toute l'étendue de l'Empire, est remplie de fictions relatives au culte de Bouddha.

Mais, à proprement parler, aucune de ces structures n'appartient au système indigène de Confucius, ou au Taoisme, ni à aucune autre secte de l'Empire.

On pourrait objecter à cela ce qu'on a entendu dire de la « pagode brillante » dans la ville de Canton, laquelle appartient aux mahométans. Voici ce qu'en dit un auteur :

« Cette pagode est remarquable, parce qu'elle montre le pouvoir et la richesse des mahométans de Canton à l'époque où elle fut érigée, il y a environ mille ans. Les mahométans habitent encore son voisinage. Ils ont une mosquée environnant la base de la pagode qui s'élève du centre comme un minaret. » Cependant, à bien réfléchir, il est plutôt probable que la pagode fut bâtie par les premiers marchands musulmans qui visitèrent Canton, dans la vue de se concilier la faveur des bouddhistes qui, à cette époque, gagnaient de l'ascendant à la Chine.

Voici une histoire sur l'origine de l'une des pagodes le plus anciennement bâties à la Chine, la fameuse « pagode des oies sauvages » de Si-ngan-fou, capitale de la province de Chensi, 34° 16' de latitude nord, et 108° 57' de longitude est (voyez page 446). « Six cents ans environ après que le Bouddhisme eut été officiellement patronisé, Hiouen-tsang, prêtre de cette secte, fut envoyé dans l'Inde pour recueillir et traduire en chinois les livres sacrés de Bouddha. Après une absence de quinze ans (d'autres disent vingt-six), il revint avec des copies des originaux et une traduction complète en chinois. Il rapportait aussi un modèle de *sthoupa* bouddhique, autrement dit *tour*. En commémoration de ce travail méritoire, et aussi pour loger ces volumes dans un endroit convenable, l'Empereur conçut l'heureuse idée d'ériger une pagode sur le modèle indien. En conséquence, la troisième année de son règne (639 de Jésus-Christ), on construisit une pagode en brique dans la partie sud de la capitale du Chensi, et on y déposa les livres sacrés de Bouddha ainsi que d'autres reliques. Cela eut lieu non loin de l'endroit où l'on a trouvé le *Monument syrien ou nestorien*, dans lequel on lit que, en 636 de notre ère (sous le règne du même monarque), un prédicateur chrétien vint de l'Inde à la Chine; l'Empereur, après avoir encouragé ses doctrines, publia un décret autorisant la prédication du Christianisme parmi les Chinois [1]. »

Mais une preuve encore plus forte constatant que ce style de construction appartenait aux bouddhistes se trouve dans ses connexions avec la relique bouddhique appelée *Chay-li*. J'ai lu, dans deux ouvrages chinois que j'ai consultés, que ce que l'on appelle ordinairement *t'ah* (pagode) a un *chay-li*, ou « une relique. » De plus, « un *chay-li* est un mot bouddhique qui désigne une relique sacrée du corps de Bouddha. » Klaproth et Julien considèrent ce mot comme une translation dans la langue chinoise du mot sanskrit (ou pali, comme le dit le colonel

---

[1] Celui qui écrit ces lignes fait imprimer en ce moment le texte chinois, avec la transcription et une traduction latine verbale, une traduction française, etc., de la célèbre Inscription syro-nestorienne en question, accompagnée de notes et de commentaires. G. P.

Sykes) *sarira*, lequel signifie les reliques de Bouddha. Les écrivains chinois donnent une description amusante de cette curiosité. « Il y a, disent-ils, trois sortes de reliques : le *chay-li* de cheveux, qui est de couleur noire ; le *chay-li* d'os, qui est blanc ; et le *chay-li* de chair, qui est couleur de chair. Les reliques de Bouddha et de ses disciples qui ont été sanctifiés appartiennent à ces trois catégories. » Ces reliques passent pour être extrêmement rares. On n'en a point découvert à des dates récentes; mais, toutes les fois qu'on en a trouvé, on les a mises dans des bouteilles de cristal qui ont été déposées dans un temple ou une pagode. Il va sans dire que c'est là une occasion précieuse pour les prêtres d'en imposer à l'ignorance du peuple. La plupart de ces reliques ont, comme le caméléon, la propriété de se transformer dans les cinq couleurs, vert, rouge, blanc, noir et jaune, selon les bonnes ou mauvaises qualités de celui qui les regarde. Les effets miraculeux de ce charme remplissent un grand nombre de pages dans les livres bouddhiques.

Les prêtres ultra dévots et leurs disciples passent pour posséder dans leur crâne une scintillation du *chay-li* de Bouddha. A la mort de son possesseur, la relique passe pour être inaltérable au feu. Toutefois le *chay-li* de Bouddha lui-même n'est pas brisable, bien qu'on le frappe avec un marteau, tandis que celui de ses sectateurs canonisés se brise facilement. Dans les plus beaux tableaux représentant des prêtres bouddhiques, on voit autour de leur tête une espèce d'auréole qui est supposée provenir du *chay-li*. On croit, relativement aux religieux de cette secte, que, plus ils ont de *chay-li* dans leur communauté, plus cette auréole est brillante. Lors de la mort d'un disciple éminent de la secte, on brûle son corps. On recherche

ÉTRANGE RELIQUE DE BOUDDHA.

alors avec soin dans ses cendres un objet certainement très-curieux, que l'on croit logé sous le crâne du défunt, et qui est indestructible même par le feu. Un auteur chinois, qui vivait il y a environ trois cents ans, dit au sujet de cet objet si difficile à trouver : « Il y a dans mon voisinage un couvent de femmes dont l'un des membres mourut dernièrement. On ensevelit la défunte, et on trouva quelque chose qui ressemblait bien à la rareté en question. Cela avait l'air d'une souris quant à la grosseur. De plus, on pouvait l'enlever en l'air avec un seul cheveu d'enfant, mais je ne garantirais pas l'authenticité du fait. » Le *chay-li* étant un résultat de l'abstinence, de la retenue, et de connaissances supérieures, obtenues par une ardente dévotion, il n'est pas étonnant qu'on le trouve difficilement dans un couvent de bouddhistes.

Le récit que je vais faire de l'édification de la première pagode de la Chine, tel qu'il m'a été donné par des habitants du pays, mérite d'être lu : « Dans la dixième année de l'Empereur qui régnait vers 250 de notre ère, un prêtre étranger de la religion bouddhique, nommé Keng-tsoung-hoeï, parut à Nanking, alors capitale de l'Empire, et accomplit quelques faits étranges et en apparence surnaturels. Le peuple représenta le cas au souverain. Sa Majesté fit venir immédiatement le prêtre et lui demanda si Bouddha pouvait communiquer quelques emblèmes divins. Le prêtre répondit que Bouddha avait laissé de nombreuses reliques d'os, dont le pouvoir était illimité. L'Empereur s'informa du lieu où ces reliques pouvaient se trouver. A cela le religieux répliqua que lui-même, s'il était sous l'influence de l'esprit de Bouddha, se mettrait à leur recherche, et ne manquérait pas de les découvrir. Là-dessus, Sa Majesté fit la promesse positive que, si le prêtre réussissait à trouver une relique, quelque peu importante qu'elle fût, lui, l'Empereur, érigerait un édifice appelé pagode. Après vingt et un jours de peines et d'investigations, le prêtre découvrit une relique renfermée dans une bouteille, et la présenta au monarque; lorsqu'on l'eut portée dans le palais, elle illumina tout l'édifice. Dans son empressement à regarder une curiosité si remarquable, l'Empereur vida la relique de la bouteille dans un bassin de cuivre. Mais le bassin fut aussitôt brisé, soit par le poids de la relique, soit par la force avec laquelle elle y était tombée. Le prince fut grandement effrayé à cet échantillon de miracle. Le prêtre, s'avançant alors, assura à l'Empereur qu'à part ces signes miraculeux l'os de Bouddha avait quelque chose de plus étonnant encore : c'est que ni le fer ni le diamant ne pouvaient l'entamer, le feu ne pouvait l'altérer, et le marteau le plus dur ne pouvait l'écraser. L'Empereur fit avancer alors un homme d'une force extraordinaire, et lui ordonna de frapper quelques coups d'un énorme marteau sur le saint *chay-li*. L'homme obéit, mais il ne fit que casser son marteau. La relique était là intacte, plus brillante que jamais, et éblouissant les yeux. L'Empereur sentit alors sa foi confirmée; et, accomplissant sa promesse, érigea un *t'ah*, pour y enfermer la relique. Ce fut la pagode de Nanking, qui portait sur son fronton ces deux mots : « première pagode. » Cela pouvait aussi bien s'entendre du rang que de l'ancienneté.

Un des rédacteurs du *Chinese Repository* a émis dernièrement l'opinion que la pagode chinoise n'est pas provenue de l'Inde, mais qu'elle est indigène. L'architecte chinois le moins doué d'imagination, dit-il, aurait produit quelque chose de mieux que la simple pagode à neuf étages, s'il avait essayé d'imiter la pyramide ornementée des Indous. En réponse, je ferai remarquer qu'à la vérité la ressemblance de la pagode chinoise avec les monuments de l'Indoustan moderne est peu marquée, mais que probablement les originaux étaient identiques. En effet, les Indous peuvent avoir perfectionné leur architecture, tandis qu'à la Chine, grâce au goût dominant pour le *statu quo*, la tour-pagode a pu rester telle qu'elle était à son origine. J'irai plus loin, et je dirai que, très-probablement, les portails et les tours pittoresques des temples magnifiques de l'Inde sont des innovations aux anciens *sthoupas*, tandis que les pagodes, à la Chine, ont conservé, de génération en génération, le caractère de leur modèle primitif. Toutes les preuves que j'ai énumérées secondent cette opinion. Presque toutes, sinon toutes les pagodes de l'Empire, sont d'une haute antiquité. Le modèle est le même partout; les plus anciennes ne diffèrent pas des plus modernes. Quelques-unes ont été rebâties sur leur ancien plan; quant aux autres, elles demeurent telles qu'elles ont été, et le changement qu'elles éprouvent ne vient que de la main du temps.

J'ai le regret d'apprendre au lecteur que les insurgés de Taï-ping, qui, dans leur zèle iconoclaste, avaient mutilé la tour de Nanking, ont fini par la détruire entièrement. Ils avaient commencé, dans leur fureur anti-idolâtre, par effacer les décorations intérieures à l'aide du feu; mais, en 1856, leur rage contre un des chefs de leur parti, qu'ils soupçonnaient de trahison, et qui avait choisi la pagode comme rendez-vous de ses affidés, les porta à faire sauter l'édifice. *Sic transit gloria mundi*, en Chine².

Quelles précieuses découvertes on fera quelque jour dans ce monceau de ruines, réputées comme elles le sont parmi les prêtres de Bouddha, pour servir de dépôt aux inscriptions en Pali, aux Çarîras, ou reliques de Bouddha, aux écrits bouddhiques, et autres documents de pure provenance indienne! Toutes ces curiosités sacrées furent incontestablement apportées de l'Inde centrale en ce pays entre les premier et neuvième siècles de l'ère chrétienne. Leur conservation, ou plutôt leur découverte, jettera des flots de lumière sur la religion et l'histoire de l'Inde ancienne. Puisque des étrangers de tous les pays et de toutes les croyances fréquentent maintenant la Chine, qu'avant quelques années sans doute ils auront la liberté illimitée de parcourir l'intérieur, ne nous est-il pas permis de solliciter de leur part l'observation la plus soigneuse de monuments aussi extraordinaires d'antiquité que les temples, les monastères et les pagodes bouddhiques? Un seul point éclairci dans leurs histoires respectives peut contribuer à élucider un passage douteux des anciens rapports de l'Indoustan avec la Chine.

Je suis convaincu que le Christianisme fait, en Chine, des progrès que, dans beaucoup d'endroits, je puis

---

¹ Nous aimons encore à douter du fait annoncé d'une manière si positive par le Révérend W. C. Milne. Nous tenons d'un sinologue distingué qui a résidé sept ans à Péking et qui ne l'a quitté que le 13 avril 1857, qu'au 26 février de la même année la tour de Nanking, ou de porcelaine, était encore debout. Elle avait été, il est vrai, endommagée par les insurgés, qui avaient détruit une petite pagode existant dans l'intérieur de la grande tour, mais ces insurgés avaient jusque-là respecté le monument national. G. P.

appeler inespérés. Je crois fermement que, dans un temps donné, il répandra son influence sur toutes les parties de l'empire chinois. Cependant ne puis-je exprimer l'espoir qu'à mesure que chacune de ces tours de Babel, ou des pagodes de la Chine, perdra son prestige superstitieux, les missionnaires, à quelque croyance qu'ils appartiennent, les marchands et les voyageurs emploieront tous leurs efforts à sauver de l'oubli des matériaux intéressants enfermés dans les tours du Bouddhisme du « Royaume du Milieu ! » Les savants d'Europe y trouveront des informations précieuses sur l'origine, les progrès, le déclin et la chute du Bouddhisme dans ces deux empires contigus, l'Inde et la Chine[1].

[1] Sans partager les espérances de M. le Rév. Milne, au sujet de la conversion des quatre cents millions de Chinois au Christianisme, de toutes les communautés chrétiennes (qui feraient de la Chine un nouveau et vaste foyer de querelles religieuses), nous pensons que l'on peut recueillir dans les couvents bouddhiques des documents intéressants pour l'histoire, quoique l'on en possède déjà en Europe plus que M. Milne ne semble le supposer.   G. P.

CHAPITRE IV

Missions catholiques à Changhaï. — Leur origine remontant à plus de deux cent cinquante ans. — Un Mandarin leur premier néophyte. — Vicissitudes dans l'histoire de la religion catholique en ce pays. — Le village de Zie-ka-weï. — Leur mode d'opération.

Le manque d'espace et ma propre inclination m'empêchent d'entrer largement dans l'histoire et l'état des Missions catholiques à la Chine. Ce sujet remplirait des volumes, et, pour le traiter d'une manière convenable, il me faudrait des matériaux plus amples et plus dignes de foi que ceux qui sont en ma possession. Pour ces diverses raisons, mon but, dans les pages qui vont suivre, est de me borner à la mission catholique de Changhaï. Sans cet accessoire, ma description de ce pays serait incomplète.

Dès l'année 1600, l'Église de Rome choisit Changhaï pour le siège de ses efforts zélés dans l'Empire de la Chine; et, comme le dit le comte de Bessi, vicaire apostolique de Kiangnan, dans sa dépêche officielle de septembre 1844, cette ville devint le théâtre des succès apostoliques du Père Matthieu Ricci.

Parmi les convertis, les premiers en date, comme pour le rang, furent les divers membres d'une famille surnommée Siu. Siu-Kouangki, le chef de la famille, était un mandarin d'un grand talent et d'une grande influence. Il avait, à cette époque, le rang de *Koh-lao*, ou l'un des membres principaux du gouvernement impérial. Il portait encore les titres de « Duc, Gardien, Tuteur des fils de la maison impériale, et Chancelier de l'Institut national. » Ce fut au commencement du dix-septième siècle qu'il reçut les instructions de ce laborieux missionnaire Ricci, et qu'il se convertit à la foi catholique. En professant sa nouvelle croyance Siu fut baptisé sous le nom de Paul, parce qu'il désirait imiter l'apôtre de ce nom en travaillant à la conversion de ses compatriotes. L'énergie de ce converti et son exemple encouragèrent l'Église de Rome. Ricci et ses *confrères* furent aidés par l'influence de Siu à la cour. Il écrivit pour la défense de la foi [1], et intercéda auprès de l'Empereur en faveur des missionnaires. Il employa une partie de sa fortune à élever des chapelles. Par la connaissance approfondie qu'il avait de sa langue, il traduisit des ouvrages catholiques dans un style propre à attirer l'attention des classes instruites. Il contribua puissamment à des publications scientifiques et aida Ricci à traduire Euclide en chinois.

Peu de temps après son adhésion, il fut témoin des obstacles que rencontrait la nouvelle religion, et qui étaient suscités contre elle par des intrigues de cour. Mais, après que la persécution eut sévi pendant quatre ans contre les missionnaires catholiques et leurs églises,

[1] Une copie de cette apologie est gravée sur une table de marbre érigée en dehors de la porte méridionale de l'église des Jésuites, à Changhaï.

il obtint le retrait de l'édit impérial qui avait chassé les prêtres et proscrit les chrétiens. Il vécut assez pour voir les missionnaires rétablis dans la faveur impériale, et il expira en 1633. Son manteau tomba sur quelques membres de sa famille, surtout sur sa plus jeune fille, qui prit le nom chrétien de Candide.

Cette dame paraît avoir été une femme remarquable. Restée veuve, encore jeune, avec huit enfants, elle se livra à la propagation du Christianisme. Duhalde dit qu'elle consacra une partie de sa fortune à l'érection de trente-neuf églises dans différentes provinces, et à imprimer cent trente variétés de livres chrétiens pour l'instruction de ses concitoyens inconvertis. L'Empereur fut tellement satisfait de sa probité et de sa bienfaisance, qu'il lui conféra le titre de « femme vertueuse, » accompagnant sa lettre de félicitation d'une riche parure, dont elle vendit, assure-t-on, les ornements pour nourrir les pauvres. Comme son père, elle mourut pleurée par toutes les classes, surtout par les missionnaires, qui perdirent en elle un de leurs appuis chinois les plus précieux.

Siu et sa fille ont obtenu l'apothéose de la part des familles catholiques de la Chine, et surtout de celles de Changhaï. Leurs restes furent enterrés près d'un village, à l'ouest de Changhaï, à cinq ou six milles de la ville, appelé *Siu-kia-kouei*, et communément *Zie-ka-wei*. Le village tirait son nom de ce qu'il avait été la propriété de Siu et de sa famille. De ses descendants, une partie est restée catholique, l'autre est rentrée dans le paganisme chinois. On voit encore aujourd'hui à Changhaï, au centre de la ville, non loin de la demeure officielle du maire de la ville, une arche en pierre, érigée à la mémoire de Siu, avec son nom et ses titres gravés ; dans un temple est une statue de lui de grandeur naturelle à laquelle, par ordre de l'Empereur, on rend les honneurs divins.

De ce que je viens de dire, il résulte évidemment que, lors de l'arrivée de la mission catholique à la Chine, Changhaï joua le rôle le plus important.

Depuis ces jours, le Catholicisme a éprouvé de grandes vicissitudes dans l'Empire. Ses menées politiques, ses présomptions excessives, et surtout les divisions entre ses divers ordres, lui ont fait perdre sa belle position, et lui ont valu l'exil, la dégradation ou l'emprisonnement. Depuis plus de cent ans il travaille à regagner sa position. Pour y parvenir, il n'est point d'instrument qu'il n'ait employé, point d'arme dont il ne se soit servi, point d'occasions qu'il n'ait mises à profit, point de subterfuge qu'il ait négligé. Comme partout ailleurs, obligé de travailler en dessous main, l'Église de Rome avait agi dans l'ombre à Changhaï, non-seulement se dérobant aux regards, mais évitant jusqu'à l'ombre de la suspicion. Enfin le traité de 1842 vint ouvrir, plus larges que jamais, les communications entre la Chine et l'Occident. Ce fut le commencement d'une ère nouvelle pour elle et pour sa mission à Changhaï.

En 1844, par suite de correspondances amicales à son égard avec le commissaire français, M. Lagrené, le plénipotentiaire chinois Kiying fit des représentations à Sa Majesté Impériale, au sujet de la tolérance de la religion catholique à la Chine. Les communications de cet homme d'État étaient conçues dans les termes suivants : « Votre humble serviteur pense, après avoir pris les informations convenables, que la religion du Seigneur du ciel [1] est celle qui est suivie par toutes les nations de l'occident. Son but est d'encourager la vertu et de détruire le vice. Depuis son introduction dans l'Empire du milieu pendant la dynastie Ming, elle n'a jamais été défendue [2]. Cependant certains Chinois qui s'y étaient convertis, ayant commis des actes coupables sous son déguisement, allant même jusqu'à séduire des femmes et extraire la pupille des yeux aux malades [3], le gouvernement s'est vu dans la nécessité de faire une enquête et d'infliger une prompte et sommaire punition. Durant le règne de Kiaking, on établit certaines clauses pour le châtiment de ces énormités. Mais de telles précautions n'avaient pour but que d'empêcher des Chinois de pratiquer le vice sous le voile de cette religion. On n'avait pas pour objet de passer condamnation sur la religion professée par les nations occidentales. Maintenant, comme l'ambassadeur français Lagrené a présenté une requête tendant à ce que les Chinois qui professent ce culte et qui en même temps ont une conduite sans reproche ne soient pas plus longtemps considérés comme coupables, cette requête nous a paru de nature à être accordée. Je remplis donc un devoir en proposant à Votre Majesté et

---

[1] « Religion du Seigneur du Ciel » est maintenant le terme distinctif du « catholicisme romain. »

[2] Ceci est tout à fait contraire à ce qui a eu lieu réellement.

[3] Il faut, pour comprendre ceci, savoir que, selon les Chinois, certains prêtres avaient la coutume, lorsqu'une personne était au lit de mort, de prendre une poignée de coton où était contenue une aiguille. Tout en frottant les yeux du malade avec le coton, ils piquaient l'œil avec l'aiguille pour en extraire le liquide, attendu que, disait-on, le coton imprégné de ce liquide passait pour un remède en médecine. On conçoit que cette fable est fondée sur le système catholique de l'extrême-onction.

en la suppliant d'étendre désormais sa faveur et son pardon sur toute personne, indigène ou étrangère, sans distinction, qui pourrait adopter et professer la religion du Maître du ciel, mais sans inconduite et sans dérèglement. Seulement, s'il arrivait que quelqu'un fût accusé de séduire des femmes, ou de puncturer les yeux des malades, ou de pratiquer comme autrefois des actes coupables, on devrait agir avec lui d'après la sévérité des anciennes lois. Quant à la nation française, ou à toute autre professant cette religion, qu'il leur soit permis de bâtir des chapelles, et d'y exercer leur culte dans les cinq ports ouverts au commerce. Toutefois ils ne doivent pas aller dans l'intérieur pour y propager leur religion. S'il arrivait qu'ils agissent contrairement au présent traité en dépassant audacieusement leurs limites, les officiers locaux les saisiraient et les livreraient à leurs Consuls pour être punis. Que la peine de mort ne soit point appliquée légèrement; faisons preuve au contraire de douceur et de bénignité. De cette manière, il est probable que les bons et les méchants ne seront plus confondus, et les lois bienveillantes seront exécutées. La présente requête, tendant à ce que les personnes professant avec droiture cette religion ne soient plus traitées en criminelles, est respectueusement placée aux pieds du trône, avec la prière ardente que l'Auguste Empereur veuille bien y faire droit. »

On reçut une prompte réponse du pinceau vermillon, rendue à cet effet : « Nous accordons la demande de Kiying. » Cet acte de tolérance fut passé vers la fin de 1844. Il ne s'était pas encore écoulé un mois depuis cette époque, lorsque la nouvelle en parvint au comte de Bessi, alors évêque des deux provinces de

Chantoung et de Kiangnan, dont le siège était à Changhaï. Il faisait alors un voyage diocésain vers le nord. Mais tel fut le transport de sa joie en apprenant un si heureux événement, qu'il adressa immédiatement une lettre encyclique en langue chinoise à tous ses enfants spirituels. Je donne ici des passages de cette lettre : « Ceci est un ordre spécial de Lohing-sze (Comte de Bessi), évêque du Chantoung et du Kiangnan ; il informe tous ses enfants spirituels que, tandis que lui, évêque, se trouvait à Soutcheou, se disposant pour un voyage au nord, il a reçu communication d'un mémorial du gouverneur général de Canton, pour lequel il remercie la bonté divine, et qui l'a pénétré de joie. La sainte religion est juste et vraie, et ceux qui la professent doivent l'étudier diligemment, et y adhérer respectueusement. Qu'ils prient aussi que la sainte religion soit grandement répandue ; et qu'ils se souviennent que la bienveillante considération de l'Empereur envers elle provient entièrement de la faveur du Maître du ciel. Après la réception de cet ordre, adressez dans les églises des actions de grâce au Seigneur, pendant trois dimanches de suite. — Que les fidèles se réjouissent de cette faveur extraordinaire ! Qu'on récite aussi des *Ave Maria* en signe de reconnaissance ! »

De ce qui précède, il résulte clairement qu'une tolérance entière était obtenue par l'Église romaine, non-seulement dans les cinq ports, mais dans tout l'Empire chinois [1]. L'année suivante, on eut une forte preuve de la

---

[1] Je dois observer ici que, en 1845, il parut une proclamation officielle certifiant que les droits accordés aux catholiques étaient aussi garantis aux protestants. Un acte publié à cet effet fut rendu par les

sincérité qui avait présidé à cette concession. Un grand nombre de bâtiments du pays autrefois appropriés par les catholiques à un service religieux, et qui avaient été saisis ou confisqués par le gouvernement, furent rendus. Du moins l'acte suivant fut publié dans ce but : « A l'exception de celles qui ont été converties en temples ou en habitations particulières, que toutes les anciennes églises appartenant à la religion du Maître du ciel, construites sous le règne de l'empereur Kanghi (1662-1725 de notre ère) et qui ont été conservées jusqu'à ce jour, soient rendues dans chaque endroit à ceux qui professent cette religion, si, après une enquête, il est prouvé qu'ils en soient les possesseurs légitimes. »

L'effet d'actes semblables fut de stimuler les catholiques indigènes à de nouveaux et grands efforts, secondés qu'ils étaient par le conseil des missionnaires. Lorsque j'arrivai à Changhaï, à la fin de 1846, il se trouvait à l'angle sud-est de la ville un vaste chantier de construction. Avant mon départ, à la fin de 1853, ce terrain avait déjà reçu une cathédrale, une collégiale et un logement pour les agents de la Propagande. La cathédrale était déjà élevée et ouverte; au moment où j'écris ces lignes, on y fait le service divin en chinois; les prêtres sont partie indigènes, partie étrangers, aussi formellement et régulièrement ordonnés qu'à Lyon ou à Rome. L'édifice en lui-même est lourd et disgracieux. Mais à coup sûr on ne peut donner trop de louanges au zèle éclairé, à la persévérance indomptable, à la stricte économie qui ont obtenu ces résultats.

soins de sir John Davis, gouverneur de Hong-Kong, plénipotentiaire de Sa Majesté britannique.

En conséquence de l'édit que j'ai cité, on a rétabli à Changhaï et dans les environs certaines propriétés qui, à une époque, appartenaient aux catholiques. Ils en ont obtenu de nouvelles, par compensation sans doute de celles qui avaient été confisquées. Dans les villes et les villages voisins, il se trouve une certaine quantité de terres qui, si elles n'appartiennent pas aux missions, appartiennent à leurs « enfants spirituels, » et se trouvent complètement sous le contrôle de leurs *chin-fou* « pères spirituels. » De ces villages, le plus remarquable est celui nommé Siu-kia-hoeï, dont j'ai déjà parlé, et qui, dans le patois du pays, se prononce : *Zie-ka-weï*.

En appelant l'attention sur ce village religieux, je dois rappeler une certaine clause exigée dans tous les traités, — anglais, américains et français, — à savoir : *qu'aucun étranger, sous quelque prétexte que ce soit, ne dépassera certaines limites territoriales*. On n'ignorait pas cette défense, lors des proclamations postérieures que j'ai citées. Dans la dernière on lit le paragraphe suivant : « Mais, afin que les distinctions convenables puissent être faites, *il est défendu aux étrangers, de quelque nation que ce soit, de pénétrer dans l'intérieur pour propager leur religion* [1]. Malgré ces avertissements, on verra par la proclamation suivante, publiée à Changhaï le 20 juillet 1848, que, dans un rayon de cinq milles au delà des

---

[1] Dans une lettre écrite à un grand journal politique, en réponse à un article dans lequel on soutenait que la France devait faire la guerre à la Chine barbare qui avait violé audacieusement le traité de 1844, autorisant l'entrée en Chine des missionnaires et la propagation libre dans cet Empire de la religion catholique, je citais l'*Édit* dont le passage ci-dessus est extrait. Le journal en question s'est amusé de mes objections et a nié la clause prohibitive. G. P.

limites étrangères, une vente a été faite sous le sceau des autorités chinoises à un évêque étranger, distinctement désigné sous le nom de « homme *Foh-lan-si* (français). » Voici cette proclamation : « Considérant qu'il est de notoriété que le chef du sixième quartier de la vingt-huitième *dizaine* a fait connaître la vente d'une terre appartenant à des habitants de Siu-kia-hoeï, à l'*évêque français*, comte de Bessi, pour l'érection d'une église et d'une résidence ; qu'il est constant que ledit évêque ou ses agents achètent des matériaux, réunissent des artisans et commencent les travaux ; craignant que des villageois ignorants ne s'opposent au transport de la brique, de la chaux, du bois et autres matériaux, ou n'occasionnent du trouble et des désordres, ou ne volent lesdits matériaux et empêchent ainsi les travaux ; lui, le chef du quartier, a requis qu'une proclamation fût publiée dans le but, etc. En recevant le rapport ci-dessus, il est convenable de publier une proclamation ; et en conséquence je donne ceci audit chef de quartier et aux villageois pour leur information. Gens des villages voisins, livrez-vous à vos travaux ordinaires. Si quelques gens mal intentionnés ou quelques mendiants vagabonds viennent d'autres endroits et prennent logement dans vos villages, pour empêcher les travaux ou voler les matériaux, ledit chef de quartier est autorisé, par la présente proclamation, à les traduire devant mon tribunal, afin qu'ils soient jugés et condamnés conformément à la loi. Ledit chef de quartier ne doit pas non plus faire de ceci une occasion pour créer du trouble. S'il s'oppose, je le punirai. Que tout le monde obéisse. Que personne ne s'oppose. — Proclamation spéciale. » Ceci est une circonstance importante dont le public protestant doit se souvenir. Des prêtres étrangers, appartenant à la religion catholique, ont réclamé des propriétés territoriales, ont acheté de nouvelles terres en leur nom, ont bâti des chapelles, etc., *en dehors des limites assignées aux étrangers*. Outre cela, il est connu que des prêtres jésuites se répandent dans toutes les parties du pays pour accomplir leurs travaux de missionnaires.

Le village catholique de Zic-ka-weï est situé à distance de promenade de Changhaï ; il est souvent visité par des étrangers, ce qui oblige les révérends pères à une grande circonspection, surtout lorsqu'ils voient des missionnaires protestants s'annoncer sans prendre de détours. En certaine occasion, ayant visité la colonie, j'y trouvai plusieurs prêtres étrangers, ainsi que divers Européens d'ordre séculier. Ces messieurs nous reçurent avec une extrême courtoisie, nous offrirent des rafraîchissements et ne témoignèrent aucune répugnance à nous donner des informations ; mais ils se montrèrent réservés sur certains chapitres.

La *maison d'école* était pour moi un objet de curiosité; mais ce fut une chose frappante que la jalousie scrupuleuse avec laquelle on m'accorda la permission de la visiter. Avant de m'admettre, on me fit attendre : il y eut des allées et venues et des entretiens à demi-voix. Il était évident qu'on désirait soustraire les enfants à mon inspection. Toutefois, malgré les manœuvres des bons pères, lorsque nous entrâmes, nous nous aperçûmes que nous étions arrivé un peu trop tôt. Nous trouvâmes les élèves se disposant à sortir. Ils étaient de différents âges, avaient bonne mine, mais l'air timide et craintif. Il y en avait une cinquantaine, et dans le nombre plusieurs enfants européens dans le costume de leur pays. Les surveillants étaient étrangers et les professeurs chinois. La salle d'étude, le réfectoire et les dortoirs n'étaient pas tenus très-proprement. Dans la classe, on voyait traîner pêle-mêle des livres chinois, des catéchismes catholiques, etc. Des estampes, représentant le Christ, la Vierge et quelques saints, tapissaient les murailles. Une gravure de saint Joseph, époux de la Vierge, portait au bas cette inscription : « Saint Joseph, priez pour nous. » On voyait aussi deux tableaux contenant les noms des écoliers et portant leurs bons ou mauvais points sous la classification suivante : « récitation, lecture, attention aux leçons, écriture, bonne conduite. » J'examinai la bibliothèque de l'école ; elle était peu nombreuse et composée de livres anglais, français et italiens. Le seul livre anglais qui se trouvait là était le *Registre de Cobbet* (Cobbett's Register). Des autres parties de la maison, la plus intéressante peut-être était la salle de sculpture. Elle était remplie de modèles dont le principal était saint François-Xavier. Le maître était un Espagnol qui habitait la Chine depuis cinq ans. La chapelle pouvait tenir cinq cents personnes, et avait toute l'apparence d'une pauvre chapelle catholique de village. Il y avait une petite galerie où l'on avait mis une figure d'ange. Le prêtre qui nous conduisait eut soin de tirer les rideaux qui couvraient l'autel, afin de nous faire voir l'enfant Jésus dans la crèche (c'était le 4 janvier 1855) ; le Sauveur était représenté par un petit Chinois qu'on avait couché dans une sorte de berceau, et qu'on avait paré de fleurs et de plantes toujours vertes ou à feuilles persistantes. En sortant de la chapelle, le doyen, le P. L..., me prit les deux mains, et me dit qu'il me priait bien de croire qu'il n'adorait pas les *images* exposées dans la chapelle. Un autre jour, y étant entré,

je vis un cercueil placé vide dans la nef, mais recouvert d'un drap noir. Des cierges étaient rangés des deux côtés. Tout autour se tenaient cinquante ou soixante femmes et jeunes filles à genoux ou accroupies sur des coussins, récitant des prières, et se servant de chapelets ou de livres d'église. Un des membres de l'église catholique était mort, et on récitait des prières pour le repos de l'âme du défunt. Mais le point le plus intéressant relatif à ce village (à leur propre dire [1]), c'est que « les élèves du collége de Zié-ka-weï sont, avec les séminaristes, l'espoir de la mission. » Un père jésuite écrivait : « Ils nous donnent la plus grande satisfaction par
« leur amour du travail et leurs progrès dans l'étude de
« la littérature chinoise. Telle est leur docilité et la sou-
« plesse de leurs dispositions, que la direction du col-
« lége n'offre aucune difficulté. Un mot suffit pour
« maintenir parmi eux l'ordre et la discipline. Leur atta-
« chement pour les pères et le bonheur dont ils jouis-
« sent sont exprimés si visiblement dans leurs regards,
« que tous les étrangers qui visitent notre établissement
« en sont surpris. Ce collége nous donnera, j'en suis
« certain, des professeurs instruits pour enseigner les
« hautes branches d'éducation, des catéchistes zélés ; et
« même des prêtres non moins recommandables pour
« leurs connaissances dans la littérature chinoise que
« pour leur instruction dans la théologie, à laquelle
« nous les initierons dès qu'il en sera temps. »

Ce qu'on vient de lire peut mettre au fait des modes

[1] « Lettre du P. Fournier, visiteur des Missions de la Société de Jésus en Chine, à MM. les directeurs de l'Œuvre de la Propagation de la foi, » datée de Zié-ka-weï, près de Changhaï, le 20 septembre 1855, et publiée dans le n° de mai des Annales, année 1856.

d'opération soumis à la surintendance de l'Église de Rome à la Chine, vigoureusement pratiqués, du moins dans le diocèse de Changhaï. Dans ses *partibus infidelium*, le saint-siége possède un grand nombre de professeurs européens, portant le costume chinois, et un état-major nombreux d'agents indigènes. Tout ce personnel vit et travaille principalement dans les villages peuplés « d'enfants spirituels » dont le nombre est de soixante-dix mille pour le vicariat de Kiangnan seulement. Sous la surveillance des *confrères*, il y a des catéchistes et des agents voyageurs. Ils ont des écoles pour les garçons et les filles. Ils possèdent des chapelles. Ils entretiennent des monastères ; depuis quelque temps même, ils ont créé, non sans espoir de succès, des « maisons de religieuses. »

Au sujet de cette dernière entreprise, j'extrais de la lettre que j'ai déjà citée un paragraphe suffisamment significatif : « Outre les congrégations et les écoles, les missionnaires ont encore à soutenir et à augmenter la piété de leurs néophytes dont se compose la société de jeunes femmes chrétiennes, qui forme la portion la plus précieuse de l'église de Kiangnan. Elles sont les premières à fréquenter les sacrements, ornent les autels, instruisent les catéchumènes, chantent des prières et donnent l'exemple de toutes les vertus. C'est parmi elles que sont choisies les maîtresses d'école les plus zélées dans l'accomplissement de tous leurs devoirs. Partout où elles ne sont pas, il y a un état de langueur et d'indifférence : tandis que la vie, la ferveur et le zèle indiquent leur présence là où elles sont établies. Lorsqu'on leur demande les motifs de leur vocation, leur réponse péremptoire et exclusive est qu'elles veulent marcher sur les traces de la sainte Vierge ; tant est doux le parfum des vertus de Marie sur cette terre infidèle ! O prodige étonnant ! Dans des localités où nous comptons à peine quelques centaines de fidèles, il y a quarante ou cinquante vierges, que ni promesses ni menaces n'ont pu dissuader de la résolution qu'elles avaient prise dans leur enfance de se vouer au service de Dieu sous la protection de Marie ! Nous sommes fermement persuadés que Dieu se sert d'elles pour accomplir ses secrets desseins et déposer dans le sein de l'Église de la Chine le germe précieux de la perfection chrétienne et la prédisposition à la vie religieuse. L'année qui vient de s'écouler nous a donné la preuve convaincante que tel était l'objet de leur vocation. Nous éprouvions le besoin d'institutrices qui, bien instruites elles-mêmes, pussent nous aider à la conversion des infidèles. Quelques vierges du district de Pou-ni nous ont donné un exemple de ce que le zèle des femmes peut accomplir à la Chine. L'automne dernier, lorsque M. Maresca faisait sa visite pastorale dans le district de Wongdam, nous allâmes voir ensemble l'établissement du petit séminaire, abandonné depuis la translation des jeunes lévites à Tsankoulou, près de Changhaï. Nous fûmes frappés de l'idée que cette maison pouvait être avantageusement utilisée ; et, le 25 mars de la présente année, Monseigneur a ouvert en cet endroit, sous la protection de Marie, une école dont le double but est l'éducation des orphelines et la formation des maîtresses d'école choisies parmi les élèves qui offrent le plus d'espérances. Je ne puis encore conjecturer quels seront les avantages de cet établissement qui n'est encore qu'à l'état d'essai. Mais une chose remarquable, c'est qu'il a été parfaitement accueilli par les idolâtres comme par les chrétiens. Pas le plus petit mot de censure : au contraire, des demandes nombreuses d'admission nous sont arrivées, de tous les districts environnants, de la part de jeunes femmes aspirant à la perfection spirituelle. La nouvelle maison est connue sous le nom de : *Couvent de la bienheureuse vierge Marie.* L'institution de religieuses à la Chine était jusqu'ici considérée comme un problème difficile à résoudre ; peut-être Dieu prépare-t-il les voies à leur établissement d'une manière qu'il cache à nos regards. »

Pour parvenir à ce but, les prêtres catholiques ont, depuis l'année 1850, introduit à Changhaï huit sœurs de la miséricorde, venues d'Europe. Cette introduction est facile à effectuer, là où résident tant de familles catholiques parmi les Chinois même ; et dans un pays rempli depuis longtemps de couvents bouddhiques, qui, ainsi que nous l'avons donné à entendre, ressemblent sous tant de rapports aux maisons de religieuses et de sœurs de charité établies en Europe.

Quant à leurs *publications*, les missionnaires catholiques ont un grand nombre de traités destinés au colportage, écrits d'un style élégant et bien entendu. Une grande partie renferme des vues qu'un protestant lui-même ne pourrait s'empêcher d'approuver, si elles ne se trouvaient liées à des doctrines que repousse notre croyance.

Parmi leurs livres, j'ai vu des extraits des Écritures saintes, mais nulle part je n'ai rencontré cet ouvrage, désigné sous ce titre bien explicite : « la sainte Bible, contenant l'Ancien et le Nouveau Testaments. » Un jour, en visitant la chapelle de Zic-ka-weï, je vis représentées en relief, sur le mur au-dessus du maître autel, les deux divisions de ce livre : l'Ancien Testament ouvert, mais imprimé en hébreu, et, ce que je considérai comme un trait caractéristique de l'Église de Rome, le Nouveau Testament *fermé*. Depuis deux cent cinquante ans et plus, les prêtres catholiques qui travaillent dans ce pays ont eu toutes les facilités possibles pour traduire le saint livre; mais je n'ai jamais vu une copie du livre entier; je ne l'ai trouvé que par parties détachées. Il y a plus, je n'ai jamais appris d'eux qu'ils aient entrepris de le traduire. S'ils l'ont fait, bien certainement ils le *ferment*, mettent la traduction sous clef, pour la dérober aux yeux du vulgaire, et la retirer de la circulation. On peut juger de leur aversion pour les livres protestants, en ce qui regarde les saintes Écritures, par le passage suivant d'une lettre pastorale due à la plume prolifique de monseigneur l'évêque de Bessi, laquelle lettre parut à l'époque où j'arrivai à Changhaï, en 1846.

J'en publiai une traduction dans le *Chinese Repository* de 1847, en même temps que le texte original chinois. Monseigneur l'évêque se plaignit de la publication de cette traduction, et dit que quelques-unes de ses parties étaient incorrectes. Quant à l'original chinois, il fut trouvé dans une chapelle catholique, près de Changhaï, à Zie-ka-weï, je pense, et il fut copié là par le docteur Medhurst, en présence de témoins. Sa Seigneurie fut priée de signaler les incorrections qu'elle avait remarquées dans la traduction; mais, jusqu'à ce jour, nous n'avons pas été favorisés d'une réponse.

« Nous, *Louis, évêque de ce diocèse, publions le présent mandement pour l'édification de tous les amis de la religion du Maître du ciel.*

« Tout dernièrement, dans Changhaï et aux environs, il

s'est trouvé des personnes qui ont répandu à profusion des livres écrits à l'imitation de ceux appartenant à notre sainte religion. Notre âme en a été profondément affligée, car, bien que dans ces livres il y ait des passages concordant avec notre sainte religion, cependant leurs pages renferment des principes hérétiques qui empoisonnent et détruisent les âmes des hommes, ce qui entraîne des conséquences déplorables.

« Dans les commencements, Notre-Seigneur Jésus-Christ établit lui-même son Église, Église juste et parfaite; mais il n'en établit qu'une, il n'en établit pas deux. Il donna pouvoir à saint Pierre, son premier disciple, de recevoir et de transmettre sa succession. Il dit formellement à saint Pierre : « J'ai prié Dieu qu'il conservât éternellement ta foi. » En conséquence, cette foi est celle qui a été transmise par les successeurs de saint Pierre, et les fidèles de tous les pays suivent les instructions du souverain Pontife. Il s'ensuit que tous ceux qui s'unissent de cœur avec le Pape ne font qu'un avec lui; mais ceux qui ne suivent pas les injonctions de notre Saint-Père sont hérétiques. Maintenant abandonner et ridiculiser les instructions de Sa Sainteté, n'est-ce pas être infidèle à la vraie religion?

« Vous êtes notre troupeau, et nous sommes le bon pasteur. Craignant qu'en acceptant et en lisant ces ouvrages vous ne soyez assaillis par des doutes et des soupçons, au grand détriment de vos âmes, nous publions le présent mandement et nous l'accompagnons de quelques instructions.

« Aucun des adhérents à notre religion ne doit accepter et lire les écrits hérétiques qui proviennent de Changhaï.

« Si quelqu'un en avait accepté, il doit les brûler de suite ou les livrer à son père spirituel.

« Tout fidèle, informé que d'autres personnes ont ces livres hérétiques en leur possession, doit insister auprès de ces personnes pour qu'elles ne les lisent pas et ne les communiquent à personne, mais pour qu'elles les brûlent ou les livrent à leur père spirituel.

« Tous les fidèles sont tenus de répandre la religion orthodoxe du Maître du ciel et d'aimer leur prochain comme eux-mêmes. S'ils se trouvent avec quelqu'un d'une autre secte qui répande ces publications hétérodoxes, ils doivent lui dire franchement et résolûment que ses doctrines sont erronées et ne s'accordent pas avec la religion du Maître du ciel, et que tout homme qui les suivra tombera dans une extrême erreur.

« Maintenant, là où il y a des livres corrompus et obscènes, il y a danger pour le salut des âmes. Or les ouvrages hérétiques dont nous parlons font une seule et même classe avec les livres corrompus et obscènes. Un véritable ami de la vraie religion ne peut les recevoir pour les lire, ni les garder en sa possession, parce que tous les livres corrompus et obscènes viennent du démon. Les détenteurs et les distributeurs de ces ouvrages sont incontestablement les enfants du démon, et tous doivent être et seront plongés dans l'enfer. »

Pour donner un exemple de la manière dont les missionnaires catholiques arrangent les Écritures, prenons leur traduction du Décalogue, *telle qu'elle se trouve dans les livres d'école à Zie-ka-weï* : 1° Adorez un seul Dieu par-dessus tout. 2° N'invoquez pas le saint nom de Dieu en prononçant un vain serment. 3° Observez le jour du Seigneur. 4° Honorez votre père et votre mère. 5° Ne commettez pas d'homicide. 6° Ne commettez pas d'adultère. 7° Ne dérobez pas le bien d'autrui. 8° Ne portez pas de faux témoignage. 9° Ne désirez pas la femme de votre prochain. 10° Ne convoitez pas le bien d'autrui. Dans cette rédaction du Décalogue, on verra, au premier abord, comment les *dix* commandements ont été modifiés : après la suppression du second commandement, le dixième a été divisé en deux pour compléter le nombre de dix [1].

[1] Voici comment M. l'abbé Glaire, professeur d'hébreu à la Faculté de théologie de Paris, a traduit le vingtième chapitre de l'Exode qui contient le Décalogue :

« 1. Et, *lorsqu'il fut remonté*, Dieu fit entendre toutes ces paroles

CULTE DE MARIE.   475

Leur système du culte de Marie est aussi exorbitant qu'en Italie ou en Irlande. Comme preuve, lisez, si vous

au peuple d'Israël : 2. Je suis l'Éternel ton Dieu qui t'ai retiré de la terre d'Égypte, où tu étais asservi à un dur esclavage. 3. Tu n'auras point d'autre Dieu que moi. 4. Tu ne feras point d'idoles sculptées, ni aucune image de ce qui est, soit en haut dans le ciel, soit en bas sur la terre, soit dans les eaux sous la terre. 5. Tu ne te prosterneras point et tu ne leur rendras aucun culte; car moi, l'Éternel ton Dieu, je suis un Dieu jaloux, poursuivant dans mes ennemis les crimes des pères jusque sur les enfants de la troisième et quatrième génération, 6. Et étendant à jamais (à des mille) ma bonté sur ceux qui m'aiment et gardent mes commandements. 7. Tu ne proféreras pas en vain le nom de l'Éternel ton Dieu; car l'Éternel ne regardera pas comme innocent celui qui aura proféré son nom en vain. 8. Souviens-toi surtout du jour du Sabbath, afin de le tenir pour saint. 9. Pendant les six *autres* jours, tu pourras travailler et faire tous les ouvrages; 10. Mais le septième est un jour de repos qui doit être consacré à l'Éternel ton Dieu : tu ne feras donc en ce jour aucun ouvrage, ni toi, ni ton fils, ni ta fille, ni ton esclave, homme ou femme, ni tes bêtes de service, ni même l'étranger attaché à ton service qui se trouvera dans tes murs. 11. Car en six jours l'Éternel a fait le ciel, la terre, la mer, et tout ce qu'ils contiennent, et il s'est reposé le septième jour; c'est pourquoi il a béni le jour de ce repos, et il l'a déclaré saint. 12. Honore ton père et ta mère, afin que tu obtiennes de longs jours dans la terre que l'Éternel ton Dieu te donnera. 13. Tu ne tueras point; tu ne seras point adultère; tu ne déroberas point ; tu n'élèveras point la voix en faux témoin contre ton prochain. 14. Tu ne convoiteras point la maison de ton prochain, et tu ne désireras ni sa femme, ni son esclave, homme ou femme, ni son bœuf, ni son âne, ni enfin rien de ce qui lui appartient. »

(Le *Pentateuque* en hébreu, avec une traduction française, etc., Paris, 1857.)

M. P.-J. Proudhon, dans son livre intitulé : *De l'Utilité de la célébration du dimanche* (Besançon, 1859), dit, p. 102 : « Dans nos catéchismes, la division du Décalogue est différente de celle qui est ici présentée. Selon l'hébreu, le premier commandement enseigne l'unité de Dieu; le deuxième *défend la fabrication des idoles :* c'est une loi politique et toute de circonstance. Ces deux commandements ont été confondus en un seul. Le troisième défend *de prendre le nom de Dieu en vain :* cette loi est en même temps politique et religieuse, et tout le pouvez, cette formule de prière adressée à la Mère de Jésus, dans leur livre de prières pour le matin et le soir, que je traduis exactement du chinois :

Priez pour nous :
O sainte Marie!
O sainte Mère de Dieu!

à fait dans les mœurs de l'antiquité. On reconnaît ici cette *foi punique*, à qui les imprécations et les serments ne coûtaient rien ; Moïse ordonne que le serment par Jéhovah serait inviolable. Ce précepte est pour nous le deuxième ; il condamne, dit-on, *les paroles sales et les jurements.* Le quatrième commandement regarde le sabbat ; le dixième (pour nous le neuvième), concernant la convoitise, a été partagé en deux, afin de conserver le nombre dix : c'est, d'une part, la défense de désirer la femme du prochain, de l'autre, la défense de désirer son bœuf ou son âne, etc.; mais, dans Moïse, cette distinction n'existe pas. »

L'Église catholique, qui n'était pas tenue d'adopter intégralement la loi mosaïque, a pu *modifier* le Décalogue et n'en adopter que ce qui est dans la *nouvelle loi.* Ces *dix commandements* de Moïse se retrouvent sous la *forme négative* dans le grand *Rituel funéraire* égyptien, dont on a plusieurs copies dans les Musées d'Europe : celui du Musée de Paris a été publié dans la grande *Description de l'Égypte* (Antiquités, vol. II), et à part par Cadet (Paris, 1805, grand in-fol. oblong), et celui de Turin par M. Lepsius : *Todtenbuch der Ægypter,* etc. (Leipzig, 1842, grand in-4°.) La *confession négative* se trouve au ch. 125, p. 46. Il est à présumer que le même *Décalogue* sous la *forme impérative* devait exister aussi en Égypte, et on le retrouvera peut-être aussi dans quelque *papyrus* encore ignoré ou non découvert. La première forme suppose nécessairement la seconde. Nous devons ajouter, toutefois, que la forme du Décalogue de Moïse lui est propre, et que, si les commandements se retrouvent, sous la forme *négative,* dans le *Rituel funéraire* égyptien, il y en a un plus grand nombre propres à l'Égypte, comme ceux-ci : « *Je n'ai pas fait esclaves des Égyptiens; je n'ai point falsifié les mesures de l'Égypte; je n'ai point falsifié les poids de la balance; je n'ai point percé les digues du Nil dans son inondation annuelle; je n'ai point chassé les gazelles des dieux de leurs pâturages; je n'ai point pêché les poissons sacrés,* etc., etc. »

G. P.

LITANIES DE LA SAINTE-VIERGE.

Priez pour nous :
O sainte Vierge des vierges !
O Mère du Christ !
O bien-aimée Mère de Dieu !
O Mère très-pure !
O Mère très-chaste !
O Mère sans ride !
O Mère sans tache !
O Mère chérie !
O Mère admirable !
O Mère de la création !
O Mère du salut !
O femme chaste et sage !
O femme chaste vénérable !
O femme chaste louable !
O femme chaste toute-puissante !
O femme chaste bienveillante !
O femme chaste toute fidèle !
O miroir d'intégrité !
O siége de parfaite sagesse !
O source de nos joies !
O concentration de tout ce qui est pur !
O vaisseau digne de respect !
O vaisseau de sainteté !
O joyau de rectitude !
O pagode de cristal et d'ivoire !
O temple d'or pur !
O arche d'alliance !
O porte du ciel !
O étoile lumineuse !
O remède pour les malades !
O expiation pour les coupables !
O soulagement pour les affligés !
O guide de ceux qui entrent dans notre religion !
O reine des esprits célestes !
O reine des saints ancêtres !
O reine des prophètes !

Priez pour nous :
O reine des apôtres !
O reine de ceux qui se sacrifient par amour pour ce qui est juste !
O reine de ceux qui ont le cœur pur !
O reine des vierges !
O reine des saints !

Suivent des prières interminables aux apôtres, aux saints, aux martyrs. Dans ce catalogue, Joseph, le saint patron de la Chine, joue un rôle important. On lui adresse tous les jours la prière suivante en faveur de l'Empire de la Chine :

« Je te prie révérencieusement d'intercéder pour moi auprès de Jésus-Christ, ton fils bien-aimé, afin qu'il me pardonne mes péchés ! Je te prie, comme saint patron de la Chine, d'intercéder auprès de Dieu pour qu'il daigne jeter un regard sur les habitants de la Chine qui languissent dans l'idolâtrie, et ouvrir leurs cœurs afin qu'ils se détournent du mal et qu'en se repentant ils obtiennent la foi, l'espérance et l'amour, jusqu'à ce que l'empire tout entier adore Dieu dévotement. Oh ! fais que notre sainte religion accomplisse de grandes merveilles ! fais que nos frères ne soient point trompés par les démons, et qu'après leur mort tous les hommes montent ensemble au ciel et jouissent du bonheur éternel ! Amen ! »

Je termine par la traduction d'une page d'un manuel portatif, très-répandu parmi les fidèles de Changhaï, et intitulé : « les Actes justes de la sainte voie. » Ce livre est destiné à servir de guide à ceux qui voudraient essayer de réaliser les souffrances de Notre-Seigneur. Ils ont dans leur chapelle (du moins à certaines époques) quatorze tableaux suspendus à la muraille tout autour de l'église. Ces tableaux représentent les différentes phases du jugement du Sauveur et de ses souffrances sur le chemin de la croix. En fixant l'attention sur ces tableaux, on a pour but, dit le livre, de toucher le cœur, fût-il de fer ou de caillou. Voici une traduction des pensées qu'on doit méditer à la quatorzième station :

« Ici nous contemplons notre sainte Mère, avec les saints hommes et les saintes femmes, escortant à la tombe le corps de Notre-Seigneur et le recouvrant d'une pierre! Considère, ô mon âme, et réfléchis! La sainte vierge Marie et tous les saints recouvrent la tombe avec une large pierre, afin de ne plus voir le corps de Jésus! Quel chagrin, quelle angoisse ont dû remplir leur cœur! Vous tous, dont l'âme ne serait pas encore émue, appesantissez-vous sur cet endroit de la cérémonie! Si vous n'en êtes pas attendri, c'est que votre conscience est cautérisée et que vous êtes un pécheur endurci. Mais, hélas! si votre cœur a la dureté de la pierre et du fer, si rien n'a pu encore l'émouvoir, réfléchissez sur les souffrances que Notre-Seigneur a endurées depuis Gethsemani jusqu'à la tombe! examinez-les une par une! [Après avoir passé en revue toutes les souffrances de Notre-Seigneur, le pénitent doit dire : O Jésus-Christ, nous te révérons et nous te louons!] Dans le chemin du jardin à la maison du grand prêtre Ananias, Jésus est tombé 7 fois; des hommes méchants l'ont foulé aux pieds 144 fois; ils l'ont frappé de leurs mains 120 fois; ils ont excorié la paume de ses mains 102 fois; ils lui ont donné 5,000 coups de lanière; il est tombé 3 fois tandis qu'il portait sa croix; il a été 72 fois accablé de tristesse; sa couronne d'épines lui a infligé 1,000 blessures à la tête; ils ont craché sur lui 72 fois; ses mains et ses pieds ont été percés ou meurtris en 72 endroits; il a poussé 109 soupirs dans ses agonies; les blessures qu'il a reçues par tout son corps s'élèvent à 6,475; il a répandu 230,000 gouttes de sang, et il a versé 60,200 larmes sur nos péchés. »

Dans les notes fidèles et impartiales contenues en ce

chapitre, j'ai peint la religion catholique telle qu'elle est à Changhaï. Il n'en faut pas davantage pour montrer que sa politique à la Chine, sous le manteau de la *Propagation de la foi,* est la même qu'elle est et a toujours été dans toutes les parties du monde [1].

[1] Nous n'avons cru devoir rien retrancher de ce chapitre du Révérend M. W. C. Milne, concernant les Missions catholiques à Changhaï. On comprend que les missionnaires protestants voient d'un œil jaloux la prospérité d'un établissement qui a, comme M. Milne le reconnaît lui-même, d'anciennes et profondes racines dans le pays. Au surplus, qu'il nous permette de lui dire que, selon notre humble opinion, si la Chine doit être convertie au Christianisme, ce dont nous doutons fort, elle le sera, non par les missions protestantes, mais plutôt par les missions catholiques, qui s'assimilent mieux les populations, dans leur apostolat d'abnégations et de dévouement, que les missionnaires protestants, aussi dévoués peut-être, mais dont les doctrines ont une empreinte moins religieuse, moins concrète que celles de leurs prédécesseurs. G. P.

CHAPITRE V

Missions protestantes à Changhaï; leur début; leurs opérations. — Étude de la langue. — Prédications. — Distribution de livres. — Traduction des saintes Écritures. — Écoles. — Application des caractères d'écriture romains à la langue chinoise. — Coup d'œil rétrospectif sur les missions protestantes à la Chine pendant cinquante années. — Encouragements à leurs travaux.

Le traité de Nanking était à peine signé et scellé, que les regards des missionnaires protestants, déjà placés aux avant-postes de l'Empire, se portèrent dans la direction de Changhaï, comme la grande porte par laquelle ils devaient y pénétrer.

La ville, par elle-même, est d'un ordre secondaire, et les habitants ne sauraient rivaliser avec leurs compatriotes du sud de l'Empire pour l'intelligence, l'énergie et l'indépendance du caractère. Cependant il est certain que le port de Changhaï est une des principales entrées pour parvenir au cœur du pays. Cette ville communique directement avec Soutcheou, où l'on se rend par eau en vingt-quatre ou trente heures, et n'est éloignée que de cent cinquante milles de Hangtcheou, capitale de la province de Tchèhkiang. Ces deux villes ne sont surpassées par aucune autre pour l'opulence, la littérature, et les jouissances du luxe, ainsi que le dit le proverbe bien connu à la Chine :

« Le ciel est en haut ;
« Hangtcheou et Soutcheou sont en bas. »

Outre ces relations faciles avec deux grandes capitales de provinces contenant soixante millions d'habitants, Changhaï est en rapport libre et constant par mer avec tous les ports maritimes sur une étendue de côtes de plus de mille milles, depuis Canton au sud, jusqu'à Peking au nord, et en remontant le Yangtszekiang par le moyen de nombreux tributaires, avec les provinces du milieu, Houkouang, Nganhoeï, où l'on peut, dans l'espace de huit ou dix jours, visiter de riches districts et de belles villes (Nanking, Nganking, Woutchang, Hankeou, etc.). Possédant comme elle le fait ces communications faciles avec les côtes et l'intérieur, Changhaï doit toujours ajouter au chiffre de sa population un nombre énorme de marchands du pays, de négociants et de voyeurs étrangers qui y ont afflué de plus en plus depuis l'ouverture du port. Ces considérations et d'autres encore ont contribué à faire de cette ville un point d'attraction tout particulier pour les missionnaires protestants à la Chine.

La Société des Missions de Londres fut la première qui vint occuper le poste d'honneur. Deux de ses membres, le révérend docteur Medhurst et M. Lockhart, y arrivèrent en décembre 1843, en même temps que le consul de Sa Majesté qui vint y arborer son pavillon. Pour exprimer ici une conviction gravée dans mon esprit depuis mon arrivée dans ces parages, je dirai que les buts de travaux apostoliques ne pouvaient être confiés à des hommes plus heureusement qualifiés que ceux que je viens de nommer. L'un était blanchi au service religieux. Par sa connaissance approfondie de la langue chinoise, il pouvait de suite communiquer avec les indigènes des diverses parties de l'Empire ; et par son âge avancé (titre au respect dans toute la Chine) il s'attirait la considération publique. L'autre, versé dans la médecine pratique, d'un caractère gai, image de la bienveillance de son âme, adoucissait les préjugés de la population, nourris par les souvenirs tout récents de l'invasion étrangère. Sans doute les travaux préparatoires de ces hommes distingués ont avantageusement préparé à Changhaï les voies pour la « Société de Londres, » et pour les autres missions [1].

Depuis lors, plusieurs autres sociétés de missionnaires ont choisi ce lieu comme le théâtre de leurs efforts évangéliques. Leurs statistiques montrent que, depuis treize ans, dix sociétés distinctes ont envoyé cinquante-sept missionnaires, dont trente-sept au moins sont encore à l'œuvre, les autres ayant été enlevés par la mort, les maladies ou d'autres causes.

Je parle ici avec connaissance personnelle des opérations en général des missionnaires de Changhaï ; et je dois dire d'abord qu'avant d'aborder les travaux directs

---

[1] Après avoir écrit ces lignes, l'auteur fut appelé, avec une foule d'amis et d'admirateurs de diverses dénominations, à pleurer la mort d'un missionnaire laborieux et distingué, le révérend docteur Medhurst. Après quarante années de travaux actifs et littéraires en Orient, il était revenu en son pays natal dans un état de faiblesse extrême, et, trois jours après avoir touché le sol natal, il expira paisiblement, le 24 janvier 1857. Sa perte a laissé un grand vide dans le cercle des missions en Chine; mais, sous la pression d'un pénible et sincère chagrin, ses frères restés dans la lice peuvent être soutenus par cette divine assurance : « Bienheureux sont ceux qui sont morts dans le sein du Seigneur; leurs œuvres leur survivront. »

et difficiles de leur vocation, ils avaient à s'y préparer en apprenant le *patois* local. J'exprime cette remarque presque banale, parce qu'on se fait en Europe une idée très-fausse de l'étude de la langue chinoise. A en juger par les questions sans nombre qu'on m'a faites à mon retour en Angleterre, on paraît y être convaincu dans tous les rangs de la société que cette langue est bizarre et étrange, et qu'il n'y a que des hommes doués de facultés extraordinaires qui puissent l'apprendre. Il existe en général beaucoup d'exagération dans l'opinion qu'on se forme à ce sujet. Je ne veux point parler trop légèrement de la langue des livres; pour parvenir à s'en rendre maître, il faut déployer toutes les forces de son esprit et de son corps; c'est l'ouvrage d'une vie entière. Je ne veux m'occuper que de la langue parlée, ou du dialecte employé parmi le peuple. Pour l'apprendre, une personne de moyens très-ordinaires n'aura pas besoin de faire grande dépense d'étude et de travail. Dans les premiers jours, les relations avec la classe commune du peuple (qui sont la meilleure manière de se former au dialogue) étaient difficiles et presque prohibées; aujourd'hui c'est tout le contraire, elles sont faciles et continuelles. Un homme ne peut attraper le patois local en pâlissant sur ses livres, ou en s'entretenant avec son docte *Sienseng*. Les meilleurs maîtres du langage populaire sont les artisans des faubourgs, des villages, des marchés et des boutiques. Je ne crois pas trop rabaisser les difficultés que présente l'étude des dialectes chinois en disant que cette étude n'est pas plus ardue à la Chine que dans tout autre pays d'Orient, pourvu qu'on y travaille comme on le ferait pour apprendre le français, l'italien ou le bengali.

En faisant une mention spéciale des travaux des missionnaires protestants à Changhaï, je passerai en revue cinq points principaux sous le rapport desquels ils ont trouvé des encouragements et des succès, mais aussi des épreuves et des désappointements.

1º *Prédications.* — J'entends par ce mot des instructions orales destinées à expliquer l'Évangile, instructions données en public ou en particulier, à des moments réglés ou accidentels, dans des temples ou autres bâtiments construits ou loués pour cet objet. Pour ce service, on emploie à Changhaï plusieurs dialectes, selon le rang des auditeurs, quelquefois la langue mandarine, quelquefois le dialecte de Fohkièn, mais plus généralement le patois de Changhaï. De cette manière chaque assistant peut entendre les vérités évangéliques dans la langue du pays où il est né. Dans aucun des autres ports où l'on emploie des missionnaires, ce mode de communications n'a été développé d'une manière aussi étendue; et grâce à la facilité des occasions il prend d'année en année un accroissement considérable. On peut y réunir chaque jour un auditoire nombreux, soit sans doute par la curiosité que les indigènes éprouvent de « voir et d'entendre des hommes de l'Occident; » soit à cause du respect qu'inspirent ici les étrangers, et de la confiance que le peuple place dans les « maîtres qui enseignent la religion de Jésus. » Ces maîtres d'un culte étranger inspirent les égards et la confiance, non pas seulement à cause de leur facilité à parler la langue du pays, mais à cause de leur mission bienveillante. Les Chinois savent que les missionnaires ont quitté père, mère et patrie pour visiter la Chine, non comme les autres Européens dans un but de commerce et pour faire fortune, mais seulement dans l'intention d'apprendre aux Chinois la voie du salut par le moyen de Jésus-Christ. Depuis quelque temps les assemblées dans les chapelles et les églises ont considérablement augmenté, depuis que les hordes de pirates ont été chassées de la ville. L'expérience a démontré combien on s'était trompé en craignant, si les autorités impériales étaient rétablies, qu'il se déclarât parmi le peuple une opposition aux travaux des protestants. Les prédications trouvent aussi beaucoup de facilités et d'encouragements dans la campagne, où des missionnaires de diverses dénominations, et quelquefois concurremment, prêchent l'Évangile à cent et cent cinquante milles dans l'intérieur.

2° *Distribution des saintes Écritures et des livres chrétiens.* — Cette division du travail est un accessoire de la première. Dans la confection et la distribution gratuite des feuilles volantes, des circulaires, des traités, des manuels, et des ouvrages expliquant les dogmes de la religion, les catholiques et les bouddhistes ont été plus qu'à notre niveau; mais dans la circulation étendue des « saints oracles de Dieu » (je veux parler de la Bible), les missionnaires protestants, en Chine, n'ont rien à envier à la « religion du Seigneur du ciel. » En 1853, la mission de Changhaï reçut une impulsion extraordinaire par le vote libéral fait par les églises d'Angleterre d'un million de Testaments offerts à la nation chinoise. Ce fut là un pas fait à propos, et inspiré par la Providence. Selon toute probabilité, si cette mesure n'avait pas été prise en 1853, les deux années qui ont suivi auraient été trop absorbées par la guerre contre la Russie pour qu'on s'occupât du royaume du milieu, et la bourse de la libéralité anglaise se serait trouvé épuisée.

Les presses, surtout celles de la Société biblique, ont été constamment occupées à Changhaï depuis trois ans, produisant avec toute la rapidité que permettaient la correction et l'exactitude, une partie du million d'exemplaires voté par la Grande-Bretagne. Ces presses sont fournies d'un assortiment de caractères en fonte détachés, de l'invention de Samuel Dyer. Ces caractères, n'offrissent-ils qu'une économie de temps, de travail et d'argent, méritaient des louanges et des encouragements [1].

On a établi récemment un système de *colportage* mieux entendu, au moyen duquel nos Bibles et nos traités sont plus promptement et plus largement répandus. Je puis dire que maintenant on a soin de ne pas donner les ouvrages sans discernement; on ne les distribue qu'aux personnes qu'on suppose devoir en faire un bon usage.

La distribution des Traités et des Écritures a une importance dont on ne peut se faire une trop haute idée, surtout dans un pays comme la Chine, où la lecture est puissamment encouragée, et où le *papier*, pourvu qu'il

---

[1] La mission de l'*Église presbytérienne* des États-Unis d'Amérique a acheté à Paris une *frappe* des caractères chinois de M. Marcellin-Legrand, ancien graveur de l'Imprimerie impériale, pour imprimer aussi, en Chine, une traduction chinoise de la Bible et du Nouveau-Testament, ainsi que d'autres ouvrages religieux. Ces caractères, gravés sur *poinçons d'acier*, sous la direction de celui qui écrit ces lignes, d'après le système de division des *caractères radicaux* et des *groupes phonétiques*, qui permet d'économiser les *trois quarts* des poinçons, offrent un avantage immense sous le rapport de l'économie et de la facilité de la composition. Malgré les obstacles de tous genres que toute innovation rencontre toujours à ses débuts, ces caractères finiront par être généralement adoptés. G. P.

soit écrit ou imprimé, est traité avec une considération qui approche d'un respect religieux. Ajoutons à cela que le langage des livres est le même dans les dix-huit provinces de la Chine, quelque différence qu'il y ait dans la langue parlée d'une province à une autre. Cela vient de la texture pictoriale du langage écrit, chaque caractère représentant une idée, souvent indépendante du son; de sorte que les natifs de différentes provinces, qui ne s'entendraient pas entre eux dans une conversation, ont la ressource de se communiquer leurs idées en écrivant. Quelquefois, lorsqu'ils lisent un ouvrage chinois, s'ils se font mal entendre à cause de la diversité de la prononciation, il leur suffit de montrer le livre à leur auditeur de quelque province qu'il soit. Dans un champ et avec une population aussi étendue que ceux que nous offre la Chine, cette particularité donne un grand avantage. Les missionnaires peuvent ne pas pénétrer dans toutes les parties de l'Empire, mais nos livres y pénétreront. Et lors même que nos infatigables collaborateurs, parvenus aux dernières limites de la Chine, ne pourraient se faire comprendre, les écrits chrétiens imprimés dans la langue des livres seront compris par tout le monde. Dieu soit béni pour avoir préparé les canaux qui porteront aux recoins les plus reculés de la Chine les « silencieux messagers de paix! »

3° Un des objets spéciaux sur lesquels l'attention des missionnaires de Changhaï s'est portée depuis 1845 est la traduction en chinois d'ouvrages d'instruction générale sur la médecine, la géographie et l'astronomie, principalement de livres religieux, et par-dessus tout de l'Ancien et du Nouveau Testament. Dans le paragraphe précédent, je me suis étendu sur la distribution des imprimés; je vais parler maintenant de la traduction des saintes Écritures.

Depuis l'époque la plus reculée des missions protestantes à la Chine, leur objet principal a été de procurer aux Chinois une traduction de la Bible dans leur langue. Cette tâche a été accompagnée de difficultés extraordinaires. La première version, due à Morrison et Milne, les premiers missionnaires, était imparfaite; cela devait être. Dans ce travail, ils n'avaient moyen de communiquer entre eux qu'à de rares intervalles et pour trop peu de temps. Séparés l'un de l'autre par une distance de deux à trois milles, les traducteurs ne pouvaient s'entendre sur les révisions. La politique étroite du gouvernement chinois s'opposait à ce qu'ils eussent avec le peuple des rapports qui eussent pu leur donner l'usage de la langue du pays. D'ailleurs, la multiplicité de leurs travaux divisait trop leur temps et leurs forces. Toutes ces circonstances inévitables s'opposaient à la réalisation du grand objet de ces pionniers de la religion, celui de donner une traduction exacte des saintes Écritures. Bien qu'ils eussent complété l'ouvrage avant de mourir, ils ne s'aveuglaient pas sur ses imperfections. Ils déplorèrent ses défauts jusqu'à leur dernier jour, et ils moururent à leur poste, priant, à leur dernier soupir, qu'on s'occupât de réviser leur traduction. Ce devoir fut dévolu à leurs successeurs, mais seulement bien des années après. Pendant ce temps, on essaya une ou deux autres versions, mais leurs nombreuses imperfections les firent abandonner.

Lorsqu'après le traité de Nanking les sociétés des missionnaires se rendirent à la Chine, leurs agents sentirent plus que jamais la nécessité de retraduire les saintes Écritures, ou du moins d'en réviser les traductions. Une longue expérience avait démontré l'insuffisance de celles qui existaient. Possédant maintenant des moyens plus efficaces pour atteindre le but, les missionnaires sentirent que leur responsabilité y était engagée. Une conférence qu'ils eurent ensemble à Hong-Kong, dans l'été de 1845, trancha la question, et une révision fut résolue. Après des délais assez longs, occasionnés par la correspondance et d'autres causes qu'il est inutile d'énumérer, on forma une commission de cinq délégués nommés par les missionnaires des différentes stations.

Par ce fait que la délégation a commencé, continué et terminé ses travaux à Changhaï, cette station ne s'est pas acquis peu de réputation dans l'histoire des missions évangéliques de la Chine. La première session des délégués eut lieu dans l'été de 1847, et, comme l'auteur a tenu son humble place dans ce comité, il peut lui être permis d'entrer dans quelques détails intéressants.

Le président de ce *quinquemvirat* était le docteur Medhurst, homme honoré de tous ceux qui l'ont connu, comme un *facile princeps* dans la langue chinoise[1].

---

[1] Le docteur Medhurst a publié un grand nombre d'ouvrages destinés à l'étude des langues de l'extrême Orient. Voici la liste des principaux de ces ouvrages : 1° « An English and Japanese and Japanese and English Vocabulary » (*Vocabulaire japonais-anglais et anglais-japonais*), Batavia, 1830; 2° « Comparative Vocabulary of the Chinese, Corean and Japanese languages, » (*Vocabulaire comparatif du chinois, du coréen et du japonais*), Batavia, 1835 : nous en possédons un exemplaire comme don de l'auteur ; 3° « Dictionary of the Fokkien dialect of the Chinese language » (*Dictionnaire du dialecte du Fok-kien*), Macao, 1832, in-4°; 4° « Chinese and English Dictionary » (*Dictionnaire chinois-anglais*), Batavia, 1842, 2 vol. in-8°; 5° « English and Chinese Dictionary » (*Dictionnaire anglais-chinois*), Bata=

Sous la savante direction de ce linguiste, qui tenait le fauteuil, les délégués commencèrent leurs travaux par le Nouveau Testament, suivant le texte reçu, par déférence pour les suggestions de la Société biblique. Nos séances avaient lieu tous les jours. Elles s'ouvraient par une prière et par la lecture d'un passage de la Bible, et duraient de dix heures du matin jusqu'à deux heures et demie du soir. Notre méthode de travailler était de procéder verset par verset, ensuite mot par mot, laissant à chacun de nous la facilité de proposer telle modification qu'il jugerait convenable. Les divers membres de la délégation avaient avec eux leurs professeurs chinois, dont il y en eut trois qui assistèrent pendant six ans à nos séances, nous rendant d'inestimables services. Chaque jour, avant de nous séparer, nous convenions de la portion des Écritures qu'on devait reviser à la réunion suivante, et le président donnait une esquisse de la traduction, afin que chaque membre pût l'examiner et la comparer avec le texte.

Le Nouveau Testament fut complété en trois ans, à la fin de juillet 1850. Le comité résolut que la version, telle qu'elle est maintenant, serait soumise aux sociétés bibliques de l'Europe et de l'Amérique, et à tous les missionnaires protestants en activité de service à la Chine; avec cette condition que toutes les personnes qui feraient usage de cette version s'abstiendraient d'altérer le texte donné par le comité, qui réservait à une majorité prise dans son sein le droit de faire telles modifications qu'il jugerait nécessaires. Il y eut des différences

via; 6° « Ancient China, » Changhaï, 1846, 1 vol. in-8°; 7° « A Dissertation on the theology of the Chinese » (*Dissertation sur la théologie des Chinois*), Changhaï, 1847, in-8°.   G. P.

d'opinions entre les missionnaires dans toute la Chine sur les mots convenables pour rendre βαπτίζω, Θεός et Πνεῦμα. La version des délégués avait des blancs laissés exprès pour ces termes, abandonnant le choix de leur équivalent à leurs collègues réunis, « pensant que ladite diversité de traduction pour les mots en question serait moins préjudiciable, si tous les partis dissidents employaient la même version, que d'avoir autant de versions que de différentes traductions de ces termes importants. »

A la veille de commencer la traduction de l'Ancien Testament, on nomma un comité composé du révérend docteur Medhurst, du révérend John Stronach, et de moi, pour traduire cette portion des Écritures sous les auspices de la Société des Missions de Londres. Pour ce travail, comme pour celui du Nouveau Testament, on avait l'intention que le résultat ne se trouvât pas limité à cette Société, mais fût soumis à toutes les Sociétés bibliques d'Europe et d'Amérique, ainsi qu'à tous les missionnaires protestants de service à la Chine. Des raisons de prudence avaient engagé les traducteurs à cette combinaison nominale; mais le travail de la traduction fut lui-même interrompu, et on se décida à le reprendre d'après les mêmes règles et les mêmes principes que pour le Nouveau Testament. Nous continuâmes nos travaux jusqu'au printemps de 1853, où l'Ancien Testament revisé fut soumis aux missionnaires de la Chine, exactement aux mêmes conditions qu'on l'avait fait pour le Nouveau Testament. Dans l'espace de six ans, cette version des saintes Écritures en chinois était complétée, et elle est aujourd'hui en circulation [1].

[1] Cette version protestante chinoise de l'Ancien et du Nouveau-

TRADUCTION DE L'ANCIEN TESTAMENT. 495

Le temps me manque pour parler ici d'une ou deux autres traductions en plus petit caractère et en plus petit format, préférées par quelques personnes, l'une sur un point, l'autre sur un autre. J'ajouterai seulement qu'une chose est à regretter, c'est que les dissidents, tout en reconnaissant la supériorité de la Bible « des délégués, » fomentent des divisions en admettant des variantes, au lieu d'adopter une version commune, ce qui serait bien préférable pour l'objet des missions.

4° Comme dans toutes les autres stations, l'éducation de la jeunesse des deux sexes a été l'objet d'une vive préoccupation de la part des missionnaires de Changhaï. La principale école est à Houng-Kéou, qui, au moment où j'écris ces lignes, est devenu une espèce de colonie de missionnaires. Elle a été formée, il y a dix ans, sous l'habile direction du révérend docteur Boone, évêque des missions épiscopales américaines à la Chine. Tout étranger qui passe quelques jours à Changhaï doit visiter cette école. Il sera récompensé d'une heure ou deux que cela lui demandera. Bien que plusieurs membres de cette mission s'occupent de prédications, le principal objet de leurs travaux est de former les jeunes cœurs; et, sous ce rapport, on peut dire que les soins des missionnaires ont obtenu des succès inouïs dans toutes les parties du monde. Il y a un an, il se trouvait ici deux cents jeunes garçons et quatre-vingts jeunes filles élevés et instruits sous la direction maternelle de plusieurs institutrices éclairées. On leur apprend les différentes branches des sciences élémentaires; mais c'est surtout la religion dont on cherche le plus à leur inspirer les principes.

Testament forme 4 vol. in-8°, imprimés à la manière chinoise. Changhaï, 1855. G. P.

Dans cet établissement, on montre l'anglais concurremment avec la langue du pays. Mais, dans nos écoles de missionnaires à la Chine, l'expérience a sans doute démontré qu'il est bon de ne pas faire de l'anglais un objet d'étude essentiel et uniforme pour tous les élèves, et qu'il vaut mieux s'en servir comme d'un moyen pour stimuler ceux qui promettent et pour les récompenser.

J'ai déjà parlé d'un système consistant à rendre la langue chinoise en caractères romains; j'y reviens ici. Ce système a été essayé dans nos écoles. Il consiste, comme cela se comprend, à rendre les sons chinois en caractères romains, et à écrire des livres avec ces mêmes caractères. Mais ces essais valent-ils le temps, la dépense et le travail qu'on y emploie? Est-ce là la méthode convenable pour faire le plus de bien possible dans le moins de temps possible? Les enfants n'auront plus le temps d'apprendre la langue de leurs propres livres, dont l'étude est si longue! Au résultat, l'écriture chinoise *romanisée* servira tout au plus à une portion infinitésimale de la population chinoise, qui s'élève à trois cent soixante millions d'âmes. Les élèves formés à ce système ne pourront nous rendre de services auprès de la masse de leurs concitoyens. L'innovation ne peut aspirer à renverser l'antique langue des livres; elle ne peut réformer l'idiographie stéréotypée de la Chine; elle rend les jeunes Chinois qui l'ont apprise inutiles dans leur pays, soit comme marchands, soit même comme commis. Elle leur ôte leur individualité de Chinois, sans leur donner l'autorité de professeurs européens. Pourquoi adopter, encourager et poursuivre cette méthode? En outre, n'est-ce pas prodiguer le temps et les talents des missionnaires? Il est possible que le système proposé semble beau à quelqu'un disposé à l'indolence et à la paresse; mais il ne séduira pas quiconque veut travailler utilement dans ce pays. Il faut s'attaquer à la langue chinoise avec les caractères qui lui sont propres, sous toutes leurs formes; il faut parvenir à écrire de manière à être lu de la masse.

5° Un autre établissement qui s'est acquis une certaine considération à Changhaï, c'est la mission médicale, qui pratique la médecine parmi les indigènes gratuitement et sans distinction. Sans faire allusion à d'autres institutions semblables qui se sont créées depuis, qu'il me soit permis d'insister sur ceci, que le plan en a été formé à la mission de Londres, et qu'il a été exécuté avec promptitude, régularité et succès sous la direction de W. Lockhart. L'hôpital médical, contigu à l'établissement de la mission de Londres, est soutenu par les résidents étrangers. C'est par ce moyen qu'on réunit chaque jour un grand nombre d'indigènes. Tandis qu'on s'occupe de leurs besoins corporels, un prédicateur se trouve là; et un mot dit à propos peut, avec la grâce de Dieu, amener le malade à rechercher le baume qui guérit les blessures de l'esprit.

Le rapport de l'hôpital du 1er janvier au 31 décembre 1856 donne la statistique suivante: « Pendant une période de treize ans, plus de cent cinquante mille personnes ont été traitées pour différentes maladies; il est venu des malades à l'hôpital, non-seulement du voisinage immédiat, mais de plusieurs villes éloignées et des provinces environnantes. Un grand nombre de marins des jonques du Chantoung et du Fohkièn sont venus s'y faire traiter. »

La mission protestante à la Chine ayant presque complété un demi-siècle, il est naturel de faire un examen rapide de ses progrès dans l'Empire jusqu'au jour où nous sommes.

Depuis le commencement de l'œuvre, à une époque où les étrangers se trouvaient environnés de toutes les difficultés causées par la nature du pays et l'antipathie nationale, la Chine a été ouverte à nos pas, la prévention du peuple a fait place à la confiance et au respect, les Européens ont obtenu une installation dans quelques-unes des plus grandes villes, l'intérêt des nations occidentales en faveur de la Chine a été éveillé ; de nombreuses sociétés de missionnaires sont entrées en campagne et chaque chose concourt à préparer le triomphe de l'évangélisation. Quant aux travaux des missionnaires à la Chine, jusqu'à ce jour ils ont été purement et simplement ceux de *pionniers*. C'est pour ce rude service que cent quatre-vingt-dix hommes se sont enrôlés et ont quitté le sol de la patrie. Leur emploi a été (si nous pouvons nous exprimer ainsi) celui de *navvies* ; — défricher le terrain, soulever la glèbe, couper les jungles, faire des tranchées, élever des digues, creuser des mines, faire sauter des rochers, percer des tunnels, aplanir des routes, placer des traverses et des rails, etc., voilà ce qu'ils ont dû faire. Sans le dévouement de ces prédécesseurs, dont un grand nombre a été appelé au repos éternel qui est sa récompense, tous ces travaux préliminaires, si utiles, mais si rudes, seraient encore à accomplir. Aussi l'historique de nos missions à la Chine depuis cinquante ans, s'il n'offre pas la maturité de fruits que nous avions espérée, se trouve rempli d'encouragements d'une autre sorte que nous n'avions pas espérés, et nous pouvons tous nous écrier : *Jubilate Deo, jubilate !*

Cependant cette revue consolante du passé et de l'état présent de nos missions à la Chine ne peut entièrement disperser le nuage d'anxiété qui plane sur nous lorsque nous considérons l'étendue de ce territoire et l'énormité de sa population. Songez-y! Il y a là, non pas encore un autre homme, mais quatre cents millions d'autres hommes, que dis-je, d'autres hommes! d'autres femmes! d'autres enfants! tous frères avec nous de la même famille, ayant des facultés analogues aux nôtres, nés pour le même but, destinés à l'éternité comme nous le sommes, auxquels les mêmes moyens de salut sont destinés, et qui doivent périr s'ils ne sont admis à partager la grâce divine! Quatre cents millions d'âmes gémissant dans la captivité! attendant l'émancipation que le Christ leur a destinée!

Y eut-il jamais un appel plus puissant à la sympathie et à la pitié de l'évangélisme que celui que fait entendre la Chine? Le seul but des missions chrétiennes ici est de sauver, de sanctifier, d'élever l'âme des Chinois; et ce but ne peut s'atteindre que par les vérités et les institutions de l'Évangile!

Pour l'accomplissement de ce projet céleste, l'Église du Christ trouve à la Chine que la providence de Dieu a prévenu ses besoins, en lui préparant des aides, ou du moins en écartant quelques obstacles insurmontables dans certains autres pays. Une voix a déjà crié dans cette solitude: « Préparez les voies du Seigneur! Tracez dans le désert une route pour notre Dieu! » Quelques vallées ont été comblées, quelques éminences abaissées, quelques détours ont été redressés, quelques endroits raboteux ont été aplanis. Par exemple, la population n'est pas clair-semée et difficile à atteindre. Elle est agglomérée, elle peut être influencée par masses. Une civilisation avancée règne ici depuis des siècles [1]; rien n'y rappelle la vie sauvage et l'état de barbarie. Nous n'avons pas à apprivoiser le cannibale, à vêtir l'indigène nu, à lui apprendre les avantages de la vie sociale, à lui faire connaître le vêtement, l'habitation, le commerce et les arts. L'éducation ici est appréciée et populaire; l'instruction est de temps immémorial encouragée chez le peuple par les fonctionnaires, les sages et les empereurs. En un mot, les missionnaires n'ont pas à créer une langue pour les Chinois, à leur découvrir le secret de l'écriture, à leur montrer les mystères de la presse, etc. En composant des livres chrétiens pour des centaines de millions de Chinois, nous n'avons pas à étudier quatorze ou vingt langues différentes comme dans l'Inde anglaise. Tous les livres à la Chine parlent une seule langue.

Dans une telle condition de société, cependant, les missionnaires de l'Église chrétienne se trouveront en contact avec toutes les formes de dépravation qui peuvent dégrader l'âme. Athée, mondain, sensuel, orgueilleux, entêté, inhumain, insensible, indifférent, attaché aux anciennes idées, détestant la nouveauté, sans principes, sans fermeté, obséquieux, louangeur et formaliste, tel est le Chinois. Tels sont les traits caractéristiques qui s'offriront à chaque pas aux yeux des prédicateurs d'une religion de justice. Ils reconnaîtront que nulle autorité humaine, nul talent, nulle éloquence, ne peuvent adoucir les teintes sombres de ce caractère, et qu'à

---

[1] C'est précisément, pensons-nous, cet état de civilisation avancée, que l'on s'obstine à nier en Europe, qui sera le plus grand obstacle à la réalisation des espérances que l'auteur exprime ici. G. P.

l'omnipotence de Dieu seul est réservé l'espoir d'y apporter quelque changement.

La tâche d'évangéliser les Chinois est donc une tâche difficile. Mais une aurore consolante se lève sur les travaux des missionnaires. Les auditoires deviennent nombreux, les questions se multiplient, le désir des saintes Écritures s'accroît, les conversions se succèdent, le nombre des églises va sans cesse croissant[1]. La force de la vérité triomphera à la Chine comme partout ailleurs ; au nom de Jésus, tous les genoux fléchiront et toutes les langues confesseront que Jésus est le Seigneur de tous, à la gloire de Dieu le Père !

---

[1] Dans une lettre récemment arrivée d'Amoy, et qui résume les résultats favorables qu'ont obtenus les travaux des missionnaires, on lit que, dans le cercle de la mission, renfermant la ville d'Amoy, et celles dans un rayon de trente milles, il se trouve maintenant trois cent soixante Chinois chrétiens : tant la parole de Dieu a prévalu !

CINQUIÈME PARTIE

ÉTAT PRÉSENT ET A VENIR DE LA CHINE

CHAPITRE PREMIER

Insurrections indigènes à la Chine. Soulèvements locaux à Canton, Amoy et Changhaï, et leur répression. — Rebellion de Taïping. — Son origine, ses progrès, ses échecs, son caractère religieux et ses résultats probables.

Depuis quelques années, des troubles d'un aspect menaçant ont grossi aux frontières mêmes de la Chine.

Ces agitations politiques ont eu quelques points en commun, quoique ayant été complétement distinctes sous le rapport des chefs, des réclamations, et de la croyance. Si nous pouvions, pour plus de clarté, les diviser par ordre d'importance, nous commencerions par les moins considérables, quoiqu'elles soient d'une date plus récente.

Sur la ligne des côtes qui s'étendent du port de Canton

à l'embouchure du Yangtsze-kiang, dans une étendue de huit cents milles, il y a eu depuis 1852 trois mouvements séditieux parmi les indigènes, chacun dans un des trois ports de la Chine les plus fameux pour le commerce tant du pays que de l'étranger. Les ports dont nous parlons sont ceux d'Amoy, dans la province de Fohkièn, de Canton, dans la province de Kouantoung, et de Changhaï, dans la province de Kiangsou.

Quoique cet esprit d'insubordination n'ait éclaté que dans le mois de mai 1853, il fermentait depuis longtemps sur les côtes est de l'Empire. Nulle part le gouvernement actuel n'avait à combattre une opposition aussi perpétuelle. Nulle part aussi les Européens ne subissaient des insultes d'un caractère aussi grave. Et il n'y a pas lieu de s'en étonner. L'esprit d'audace, d'indépendance, de risques et d'improbité s'était fortifié au sein de cette population, née sur les côtes de la mer ou sur ses îles sauvages, composée de pêcheurs, de matelots, de contrebandiers et de pirates ; trafiquant avec les étrangers, et vivant du commerce de l'opium. Dernièrement et surtout depuis 1840, lorsque le pouvoir de l'Angleterre eut trahi la faiblesse du gouvernement chinois, l'insolence des mécontents était arrivée à un point sans exemple.

Cependant après de longs délais, et beaucoup de sang versé de part et d'autre, ces tumultes maritimes furent apaisés, les séditieux furent dispersés, les citoyens paisibles reprirent leurs habitudes, la sécurité publique fut rétablie, le commerce se rouvrit, recommença à fleurir, et les impérialistes semblèrent reprendre leur autorité.

Mais un mouvement politique d'une bien autre portée est celui que les étrangers nomment emphatiquement soit « la révolution de la Chine, » soit « la rebellion de Nanking. » Toutefois lui donner le premier nom serait lui accorder une généralité à laquelle elle n'a pas de prétention ; et la désigner sous le second serait créer une impression erronée au sujet du lieu où elle a éclaté d'abord. On devrait l'appeler plus proprement « l'insurrection du Kouangsi ; cette province ayant été le berceau de la sédition et le foyer où se trouvèrent amassés les éléments combustibles qui couvaient depuis 1842 dans le sud et le sud-ouest de la Chine. A la fin de la lutte avec l'Angleterre dans cette année, lorsque des relations amicales avec les puissances étrangères eurent été rétablies, il est certain que le gouvernement chinois se laissa aller à un redoublement de sécurité et de contentement de lui-même. L'autorité militaire et la surveillance municipale se relâchèrent d'une façon remarquable. Les caractères hardis, indépendants et turbulents qui se trouvaient parmi le peuple, cherchant l'occasion de réaliser leurs projets politiques, avaient remarqué la faiblesse du gouvernement impérial ; ils observaient avec plaisir les progrès de cette langueur, qui depuis ce temps s'est glissée dans toutes les administrations de l'Empire.

Pendant que l'empereur Taokouang vivait encore (il mourut en 1850), divers troubles et des vols organisés sur une grande échelle, et exercés par des bandits appartenant à la province de Kouangsi, furent dénoncés à Sa Majesté par la *Gazette de Péking*. Le « Grand œil » considéra ces faits comme peu importants et comme devant se dissiper au souffle de l'haleine impériale, ou à la vue d'un écrit du pinceau de vermillon ; mais il arriva que, jusqu'au milieu de 1851, ces bandes continuèrent à troubler le Kouangsi, répandant le désordre dans les provinces environnantes, de *Kouangtoung*, (c'est-à-dire de Canton) et de Hounan.

Ce fut alors que les troubles prirent le caractère plus dessiné d'une irruption. Des montagnes du Kouangsi elle se répandit jusqu'au cœur de l'Empire. A mesure que les forces envahissantes s'avançaient, les chefs s'efforçaient d'établir quelque chose comme un plan de campagne. Ils proclamèrent comme leur seul but la fondation d'une nouvelle dynastie. Des plaintes sonores furent formulées contre la monarchie existante. Des appels virulents furent adressés à toutes les classes, tantôt en des termes encourageants, tantôt sous des formes alarmantes. Ces demandes trouvèrent un écho puissant dans la presse, ce milieu sans cesse actif à la Chine, l'instrument le plus efficace et le plus populaire de ce pays. A sa voix puissante, transmise de province en province, les habitants paisibles furent glacés de crainte. Les soldats impériaux, soit qu'ils se composassent de « tigres, » ou de « braves de villages, » figurèrent en face des rebelles à peu près comme ces soldats de bois qu'on met entre les mains des enfants. La foule des vagabonds qui infestent les campagnes trouva dans cette commotion un aliment à ses instincts pervers, et se joignit par troupes au mouvement. Malgré tout cela, cette insurrection menaçante mit dix-huit mois à arriver de Kouangsi, à travers la province de Hounan, jusqu'au bord de la rivière de Yangtsze, une distance de moins de sept cents milles. Son approche répandait partout la terreur. Bien que les autorités locales eussent été à même d'entendre les bruits alarmants, longtemps avant l'arrivée des envahisseurs, il ne paraît pas que les plus zélés et les plus courageux entre les serviteurs impériaux se soient préparés à une résistance vigoureuse, tandis qu'il en était temps encore. Le résultat de ces lâchetés fut qu'à l'approche de cette armée formidable dont le nombre, tout considérable qu'il fût, se trouvait encore augmenté par la panique générale, les villages et les villes furent abandonnés par leurs habitants et par leur milice grotesque, non moins prompte à fuir, après un semblant de manœuvres militaires, auxquelles toutefois elles ne se livrèrent qu'à distance convenable de l'ennemi.

Comme il n'entre pas dans notre plan de faire suivre pas à pas au lecteur la marche des insurgés, nous les prendrons à Nanking, qui tomba entre leurs mains le 19 mars 1853. Le matin de ce jour-là, de bonne heure, ils firent jouer une mine qui pratiqua une brèche large de trente mètres dans la muraille de la ville près de son angle nord. On donna l'assaut, et, après une légère résistance, les rebelles entrèrent dans la ville, en prirent possession, et en ont toujours fait depuis leur quartier général. Vers la fin du même mois, ils s'emparèrent de la citadelle de Tchinkiang-fou, à cinquante milles de Nanking. Au commencement d'avril, les vainqueurs marchèrent sur les deux villes murées de Kouatcheou et de Yangtcheou, presque vis-à-vis Tchèhkiang, sur la rive nord du Yangtsze. Ces deux places se rendirent sans résistance. Maîtres de ces deux points importants, les insurgés commandaient la grande voie de communication entre le nord et le sud de la Chine, au moyen du grand canal appelé par les indigènes le « Canal de transport des grains, » d'après le principal usage auquel il sert. Avant d'aller plus loin, ils eurent la précaution d'établir une sorte de gouvernement régulier dans la « capitale céleste » (c'est le nom qu'ils donnent à Nanking), et d'en augmenter les fortifications, de même que celles des deux villes dont j'ai parlé, placées sur les deux bords de la rivière, dans l'intention évidente de conserver ces espèces de têtes de pont. Mais, tandis que les rebelles s'occupaient de ces mesures préparatoires, l'armée impériale marchait contre eux. Elle établit toutefois ses tentes à une distance respectueuse des murs de Nanking, à l'ouest, au sud et à l'est de la ville. Sa flottille jeta l'ancre à huit ou dix milles au-dessus et au-dessous de la ville, de manière à commander le canal de communication de l'ouest à l'est au moyen du Yangtszekiang, dont les eaux baignent la face nord de Nanking. Cette armée assiégeante est restée là tranquille pendant près de six ans. Elle semble n'avoir d'autre but que de garder les insurgés dans l'enceinte de pierre de la « capitale céleste, » et de s'opposer à ce qu'ils aillent fourrager le pays d'alentour. Mais, malgré cette parade des forces impériales, les rebelles ont réussi à tromper les assiégeants, et à faire sortir des détachements, assez considérables, dit-on, vers le sud, l'ouest et le nord. Le corps destiné à opérer au nord s'avança sans que rien le gênât pendant quelque temps à travers la province de Chantoung. Il traversa la rivière Jaune, et pénétra dans la province de Tchihli, jusqu'à cent milles de Péking, métropole de l'Empire. Enfin, les insurgés s'aperçurent qu'ils s'étaient « trop avancés au nord; » car une suite de revers les attendaient là. Leurs bandes, jusque-là victorieuses, éprouvèrent défaites sur défaites. Leurs bataillons furent repoussés, rompus et dispersés. Des compagnies entières furent taillées en pièces, et les débris s'enfuirent comme ils purent. Le même sort accueillit les détachements du sud et de l'ouest.

C'est ainsi que le prestige de l'usurpateur Taïping commençait à décliner à la fin de 1854. Toutefois il occupait encore Nanking et la forteresse de Tchinkiang. Il ne paraît pas que sa cause ait repris de la vie, malgré l'état misérable des forces impériales.

L'historique de cette étrange sédition, pendant les deux années suivantes, n'offre rien de remarquable qu'une division sérieuse survenue dans le camp de ses chefs, division qui, de quelque nature que soient ses causes, a fait tomber sur eux des désastres terribles. Deux des grands confédérés, les rois de l'Orient et du Nord, les plus hauts placés dans la confiance du chef Houng-Sieoutsiouen, furent arrêtés comme conspirateurs, en même temps qu'un corps considérable de leurs partisans qui s'étaient réfugiés dans la tour de Nanking, où on les fit sauter en même temps que la pagode. (Voyez page 454.)

Ces convulsions ne causèrent pourtant pas la chute immédiate de la soi-disant dynastie Taïpingi; mais elles n'étaient pas non plus de nature à servir ses intérêts et à augmenter sa réputation. Aussi voyons-nous encore ces insurgés dans la position où ils étaient en 1853, c'est-à-dire occupant une petite partie de la vallée de la rivière Yangtsze, dans une étendue de trois cents milles, de Nanking à Hieoukiang, sur la rive nord du lac *Poyang*, dans le Kiangsi.

D'autres parties de l'intérieur de l'Empire ont été troublées par les efforts soudains de quelques agitateurs parvenus; mais nous hésitons à les identifier avec les hommes de Taïping, bien que les uns et les autres soient mus par les impulsions les plus viles, l'amour du pouvoir et le pillage.

Il est impossible de prédire le cours futur de la politique à la Chine; mais il n'est pas improbable que le résultat de l'insurrection de Taïping et des troubles dont nous avons parlé sera l'entière désorganisation de l'Empire et le démembrement de la Chine en un certain nombre d'États qui ne seront plus désormais réunis sous un même souverain [1]. Cela, toutefois, ne peut être que l'ouvrage des années. D'ici là, des éléments étrangers seront introduits dans le pays, et sans doute ils viendront augmenter les complications qui le menacent.

Bien que la nation chinoise se soit fait une réputation de léthargie qui approche de la stupidité, cependant, depuis deux ou trois siècles, des commotions civiles, d'une nature ou d'une autre, ont constamment éclaté dans les différentes provinces de l'Empire. A la vérité, elles ont été étouffées les unes après les autres; mais leur retour fréquent dans des lieux opposés démontre que dans cet empire cacochyme il se cache des éléments de vie et d'énergie sociales difficiles à détruire. Ce qui a rendu les troubles récents redoutables au gouvernement, c'est qu'ils sont distincts, séparés, sans liaison les uns avec les autres; c'est qu'ils annoncent que l'esprit d'indépendance nationale, ou le besoin de la conquérir,

---

[1] Nous ne sommes pas ici de l'avis de l'auteur. La Chine est un empire trop homogène, trop habitué à la centralisation du pouvoir depuis des milliers d'années, pour se morceler ainsi. Il peut y avoir changement de dynastie, comme cela arrive généralement en Chine tous les deux ou trois siècles; mais le *morcellement* nous paraît peu probable. Ensuite ces *insurrections intérieures*, ces *guerres extérieures*, que le gouvernement chinois subit, ne peuvent manquer de le faire sortir de sa léthargie séculaire. Il y a, pour les États comme pour les individus, des *crises violentes* qui ne *tuent pas*, mais qui *régénèrent*.   G. P.

n'est pas limité à un point particulier, mais a jeté de fortes racines dans la population.

Le gouvernement actuel, qui a pour titre la dynastie *Taï-tsing*, peut ne pas être renversé par ces mouvements désordonnés. En supposant qu'il ne puisse leur résister, il n'est pas probable qu'un simple changement de monarque puisse amener une amélioration subite et complète dans l'administration des affaires. Si l'on peut concevoir quelque espoir d'un changement heureux, il ne doit pas se fonder sur une agitation plus ou moins organisée, mais sur ce fait que la *pensée* commence à circuler dans le peuple. De nouvelles idées ont été infusées dans l'esprit populaire. Depuis l'établissement des rapports libres avec les étrangers en 1842, le « maître d'école » s'est montré à la Chine. L'esprit de confiance en soi-même, si manifeste dans les dernières insurrections, a commencé à prendre chez ce peuple un ton plus élevé. De semblables agitations, comme les orages et les ouragans, purifient l'atmosphère. Des commotions d'une nature aussi grave excitent la pensée et les tentations, apprennent au peuple à agir par lui-même, et à détruire les débris fossiles des préjugés, de la bigoterie et de la superstition. Chaque secousse dans la nation révèle le travail de ce vaste laboratoire où se préparent des résultats nouveaux et inattendus. Nous ne pouvons nous empêcher de croire que toutes ces ondulations morales du sol de la Chine aboutiront à produire quelque chose « de bon. » C'est ainsi que notre globe tout entier, après que les convulsions terribles de la nature en eurent balayé la surface, finit par présenter une forme que le souverain Créateur lui-même daigna « trouver satisfaisante. »

Au milieu des mouvements dont je viens de parler, c'est-à-dire de la rebellion de *Taïping*, ce fut son élément religieux qui excita surtout, il y a quatre ans, la curiosité et l'intérêt de la chrétienté.

D'après des documents originaux qui sont là sur notre table, nous voyons que, parmi leurs articles de foi, les rebelles reconnaissent cette vérité primitive, qu'il n'y a qu'un seul Dieu, et rien autre chose que lui. Ils déclarent que l'idolâtrie, sous quelque forme que ce soit, est dérogatoire à l'honneur de l'Être suprême, et une violation de ses commandements; que les dix commandements délivrés dans la dispensation de Moïse sont obligatoires pour tous les peuples; que Jésus vint dans le monde pour sauver les pécheurs; que le lot futur des méchants est la damnation éternelle; mais que les justes ont en réserve la félicité du ciel; que le Saint-Esprit influence le cœur des hommes, et que l'adoration solennelle est due au Père, au Fils et au Saint-Esprit. Outre cela, les faits suivants, consacrés par les saintes Écritures, sont mentionnés dans leurs écrits, à savoir : la création du monde en six jours, le déluge, la remise du Décalogue; l'intervention divine en faveur des Israélites, la venue de Jésus-Christ dans le monde, sa mission bienfaisante, sa mort sur la croix, le soleil obscurci à son crucifiement, sa résurrection et son ascension au ciel. Ils ont aussi le Décalogue, non pas complet, mais abrégé. Ils professent la foi dans les Écritures de l'Ancien et du Nouveau Testament, dont certaines portions, telles que le Pentateuque, les Juges, Josué et l'Évangile selon saint Matthieu, se trouvent entre leurs mains, où les étrangers ont été à même de les voir.

A la première inspection, ce système semblait offrir

DOCTRINE RELIGIEUSE DU CHEF DES REBELLES.

un acheminement à la diffusion des principes de la foi chrétienne. Mais un examen approfondi de leurs écrits a démontré que non-seulement leurs notions du christianisme sont de la nature la plus relâchée et la plus confuse, mais encore contiennent des fables révoltantes et blasphématoires, mêlées aux vérités de la Bible, et adoptées dans des vues d'ambition et d'intolérance.

Il serait pénible, pour ne pas dire dégoûtant, de relater leurs fables, où la sottise le dispute à la bassesse. On ne peut lire ce tissu de prétentions au pouvoir surhumain et à l'autorité divine, sans s'apercevoir que Houng-Sieoutsiuen mérite d'être classé parmi les fanatiques et les imposteurs les plus grossiers qui aient jamais paru dans le monde. Toute tentative pour pallier ses fautes serait futile et ridicule. L'idée de se dire dans un sens particulier le *second fils de Dieu*, d'avoir des visions et des révélations divines, d'être en relation suivie d'entretiens et d'entrevues avec l'Être divin, est-ce là une offense vénielle? Les prétentions à l'hommage universel, par la raison qu'il a été sacré des mains mêmes de Dieu, et qu'il a reçu des ordres directs de la bouche de l'Éternel, sont-ce là des inepties pardonnables? Les passages de ses écrits [1] où le bien se montre, quoiqu'à l'état d'imperfection, peuvent-ils excuser ceux entachés de blas-

---

[1] Nous avons sous les yeux le *Manifeste religieux et politique* du chef de l'insurrection chinoise, *Taï-ping*, formant un volume chinois in-8, nouvelle édition datée de la troisième année de son règne, avec les emblèmes de la dignité impériale. L'impression en est assez mauvaise et ne fait pas honneur aux presses de cette nouvelle dynastie. Les doctrines qui y sont exposées sont un mélange confus et bizarre de toutes sortes de révélations. G. P.

phèmes furieux? Il est vrai qu'il s'est acquis la réputation d'iconoclaste déterminé, qu'il publie quelques vérités chrétiennes et certains passages des Écritures; mais sa connaissance imparfaite de la religion de Jésus-Christ ne peut contre-balancer les prétentions effrayantes dont il sème audacieusement ses livres et ses proclamations. La seule solution juste et raisonnable qu'on puisse donner de sa cause est de le considérer sous tous les rapports comme un simple prétendant.

Je le répète, ce mouvement a toujours été, comme il l'est encore, mais dans des proportions toujours décroissantes, une aspiration au pouvoir et à la spoliation.

Mais cette révolution extraordinaire n'a pas encore été consommée. D'un autre côté, d'après toutes les informations que nous possédons, il n'y a pas non plus d'apparence que les rebelles du Kiangsi l'emportent. *Vincit qui patitur.*

Pour qu'une révolution réussisse à la Chine, pour qu'elle amène des réformes dans toutes les branches du gouvernement, et des améliorations dans toutes les classes du peuple, il faut qu'elle appelle l'aide et l'influence des étrangers. La liberté, bien que très-limitée, dont jouissent depuis quinze ans les Européens qui visitent la Chine, est elle-même une révolution qui n'a pas eu peu d'influence sur le pays, et dont les résultats sont loin d'être désagréables au peuple [1].

---

[1] Un système bien établi de rapports intellectuels et commerciaux entre la Chine et les nations à civilisation chrétienne, comme ceux que le Japon s'est décidé récemment à ouvrir, peut devenir très-avantageux à toutes les parties, mais à condition que ces rapports seront libres et établis sur des besoins réciproques, et non au profit d'une seule des parties.   G. P.

CHAPITRE II

Courte description de Hongkong, de Macao et de Canton.

Un vaisseau en destination du port de Canton doit entrer dans le delta de la « rivière des Perles, » qui est rempli d'îles et de bancs de sable. Cette vaste embouchure forme un triangle de cent milles de longueur de chaque côté. Peu de rivières sont aussi bien défendues que celle-là ; car, lors de la dernière visite de l'amiral Seymour, le nombre des forts élevés sur ses bords montait à plus de trente. Elle est formée par des affluents considérables et nombreux, dont quelques-uns remontent à trois cents milles dans l'intérieur du pays (voyez page 353). Lorsque le vaisseau a franchi cette immense nappe d'eau, on peut tourner à droite vers l'île anglaise de Hongkong, qui est située à l'est sud-est à quatre-vingt-quinze milles de Canton, ou à gauche, vers l'établissement portugais de Macao.

Le nom de *Hongkong* est une corruption de celui de *Hiongkong*, qui, lui-même, est la prononciation vulgaire en patois local de *Hiang-kiang* (eau odorante). Sous ce rapport, l'imagination est bien au-dessus de la réalité. A proprement parler, cette désignation appartient à une petite rivière sur le côté sud de l'île où les embarcations des vaisseaux allaient faire leur eau, parce qu'elle y est plus pure qu'ailleurs. Les étrangers ont par extension donné ce nom à l'île entière.

L'île a neuf milles de longueur et environ vingt-six de circonférence. Elle présente une surface inégale et extrêmement aride, consistant principalement en montagnes rocheuses, entrecoupées de ravins étroits, sillonnés par des cours d'eau d'une qualité excellente, et qui ne tarissent jamais. Pour donner une idée des chaînes et des pics qui s'élèvent sur une île aussi petite, je donne ici les noms et les hauteurs de quelques-uns : 1° le pic Victoria, 1,825 pieds; le High-West, 1,174; le mont Gough, 1,575; le mont Kellett, 1,131; le mont Parker, 1,711; le pic Pottinger, 1,016. Il n'y a que quelques places très-circonscrites où le sol soit labourable, et on les sème en riz et en pois : on y plante aussi des pommes de terre. La flore de l'île est pauvre; et Fortune mentionne un fait assez singulier : c'est que les plantes les plus curieuses s'y rencontrent à une hauteur de mille à douze cents pieds au-dessus du niveau de la mer.

Il se trouve quelques coins de terre unie, comme à *Tchek-tchou*, sur la pointe sud, à *Chek-peï-wen*, à l'ouest, et à *Taï-tam*, à l'est, où l'on avait d'abord jugé convenable d'établir les habitations; mais jusqu'à présent peu de colons ont construit en dehors du district nommé *Victoria*. Ce district est au nord de l'île à la base du pic qui porte le même nom.

Victoria, capitale de la colonie et siège du gouvernement, a trois milles d'étendue de l'est à l'ouest. Une partie du terrain central est occupée par les casernes et les hôpitaux, les bâtiments du commissariat, l'église coloniale, le quartier des officiers, le bureau de la poste, le dépôt du maître du port ; tous ces bâtiments sont eux-mêmes commandés par la maison du gouverneur, placée plus haut sur la montagne.

A l'est et à l'ouest de cette position centrale, presque sur la plage, sont groupés les maisons des étrangers, les établissements de commerce, les clubs, la bourse, et deux ou trois chapelles avec un marché. Les habitations occupent l'ouest de la division centrale. Elles affectent le mode de construction chinois. Dans l'année 1849, la ville de Victoria, dans la colonie de Hongkong, fut élevée au rang de cité ; et l'île avec ses dépendances fut érigée en évêché et en diocèse, sous le nom d'Évêché de Victoria.

Ce fut à cause de l'abri, de la sûreté et des commodités offertes par le port au fond duquel s'élève Victoria que le gouvernement anglais se décida à y former un établissement. Il possède une rade des plus belles au monde, avec un passage sûr et large aux deux extrémités est et ouest, et un ancrage où pourraient mouiller toutes nos flottes. Cette île avec son port fut cédée à la couronne d'Angleterre en janvier 1841, et la cession fut confirmée par le traité de Nanking, d'août 1842. Avant la cession, la population indigène ne se montait qu'à deux mille âmes ; et cette population se composait de terrassiers, de pêcheurs et de pirates. Mais, depuis l'établissement de la colonie de Hongkong, il s'y est fixé une masse d'émigrants chinois dont le nombre s'élève à plus de soixante mille.

Le gouvernement de la colonie est confié à un gouverneur, un lieutenant gouverneur, et un conseil législatif composé de trois membres officiels, et deux non officiels.

Hongkong est placé vis-à-vis de la Chine. A la pointe est de celui-ci on voit la ville des « Neufs Dragons, » ou Kieou-loung, où les autorités de Canton, quand il leur plaisait, avaient le moyen de nuire aux résidents anglais en arrêtant les provisions nécessaires à la consommation de l'île; mais tout récemment elles ont appris à user avec ménagement de cette manière d'irriter leurs voisins.

Macao (prononcez Macow) est à quarante milles à l'ouest de Hongkong; c'est un établissement portugais placé à la même distance de Canton que Hongkong l'est elle-même. Les voyageurs anglais se plaisent à Macao, parce que son territoire, fort peu étendu d'ailleurs, est entrecoupé de montagnes et de vallées, presque entièrement environné d'eau, et accessible de tous côtés aux brises de la mer. Mais indépendamment de ce qu'elle n'a pas de port, la ville présente le grand inconvénient d'offrir une société de Portugais métis, mélangée de Chinois d'une race abâtardie. Indépendamment de cela, un certain nombre d'Anglais appartenant à la génération actuelle, qui résident à la Chine, n'ont pu conserver un souvenir bien agréable de la politique hostile adoptée par les Portugais à notre égard, il y a une quinzaine d'années, et de la manière dont ils excitaient les dispositions défavorables des Chinois envers nous.

Macao est une péninsule qui n'a pas plus de huit milles de circuit. Elle est reliée à la pointe sud-est d'une grande île appelée en chinois « Hiangchou, » ou, sans doute par antiphrase, la « montagne odoriférante. » La bande de terre qui sert de réunion est un isthme étroit qui, dans la topographie chinoise, est désigné sous le nom de « Tige de lis d'eau. » En 1840, un mur peu élevé coupait l'isthme; on avait jeté les fondations de ce mur il y a environ trois cents ans, dans le but avoué de limiter les mouvements des étrangers, soit à pied soit à cheval. Telle était la fameuse « barrière » qui, dans la guerre chinoise de 1840 à 1841, causa tant d'inquiétudes aux Portugais de Macao, et fut l'occasion de tant d'accès de jalousie entre les Chinois et les Anglais. Comme de nombreuses troupes de paysans étaient obligées de passer par les « barrières » pour apporter des provisions à la population mêlée de Macao, une manœuvre fréquente de la part des autorités chinoises consistait, pour se venger des Anglais, à mettre un embargo sur les provisions en fermant la porte, et en y plaçant un poste de leurs soldats déguenillés.

En quittant Macao pour se rendre à Canton, le vaisseau passe devant les fameux « forts du Bogue, » se fraye une route à travers un labyrinthe d'îlots et de bancs de boue, et enfin laisse tomber l'ancre à douze milles de Canton, à la hauteur de la petite île de Whampou.

A Whampou, le voisinage rapproché de la cité de Canton s'annonce par les nombreux et grotesques « bateaux à œufs, à provisions, » et autres embarcations de cette classe, qui passent et repassent continuellement de l'un de ces deux endroits à l'autre, sans compter les mâts des jonques à l'ancre devant Canton, leurs voiles en nattes de toutes couleurs, les drapeaux chinois, anglais, et une foule de banderoles flottantes dans toutes les directions. (Le lecteur se souviendra que nous parlons de Canton tel qu'il était avant les derniers événements).

Le nom de Canton est donné par les étrangers à la cité et à la province dont elle est la capitale; c'est une corruption européenne de *Kouangtoung*, mot chinois qui signifie « plein-est. »

Les noms propres que les habitants eux-mêmes donnent à leur capitale sont variés. En parlant à leurs concitoyens, ils l'appellent simplement « *Sengtching*, » équivalent de « notre capitale. » Dans la conversation avec des gens d'une province voisine, ils la désignent sous le titre de « *Kouang-toung-seng-tching*, » la capitale de Canton. En langage poétique, ils la désignent comme la « cité des béliers, » la « cité des génies, » la « cité du blé. »

L'origine de ces épithètes romantiques est attribuée par le peuple à la légende suivante.

On dit qu'après la fondation de la cité (qui remonte à deux mille ans), cinq génies, habillés de différentes couleurs, montés sur des béliers aussi de différentes couleurs, se rencontrèrent à cette place. Chacun d'eux portait une tige de blé garnie de six épis, qu'ils présentèrent aux propriétaires du sol en leur disant : « Que la famine et la disette ne vous visitent jamais ! » Là-dessus les béliers furent immédiatement changés en pierre. Si un archéologue européen, en passant par Canton, se trouve disposé à faire des recherches, qu'il prenne un guide ; il trouvera ces cinq béliers de pierre dans le « temple des Cinq Génies, » placé près de la porte du même nom.

La cité de Canton s'élève sur le bord septentrional de la « rivière des Perles, » dans une plaine qui s'étend jusqu'au pied des « montagnes des Nuages blancs, » dont les sommets s'élèvent, au dire des habitants, à une hauteur de douze cents pieds au-dessus du niveau de la rivière.

CANTON. LA FOLIE FRANÇAISE.

Tout à fait en face de Canton se dressent, dans le lit de la rivière, deux petits forts, tenus autrefois par les mandarins, mais occupés aujourd'hui par les forces alliées de l'Angleterre et de la France. L'un porte encore le nom de « Folie hollandaise[1], » l'autre (sur une péninsule), celui de « Folie française. » Derrière ces deux forts, en regardant la cité, s'étend l'île de Honan, séparée de la rive opposée par la rivière, qui a, dans cet endroit, la largeur de la Tamise au pont de Londres. Honan, comme on l'appelle dans le patois de Canton, offre, par sa position isolée, des promenades agréables, surtout aux étrangers, après les travaux de la journée, dans un comptoir ou une factorerie. L'île renferme une ville considérable : indépendamment des promenades, il s'y trouve un grand temple bouddhique, nommé « maison de Djoss, » dont les jardins ombragés couvrent sept arpents de terre, et contiennent, dans leur enceinte murée, des monastères ornés de statues et de tableaux. Les Chinois trouvent un grand plaisir à se promener dans ces jardins.

Mais, en retournant à la ville, le tableau que présente la rivière ne peut manquer d'attirer les yeux par les scènes divertissantes et instructives qu'il offre à chaque instant du jour et de la nuit. Vous avez devant vous la « vie en Chine sur une rivière. » Vous avez sous vos regards une *ville flottante*, composée de huttes et de maisons en bois, construites sur des radeaux ou des madriers enfoncés dans la terre, avec des bateaux de toutes les formes imaginables, liés et attachés ensemble, s'élevant et descendant avec la marée. En fait, c'est un *aqua-*

---

[1] Une légère allusion est faite à cet endroit, page 354.

rium de créatures humaines, hommes, femmes, vieillards et enfants, nageant et sautant çà et là, cherchant des plaisirs, ou licites ou criminels, ou travaillant à gagner leur pain journalier; tous faisant preuve de l'adresse et de l'industrie infatigables que déploient leurs voisins de terre ferme. Les faubourgs de Canton s'étendent autour de la ville, à une distance de quatre milles sur les bords de la rivière, surtout vers l'ouest. Les maisons n'y diffèrent pas sensiblement de celles de la ville.

C'est au faubourg de l'ouest que se sont limitées jusqu'à ce jour les maisons des Européens qui habitent Canton; — presque vis-à-vis la « Folie hollandaise. » La ligne de bâtiments, généralement connue sous le nom de « factoreries » étrangères, avait une façade de huit cents pieds; et il y avait attenant un terrain de cent pieds disposé en jardins. Ces bâtiments reçurent d'abord le nom de *factoreries*, que leur donnèrent les marchands européens eux-mêmes qui étaient arrivés à la Chine en qualité de « facteurs, » ou d'agents pour le compte de maisons de commerce. Mais aujourd'hui on leur donne la désignation de *hongs*; le « hong » signifiant une rangée, une série de grands et hauts appartements. Ce dernier terme est assez bien appliqué, attendu que les factoreries étaient construites sur deux rangs, l'une derrière l'autre. De cette manière, le *hong* de devant avait vue sur la rivière; mais le *hong* placé derrière jouissait d'une perspective peu agréable. Plusieurs étaient sombres et avaient l'aspect d'une prison à laquelle on arrivait par une espèce de tunnel pratiqué dans le rez-de-chaussée. Les chambres de chaque côté de ce passage étaient occupées par des garçons de magasin et des domestiques. Toutefois ces maisons étaient solidement bâties en briques revêtues de stuc, sur des fondations de granit, ayant deux et souvent trois étages. Elles n'en ont pas moins beaucoup souffert, depuis dix-huit mois, de la guerre et du pillage.

Les « montagnes de Nuages blancs, » qui s'élèvent derrière la ville, la commandent. De ces hauteurs (qui avaient leurs forts et leurs camps garnis de soldats mantchoux), on jouit d'une belle vue, surtout sur la ville et son vaste horizon de toits aux tuiles rouges et de maisons basses, laissant percer çà et là des tours militaires, des pagodes, des temples bouddhiques, ou des pavillons officiels.

La ville de Canton est divisée en « vieille ville » et « nouvelle ville » par une muraille qui court de l'est à l'ouest. La vieille ville, au nord, s'adosse aux montagnes dont j'ai parlé ; c'est la plus grande des deux : elle renferme des jardins célèbres, des rues larges et quelques établissements publics.

La partie sud est la « nouvelle ville, » dont le mur d'enceinte est éloigné de cent mètres du bord de la rivière. L'intervalle est occupé par un faubourg et par les *hongs*.

Les murailles de la ville ont des fondations en pierre de taille, et sont construites en brique et en pierre. Leur épaisseur varie de vingt-cinq à trente pieds, et leur hauteur de vingt-huit à quarante pieds. Dans beaucoup d'endroits les maisons des pauvres sont construites si près de la muraille, tant au dedans de la ville qu'au dehors, qu'on peut à peine les en distinguer. L'enceinte est percée de douze grandes portes, et le mur qui traverse la ville de quatre ; ce qui fait seize en tout. Plusieurs de ces portes ont des noms ambitieux ; ainsi la « Paix puissante, » le « Repos éternel, » la « Pureté sans fin, » etc. L'intérieur de Canton est entrecoupé de rues, de fossés et de canaux. Ces rues sont aussi désignées sous des noms qui leur sont également peu appropriés : le « Dragon belliqueux, » le « Lis d'or, » la « rue des Fleurs. » Ces voies de communication ont environ huit pieds de large ; elles sont pavées en granit, et presque toujours remplies d'une foule extrêmement mêlée. Du matin au soir, de bruyants porteurs de marchandises, et des porteurs de chaises non moins bruyants, font compensation à l'absence de voitures. Nous n'entreprendrons pas de décrire le tumulte et le pêle-mêle où viennent se coudoyer et se confondre une multitude de passants, de vendeurs, de colporteurs, de mendiants, etc.; nous laisserons le lecteur s'en faire une idée.

Telle est la courte description de Canton, « comme il était » jusqu'à la fin de l'année 1857 ; mais le « Canton comme il sera, » nous laissons à l'avenir le soin de nous le faire connaître.

CHAPITRE III

Rupture de Canton avec les étrangers. — Les délais, survenus dans cette affaire, avantageux sous deux rapports. — Le sentiment populaire favorable aux étrangers dans les cinq ports. — Narration des hostilités contre Canton jusqu'au commencement de 1858. — Capture de Yeh.

Le dernier *imbroglio* de Canton (que tout le monde connaît) a soulevé plus de discussions en Angleterre qu'à la Chine même, et excité plus d'alarmes dans notre parlement que dans le cabinet impérial de Péking. Mais, convaincu comme je le suis que les autorités locales anglaises (malgré toutes leurs fautes) ont eu cent fois raison en adoptant les moyens rigoureux qu'elles ont employés, moyens qui, mis en avant par leurs prédécesseurs, auraient empêché la rupture, je manifeste hautement l'espoir que l'intérêt immense suscité dans les cœurs anglais par cette occurrence importante ne s'affaiblira pas et ne se dissipera pas en fumée.

Pendant presque toute l'année de 1857, les terribles affaires de l'Inde ont singulièrement éclipsé celles de la Chine. Mais tout le monde peut se rendre compte des raisons qui ont obligé le gouvernement anglais à altérer pour quelque temps ses plans primitifs, et à consacrer une partie des ressources placées à sa disposition à mettre ordre à l'état anomal des affaires sur les côtes de la Chine.

Peut-être doit-on considérer l'interruption des mesures rigoureuses de l'Angleterre à la Chine comme heureuse pour deux motifs. Le premier, c'est que lord Elgin ne s'est pas vu exposé à répéter la faute des premiers plénipotentiaires, celle de visiter Péking en personne, et d'en appeler à Sa Majesté Impériale avant que la prise de Canton eût fait une impression salutaire sur les fonctionnaires insolents et la populace grossière de cette ville et de cette province.

Les étrangers établis à la Chine avaient lieu de craindre que Sa Seigneurie, au début de sa carrière, fût disposée à visiter le *Peïho*, et à demander une entrevue au possesseur du trône de la Chine. Il ne fallait pas être bien au courant de la politique du cabinet de Péking pour prédire l'insuccès d'une semblable démarche. Toutefois les graves complications de l'Inde détournèrent l'attention de Sa Seigneurie du nord de la Chine. On rappela du sud de l'Empire les forces de terre, sur lesquelles on eût dû s'appuyer, si l'on eût donné suite à un projet de voyage au golfe de *Pèhtchili*.

Dans l'intervalle, il paraît que ce golfe avait reçu la visite de Son Excellence le comte Poutiatine, l'envoyé russe, qui avait été député de son gouvernement auprès de Sa Majesté de Péking. Cet ambassadeur se vit retenu vingt jours à l'embouchure du *Peïho*, et ne fut pas même invité à se rendre à la capitale, qui n'en est éloignée que de cent milles. Il trouva l'entrée de la rivière défendue par de nouvelles fortifications assez considérables. D'après les nouvelles les plus récentes, l'envoyé russe est retourné au sud de la Chine, après avoir vu échouer complétement la mission diplomatique du Czar. Ceci vient encore confirmer nos objections à ce qu'on choisisse les rives du *Tientsin* comme théâtre des négociations, du moins tant que les habitants et les autorités de Canton n'auront pas reçu le châtiment mérité. Alors probablement l'ambassadeur anglais sera accueilli à Péking avec tous les honneurs dus à sa position de représentant de l'Empire britannique.

Second motif : l'interruption inattendue des opérations contre Canton a développé un fait, ou plutôt a confirmé une opinion bien établie depuis la rupture dans l'esprit des résidents anglais à la Chine; c'est que la dispute actuelle est essentiellement locale et limitée à la « Rivière des perles » et à la triste population qui pullule sur ses bords.

Il est vrai que la volonté impériale se trouve en harmonie avec la conduite hargneuse et obstinée de Yeh; car, aux articles qui ont paru dans la Gazette de Péking au sujet des troubles de Canton, le pinceau vermillon avait ajouté ce court appendice : « *Complétement approuvé.* » Cependant il n'est plus possible de dérober aux regards la singulière anomalie dont nous allons parler. Depuis quatorze mois, des hostilités de la nature la plus irritante ont sévi dans le midi de l'Empire. Par suite, Canton, capitale d'une des provinces les plus importantes, a vu ses communications avec la mer interceptées; son commerce extérieur, jusque-là si lucratif, a été réduit à rien. Pendant tout ce temps, l'inimitié témoignée par les indigènes contre les Anglais a été invétérée; ils n'ont négligé aucune occasion de la témoigner ouvertement ou secrètement, par des moyens avoués ou perfides. Et cependant, aux autres ports où les Anglais se sont établis, soit comme marchands, soit comme missionnaires, pas une ride de mauvais vouloir n'a troublé la surface de la société. On y voit régner, comme auparavant, les rapports les plus amicaux entre les fonctionnaires anglais et les mandarins chinois, qui même se montrent plus polis et plus courtois que jamais. Les transactions mercantiles à *Changhaï*, à *Ningpo*, à *Amoy* et à *Fouh-tcheou* ont continué à offrir le même coulant et la même sécurité que si Canton appartenait à une autre sphère; ses habitants semblent ne pas avoir plus de rapports avec le reste de la Chine que les naturels de l'Afrique centrale, ou les citoyens de « l'Union du Lac Salé. »

Ce n'est pas tout. La majorité de la population de ces quatre ports s'est réjouie à l'idée de voir ses voisins de Canton corrigés comme ils le méritent, et, si elle a été contrariée d'une chose, c'est du retard qu'a éprouvé le châtiment prévu. Les Cantonnais sont détestés partout pour leur orgueil, leur insolence et leur tyrannie. Il est encore un autre fait très-significatif. Au même moment où M. Yeh, de Canton, vomissait feu et flamme contre les Anglais, excitant à les empoisonner, à les enlever et à les décapiter, les autorités de Changhaï, à huit cents milles plus près de Péking, se plaisaient à reconnaître d'une manière noble et généreuse les services qu'un officier de la marine royale anglaise leur avait rendus en facilitant la navigation de *Yang-tsze-kiang*. Nous donnons le récit de cet acte d'urbanité chinoise tel qu'il a paru dans le *North-China-Herald* de septembre dernier.

« Nous apprenons avec plaisir que les services de M. Carr, maître de la *Pique*, bâtiment de Sa Majesté, en plaçant les bouées à l'entrée du *Yang-tsze-kiang*, ont été appréciés par les autorités chinoises. M. Carr avait passé plusieurs mois de cette année à diriger le placement de ces bouées; les avantages qui ont résulté de ce travail pour la navigation du port de Changhaï sont incalculables. Au lieu des sinistres nombreux que nous avions jusqu'ici à signaler en dedans et en dehors du port, il n'en est parvenu qu'un très-petit nombre à notre connaissance depuis que ces guides utiles ont été établis. Les autorités chinoises, en reconnaissant les premières les services de M. Carr, ont fait une chose d'autant plus méritoire, qu'elles n'avaient aucun avantage direct à retirer de cette amélioration. Cette marque de reconnaissance consiste en un superbe chronomètre en or, de Frodsham, évalué à soixante-dix guinées, dans l'intérieur duquel sont gravés ces mots :

« DE LA PART DE S.-E. LAN, TAO-TAI
de Changhaï,

A GEORGE L. CARR,
maître dans la marine royale,

comme marque de reconnaissance des services rendus
par lui en établissant des bouées dans la
rivière de Yang-tsze-kiang.

1857. »

Pour mieux prouver encore le dissentiment qui existe entre les habitants de Canton et le reste de la Chine, au sujet des Anglais, je cite le passage suivant du numéro de décembre du *Missionnary Magazine*.

« S'il fallait de nouvelles preuves pour démontrer que les troubles politiques de Canton n'excitent ni intérêt ni sympathie en dehors de la ville et de la province où ces troubles ont pris naissance, nous pourrions citer ce fait, que M. Wylie [1], de la mission de Changhaï, a fait récemment un voyage de trois semaines à l'intérieur. Dans le cours de cette excursion, quoique reconnu partout pour un étranger, il n'a éprouvé d'incivilités ni de la part des autorités ni de celle du peuple. M. Wylie lui-même, en terminant son journal, ajoute : « J'ai parlé à mon retour de six villes murées où je suis entré. Je les ai parcourues en pleine liberté. Bien que trahi souvent par mes traits étrangers, je n'ai pas entendu une seule fois l'épithète insultante dont on m'a salué au nord du Yang-tsze ; et ma présence n'a paru exciter aucune marque de désapprobation. J'avais avec moi une petite quantité de livres dont j'ai cherché à faire le meilleur emploi possible. Les personnes auxquelles je les ai donnés ont paru sensibles à cette faveur. Bien que nos écrits offrent quelque analogie avec ceux des rebelles, les miens n'en ont pas été moins bien accueillis, et n'ont excité de soupçons nulle part. Les officiers et les soldats au service impérial étaient les premiers à m'en demander.

« Il y a trois différents genres de bureaux, où chaque bateau doit obtenir un permis avant de passer outre : 1° les bureaux de douane, où l'on fait la visite des marchandises de toute espèce et où l'on s'assure qu'il n'y en a

[1] M. Wylie est un des sinologues anglais en Chine qui promettent le plus à la science. Il a publié un excellent mémoire sur l'*Inscription nestorienne de Si-ngan-fou* (*the Nestorian Tablet of Se-gan-fu*, dans le *Journal of the American Oriental Society*, vol. V, part. II), 1856, que nous n'avons pu mettre à profit dans celui que nous avons publié nous-même en 1857 sur le même sujet. M. A. Wylie a aussi, à notre connaissance, publié à Changhaï, en 1855, une traduction du *Tsing wen khi meng*, grammaire chinoise de la langue tartare mantchoue.

G. P.

point de cachées (si l'on apportait des bibles en grande quantité, sans doute elles payeraient un droit); 2° les bureaux de souscription, où l'on prélève une taxe spéciale pour les frais de la guerre, taxe qui est en raison de la valeur du bâtiment et de son contenu ; 3° les maisons d'examen, ou l'on visite chaque bateau pour s'assurer qu'il ne s'y trouve aucun individu qui n'en ait pas le droit. Nous avons eu à passer par une filière de treize bureaux, et je n'ai éprouvé de difficulté nulle part. Dans quelques-uns, les officiers ne s'occupèrent pas de moi. Dans d'autres, lorsqu'on me questionna, je répondis que j'étais Anglais, je déclarai clairement le but de mon voyage, et jamais je n'aperçus le moindre signe de mécontentement. J'ajouterai même que plus d'une fois on m'a témoigné le désir de voir se répéter de semblables visites. J'ai reçu de tout le monde des marques de civilité, et tout a contribué à me démontrer que les mandarins aspirent maintenant à cultiver des relations amicales avec nous. Une fois bien avec eux, les rapports avec le peuple iront tout seuls »

Il n'est pas douteux que le conflit qui vient d'avoir lieu avec les autorités de Canton a pris dès longtemps sa source dans cette localité. Espérons que les résultats en seront utiles à la justice et à l'humanité. Notre prestige moral nous protége dans le nord; mais la moindre faiblesse ou la moindre hésitation de notre part à Canton ruinerait l'influence que nous avons pacifiquement acquise dans les ports septentrionaux.

Depuis l'affaire de l'*Arrow* (la *Flèche*), qui a donné l'occasion heureuse de faire valoir les droits de la Grande-Bretagne, il y a eu entre les Chinois et nous une suite souvent interrompue de débarquements hostiles, de combats d'embarcations, de croisières, d'incendies de jonques, d'enlèvement de batteries, et de blocus de rivières. Nos marins y ont trouvé l'occasion de déployer leur valeur. Du côté des Cantonnais, il y a eu récompenses offertes pour des têtes d'Anglais, enlèvement de sujets britanniques, empoisonnements et assassinats nocturnes.

Enfin, vers le milieu de décembre 1857, le premier acte du drame s'ouvrit par la lecture faite à la flotte anglaise de l'ordre du jour suivant :

ORDRE DU JOUR GÉNÉRAL.

« Le moment étant venu de commencer les opérations contre la ville de Canton, le commandant en chef doit appeler la sérieuse attention des capitaines, officiers, matelots et soldats de marine faisant partie de l'escadre sur la nécessité de protéger avec soin la vie et les propriétés des habitants paisibles et sans armes, non-seulement dans un but d'humanité, mais encore dans celui de la politique. Il est essentiel de conserver la sympathie de ces classes et de la population chinoise que leurs intérêts et leurs prédilections séparent des grands mandarins et des chefs militaires, contre lesquels seulement seront dirigées les hostilités.

« Le contre-amiral doit encore faire connaître aux officiers et aux soldats, au moment où ils vont entrer en action, sa détermination bien arrêtée d'empêcher tout acte de pillage. Le pillage démoralise et détruit la discipline si nécessaire au succès. Il espère que les officiers, par leurs préceptes, et surtout par leur exemple, seconderont ses vues et ses instructions.

« Le commandant en chef saisit cette occasion d'exprimer ses remercîments les plus sincères au commodore, aux capitaines, aux officiers, aux matelots et aux soldats de marine de l'escadre, pour la patiente résignation dont ils font preuve depuis douze mois, dans le devoir monotone et fatigant de tenir libres les communications de la rivière. Il leur donne l'assurance que, quelle que puisse être la nature des opérations qui vont commencer, il les entreprend avec la plus entière confiance dans leur vaillante coopération à maintenir l'honneur du pavillon anglais et la gloire de nos armes.

« M. Seymour,
« Contre-amiral, commandant en chef. »

Les forces des assaillants devant Canton, pendant ce mois, consistaient en huit vaisseaux de guerre, portant ensemble deux cent cinquante bouches à feu ; neuf vaisseaux à vapeur, armés de cent quarante-neuf canons, et dix-neuf canonnières. Les troupes présentaient l'effectif suivant :

Troupes de la garnison de Hongkong, compris l'artillerie et le génie.	800
Soldats de la marine royale.	2,500
Brigade navale.	1,500
Coulies chinois et malais, attachés à l'artillerie, au service médical et au commissariat.	987
Total.	5,787

Du commencement à la fin les Français ont cordialement agi de concert avec les Anglais ; et, dans cette attaque combinée de la cité de Canton, la marine française de ces parages a non-seulement contribué au blocus d'une manière efficace, mais fourni près de mille hommes, tirés de ses marins et de ses soldats de marine, qui ont vaillamment concouru au mouvement sur la « cité des Béliers. »

Le 12 décembre, dès qu'on eut terminé les dispositions d'attaque, on envoya un parlementaire porter à la ville les demandes des plénipotentiaires anglais et français — lord Elgin et M. le baron Gros. Probablement l'ensemble de ces demandes était que les conditions du traité de Nanking fussent observées à Canton comme dans les autres ports; que les portes fussent ouvertes aux étrangers, et qu'on accordât une compensation aux dommages subis par les Anglais depuis quinze mois. Dix jours furent donnés à l'entêté Chinois Yeh, pour accéder à ces termes. Passé ce temps, si aucune réponse n'arrivait, on devait commencer les opérations contre la ville. Pour montrer que les demandes étaient sérieuses, les forces alliées occupèrent, dans la journée du 16, l'île de Honan, qui se trouve vis-à-vis de la ville. Cette île, qui peut avoir un mille et demi de large et cinq milles de longueur, fait exactement face à Canton. Elle est située au milieu de l'énorme volume d'eau qui coule devant la ville pour se rendre à la mer par plusieurs embouchures [1].

Dans les jours paisibles, le faubourg de Honan offrait aux étrangers et aux habitants de jolies promenades, tant dans les champs que dans les jardins des monastères; mais, à la fin de 1857, ces limites reçurent des garnisons françaises et anglaises, prélude de quelque chose de décisif de la part des étrangers.

[1] Voy. la Carte de la route de Canton à Hongkong.

Pendant les jours de grâce accordés à Yeh, les assiégeants firent des efforts réitérés, au moyen de placards et de proclamations, pour informer les habitants du véritable *casus belli*, et pour les engager à s'éloigner du danger. Entre autres *colporteurs*, le consul Parkes et le capitaine Hall se livrèrent au dangereux travail de distribuer des imprimés. Une feuille publique fait connaître le curieux incident qu'on va lire : « Dans le cours d'une descente rapide, le capitaine Hall s'empara d'un mandarin dans sa chaise à porteurs, non loin des murs de la ville. Le capitaine colla les proclamations des barbares sur les portes et les parois de la chaise, y emprisonnant ainsi le mandarin, et obligea les coulies à porter dans la ville ce bureau d'annonces d'une nouvelle espèce ! Les Chinois, toujours prompts à saisir la plaisanterie, s'en donnèrent à cœur joie, et il y avait de quoi. Toutefois Yeh ne resta pas en arrière : il lança aussi des proclamations. Arrogant jusqu'à la fin, il disait que, les rebelles anglais ayant entraîné les Français dans leur révolte, il devenait nécessaire d'arrêter entièrement le commerce et d'exterminer les barbares [1].

Mais la trêve était expirée ; et, dans les derniers jours de 1857, le bombardement commença. On l'avait calculé de manière à ne faire de mal à la ville qu'autant qu'il serait nécessaire pour l'amener à résipiscence.

[1] Dans toutes les traductions de proclamations des autorités chinoises qui nous arrivent de Chine, il semble que les auteurs de ces traductions se plaisent à rendre ridicules ces mêmes proclamations et leurs auteurs. C'est toujours, selon eux, aux *barbares* qu'ils s'adressent. Ces interprètes savent bien cependant que le mot *î*, qu'ils traduisent par *barbare*, n'a que la signification d'*étranger* à la Chine. Nous regrettons que M. Milne, qui est généralement si impartial, se laisse encore quelquefois influencer par les idées vulgaires. G. P.

Dans ce but, les escadres anglaise et française prirent position devant Canton, entre cette ville et Honan, à un mille et demi sur la rivière, fortement amarrées sur leurs ancres, et les bordées dirigées vers Canton. Ainsi établies, elles présentaient à la cité obstinée un ensemble de quatre cents canons et mortiers d'un calibre effrayant, n'attendant qu'un signal pour faire pleuvoir sur elle une pluie de boulets. Le bombardement devait se faire de façon à ne toucher que les murailles de la ville, les résidences des mandarins et les forts de la montagne. D'après l'ordre du jour, « le tir devait être très-lent, et ne pas dépasser pour chaque pièce soixante gargousses dans les premières vingt-quatre heures. »

En conséquence, le lundi matin, 28 décembre, au point du jour, le feu s'ouvrit, lent et régulier. Il continua pendant quatre heures, sans qu'il parût aucun signe de soumission. Vers midi, le débarquement des troupes commença. Le lieu choisi était la crique *Kouper*, à l'est de la ville. Le but était de s'emparer du fort appelé Lin, à l'est, et ensuite des forts situés sur des éminences au nord de la ville. Les forces formaient quatre divisions, dont trois devaient se porter en avant. La brigade de droite était composée de matelots anglais; le centre, du 59e régiment, d'artillerie, de sapeurs et de soldats de marine; à la gauche étaient les Français, forts de neuf cents hommes; la quatrième division, composée entièrement de marins, formait la réserve, commandée par le colonel Holloway. La nuit vint mettre un terme aux opérations du 18; et, pendant l'obscurité, on reconnut les effets du bombardement aux incendies allumés dans la ville. Sur certains points, l'œuvre de destruction paraît avoir été considérable, mais on pense qu'il n'y eut de complétement renversées que des maisons d'un ordre inférieur adossées à la muraille.

Le matin du 29 eut lieu l'attaque des forts de la montagne, et, au prix de quelques pertes regrettables, les troupes de débarquement avaient rempli leur tâche de bonne heure dans la matinée. Par conséquent, le dernier jour de l'année qui venait de s'écouler, Canton se trouvait entre deux feux, et à la merci du vainqueur. Les forces placées dans la rivière pouvaient détruire la ville en quelques jours, le *Yamen* et la plupart des édifices publics se trouvant exposés en plein au feu des flottes. D'un autre côté, les faces est et nord se trouvaient commandées par nos troupes, trois mille hommes au moins ayant débarqué le lundi, 28 décembre, près le fort de Lin, qui domine la place du côté l'est, et le lendemain ayant emporté les autres forts de la montagne.

Les opérations paraissent avoir été conduites avec une précision admirable; aussi furent-elles couronnées par un succès éclatant. L'ensemble avait été combiné de manière à occasionner le moins de perte d'hommes qu'il serait possible, tant à l'ennemi qu'à nous-mêmes; de sorte qu'il y a lieu d'espérer que la victoire n'a pas été trop chèrement achetée.

Quant aux Cantonnais, il paraît qu'ils prirent la chose très à leur aise. Yeh demeura jusqu'à la fin dans ses cantonnements, intraitable comme il l'avait toujours été. On voyait les soldats chinois montant la garde, ou courant çà et là avec des drapeaux de toutes couleurs; on doit avouer qu'il restèrent bravement à leurs pièces, ne prenant la fuite qu'au dernier moment pour pouvoir « combattre un autre jour, » comme ils disent. La population de la ville s'en était allée paisiblement dans quelque endroit plus sûr. Ceux qui ne pouvaient faire autrement étaient restés. Il y avait au nombre de ces derniers des Chinois pur sang qui s'accommodaient très-bien de demeurer avec les Anglais, pour leur vendre le plus cher possible des bananes, des *lunngans* et des *litchies*, comme si ces *diables rouges* avaient fait là un bail à vie. Il y avait des coulies et des porteurs qui se montraient contents, pourvu qu'ils gagnassent chaque jour leur nourriture et leurs cash. Ils étaient là grimaçant et bavardant, au grand amusement de John Bull. D'autres étaient réunis sur le bord de la rivière, occucupés à suivre les boulets et les bombes avec le plus grand sang-froid du monde, tandis que les bateliers montaient et descendaient la rivière, comme s'il n'était rien arrivé.

Pendant la semaine qui suivit le bombardement, les forces alliées s'occupèrent à mettre en état de défense les positions qu'elles avaient emportées au dedans et au dehors de la ville. Le chiffre des tués et blessés pendant l'assaut se trouva être de cent quarante Anglais et trente Français.

Mais le 5 janvier 1858, le mardi, on prépara et on exécuta une expédition destinée principalement à s'emparer de la personne de fonctionnaires d'un rang supérieur qui, selon les apparences, se trouvaient cachés dans l'intérieur de la ville. Du haut de la montagne, on avait désigné au capitaine Key, du *Sans-pareil*, l'endroit où ils avaient pris refuge. Cet officier, ayant obtenu la sanction de l'amiral, réunit sa brigade de matelots et pénétra au centre de la ville. M. le consul Parkes se joignit à l'expédition, et son assistance fut très-utile pour la capture qu'on se proposait. Après quelques recherches inutiles, ils arrivèrent enfin à une résidence officielle appelée un *yamen*. On enfonça les portes, et la figure du haut commissaire s'offrit aux regards. Un mouvement qu'il fit pour s'enfuir fut le signal d'une chaude poursuite. Ce fut en vain qu'un aide de camp de Yeh, dévoué à son chef, voulut se faire passer pour lui, criant à tue-tête : *Moi, Yeh! moi, Yeh!* Cela ne servit à rien. Le dignitaire fut enfin saisi, et sa robuste personne se trouva entre les mains non moins robustes du capitaine Key et de son contremaître, qui avaient devancé les autres, et lui servirent de garde d'honneur. A sa vue, les matelots lancèrent instinctivement leurs chapeaux en l'air, et poussèrent trois *hourras* formidables. L'identité de Yeh fut bientôt reconnue par un grand nombre de Chinois, qui tombèrent à genoux devant lui, comme lorsqu'il était leur maître, et dirent simultanément que c'était leur gouverneur général.

En même temps on arrêtait dans leurs *yamen* le lieutenant gouverneur de Canton et le général tartare. Ils se rendirent sans résistance. Ce fut ainsi que les trois principaux officiers de la province de Canton furent pris sans effusion de sang; fait remarquable, qui prouve bien l'infidélité et la faiblesse de leurs subordonnés.

On représente Yeh comme un homme de petite stature, gros, gras, aux traits aplatis, grossiers et sensuels. Il porte la tête haute et affecte l'air imposant; ses yeux sont toujours en mouvement et respirent la férocité. Il s'est montré despote, orgueilleux, insolent et emporté; mais non pas homme courageux. Il a nié son identité de la manière la plus lâche, et il a tremblé lorsqu'il s'est vu en présence de ses ennemis[1]. Comme chez tous les

---

[1] Nous croyons qu'il y a beaucoup d'exagération dans ce portrait

mandarins, il y avait en lui une trop grande affectation de dignité pour inspirer l'intérêt et le respect. Une fois qu'il eut reconnu qu'il n'avait rien à craindre pour sa personne, il affecta les dehors de la gaieté, et sembla prendre plaisir aux questions qu'on lui adressait. Mais son rire forcé cachait mal le chagrin qu'il devait éprouver en se voyant sous l'autorité de gens qu'il avait si longtemps affecté de mépriser. Il paraissait trouver fort plaisante l'idée de remettre les sceaux de sa charge entre les mains des étrangers, et de se voir conduit à bord d'un vaisseau. Il dit au plénipotentiaire anglais qu'il ne voyait pas la nécessité de sa translation, et qu'il ferait tout aussi bien à terre ce qu'on exigeait de lui. Mais, voyant que ceux qui l'avaient pris étaient inexorables, il ajouta, dit-on : « Eh bien, j'accepte votre obligeante invitation ; j'irai avec plaisir visiter un de vos vaisseaux de guerre. »

Il fut enfin conduit, sous bonne garde, sur l'un des vaisseaux de Sa Majesté, désigné pour recevoir le prisonnier impérial. On lui laissa trois domestiques ; et ils furent choisis parmi beaucoup d'autres qui semblaient disposés à partager sa captivité.

Dès qu'on eut disposé de Yeh, on offrit aux deux autres grands mandarins de les relâcher, à condition qu'ils

---

physique et moral de Yeh, tracé par le révérend M. Milne, d'après les récits de la *prise de Canton* et de la *capture de Yeh*, expédiés de Chine par ses compatriotes, dans le premier enivrement de la victoire. La haine accumulée des Anglais contre Yeh a dû les rendre injustes à son égard, et les a empêchés, au moment de sa capture, d'avoir pour ce haut fonctionnaire, représentant de l'empereur de la Chine, sinon du respect, du moins ces égards et cette dignité que nous, Français, qui n'avions point de vieilles rancunes à venger, nous aurions certainement gardés. G. P.

aideraient à rétablir l'ordre et le gouvernement dans Canton. Ils refusèrent d'abord d'avoir rien de commun avec le nouveau *régime;* mais bientôt leurs scrupules s'évanouirent, et le lieutenant gouverneur, ainsi que le général tartare, furent réinstallés dans leurs postes, sous la surveillance d'une commission composée de deux officiers anglais et d'un français. La sagesse de cette politique laisse peut-être quelque chose à désirer avec un peuple comme celui de Canton et un cabinet comme celui de Péking. Ils trouveront moyen de retomber sur leurs pieds, et de changer tout ce qui s'est passé en une victoire remportée sur les barbares. — Au reste, nous verrons bien!

Telle est en abrégé la narration de l'assaut et de la prise, par une force de six mille étrangers, de la ville provinciale de Canton, que les Chinois avaient jusqu'ici regardée comme imprenable. La nation chinoise aura de la peine à en croire ses oreilles quand on le lui apprendra. Même à Hongkong, qui n'est qu'à cent milles de Canton, on dit que les habitants indigènes n'accueillirent cette nouvelle qu'avec incrédulité, comme une fable des étrangers, pour masquer leur défaite. Mais ils seront bientôt contraints à voir et à sentir la vérité.

Il serait difficile de prédire l'effet que ce revers de fortune produira à la cour de Péking. Mais les plénipotentiaires anglais et français sauront, n'en doutons pas, tirer parti d'une occasion si favorable pour placer nos relations avec la Chine sur un pied plus sûr et plus amical que celui qui a mené aux affaires déplorables de Canton. Et cela ne suffira pas encore. Ils devront obtenir pour leurs concitoyens une entrée libre dans toute l'étendue de l'Empire.

Les avantages auxquels on a droit de prétendre ne s'obtiendront pas par la diplomatie, par les négociations ni les requêtes. On ne peut les arracher au cabinet chinois que par une détermination active, vigoureuse et résolue [1].

---

[1] Au moment où nous corrigeons ces feuilles (30 juin 1858), nous lisons dans un journal publié en Chine, le *North-China-Herald* (*Courrier du nord de la Chine*, publié à *Changhaï*), du 10 avril 1858, que les plénipotentiaires des quatre puissances : la France, l'Angleterre, la Russie et les États-Unis, accompagnés de plusieurs vaisseaux de guerre, s'étaient rendus dans le golfe de *Pé-tchi-li*, à l'embouchure de la rivière *Peï-ho*, pour s'approcher de Péking, en remontant cette rivière, et obtenir de l'empereur de la Chine les satisfactions demandées. Les demandes, selon le dire des Chinois, seraient les suivantes : — *liberté de pénétrer dans l'intérieur de la Chine, d'après le système des passe-ports ;* — *liberté de faire le commerce dans tous les ports de Yang-tsze-kiang ;* — *concession de terrains à Hang-keou, comme à Changhaï ;* — *réduction des droits d'importations et d'exportations ;* — *un ministre résident à Péking,* « cum multis aliis, » s'élevant ensemble à *vingt-neuf articles*. G. P.

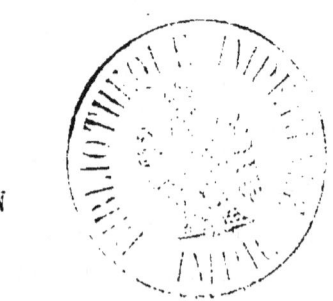

FIN

APPENDICE

DE LA TRADUCTION FRANÇAISE

Le révérend M. W. C. Milne a conduit sa narration jusqu'à la prise de Canton par les forces anglaises et françaises. Depuis ce fait d'armes jusqu'à ce jour il s'est passé peu d'événements en Chine, du moins de ceux qui sont venus à la connaissance de l'Europe, qui méritent d'être signalés. Cependant nous croyons qu'on lira ici avec beaucoup d'intérêt la relation suivante d'une excursion diplomatique anglo-française, à Sou-tcheou, ville célèbre, chef-lieu du département de ce nom dans la province de *Kiang-nan*. Nous avons cru devoir ne rien changer à l'orthographe des noms chinois, qui est souvent fautive. G. P.

« Hong-kong, 11 mars 1858.

Après la prise de Canton, les ambassadeurs de France et d'Angleterre en Chine avaient résolu, pour donner suite à la mission dont ils étaient chargés, de transmettre à Péking des notes destinées à faire connaître au gouvernement chinois les raisons qui avaient décidé leurs souverains à envoyer de nouveau une ambassade en Chine, et les résultats qui en étaient attendus. Les plénipotentiaires de Russie et des États-Unis avaient, de leur côté, jugé conforme à leurs instructions de se joindre, dans cette démarche, aux ambassadeurs de France et d'Angleterre, et s'étaient décidés à adresser des dépêches conçues dans le même esprit au premier ministre chinois.

Dans le but de faire parvenir aussi promptement que possible, à Péking, les dépêches des quatre plénipotentiaires, M. de Contades, second secrétaire de l'ambassade de France, et M. Oliphant, secrétaire de l'ambassade anglaise, ont été chargés de se rendre à Shang-Haï et de les remettre au tao-taï de cette ville. L'absence de cette autorité n'a pas empêché les envoyés des hauts commissaires de France et d'Angleterre d'accomplir leur mission : ils se sont adressés à Son Excellence le fou-taï, sous-vice-roi et gouverneur général de la province de Kiang-Sou, et ont reçu de lui, au chef-lieu de sa résidence même, à Sou-Tchou-Fou, l'accueil le plus favorable. La ville de Sou-Tchou-Fou offrait d'ailleurs, pour la remise des premières dépêches directes de Leurs Excellences les hauts commissaires à la cour de Péking, de nombreux et incontestables avantages; outre qu'elle est la capitale de la plus riche province de l'empire, la résidence des plus hautes autorités, qu'elle possède une population de deux millions et demi à trois millions d'habitants, elle est encore le plus important entrepôt commercial de la Chine, et, pour cette raison, elle entretient des relations journalières avec la capitale de l'empire. La réception faite aux deux envoyés a été solennelle et a semblé produire une profonde impression sur la population de cette ville.

Voici, du reste, quelques extraits du rapport adressé au baron Gros par M. de Contades :

« Sou-Tchou-Fou, 27 février 1858.

« Monsieur le baron,

« Je m'empresse de vous annoncer qu'hier, 26 février, dans la ville de Sou-Tchou-Fou, chef-lieu de la province de Kiang-Sou, j'ai déposé entre les mains du fou-taï Tchao, et dans son prétoire même, les dépêches que Votre Excellence m'a fait l'honneur de me confier. M. Oliphant a également et en même temps que moi accompli sa mission.

« Votre Excellence peut voir par ce fait que je me suis trouvé dans des circonstances où j'ai cru nécessaire d'interpréter plus largement sans doute qu'elle ne s'y attendait les instructions qu'elle m'avait fait l'honneur de me donner à mon départ de Canton, et je la prie de vouloir bien me permettre de lui tracer un aperçu de ces circonstances.

« Partis de Hong-Kong le 14 février, M. Oliphant et moi, nous arrivâmes à Shang-Haï, le 20, dans l'après-midi. Mon premier soin fut de me rendre chez M. de Montigny, afin de me concerter avec lui sur le meilleur moyen à employer pour faire parvenir promptement et sûrement, à Péking la dépêche dont j'étais chargé. Je parlai du taotaï de Shang-Haï, indiqué dans mes instructions comme l'intermédiaire habituel dans nos relations avec le gouvernement chinois. J'appris alors du consul de France que cette autorité avait quitté sa résidence depuis trois ou quatre jours pour aller à Sou-Tchou-Fou faire, à l'occasion de la nouvelle année, une visite au fou-taï Tchao, gouverneur de la province de Kiang-Sou. Il avait, en partant, annoncé à M. de Montigny devoir faire une absence de quinze jours. J'émis aussitôt l'avis qu'il n'y avait pas lieu de retarder l'expédition de dépêches aussi pressées, dans des conjonctures aussi graves, et je proposai de nous rendre à Sou-Tchou-Fou, et de remettre au fou-taï lui-même les dépêches adressées à lui et au vice-roi des deux Kiangs, et contenant sous la même enveloppe la note au premier ministre de l'empereur. L'intermédiaire qui nous était indiqué venant à nous manquer par le fait de son absence, la seule chose à faire, selon nous, était de se rendre à Sou-Tchou-Fou.

« Notre départ fut donc résolu. M. Oliphant et moi, nous écrivîmes au fou-taï pour lui annoncer notre prochaine arrivée comme porteurs de dépêches importantes. Le 24 février, dans l'après-midi, les consuls de France et d'Angleterre et le vice-consul d'Amérique, accompagnés de leurs interprètes, M. Cay, inspecteur des douanes à Shang-Haï, M. Oliphant et moi nous embarquâmes sur des bateaux chinois pour Sou-Tchou-Fou, où nous arrivions le 26, dans la matinée. Nous fîmes aussitôt prévenir le fou-taï de notre arrivée et pénétrâmes dans la ville par une des portes des remparts ouvrant sur un canal, et sans autres difficultés que quelques paroles assez vives échangées entre nos bateliers et les hommes préposés à la garde de la porte.

« Nous mouillâmes à peu de distance de la porte par laquelle nous venions d'entrer, et bientôt une immense population, attirée par la nouveauté du spectacle et que semblait animer seule une curiosité pleine de bienveillance, se pressait autour de nous sur les deux rives du canal. Bientôt le fou-taï nous faisait dire qu'il nous attendait à son yamoun, et que des chaises étaient disposées pour nous y conduire. Nous nous y rendîmes aussitôt.

« Le bruit de notre arrivée s'était rapidement répandu dans la ville, et ce fut au milieu d'une foule énorme, rangée en deux haies sur notre passage, que nous fîmes notre entrée dans Sou-Tchou-Fou. Dans cette foule, pas un cri, pas une seule de ces clameurs si habituelles aux Chinois, mais bien un silence profond, recueilli, qui est chez eux le signe du respect et de la crainte, et qui nous permettait de saisir le bruit de quelques observations timidement faites à voix basse. Il était facile de lire sur toutes ces figures pressées, entassées autour de nous, les sentiments les moins hostiles, plus facile encore d'y voir un étonnement, une stupéfaction indicibles.

« Une salve de six coups de canon salua notre arrivée au yamoun, à la porte duquel le fou-taï vint nous recevoir entouré de ses officiers. Entrés dans le prétoire, dont le gouverneur nous fit les honneurs avec une grâce parfaite. M. Oliphant et moi nous fûmes placés sur les deux siéges de l'estrade située au fond de la salle, de façon que le gouverneur, assis sur un des fauteuils de côté, pût, suivant l'étiquette chinoise, nous avoir tous les deux à sa gauche. Les consuls et leurs interprètes occupaient des siéges disposés sur les côtés. Après les premiers compliments d'usage, je pris la parole et adressai au fou-taï quelques phrases que l'interprète du consulat de France traduisit à mesure. Je dis au gouverneur que j'allais avoir l'honneur de remettre officiellement entre ses mains une dépêche qui lui était adressée, ainsi qu'à Son Excellence le vice-roi des deux Kiangs, par le haut commissaire de Sa Majesté l'Empereur des Français; que cette dépêche en renfermait une autre à Son Excellence le premier secrétaire d'Etat à Péking, d'une importance extrême, et que je priais le fou-taï de vouloir bien, par la voie la plus prompte et sans souffrir un retard qui engagerait sa responsabilité, la faire parvenir à sa destination.

« Le gouverneur me répondit qu'il s'empresserait de se rendre au désir que je venais de lui exprimer touchant l'expédition des notes. Je lui remis aussitôt les dépêches. Le fou-taï ouvrit la première enveloppe à son adresse, et lut ce qu'elle renfermait pendant que tous ses officiers et secrétaires, debout derrière lui, en faisaient autant par-dessus son épaule. On nous a affirmé que parmi ces personnages il y avait de hauts dignitaires et des envoyés du vice-roi des deux Kiangs.

« M. Oliphant prononça à son tour quelques paroles dans le même sens que les miennes, après quoi le fou-taï nous offrit un petit repas durant lequel la conversation fut assez animée. Le gouverneur me demanda si Canton était rentré dans l'ordre; si le commerce y avait repris. Je lui fis répondre que les efforts des ambassadeurs n'avaient jamais cessé de tendre vers ce but, et qu'ils étaient heureux de l'avoir si complétement atteint. — Qu'allez-vous faire de Yeh? dit alors le fou-taï. — Un de ces messieurs répondit qu'il était parti pour Calcutta. — Le tuerez-vous? ajouta Tchao d'un air assez indifférent. Je lui répondis que Son Excellence connaissait mal la générosité des ambassadeurs et de leurs gouvernements s'il les croyait capables de frapper un ennemi vaincu. Il nous demanda encore quand les ambassadeurs viendraient à Shang-Haï, et, sans vouloir assigner d'époque fixe, nous ne pensâmes pas qu'il y eût de l'inconvénient à répondre que ce serait prochainement. Durant toute cette entrevue, le fou-taï fut d'une politesse et d'une distinction qui nous charmèrent. Sa physionomie, presque européenne par les traits, est fine et intelligente. Ses façons sont celles d'un homme de la meilleure compagnie. En somme, monsieur le baron, il serait impossible de recevoir un accueil plus gracieux, plus aimable que celui qu'il nous a fait.

« En nous reconduisant à nos chaises avec le même cérémonial qu'en venant, et après mille compliments et poignées de main, le fou-taï nous annonça que le lendemain matin il nous rendrait notre visite au palais communal, appelé Conkouan, en dehors de la ville, et où ont lieu d'habitude les réceptions des plus hautes autorités chinoises à leur arrivée à Sou-Tchou-Fou. Ce fut dans ce yamoun que nous reçûmes, en effet, le 27 février, à midi, la visite du fou-taï. J'avais, avant cette visite, reçu sous forme de réponse à Votre Excellence l'accusé de réception des dépêches françaises. J'en joins ici l'original et la traduction.

« Nous avions appris la veille que le tao-taï de Shang-Haï, dont l'absence nous avait déterminés à partir pour Sou-Tchou-Fou, s'était empressé de retourner à Shang-Haï à la première annonce de notre départ pour Sou-Tchou-Fou. Il espérait nous rencontrer en route, et cela aurait eu lieu, en effet, si le hasard ne nous avait fait prendre un autre chemin que celui que le tao-taï avait suivi. A peine parti, il avait dû être rappelé en toute hâte par le gouverneur, puisqu'il était à Sou-Tchou-Fou le 26 au soir, et accompagnait le fou-taï dans la visite qu'il nous rendit au Conkouan dans la matinée du 27. Pendant cette dernière entrevue, qui fut tout entière occupée par un petit repas préparé par les soins de M. de Montigny, nous voulûmes savoir du fou-taï combien il fallait de temps pour que les dépêches parvinssent à Péking. Il parla de quinze jours, mais il est probable que dix à douze suffisent.

« Aussitôt après l'entrevue, c'est-à-dire le 27 février, vers deux heures, nous partîmes pour Shang-Haï, après avoir, Votre Excellence voudra bien, je l'espère, l'admettre comme moi, obtenu le succès le plus complet. »

Dans sa réponse du 27 février, le fou-taï annonce au baron Gros qu'il a mis sous enveloppe les diverses dépêches reçues, et qu'il les a envoyées à Péking par une occasion aussi prompte que sûre.

A la date du 10 mars, les plénipotentiaires se préparaient à partir pour Shang-Haï.

D'importantes nouvelles sont arrivées de Péking. L'empereur de la Chine, par deux décrets, a destitué le commissaire impérial Yeh et a nommé pour le remplacer, comme vice-roi des deux Kiangs et comme commissaire impérial chargé de traiter les affaires avec les barbares, Ibwang-Tsung-Iban [1], et, en attendant l'arrivée de ce haut dignitaire à Canton, l'empereur charge Peh-Kwé d'exercer par intérim les fonc-

---

[1] Ce doit être *Hoang-tsoung-han*, véritable orthographe du nom du nouveau Commissaire impérial à Canton.   G. P.

tions de gouverneur général et de commissaire impérial ; il remplace Peh-Kwé, comme gouverneur, par le trésorier actuel Kiang-Kwo-Lin, dont la place est occupée aux finances par le premier juge de Canton.

Cependant Peh-Kwé, le général tartare Muh-Ko-To-Ma, le trésorier et le juge, bien que déclarés coupables de n'avoir pas pris les mesures nécessaires pour conserver la ville, sont trouvés dignes de l'indulgence de l'empereur, et, tout en étant traduits devant le tribunal des punitions, ce tribunal est requis de les traiter avec peu de sévérité. Il est probable que ces décrets ont été rendus à Péking le 29 janvier dernier, alors que l'empereur ne connaissait pas encore la capture de Yeh, du général tartare et de Peh-Kwé, ni l'exil du premier et la réinstallation de Peh-Kwé dans les fonctions de gouverneur.

(Extrait du *Moniteur universel*, du 29 avril 1858.)

TABLE DES MATIÈRES

PREMIÈRE PARTIE
IDÉES DES OCCIDENTAUX SUR LA VIE EN CHINE

Préface du Révérend W. C. Milne. v
Introduction par M. G. Pauthier. ix
Chap. I. — Étrangeté des usages. — Les queues. — Déformation des pieds. 1
Chap. II. — Longueur des ongles. — Éventails. — Peintures et dessins sur papier de riz. — Processions. — Boules d'ivoire. — Lanternes. — Bâtons servant à manger. — Ragoûts de rats et soupes de nids d'hirondelles. 17
Chap. III. — Fréquence des infanticides. — Absence de tout sentiment de bienveillance chez les Chinois. 58

DEUXIÈME PARTIE
LA VIE CHINOISE DANS SA RÉALITÉ A NINGPO

Chap. I. — Ma première entrée dans la ville. — Je fais visite aux fonctionnaires. — Maisons de thé. — Terrains militaires. — Murs de la ville. — Mosquée. — Temples bouddhiques, taoïstes et de Confucius. 75
Chap. II. — Sentiments de la population à l'égard des étrangers après la dernière guerre. — Résidence dans une famille chinoise. — Habitation dans un monastère bouddhique, — dans un couvent de femmes, — chez un marchand. 110
Chap. III. — Dîner chez un mandarin. — Entrevue avec un fameux voleur d'hommes. — L'almanach chinois. — Manière de hâter le printemps. — Fête des lanternes. — Apparition d'une comète. 144
Chap. IV. — Préliminaires et conclusions d'un mariage. — Vie d'un ménage à la Chine. — Observation des décades dans la vie. — Respect pour les vieillards. — Fêtes de la naissance. — Théâtres. — J'échappe au feu. — Incendie et confusion. — Gardes de nuit et tapage qu'ils font. . 172
Chap. V. — Hommages religieux rendus aux morts. — Examens militaires et littéraires. — Jours de jeûne. — Choléra. — Voyage à un lac et à deux grands temples dans la campagne. — Historique des rapports de Ning-po avec les étrangers depuis 1842. 207

TROISIÈME PARTIE
COUP D'ŒIL SUR LA VIE INTÉRIEURE EN CHINE

Chap. I. — Récit d'une excursion de Ningpo à Pèh kouan. — de Pèh-kouan à I-kiao. 251
Chap. II. — Suite de l'excursion dans la province de Tchèh-kiang. — De I-kiao à Tchang-chan. — de Tchang-chan aux limites entre le Tchèh-kiang et le Kiangsi. 281

TABLE DES MATIÈRES.

Chap. III. — Excursions à travers les provinces de Kiangsi et de Canton. — De la limite entre celles de Tchéh-kiang et de Kiangsi à Yuhchan. — De Yuhchan, la capitale de Kiangsi, à la ville de Nan-tchang. — De la ville de Nan-tchang à Nan-k'ang. — Route par terre à travers le passage de Mieling. — Du passage de Mieling à Nanhioung. — de Nanhioung à Canton et à Hong-kong. 315

QUATRIÈME PARTIE

CHANGHAÏ

Chap. I. — Changhaï. — Augmentation de son importance. — Sa position géographique. — Promenades dans la ville et les faubourgs. — Marées. — Puits bouillonnants. — Éclosement des œufs. — Maison des morts. — Fruits de la terre. — Théories locales sur les phénomènes de la nature. — Pluie de poussière. — Caractère de la population. 357

Chap. II. — Colonie d'Hébreux à la Chine. — Mahométisme à la Chine. — Influence du Bouddhisme et ses rapports frappants avec la religion catholique romaine. 391

Chap. III. Des pagodes à la Chine. — Description générale de ces édifices. — Discussion pour prouver que dans l'origine les pagodes furent élevées à la Chine par des sectaires de l'Inde. 416

Chap. IV. — Missions catholiques à Changhaï. — Leur origine remontant à plus de deux cent cinquante ans. — Un Mandarin leur premier néophyte. — Vicissitudes dans l'histoire de la religion catholique en ce pays. — Le village de Zic-ka-weï. — Leur mode d'opération. 456

Chap. V. — Missions protestantes à Changhaï; leur début; leurs opérations. — Étude de la langue. — Prédications. — Distribution de livres. — Traduction des saintes Écritures. — Écoles. — Application des caractères d'écriture romains à la langue chinoise. — Coup d'œil rétrospectif sur les missions protestantes à la Chine pendant cinquante années. — Encouragements à leurs travaux. 481

CINQUIÈME PARTIE

ÉTAT PRÉSENT ET A VENIR DE LA CHINE

Chap. I. — Insurrections indigènes à la Chine. — Soulèvements locaux à Canton, Amoy et Changhaï, et leur répression. — Rébellion de Taïping. — Son origine, ses progrès, ses échecs, son caractère religieux et ses résultats probables. 501

Chap. II. — Courte description de Hongkong, de Macao et de Canton. . 515

Chap. III. — Rupture de Canton avec les étrangers. — Les délais survenus dans cette affaire avantageux sous deux rapports. — Le sentiment populaire favorable aux étrangers dans les cinq ports. — Narration des hostilités contre Canton jusqu'au commencement de 1858. — Capture de Yeh. 523

Appendice. 541

FIN DE LA TABLE.

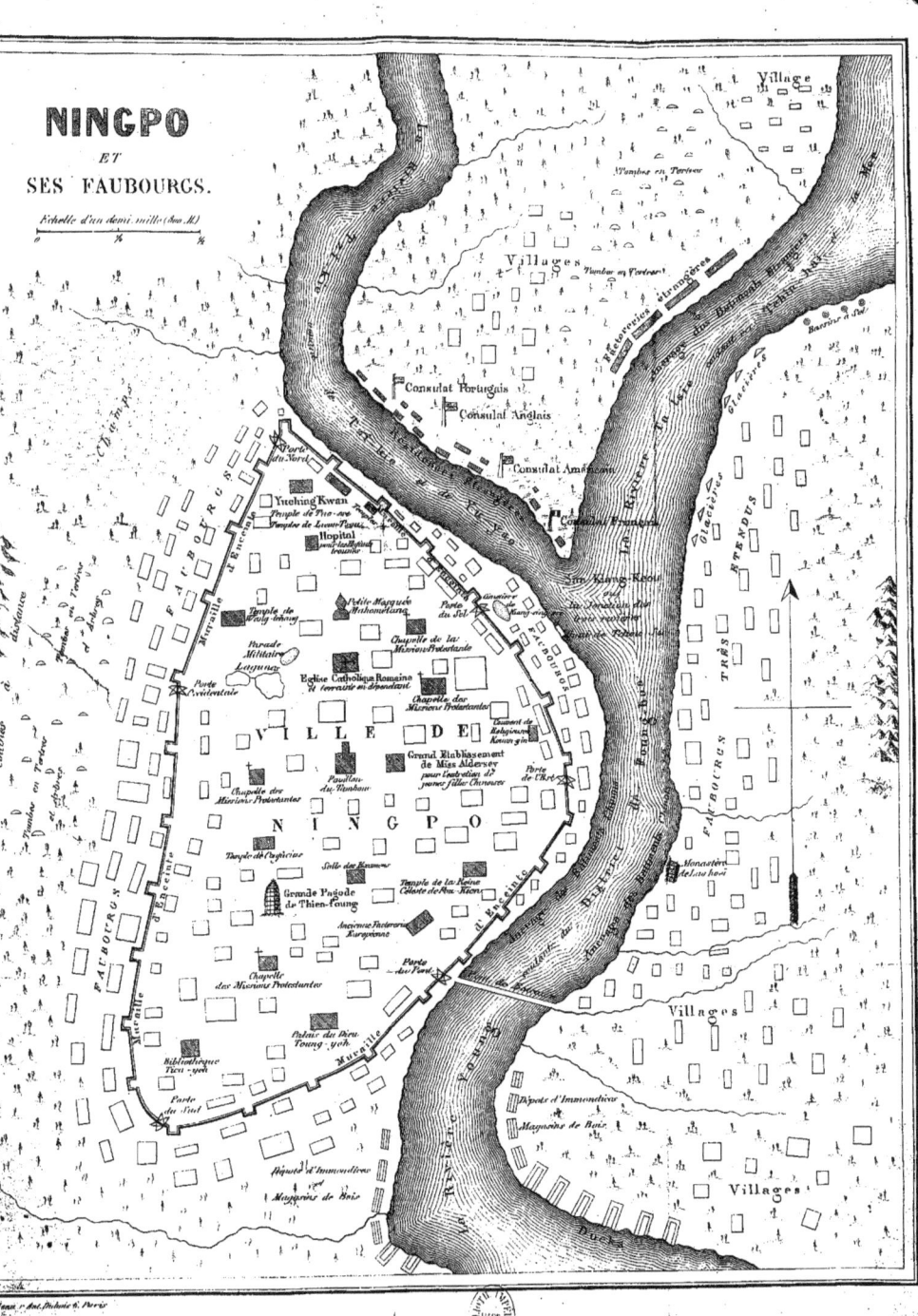

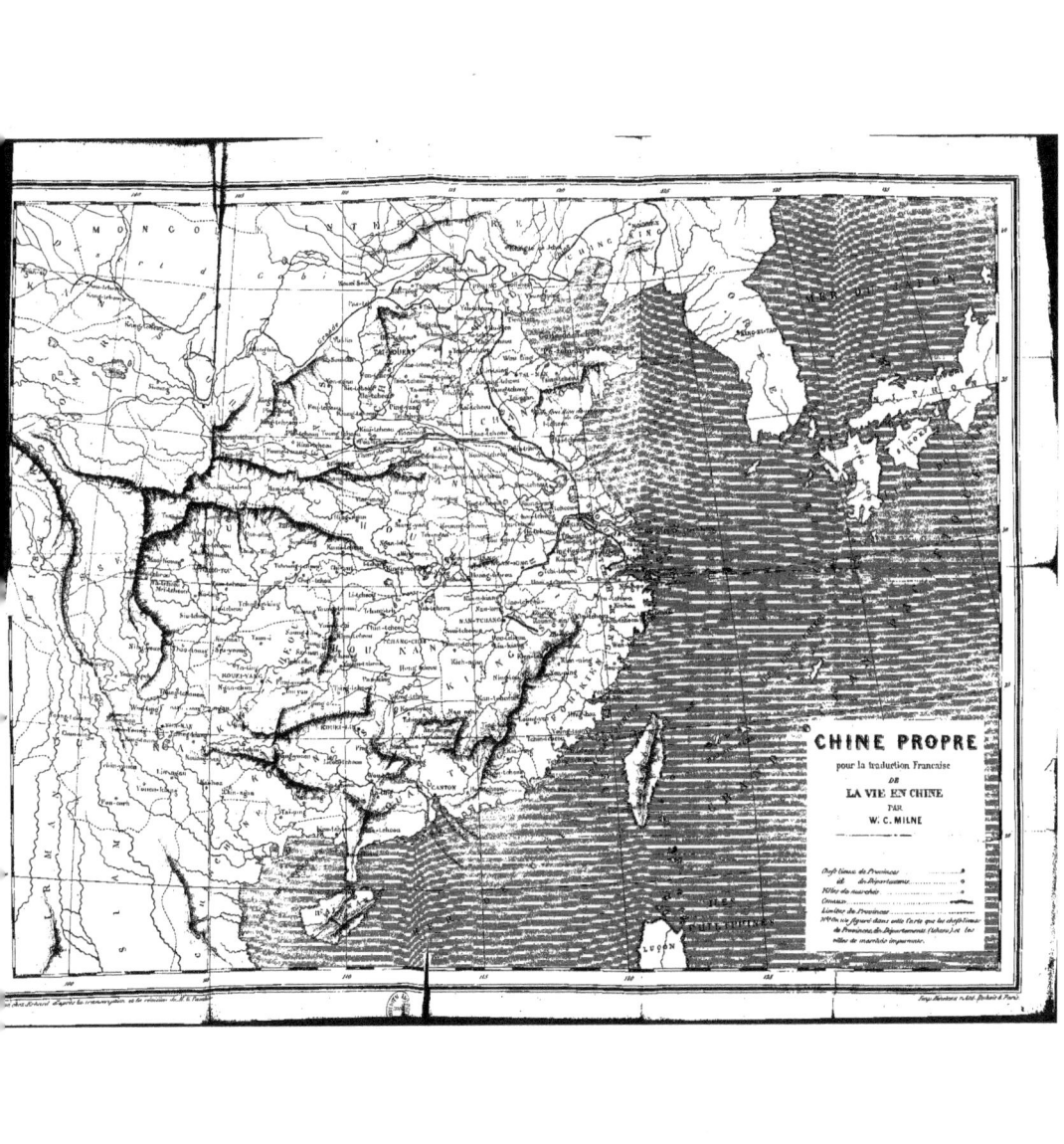

www.ingramcontent.com/pod-product-compliance
Lightning Source LLC
Chambersburg PA
CBHW050421240426
43661CB000558/2228